编 委 会

主　　任	杨正权					
副 主 任	陈光俊					
委　　员	毛　杰	富金晶	胡庆忠	宣　宜	刘　婷	邓伟升
	朱佶丽	王贤全	曹津永	刘镜净	蒋昂妤	付丙峰
	范　刚	颜晓飞	张文韬	徐　颖	温世民	杨再山
主　　编	刘　婷					

红河高质量发展研究

云南省社会科学院
中国（昆明）南亚东南亚研究院 编著

云南出版集团
云南人民出版社

图书在版编目（CIP）数据

红河高质量发展研究 / 云南省社会科学院、中国（昆明）南亚东南亚研究院 编著. -- 昆明：云南人民出版社，2022.8
ISBN 978-7-222-21136-0

Ⅰ.①红… Ⅱ.①云… ②中… ③红… Ⅲ.①区域经济发展－红河哈尼族彝族自治州 Ⅳ.①F127.42

中国版本图书馆CIP数据核字(2022)第114764号

红河高质量发展研究
HONGHE GAO ZHILIANG FAZHAN YANJIU

云南省社会科学院
中国（昆明）南亚东南亚研究院 编著

出品人：赵石定　责任编辑：陈浩东　责任校对：刘　娟
装帧设计：美嘉美　责任印制：马文杰

云南出版集团 出版
云南人民出版社
（昆明市环城西路609号　邮政编码650034）
（网址 www.ynpph.com.cn　E-mail ynrms@sina.com）
云南人民出版社发行
云南美嘉美印刷包装有限公司
ISBN 978-7-222-21136-0

2022年8月第1版　　开本 787×1092　1/16
2022年8月第1次印刷　印张 22　字数 380千
定价：68.00元

如有图书质量及相关问题请与我社联系：
审校部电话：0871-64164626
印制科电话：0871-64191534

目录 CONTENTS

前　言 ··· 001

总报告

红河高质量发展研究总报告 ·· 019
- 一、认清红河高质量跨越式发展的重大意义 ···················· 020
  - （一）贯彻落实习近平总书记考察云南重要讲话精神的需要 ········ 020
  - （二）立足新发展阶段的需要 ·· 021
  - （三）贯彻新发展理念的需要 ·· 021
  - （四）服务融入新发展格局的需要 ·································· 022
  - （五）主动服务和融入国家发展战略的需要 ······················ 023
  - （六）突显红河本质特征的需要 ···································· 023
- 二、发挥红河高质量跨越式发展的七大优势 ···················· 024
  - （一）区位优势 ··· 024
  - （二）开放优势 ··· 025
  - （三）资源优势 ··· 025
  - （四）产业优势 ··· 026
  - （五）生态优势 ··· 026
  - （六）气候优势 ··· 027

（七）文化优势…………………………………………………………027

三、肯定红河经济社会发展的十大成就………………………………………027
　　（一）党的创新理论最新成果深入人心………………………………028
　　（二）综合经济实力实现跨越…………………………………………028
　　（三）脱贫攻坚取得全面胜利…………………………………………028
　　（四）疫情防控和强边固防取得实效…………………………………028
　　（五）基础设施实现历史性巨变………………………………………029
　　（六）生态文明建设取得明显成效……………………………………029
　　（七）改革开放实现重大突破…………………………………………029
　　（八）民族团结进步事业结出丰硕成果………………………………029
　　（九）民主法治建设深入推进…………………………………………030
　　（十）党的建设更加坚强有力…………………………………………030

四、抢抓红河高质量跨越式发展的六大机遇…………………………………031
　　（一）全球科技革命和数字经济发展的机遇…………………………031
　　（二）国家构建新发展格局的机遇……………………………………031
　　（三）国家重大战略在云南交会叠加的机遇…………………………032
　　（四）面向南亚东南亚辐射中心建设的机遇…………………………032
　　（五）云南自由贸易试验区建设的机遇………………………………033
　　（六）滇中城市群发展的机遇…………………………………………033

五、正视红河高质量跨越式发展面临的八大问题……………………………034
　　（一）发展不平衡、不充分的问题突出………………………………034
　　（二）支撑高质量发展的基础不牢……………………………………035
　　（三）边疆民族地区治理能力有待提升………………………………035
　　（四）巩固拓展脱贫攻坚成果任务繁重………………………………036
　　（五）现代产业体系尚未全面形成……………………………………036
　　（六）开放发展潜力尚未充分释放……………………………………037

（七）化解重大风险任务依然繁重⋯⋯⋯⋯⋯⋯⋯⋯⋯⋯⋯⋯⋯⋯⋯038
　　（八）改革创新和人才支撑不足⋯⋯⋯⋯⋯⋯⋯⋯⋯⋯⋯⋯⋯⋯⋯⋯038

六、瞄准红河高质量跨越式发展的总体要求和目标任务⋯⋯⋯⋯⋯⋯⋯⋯039
　　（一）准确把握总体要求⋯⋯⋯⋯⋯⋯⋯⋯⋯⋯⋯⋯⋯⋯⋯⋯⋯⋯⋯039
　　（二）确定具体发展目标⋯⋯⋯⋯⋯⋯⋯⋯⋯⋯⋯⋯⋯⋯⋯⋯⋯⋯⋯042

七、落实红河高质量跨越式发展的八大举措⋯⋯⋯⋯⋯⋯⋯⋯⋯⋯⋯⋯⋯042
　　（一）大抓产业发展⋯⋯⋯⋯⋯⋯⋯⋯⋯⋯⋯⋯⋯⋯⋯⋯⋯⋯⋯⋯⋯043
　　（二）大抓促进农民增收⋯⋯⋯⋯⋯⋯⋯⋯⋯⋯⋯⋯⋯⋯⋯⋯⋯⋯⋯050
　　（三）大抓新型城镇化和乡村振兴⋯⋯⋯⋯⋯⋯⋯⋯⋯⋯⋯⋯⋯⋯⋯053
　　（四）大抓沿边开放⋯⋯⋯⋯⋯⋯⋯⋯⋯⋯⋯⋯⋯⋯⋯⋯⋯⋯⋯⋯⋯062
　　（五）大抓招商引资和营商环境⋯⋯⋯⋯⋯⋯⋯⋯⋯⋯⋯⋯⋯⋯⋯⋯067
　　（六）大抓生态文明建设⋯⋯⋯⋯⋯⋯⋯⋯⋯⋯⋯⋯⋯⋯⋯⋯⋯⋯⋯069
　　（七）大抓民族团结进步示范区建设⋯⋯⋯⋯⋯⋯⋯⋯⋯⋯⋯⋯⋯⋯075
　　（八）大抓干部队伍建设⋯⋯⋯⋯⋯⋯⋯⋯⋯⋯⋯⋯⋯⋯⋯⋯⋯⋯⋯080

八、提出红河高质量跨越式发展的十大对策建议⋯⋯⋯⋯⋯⋯⋯⋯⋯⋯⋯082
　　（一）发动人民群众和发挥制度优势，推动高质量发展⋯⋯⋯⋯⋯⋯084
　　（二）激发社会资本的积极性，引导要素向建设"三个定位"聚集⋯⋯⋯084
　　（三）调动人民群众的积极性，营造新时代人人为红河做贡献的社会氛围⋯⋯⋯⋯⋯⋯⋯⋯⋯⋯⋯⋯⋯⋯⋯⋯⋯⋯⋯⋯⋯⋯⋯⋯⋯⋯⋯⋯085
　　（四）把开放作为引领红河改革和创新发展的总抓手⋯⋯⋯⋯⋯⋯⋯086
　　（五）锚定重大区域布局和重大产业战略不动摇，一任接着一任干，一张蓝图绘到底⋯⋯⋯⋯⋯⋯⋯⋯⋯⋯⋯⋯⋯⋯⋯⋯⋯⋯⋯⋯⋯⋯087
　　（六）在实施重大项目、重大政策与重大改革举措之前，认真做好可行性研究⋯⋯⋯⋯⋯⋯⋯⋯⋯⋯⋯⋯⋯⋯⋯⋯⋯⋯⋯⋯⋯⋯⋯⋯⋯088
　　（七）稳步推进智慧化应用，进一步增强数字化、网络化和可视化项目⋯⋯088
　　（八）红河胜在战略，努力构建国内大循环的重要环节，争取大投资⋯⋯⋯089

（九）红河赢在开放，努力成为中国连接南亚东南亚和环印度洋地区双循环的战略节点，争取巧投资⋯⋯⋯⋯⋯⋯⋯⋯⋯⋯⋯⋯⋯⋯⋯⋯⋯⋯⋯⋯090

（十）红河成在创新，始终在"内外双向发力"中做文章，争取高效投资⋯090

分报告

分报告一：大抓产业不断增强经济增长动能⋯⋯⋯⋯⋯⋯⋯⋯⋯⋯⋯⋯⋯095

一、做特高原特色农业，建设现代农业示范区⋯⋯⋯⋯⋯⋯⋯⋯⋯⋯⋯096

（一）红河做特高原特色农业的独特优势⋯⋯⋯⋯⋯⋯⋯⋯⋯⋯⋯⋯097

（二）红河做特高原特色农业取得的丰硕成果⋯⋯⋯⋯⋯⋯⋯⋯⋯⋯099

（三）红河做特高原特色农业存在的困难和问题⋯⋯⋯⋯⋯⋯⋯⋯⋯103

（四）红河做特高原特色农业的对策建议⋯⋯⋯⋯⋯⋯⋯⋯⋯⋯⋯⋯107

二、做强工业，大力打造制造业新格局⋯⋯⋯⋯⋯⋯⋯⋯⋯⋯⋯⋯⋯⋯119

（一）红河工业发展的基础和主要成效⋯⋯⋯⋯⋯⋯⋯⋯⋯⋯⋯⋯⋯119

（二）红河做强工业的关键点⋯⋯⋯⋯⋯⋯⋯⋯⋯⋯⋯⋯⋯⋯⋯⋯⋯125

（三）红河做强工业存在的问题和短板⋯⋯⋯⋯⋯⋯⋯⋯⋯⋯⋯⋯⋯126

（四）红河做强工业的对策建议⋯⋯⋯⋯⋯⋯⋯⋯⋯⋯⋯⋯⋯⋯⋯⋯130

三、做优旅游业，推动旅游业创新发展⋯⋯⋯⋯⋯⋯⋯⋯⋯⋯⋯⋯⋯⋯132

（一）推进红河旅游业创新发展的优势⋯⋯⋯⋯⋯⋯⋯⋯⋯⋯⋯⋯⋯132

（二）推进红河旅游业创新发展取得的成效⋯⋯⋯⋯⋯⋯⋯⋯⋯⋯⋯136

（三）推进红河旅游业创新发展存在的问题⋯⋯⋯⋯⋯⋯⋯⋯⋯⋯⋯138

（四）推进红河旅游业创新发展的对策建议⋯⋯⋯⋯⋯⋯⋯⋯⋯⋯⋯140

分报告二：全力巩固拓展脱贫攻坚成果，奋力开创乡村振兴新局面⋯⋯144

一、红河脱贫攻坚取得全面胜利⋯⋯⋯⋯⋯⋯⋯⋯⋯⋯⋯⋯⋯⋯⋯⋯⋯144

（一）全面打赢脱贫攻坚战⋯⋯⋯⋯⋯⋯⋯⋯⋯⋯⋯⋯⋯⋯⋯⋯⋯⋯145

（二）易地搬迁开启生活新篇章⋯⋯⋯⋯⋯⋯⋯⋯⋯⋯⋯⋯⋯⋯⋯⋯145

（三）劳动力稳定有序转移……………………………………………145
　　（四）农业产业发展取得新突破……………………………………146
　　（五）基础设施取得新进展…………………………………………146
　　（六）民生保障迈上新台阶…………………………………………147

二、红河如期脱贫后面临的发展机遇……………………………………147
　　（一）RCEP实施是红河巩固拓展脱贫攻坚成果、促进农民增收的新机遇……147
　　（二）实施乡村振兴战略是巩固拓展脱贫攻坚成果新抓手………148
　　（三）绿色产业持续发展是巩固拓展脱贫攻坚成果新保障………148
　　（四）把握新型城镇化对巩固拓展脱贫攻坚成果、衔接乡村振兴的机遇……148

三、红河巩固拓展脱贫攻坚成果同乡村振兴有效衔接面临的问题………149
　　（一）农业产业发展组织化、规模化程度不高……………………149
　　（二）脱贫户就业面临新的挑战……………………………………150
　　（三）基础设施建设需进一步加强…………………………………151
　　（四）脱贫不稳定户、边缘易致贫户和突发严重困难户是返贫致贫隐患群体……151
　　（五）部分脱贫户内生动力不足……………………………………151
　　（六）乡村治理亟待加强……………………………………………152
　　（七）教育、医疗保障水平需继续提升……………………………152

四、全力巩固拓展脱贫攻坚成果，有效衔接乡村振兴…………………154
　　（一）以不发生规模性返贫为底线，推动脱贫攻坚与乡村振兴政策有效衔接……154
　　（二）以促进农民增收为核心，推动产业扶贫与产业振兴有效衔接……155
　　（三）以人才为基石，推动扶贫队伍与人才振兴有效衔接………156
　　（四）以文化为魂，推动文化扶贫与文化振兴有效衔接…………158
　　（五）以生态为底色，推动生态扶贫与生态振兴有效衔接………159
　　（六）以乡村治理为保障，推动扶贫队伍与组织振兴有效衔接…160
　　（七）着力补齐教育、医疗短板……………………………………161

分报告三：同步一体加快推进农业农村现代化··················164

一、农业农村发展取得历史性成就··················164
（一）高原特色现代农业发展提质增效··················164
（二）农村生产生活条件明显改善··················167
（三）农民生活质量显著提高··················168

二、农业农村现代化水平测度··················169
（一）指标体系··················169
（二）测度方法··················170
（三）主要结论··················172

三、存在的主要短板··················173
（一）农业发展质量效益仍然不高··················174
（二）农村公共基础设施和服务水平仍然偏低··················174
（三）巩固拓展脱贫攻坚成果任务仍然艰巨··················175
（四）农民收入增速放缓··················175

四、原则、重点与推进路径··················176
（一）基本原则··················176
（二）发展重点··················177
（三）推进路径··················179

分报告四：高水平推动红河新型城镇化发展··················183

一、红河新型城镇化发展的内涵··················184
二、红河新型城镇化取得丰硕成果··················185
（一）新型城镇化空间呈现新格局··················185
（二）滇南中心城市建设成效明显，发展成为新引擎··················185
（三）美丽县城和特色小镇彰显新魅力··················186
（四）生态宜居城市建设提升新品质··················186

（五）城乡融合发展取得新突破…………………………………186

三、红河新型城镇化发展中的困难和问题………………………………186

四、红河新型城镇化发展的对策建议……………………………………187

 （一）提升城市治理水平，增强滇南中心城市引领力……………188

 （二）突出产城融合，推进以县城为重要载体的城镇化建设……189

 （三）强化城镇基础设施支撑力，有序推进城市更新……………190

 （四）完善边境地区城镇功能，推动边境城镇加快发展…………192

 （五）提升美丽县城、特色小镇独特魅力，促进新型城镇化健康发展…193

 （六）加强历史文化保护传承，以文化底蕴促进新型城镇化发展…193

分报告五：抓住政策红利和区位优势　全面构建沿边开放新高地……195

一、红河大抓沿边开放的现实背景…………………………………………195

 （一）红河大抓沿边开放的基础条件…………………………………196

 （二）红河对外开放的成效……………………………………………199

二、红河大抓沿边开放的内在优势和外部条件……………………………202

 （一）积极抓住政策机遇，释放叠加效应……………………………202

 （二）以改革为引领，释放沿边开放更大空间………………………203

 （三）优化营商环境，宽领域、大范围承接产业转移………………204

 （四）助力新基建，为高质量发展蓄势赋能…………………………205

三、沿边开放的问题和短板…………………………………………………206

 （一）对外通道建设通而不畅的问题依然存在………………………206

 （二）中国（云南）自由贸易试验区红河片区建设有短板…………207

 （三）承接产业转移存在困难…………………………………………208

 （四）营商环境支撑不足………………………………………………209

 （五）疫情下沿边开放遭遇瓶颈………………………………………210

四、红河大抓沿边开放的发展思路…………………………………………210

（一）总体思路 ··· 211
　　（二）坚持"三大定位" ··· 212

五、重大举措 ··· 213
　　（一）紧密围绕RCEP，提升服务质量 ···························· 213
　　（二）聚焦边疆稳定与安全，稳固睦邻友好合作共赢 ············ 214
　　（三）聚焦互联互通，着力新基建园区建设 ······················· 215
　　（四）聚焦智慧城市建设，促进东盟城市协调发展 ··············· 216
　　（五）聚焦"五区联动"，推动功能互补、协同发展 ············ 218
　　（六）聚焦跨境合作，助推要素流动、产业发展 ················· 220
　　（七）聚焦口岸建设，构建"岸城融合"综合体 ················· 223
　　（八）聚焦边境贸易，服务边境贸易创新发展 ···················· 224

分报告六：优化环境筑巢，大抓招商引资，为红河高质量发展助力 ······ 226

一、红河大抓营商环境的主要做法和成效 ····························· 226
　　（一）红河大抓营商环境的主要做法 ······························· 227
　　（二）红河大抓营商环境的主要成效 ······························· 229

二、红河大抓招商引资的主要做法和成效 ····························· 231
　　（一）红河大抓招商引资的主要做法 ······························· 231
　　（二）红河大抓招商引资的主要成效 ······························· 233

三、红河大抓营商环境和招商引资中存在的主要问题 ··············· 235
　　（一）服务发展意识不强，"放管服"改革有待深化 ············ 235
　　（二）政策执行不到位，惠企政策落实难 ························· 235
　　（三）政策要素保障不力，落地的产业项目偏少 ················· 236
　　（四）创新服务能力不足，信息未能实现全覆盖共享 ············ 236
　　（五）产业园区产业聚集度不高，营商环境仍需改善 ············ 237

四、红河切实改善营商环境实现企业繁荣的关键点 ·················· 237
　　（一）打造一流营商环境要发展先进生产力的载体 ··············· 237

（二）打造一流营商环境要实现生产要素自由流动 ·················· 237

　　（三）打造一流营商环境要营造法治化经济发展氛围 ·················· 237

　　（四）营商环境建设关键要关注企业感受度 ·························· 238

五、红河改善营商环境，大抓招商引资的对策建议 ························ 238

　　（一）深化营商环境内涵，建立区域协调的营商环境 ·················· 238

　　（二）"同事同标"形成统一的法治环境和政务服务标准 ················ 239

　　（三）充分挖掘营商活动形成的区域性大数据 ························ 240

　　（四）创新政务服务方式，推进信息共享融合发展 ···················· 240

　　（五）围绕资源和产业链招商，解决招什么商的问题 ·················· 241

　　（六）强化专业招商队伍建设，解决由谁来招的问题 ·················· 241

　　（七）改善投资环境，解决引进来、留得住的问题 ···················· 242

　　（八）正确处理"内生"和"外引"的关系，释放招商引资示范效应

　　　　 ·· 242

　　（九）垂直整合招商引资方式，综合提升招商效率 ···················· 242

分报告七：以铸牢中华民族共同体意识为主线推动红河民族团结进步事业高质量发展 ·· 244

一、认清"三大优势"和"两大挑战" ···································· 245

　　（一）三大优势 ·· 245

　　（二）两大挑战 ·· 248

二、肯定六大成就 ·· 249

　　（一）构筑各民族共有精神家园取得新成效 ·························· 250

　　（二）各民族交往交流交融实现新促进 ······························ 250

　　（三）民族地区现代化建设步伐实现新提速 ·························· 251

　　（四）民族团结进步创建形成新格局 ································ 251

　　（五）民族事务治理法治化水平实现新提升 ·························· 252

　　（六）党的领导贯穿民族工作全过程 ································ 252

三、正视三大问题 ··· 253
    （一）防止返贫任务依然严峻 ··· 253
    （二）乡村振兴短板明显 ·· 254
    （三）优秀文化遗产抢救保护压力大 ··· 255

四、实施四大举措 ··· 256
    （一）以社会主义核心价值观为引领，不断铸牢中华民族共同体意识 ······ 256
    （二）目标化、项目化、清单化推进民族团结进步全域创建行动 ··· 258
    （三）加大民族地区支持力度，促进各民族共同发展、共同富裕 ··· 259
    （四）把党的领导贯穿民族工作全过程，不断提升宗教事务工作法治化水平 ··· 260

分报告八：强引领补短板　推动红河生态文明建设更上新台阶 ·········· 261

一、紧扣三大基础优势 ·· 261
    （一）生态优渥 ·· 262
    （二）气候宜人 ·· 262
    （三）生物多样性丰富 ··· 262

二、创新三大实践优势 ·· 263
    （一）构建林、村、田和谐的哈尼梯田管理模式 ························ 264
    （二）打造农业开发与生态修复双赢模式 ··································· 264
    （三）构建融资贷款高标准推进石漠化地区生态治理修复模式 ··· 265

三、实施五大举措 ··· 267
    （一）全面落实河（湖）长制 ··· 267
    （二）大力实施城乡绿化美化三年行动和国土绿化行动 ············· 268
    （三）牢守生态保护红线、环境质量底线、资源利用上线 ········· 270
    （四）坚决打好污染防治攻坚战 ··· 271
    （五）坚持生态文明引领，夯实绿色发展根基 ·························· 272

分报告九：大抓干部队伍作风建设　推进红河高质量发展 ···················· 275

一、作风革命、效能革命建设面临的主要问题……276
二、聚焦五大举措……276
 （一）必须牢固树立"今天再晚也是早，明天再早也是晚"的效率意识……276
 （二）必须坚持解决实际问题的工作导向……277
 （三）必须鲜明树立重实干重实绩的干部用人导向……278
 （四）必须坚持"严"的主基调……278
 （五）持续深入推进作风革命、效能革命……279

分报告十：实施科学精准抗疫　筑牢红河疫情防线……280
一、坚决扛起疫情防控政治责任……280
 （一）始终坚持全民战"疫"……281
 （二）始终坚持科学战"疫"……281
 （三）始终坚持精准战"疫"……281
 （四）始终坚持智慧战"疫"……282
 （五）始终坚持统筹战"疫"……283
二、坚定信心、迎难而上……283
 （一）坚决阻断边境地区疫情传播蔓延……284
 （二）要从严从紧推进常态化疫情防控……285
 （三）外防输入要做到严防死守……286
 （四）"四方责任"要压紧压实……287

专题报告

有机融合生态文明建设　强化民族团结进步示范区建设绿色底蕴……291
百年锡都"工匠精神"闪耀着党的光辉……295
云南推进民族团结进步示范区建设的几个着力点……303

协同"三维一体"推动云南高质量跨越式发展……307
发挥区位优势,助推云南电子产业"走出去"对策建议……310
发展"绿色能源+",推动红河工业高质量发展……315
同步一体加快推进农业农村现代化……327

后　记……332

前　言

高质量发展是"十四五"乃至更长时期我国经济社会发展的主题，关系我国社会主义现代化建设全局。走高质量发展之路，就要坚持以人民为中心的发展思想，坚定不移增进民生福祉，坚持生态优先，推动高质量发展与创造高品质生活有机结合、相得益彰。进入"十四五"，红河开启社会主义现代化建设新征程。为深入贯彻落实习近平新时代中国特色社会主义思想和习近平总书记考察云南重要讲话精神，基于新时代高质量发展的新要求和新内涵，深度分析红河高质量发展的战略意义、独特优势和发展问题，牢固树立"今天再晚也是早，明天再早也是晚"的效率意识，突出落实"八个大抓"，抓实抓细全方位发展，以更强紧迫感、危机感强力推动工作提速提质，把红河打造成高质量发展的样板，探闯出符合红河实际的高质量发展之路，奋勇争当多极并进、区域协调发展的排头兵，汇聚成中国高质量发展的蓬勃力量。

一、突出"稳"的基调，筑牢红河高质量发展的底盘

推进高质量发展是遵循经济发展规律、保持经济持续健康发展的必然要求，是适应我国社会主要矛盾变化和全面建成小康社会、全面建设社会主义现代化国家的必然要求。立足新发展阶段、贯彻新发展理念、构建新发展格局，我们党形成并积极统筹推进经济建设、政治建设、文化建设、社会建设和生态文明建设"五位一体"总体布局，协调推进"四个全面"战略布局，开启全面建设社会主义现代化国家新征程。高质量发展，是在更高水平上满足人民日益增长的美好生活需要的发展，是体现新发展理念的发展，是创新成为第一动力、协调成为内生特点、绿色成为普遍形态、开放成为必

由之路、共享成为根本目的的发展，推动经济发展质量变革、效率变革、动力变革。"高质量发展不只是一个经济要求，而是对经济社会发展方方面面的总要求；高质量发展不是只对经济发达地区的要求，而是所有地区发展都必须贯彻的要求；高质量发展不是一时一事的要求，而是必须长期坚持的要求。"进入新时代，红河必须主动适应我国社会主要矛盾的变化和高质量发展的阶段性特征，立足云南省经济社会发展现实需求和长远目标，坚持质量第一、效益优先，突出"稳"的基调，筑牢红河高质量发展的底盘，以高质量发展引领转型升级，以高质量发展打造竞争新优势，以高质量发展赢得未来。

（一）贯彻落实高质量新发展理念

创新、协调、绿色、开放、共享的新发展理念，是习近平新时代中国特色社会主义思想的重要内容，是确保我国经济社会持续健康发展的科学理念。立足新发展阶段、构建新发展格局、推动高质量发展，必须不断深化对新发展理念的理解，把新发展理念完整、准确、全面地贯穿发展全过程和各领域，奋力实现更高质量、更有效率、更加公平、更可持续、更为安全的发展。新发展理念是一个整体，是我国发展思路、发展方向、发展着力点的集中体现，具有很强的战略性、纲领性、引领性。

1.创新发展

创新是高质量发展的第一动力，高质量是创新发展的必然结果。构建以科技创新为核心、多领域互动、多要素联动的综合创新生态体系，建立以企业为主体、市场为导向、产学研深度融合的技术创新体系，统筹企业创新、区域创新、协同创新三大重点，构建创新能力、创新人才、创新环境三大支撑。贯彻落实党的十九大和十九届历次全会精神，努力构建实体经济、科技创新、现代金融、人力资源协同发展的产业体系，不断增强经济创新力和竞争力。坚持"不求所有，但求所用"，大力营造重视人才、吸引人才的良好环境，为红河经济社会发展提供智力支持。以改革促创新，纵深推进重点领域和关键环节改革，不断提高劳动效率、资本效率、土地效率、资源效率、环境效率。深化供给侧结构性改革，持续抓好"三去一降一补"，加快建设制造强州、网络强州，推动经济发展质量变革、效率变革、动力变革。

2.协调发展

协调是高质量发展的内生特点，高质量是协调发展的基本要求。大力推动区域协调发展，以"廊带联动"助推南北均衡、区域协调、城乡统筹发展，把廊带经济打造成加快红河发展的强健筋骨；大力推动城乡协调发展，基于产业兴旺、生态宜居、乡风文明、治理有效、生活富裕的总要求，推动农业供给侧结构性改革，加快推动农业全面升级，形成工农互促、城乡互补、全面融合、共同繁荣的新型工农城乡关系；大力推动经济社会协调发展，坚持以人民为中心的发展思想，完善公共服务体系，保障群众基本生活，着眼于促进人民素质的提高，为人的全面发展创造良好条件，更好地满足人民群众在经济、政治、文化、社会、生态等方面日益增长的需要。

3.绿色发展

绿色是高质量发展的普遍形态，高质量是绿色发展的内在属性。自觉践行"绿水青山就是金山银山"的理念，坚持生态优先、绿色发展，实施可持续发展战略，加快建设山青、水净、地绿、天蓝的美丽红河。持续实施大气污染综合治理攻坚行动，打赢蓝天保卫战，增强人民群众的蓝天幸福感。严格实行生态环境保护制度，加快水污染防治，强化土壤污染管控和修复；统筹山水林田湖草沙冰系统治理，严格实行生态环境保护制度，严守生态保护红线、永久基本农田、城镇开发边界三条控制线，提升生态系统质量和稳定性。

4.开放发展

开放是高质量发展的必由之路，高质量是开放发展的重要标志。高标准建设自贸试验区红河片区、高质量建设蒙自经开区、高水平建设红河综保区、高要求建设河口边合区、高平台建设中国（红河）跨境电子商务综合试验区，推动"市区融合"，持续释放"五区联动"效应，在政策、产业、招商、人才、资金等要素方面实现优化整合，加快形成以自贸试验区红河片区为引领、"五区联动"发展的产业集群，打造对外开放新高地，更好发挥并放大"五区"对全州开放发展的引领作用。对内与长三角、京津冀、粤港澳大湾区、成渝地区双城经济圈深化合作，建立毗邻地区协同开放发展机制，跨区域共建产业园区，鼓励引导大型企业在红河布局资源供应和商品生产、流通产业链基地。对外主动参与中国—东盟自由贸易区，中国—中南半岛经济走廊，孟中印缅经济走廊，中缅、中老经济走廊建设，与周边国家加强政策沟通、设施联通、贸易畅通、资金融通、民心相通，共建国际产能合作区、跨境经济合作区，积极参与中老铁路沿线开发，深化多领域合作，促进经济循环流转和产业关联畅通。

5.共享发展

共享是高质量发展的根本目的,高质量是共享发展的不懈追求。实现共建共享和共同富裕,首要的是积极营造"人人参与"的发展环境,提高人民受教育程度,增强发展能力,创造普惠公平的发展机会,畅通向上流动通道;重点在于做好保障"人人尽力"的制度安排,坚持基本经济制度,坚持"两个毫不动摇",充分激发人民群众勤劳致富、创新致富的热情;关键是要形成"人人享有"的合理分配格局,构建体现效率、促进公平的收入分配体系,正确处理效率和公平的关系,构建初次分配、二次分配、三次分配协调配套的基础性制度安排,加大税收、社保、转移支付等调节力度并提高精准性,扩大中等收入群体规模,增加低收入群体收入,合理调节高收入,取缔非法收入,形成中间大、两头小的橄榄型分配结构,促进社会公平正义和人的全面发展,推动全体人民朝着共同富裕目标扎实迈进。

(二)瞄准看齐高质量发展目标

红河高质量跨越式发展是省委、省政府全面把握新发展阶段的时代方位,坚决贯彻新发展理念的指导原则,积极探索服务构建新发展格局的有效路径,深入贯彻落实习近平总书记考察云南重要讲话精神,实现"三个定位"赋予红河的新使命,是红河立足新发展阶段、贯彻新发展理念、构建新发展格局、主动服务和融入国家发展战略以及突显红河本质特征的需要。

树牢"一盘棋"思想,聚焦"经济社会高质量跨越式发展,建成有为政府、有效市场和有序社会高度和谐统一的新红河"这一发展目标,聚焦落实"链长制"、巩固脱贫成果、城乡区域协调发展、沿边开放、招商引资和营商环境、美丽红河建设、铸牢中华民族共同体意识和"作风革命、效能革命"8个重点,形成中心引领、两翼齐飞、南部振兴、沿边开放和廊带联动五大布局,实现经济发展、创新能力、城乡区域融合、沿边开放、生态文明建设、民生福祉改善、边疆治理效能和社会文明建设八大创新。到2025年,红河经济总量达4200亿元以上,年均增长10%以上,人均GDP达9万元左右。到2035年,经济总量迈上万亿元台阶,与全国全省同步基本实现社会主义现代化。

(三)适应把握高质量发展机遇

当前,我国经济已由高速增长阶段转向高质量发展阶段,正处在转变发展方式、优化经济结构、转换增长动力的攻关期。以供给侧结构性改革为主线,通过抓产业增质效、抓主体增实力、抓创新增动力等举措,加快产业转型升级和新旧动能转换，促进经济发展质量效益和总量规模双提升。红河正处于爬坡过坎的阶段，面对全球科技革命和数字经济发展、国家构建新发展格局、国家重大战略在云南交会叠加、面向南亚东南亚辐射中心建设、云南自由贸易试验区建设和滇中城市群发展的战略机遇，充分发挥红河区位优势、开放优势、资源优势、产业优势、生态优势、气候优势和文化优势，把优势发挥到极致，将先天优势转化为高质量发展的胜势。不仅需要砥砺前行、久久为功，而且需要拓展思路、守正创新，更需要"闯"的精神和"敢为天下先"的勇气。

二、抓实"进"的举措，谱写红河高质量发展新篇章

大道至简，实干为要。推动红河高质量跨越式发展，必须只争朝夕、苦干实干，大力推行项目工作法、一线工作法、典型引路法，推动"踏石留印、抓铁有痕"成为党员干部的鲜明特质，让"事不避难、义不逃责"成为干部队伍的新标识。结合省第十一次党代会、省委省政府红河现场办公会和州第九次党代会精神，紧紧围绕州委"13568"工作思路全面贯彻落实，坚定信心决心，保持战略定力，以决不负时代重托、决不负红河发展、决不负人民期待的信心和决心，奋力谱写红河高质量跨越式发展新篇章。

（一）红河高质量跨越式发展卓有成效

红河认真贯彻落实党中央、国务院决策部署和省委、省政府工作要求，始终坚持把新发展理念作为推动高质量发展的根本遵循，把提升产业链供应链的稳定性和竞争力作为推动高质量发展的根本主线，把深层次改革和高水平开放作为推动高质量发展的根本动力，把全面深化改革作为推动红河高质量跨越式发展的"关键一招"，聚焦重点领域和关键环节持续深化改革，呈现出全面发力、多点突破的良好态势。具体来看，党的创新理论最新成果深入人心，党的创新理论最新成果在红河大地彰显出强大的真理力量、思想力量、实践力量；综合经济实力实现跨越式提升，"十三五"期间全州地区生产总值年均增长8.9%，经济总量连续5年保持全省第三位；脱贫攻坚取得全面胜利，7个贫困县脱贫摘帽，798个贫困村脱贫出列，91.32万贫困人口全部脱贫；疫情防控和强边固防取得实效，高标准高质量推进人防、物防、技防建设，边境立体化防控体系得到全面加强；基础设施实现历史性巨变，建制村通硬化路率、通客率、通邮率均达100%；生态文明建设取得明显成效，建成15个城市森林（湿地）公园，创建一批省级"美丽河湖"；改革开放实

现重大突破,"五区"引领的开放格局基本形成;民族团结进步事业结出硕果,凝聚起"中华民族一家亲、同心共筑中国梦"的强大力量;民主法治建设深入推进,扫黑除恶专项斗争进入常态化;党的建设更加坚强有力,红河各族人民精神面貌更加奋发昂扬,听党话、跟党走的信念更加坚定。

(二)红河高质量跨越式发展仍面临挑战

红河坚持强化政治担当,深入学习贯彻习近平总书记关于全面深化改革重要论述和中央、省委相关会议精神,切实增强改革创新意识,高位谋划和推动改革,确保中央、省委的各项改革举措在红河大地落地见效。然而,从高质量发展要求来看,红河仍面临发展不平衡、不充分等诸多约束挑战,南北、城乡和山坝之间发展不平衡现象突出,2020年红河北部7县市地区生产总值占全州经济总量的80.7%,而南部6县生产总值仅占全州经济总量的19.3%。工业规模总量小,传统产业转型升级慢,工业投资增长乏力,生态环境保护短板明显,生态环境保护任重道远,全州森林覆盖率从2015年的47%增加到2020年的57.32%,但仍然低于全省平均水平62.4%。现代产业体系尚未全面形成,开放发展潜力尚未充分释放,改革创新和人才支撑不足,巩固拓展脱贫攻坚成果任务繁重,边疆民族地区治理能力有待提升,部分深度贫困地区产业发展基础相对滞后,产业发展存在小、散、弱的问题,加上市场风险、科技投入、产销衔接等诸多因素影响,产业组织化程度还不能及时适应市场化的需求。

(三)红河高质量跨越式发展的关键是落实"八个大抓"

红河坚持稳中求进工作总基调,以推动高质量发展为主题,以深化供给侧结构性改革为主线,以改革创新为根本动力,以满足人民日益增长的美好生活需要为根本目的,统筹发展和安全,推进边疆民族地区治理体系和治理能力现代化,着力形成中心引领、两翼齐飞、南部振兴、沿边开放、廊带联动的发展布局,圆满完成"十四五"规划目标任务,全面开启建设社会主义现代化新征程。尤其是在面临疫情防控的复杂性、艰巨性之下,始终保持战略定力,稳住经济大盘,坚定不移以"八个大抓"推动红河高质量发展,努力在全省高质量发展中体现红河新担当、展现红河新作为、做出红河新贡献。

1.**大抓产业发展**

红河资源禀赋优越、文化丰厚多彩、生态环境宜居、发展潜力巨大,具有优越的资源条件和基础,是农业大州、重要的工业基地和理想的旅游度假之地。农业上,聚焦"国家农业绿色发展先行区和全国绿色农产品生产基地"建设,全面启动农业现代化三年行动,走产业化、规模化、标准化、品牌化的发展路子,做优高原特色农业。加强高标准农田建设,坚决遏制耕地非农化、防止耕地非粮化,提高农业综合生产能力。坚持用工业理念抓农业,大力发展农产品精深加工,实施食品工业增品种、提品质、创品牌行动,实施特色农业精品打造工程。培育农业龙头领军企业,引进一批有实力的加工企业,保证优质农产品供给。工业上,推进延链、补链、强链,健全完善产业链"链长制",针对确定或计划引进的"链主"企业成立强有力的服务保障团队,在政策、用地、环评、能源、融资及推动落实各个方面给予重点支持倾斜,有力有效推进延链、补链、强链,加快促进产业链上下游、产供销、大中小企业协同发展,推动产业链向下游高附加值领域延伸,打造锡、铜等产业基地,做大做强泸西绿色低碳示范产业园和绿色铝产业集群。旅游业上,加快推进文旅融合发展,创新旅游产品业态,提供更多个性化、品质化中高端产品。大力推进滇南文化旅游经济带建设,加快元阳哈尼梯田景区、建水古城等品牌打造,做大高端品牌、做特康养旅游、做深文旅融合、做活特色夜游,真正把红河旅游打造成为云南旅游的新地标、新品牌、新引领。

2.大抓促进农民增收

大力弘扬伟大脱贫攻坚精神,严格落实"四个不摘"要求,切实维护和巩固脱贫攻坚战的伟大成果,全力促进农民增收,坚决守住不发生规模性返贫的底线。

强化巩固拓展脱贫攻坚成果措施,促进脱贫人口持续增收。立足实际、因地制宜、强化措施,重点实施国家和省级乡村振兴重点帮扶县建设、乡村特色产业帮扶工程、稳定就业帮扶、易地扶贫搬迁后续帮扶、生态保护工程、乡村基础设施建设六大工程,深入推进农村一二三产业融合,大力发展休闲农业和乡村旅游,为农民提供更多就地就近就业机会。加强与州内企业的沟通对接、信息交流,着力解决企业"用工难"和群众"就业难"问题。紧盯收入低于1万元的脱贫人口和监测对象,开展低收入脱贫人口收入过万两年专项行动,力争用两年时间,基本消除低收入脱贫家庭人均年收入1万元以下的现象。

健全完善帮扶长效机制,巩固拓展脱贫攻坚成果。建立农村低收入人口和欠发达地区帮扶机制,开展农村人口动态监测,精准识别农村低收入人口,坚持分类指导、分类帮扶,在县级政府层面建立农村困难群众"救助平台"。健全防止返贫致贫动态监测机制。继续对脱贫县、脱贫村、脱贫人口开展监测,持续跟踪收入变化和"两不愁三保障"及饮水安全保障巩固情况,及时帮扶,动态清零。健全东西部协作和社会力量帮扶机制,拓展东西部协作和结对帮扶政策,精准施策发力,全面深化交流合作,完善扶贫项目资金资产管理机制。完善党建引领机制。实施组织振兴行动,深入推进党建巩固拓展"双推进",选好、培养好、用好、管好乡村振兴"明白人、带头人",以基层党建引领乡村振兴。加强易地搬迁集中安置区后续扶持力度,完善利益联结"双绑"机制,引进培育农业龙头企业,深入实施"万企兴万村"行动,不断壮大村集体经济。

保持政策措施总体稳定,推动脱贫地区帮扶政策落地见效,5年过渡期内严格落实脱贫县摘帽不摘责任、不摘政策、不摘帮扶、不摘监管"四个不摘"要求,帮扶不松劲、脱贫不脱钩,确保现有帮扶政策、资金支持、帮扶力量总体稳定。全力支持乡村振兴重点帮扶县巩固拓展脱贫攻坚成果,加快推进红河、元阳、绿春、金平4个国家乡村振兴重点帮扶县和屏边省级乡村振兴重点帮扶县的特色产业、基础设施和基本公共服务建设。

3.大抓新型城镇化和乡村振兴

认真落实"加快南北协调发展,提升县城承载力,打造'绿美城市''绿美乡村',让全州乡村面貌有大变化"的要求,全力推进新型城镇化和乡村振兴。提高站位、拓宽视野,着力破解南北发展不平衡,拿出硬办法、硬措施,在构建"五大布局"中体现担当作为。推动北部7县积极融入滇中城市群一体化发展,强化滇南中心城市的"中心引领"作用,重点在"五个一体化"上抓好落实,推动弥勒泸西、建水石屏加快形成强劲"两翼"。紧紧围绕"南部振兴",南部6县充分释放沿边开放、绿色生态、热区资源潜力,加快形成新的增长点,缩小南北发展差距。加快新型城镇化提速提质,大力实施城市更新行动,持续加大"美丽县城""特色小镇"创建力度,着力推进滇南中心城市"十大工程",加快城市道路、5G网络和充电等基础设施建设,加快"三区一村"改造,逐步提升县城承载能力。全面推进乡村振兴,发挥独特生态环境优势,深入开展乡村建设行动和乡村振兴"十百千"示范工程,加快实施城乡绿化美化三年行动和农村人居环境整治提升五年行动,着力打造一批美丽乡村。

大力弘扬伟大脱贫攻坚精神,严格落实"四个不摘"要求。促进脱贫人口持续增收,因地制宜、科学编制实施农村居民和脱贫人口持续增收三年行动实施方案,落实好"一平台、三机制",深入推进农村一二三产业融合,大力发展休闲农业和乡村旅游,为农民提供更多就地就近就业机会。加强与州内企业的沟通对接、信息交流,着力解决企业"用工难"和群众"就业难"问题,紧盯收入低于1万元的37.22万脱贫人口和监测对象,摸清底数、建立台账、科学分析、一户一策、精准施策,确保年内人均纯收入有较大提升。

4.大抓沿边开放

坚定不移推进改革,坚定不移扩大开放,破除制约红河高质量发展的深层次体制机制障碍,增强经济发展活力和内生动力。推动服务和融入新发展格局同融入"一带一路"建设和长江经济带发展有机衔接,抓住《区域全面经济伙伴关系协定》(RCEP)生效机遇,做好内外统筹、双向开放文章,努力成为强大国内市场与南亚东南亚市场之间的战略纽带、"大循环、双循环"的重要支撑。认真落实"抢抓重大机遇,加强谋划研究,先行先试、大胆创新,进一步在释放政策优势上取得更大成果"的要求,加快建设沿边开放示范区。用好区位优势,抓住RCEP生效、中老铁路开通等重大机遇,加快"北融滇中、南接越南、东进两广、西通缅老"开放大通道建设,加强口岸通关便利化,打造现代商贸物流产业链,努力打造中国—东盟产业链、供应链、价值链深度融合新高地。用活平台优势,自贸试验区红河片区、红河综保区、蒙自经开区、河口边合区、中国(红河)跨境电子商务综合试验区"五区"是建设沿边开放示范区的重要平台和发展机遇,但在用活平台、推动发展上还有很大差距,政策红利没有得到充分释放。主动向东部先进省份学习,大胆探索创新,自主闯、自主试,充分运用好平台。持续深化"五区联动"和"市区融合",理顺"五区"管理体制机制,推动各县市融入"五区"协同发展。用足政策优势,以推进贸易强州行动计划为抓手,做大一般贸易,做强加工贸易,推广复制边民互市贸易进口商品落地加工"红河模式",用好RCEP原产地累积规则,扩大金属矿砂、水果、水产等优质产品进口。抓紧研究制定红河跨境电商综试区实施方案,更好地促进和规范跨境电子商务产业发展壮大。推动跨境金融创新,大力发展跨境人民币结算业务,着力在金融开放与跨境金融合作等方面先行先试、大胆探索。

5.大抓招商引资和营商环境

认真落实"依托工业基础好、市场主体相对活跃等自身优势,努力推动招商引资和营商环境走在前、作表率"的要求,对标"三年赶上全国一流方阵"目标，落实好营商环境三年行动计划，持续优化营商环境，大力引进一批大项目、好项目。坚持"一把手"招商，严格落实党政"一把手"招商要求，建立协同联动的招商工作机制，聚焦"招什么""谁来招""拿什么招""怎么招"，搞清楚自己"有什么""要什么""缺什么"，研究分析全球产业布局，统筹考虑税收、就业等价值效益，以"三顾茅庐"的韧劲，让红河的"链主"企业和"链群"企业多起来、大起来、强起来，促进产业链上下游联动发展。各级各部门主动学习政策、研究政策、运用政策，主动向上争取、向社会融资，力争落地一批大项目、好项目。优化营商环境，坚持把优化营商环境作为基础性、长期性工作抓紧抓好，牢固树立"政府围着企业转、企业有事马上办"意识，大力实施营商环境攻坚行动。转变观念，改变招商老套路，从拼资源要素向全周期、全过程优化服务保障转变，不能"赔本赚吆喝"。持续深化"放管服"改革，提高办事效率，切实帮助企业解决发展中遇到的痛点、难点、堵点问题，以真招、实招、硬招打造"红河效率""红河服务""红河诚信"，确保营商环境评价争先进位。守住生态环保、节约用地等底线，不卑不亢招商，不符合发展需求、不符合环保要求的企业再好也不能招，坚决不能把污染带进来。

6.大抓生态文明建设

深刻领会"生态文明建设排头兵"的核心要义，推动人与自然生命共同体建设，推动地球生命共同体建设，深入践行"绿水青山就是金山银山"的理念，坚持生态优先、绿色发展，落实保护优先、发展优化、治污有效，全面加强生态文明建设，促进经济社会发展绿色转型，建设人与自然和谐共生的现代化。

加强生态保护和修复，守护好绿水青山。坚守自然生态安全边界，实行最严格的生态环境保护制度，强化生物多样性保护，筑牢生态安全屏障。统筹推进山水林田湖草沙冰一体化保护和修复，实施一批重要生态系统保护修复重大工程，争取国家支持实施红河哈尼梯田、石屏异龙湖、弥勒太平湖等山水林田湖草沙冰生态保护修复项目。加快"森林红河、绿满红河"建设。

加快构建"一核一区一带一屏多点多廊"绿色生态空间格局。即滇南中心城市生态系统保护核心圈，北部石漠化地区，红河干热河谷带，南部边境国家生态屏障，自然保护地、重要湿地、国有林场等"多点"，主要公路、铁路、河流、库区沿线等"多廊"，推进国家森林城市、国家生态屏障、"森林红河、绿满红河"等创建，为全省筑牢西南生态安全屏障贡献红河力量。

加强生物多样性保护。加强屏边大围山、金平分水岭、绿春黄连山、红河阿姆山、元阳观音山、建水燕子洞等自然保护区保护管理。开展生物多样性调查观测评估，加快实现生物多样性信息化管理。建设州级野生动物疫源疫病监测中心，完善县市监测站点，全面提升重大野生动物疫情监测预警和应急处置能力。开展跨境生物多样性保护合作，保障区域与国家生物安全。

推动绿色发展，创建"两山"理论实践创新基地。大力倡导绿色生活，增强全民节约意识、环保意识、生态意识，着力建设绿色家庭、绿色社区、绿色学校、绿色企业、绿色商场、绿色餐馆和节约型机关，推动全社会形成节约、绿色、低碳的生产生活方式。

持续改善城乡人居环境。打好污染防治攻坚战，巩固提升全州15个城市森林（湿地）公园建设成果，加大城市绿地、园林和健康步道等公共基础设施建设，推进城市增绿添美行动，营造多元生态场景，努力把所有县城建成公园城市。持续推进美丽乡村、森林乡村建设，打造美丽宜居的生态家园。持续改善环境质量，建设公园城市和生态家园，全面推进公园城市和生态家园建设，让美丽城镇、美丽乡村、美丽山川和人居环境共生共荣。突出"看得见山、望得见水、记得住乡愁"，以推进"滇南最美乡愁之旅"、实施乡村振兴"十百千"示范工程、传统村落保护等为抓手，在全州打造具有乡愁气韵、红河特质、现代文明特征的生态家园。

7. 大抓民族团结进步示范区建设

认真落实"抓好民族团结进步，当仁不让走在前、作示范"的要求，巩固提升全国民族团结进步示范州创建成果，创建更多全国民族团结进步示范县市，"促进各民族像石榴籽一样紧紧抱在一起"，共同团结进步、共同繁荣发展。以社会主义核心价值观为引领，深入践行《新时代红河哈尼族彝族自治州民族团结进步爱国公约》，深化拓展"光辉思想照边疆、红河儿女心向党"宣传教育，不断铸牢中华民族共同体意识。目标化、项目化、清单化推进民族团结进步全域创建行动，推动18个民族文化传承保护项目，坚持眼睛向外找典型、学先进，不断深化《红河·玉溪·楚雄·丽江共创民族团结进步联盟框架协议》。加大民族地区产业、基础设施、资金、人才等支持力度，推进乡村振兴、49个现代化边境小康村、固边兴边富民行动和"十县百乡千村万户"示范引领建设工程，认真落实"技能云南"行动，促进各民族共同发展、共同富裕。把党的领导贯穿民族工作全过程，不断提升宗教事务工作法治化水平，大力培养少数民族干部，加强基层阵地建设。

8.大抓干部队伍建设

认真落实"大力推进作风革命、效能革命，建设一支敢于担当、干事创业、攻坚克难的干部队伍"的要求，为红河高质量跨越式发展提供坚强组织保障。深入推进作风革命、效能革命，纵深推进"担当实干争先跨越"大讨论活动转向"见行动、出实效、严督促"，用实际行动和工作成效向省委指出的10种干部作风问题宣战，认真贯彻落实"五个带头"要求，下真功夫、拿出"真把式"，把"三个工作法"细化实化为工作模式、具体行动，把作风革命、效能革命贯穿到产业链建设、营商环境优化、市场主体倍增、民族团结进步、疫情防控和强边固防等具体工作全过程各方面。树立重实干、重实绩的导向，注重在一线考察识别干部，旗帜鲜明选拔重用想干事、能干事、干成事的干部，加强各级领导班子和干部队伍建设。把"严"的主基调长期坚持下去，严守政治纪律和政治规矩，继承发扬好光荣的革命精神和党的优良传统，走好新的"赶考"路，以实干实效交出高质量发展答卷。

三、做好"蓄"的文章，增强红河高质量发展后劲

立足新发展阶段、贯彻新发展理念、融入新发展格局，站在新的历史起点上，红河高质量跨越式发展的步伐日益铿锵有力，不断为全省、全国高质量跨越式发展增"金"、添"新"、加"绿"，谱写红河发展新篇章。肩负着不断满足各族人民对美好生活向往的重大责任，红河将更加紧密地团结在以习近平同志为核心的党中央周围，坚决贯彻中央重大决策和省委工作要求，大力弘扬"红河奔腾、奋勇争先"精神，不忘初心、牢记使命，攻坚克难、不懈奋斗，蓄能发力、砥砺前行，坚持一张蓝图绘到底，为云南高质量跨越式发展做出红河贡献、创建红河示范。

（一）正确把握三大关系

1.正确把握整体推进和重点突破的关系

推动高质量发展是一项系统工程，要坚持稳中求进工作总基调，运用系统论的方法，依据新发展理念的整体性和协同性，增强推动高质量发展举措的关联性和耦合性，做到相互促进、协同发力。既要紧紧围绕高质量跨越式发展，大力解放思想，敢于创新突破，把招商引资、营商环境、产业发展等统筹考虑、整体推进，没有办法想办法，没有方案出方案，把应该办而又"行不通"的工作变成"行得通"，又要坚持重点突破，在产业发展、促进

农民增收、新型城镇化和乡村振兴、沿边开放、招商引资和营商环境、生态文明建设、民族团结进步示范区建设、干部队伍建设以及疫情防控等方面下功夫。

2.正确把握总体谋划和久久为功的关系

既要打好防范化解重大风险、精准脱贫、污染防治三大攻坚战,还要大力转变经济发展方式、优化经济结构、转换增长动力,特别是要净化市场环境、提高人力资本素质、全面提高治理能力。高质量发展不可一蹴而就,没有多年如一日的默默耕耘,就不可能取得历史性的成就。按照"整体谋划、各展特色、互为补充、共同发展"的要求,以功成不必在我的胸怀,真正对历史负责、对民族负责。同时,有紧迫感,更要有长远战略谋划,实事求是,正确的就要坚持下去;久久为功,不要反复、不要折腾,争取早日闯出一条转型发展的新路子,"久久为功"为破解全面深化改革深层次问题、推动新时代红河高质量跨越式发展提供了一把"金钥匙"。

3.正确把握破除旧动能和培育新动能的关系

发展动力决定发展速度、效能、可持续性,推动高质量发展要坚定不移推进供给侧结构性改革、大力破除无效供给、着力培育壮大新动能,从而促进新旧动能加快接续转换,加快建设现代化经济体系。因势而动、顺势而为,坚决突破思维方式局限和固有模式惯性,正确把握破除旧动能和培育新动能的关系,全力实现新旧动能转换,不断迸发发展动能。具体来看,旧动能看"减",如推进煤电一体化建设,强化煤电节能减排改造升级,加大固体废物资源化、减量化能力建设,建设工业固废综合利用示范基地。减少化肥农药施用量,加强废弃农膜回收利用。以斗争精神持续推进为基层减负工作提质增效,落实减负政策,优化企业生产经营环境。新动能看"加",如发挥规模和集聚效应,释放巨大而持久的动能,促进红河经济持续发展。经济结构优化调整,新基建、产业技术升级,以数字经济为代表的新产业、新动能逆势增长、蓬勃发展,为技术改造、数字化转型提供机遇。加强研发攻关,加快成果转化应用,科技创新为高质量发展增添新动能,科技开放合作迈出新步伐。

(二)有为政府、有效市场和有序社会统筹发力

政府通过在市场体制引导、营商环境塑造和主体活力激发上"有为",推动市场在方向把握、运行公平和创新突破上"有效",促进社会共享在公众参与、社会协作和分配公平上"有序",进一步推动红河经济高质量跨越式发展,增进人民福祉,实现共同富裕。

1.有为政府

有为政府强调政府在资源配置中做到有所为和有所不为,为国家发展和社会进步做出贡献。加快转变政府职能,做到该管的事情要管到位,该放的权要放到位,克服错位、越位、缺位现象,尊重市场规律,减少政府对市场经济的直接干预和不当干预,提升政府效率和管理能力。引导政府扮演好服务经济增长的角色,推动政府让位于市场,在有效市场、有序社会和有为政府更好结合上下功夫,为红河的经济增长保驾护航。

2.有效市场

有效市场是指经过市场化改革,使要素获得合理配置,最终提高经济增长活力的市场。确立以市场为中心的市场经济制度,深化要素市场化配置改革,保障市场的公平竞争,实现资源配置的最优化,进一步提高市场的对外开放程度,加快建设高标准的市场体系,构建具有国际影响力的市场体系,实现市场经济质和量同步增长。理顺、调整政府和市场的关系,进一步把市场机制有效调节的经济活动交给市场,让市场在所有能够发挥作用的领域都充分发挥作用,达到更高水平的有效供给、更高质量的有效需求。

3.有序社会

有序社会是指人们的行为受相对固定的规则支配的旨在实现共同富裕的社会,表现为行为的一致性、连续性、确定性和可预测性。一方面,引导红河各族人民牢固树立休戚与共、荣辱与共、生死与共、命运与共的共同体理念,铸牢中华民族共同体意识,构建起维护国家统一和民族团结的坚固思想长城,构筑有序共享的思想意识基础,促进各民族共同维护好国家安全和社会稳定。另一方面,通过三次分配,使大量的高收入人群按照社会公益、社会公德、社会和谐等道德伦理体系来行动,从而实现一个符合自愿原则和公平正义原则的良性循环,构筑人类文明发展和有序共享的经济基础。

(三)供给侧、需求侧和生态侧的三侧合一

以生态文明为目标,以新消费引领新供给,以新供给创造新需求,推动供给、消费和生态之间形成良性循环,为红河经济高质量发展注入源源不断的活力。

1.在结构优化中创造新供给

以深化供给侧结构性改革为主线,加大绿色技术创新和绿色产品研发力度,加快补齐供给短板,通过进一步放开市场准入引入充分竞争,积极推动

农业、林业、工业、水利、交通、生态、自然资源等领域融合发展，培育壮大融合发展新业态，优化产业结构，丰富优质供给，激发产业倍增效应。深入贯彻"绿水青山就是金山银山"的思想，坚持创新驱动发展战略，科学设计和合理划定农村生产空间、生活空间和生态空间，加快构建生态文明体系，推动经济社会发展全面绿色转型，努力为人民提供更多优质生态产品，推动红河在生态环境有效提升和生态产品优质供给上做出示范。

2.在消费升级中培育新需求

充分发挥消费在经济运行中的"稳定器"作用，促进消费不断升级，推进服务消费持续提质扩容，引导消费新模式加快孕育成长。把实施扩大需求战略同深化供给侧结构性改革有机结合起来，注重需求结构的优化平衡，以创新驱动、高质量供给引领创造新需求，以质量品牌为重点，有序发展消费新模式、新业态，引导消费朝着智能、绿色、健康、安全方向发展。坚持生态惠民、生态利民和生态为民，加快提高生态环境质量，不断满足人民群众日益增长的优美生态环境需要。

3.在绿色转型中建设生态文明

认真落实"打好污染防治攻坚战，加强生态环境保护"的要求，深入学习贯彻习近平生态文明思想，持续开展红河蓝天、碧水、净土行动，坚决打好污染防治攻坚战。全面落实河（湖）长制，以异龙湖、南盘江治理为重点，抓紧推进滇南中心城市水生态综合治理、破解化工围城、城乡垃圾污水和农业面源污染治理、重金属污染防治、流域生态修复等工作。大力实施城乡绿化美化三年行动和国土绿化行动，抓紧争取国家、省级财政预算支持和专债基金支持，项目化加快北部县市石漠化综合治理和南部县地质灾害治理，推动红河谷保护开发取得积极性进展，坚决守住红河谷的肥沃水土，确保"十四五"末全州森林覆盖率达到60%。牢牢守住生态保护红线、环境质量底线、资源利用上限，高质量打通"两山"转化通道，严控高耗能、高污染项目盲目上马，推动自贸试验区红河片区碳排放权交易资源储备体系建设，提升红河全域碳汇能力，打造绿色经济增长极。

四、本书研究框架

新时代赋予新使命，新征程需要新担当，找准定位，把握方向，坚定信心，紧扣目标，同向发力，热起来、比起来、干起来、快起来，奋力推动红河高质量发展，以优异的成绩迎接党的二十大胜利召开！

在新时代新征程上，在推动高质量跨越式发展上闯出新路子，红河正面临着千载难逢的发展机遇，要深入贯彻落实党的十九届六中全会精神，深入贯彻落实习近平总书记考察云南重要讲话和重要指示批示精神，贯彻落实省第十一次党代会精神，把红河的改革和建设事业继续推向前进，谱写好中华民族伟大复兴中国梦的红河篇章，推动高质量发展落地生根，护航中国经济巨轮扬帆远行。

在编写过程中。我们坚持以事实为依据，突出政治性、政策性、原则性、时代性，确保内容的综合性、权威性、全面性、准确性，放眼国际、着眼全国、立足红河，坚持政治正确、思想正确、事实正确的原则，撰写文稿力求有高度、有深度、有广度。

本书从总报告、分报告和专题报告来谱写高质量跨越式发展的红河篇章（本书的研究框架如图1所示）。

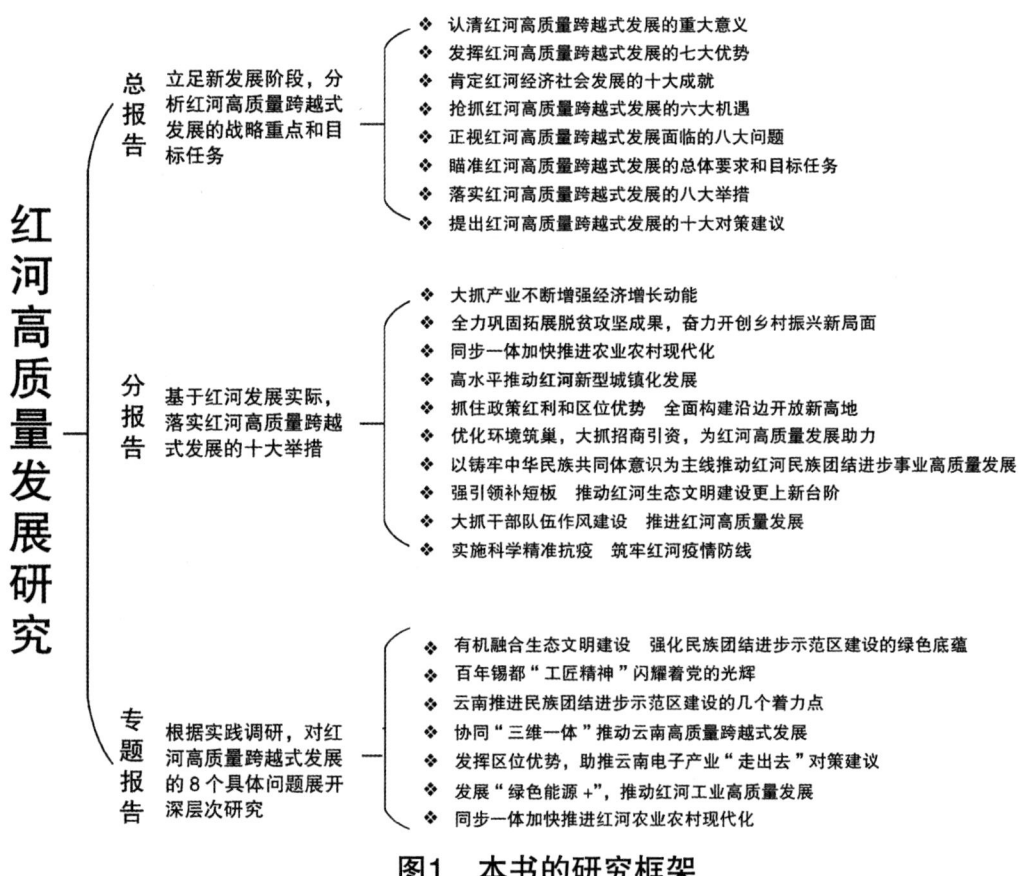

图1 本书的研究框架

（资料来源：自行绘制）

（说明：如无特别标注，本书所用数据均为课题组调研所得。）

总报告

红河高质量发展研究总报告

当前，世界正经历百年未有之大变局，我国正处于实现中华民族伟大复兴的关键时期，沧海横流，风云激荡。以习近平同志为核心的党中央统筹中华民族伟大复兴战略全局，以马克思主义政治家、思想家、战略家的非凡勇气、卓越政治智慧、强烈使命担当，做出了立足新发展阶段、贯彻新发展理念、构建新发展格局、推动高质量发展的重大战略判断和战略抉择。习近平总书记的重要论述，反映了我们党对我国经济社会发展规律的新认识，丰富和发展了中国特色社会主义理论，是习近平新时代中国特色社会主义思想的重要组成部分，是推动我国经济社会高质量发展，全面建设社会主义现代化国家、实现中华民族伟大复兴的中国梦的根本指南和行动纲领。

高质量发展是立足新发展阶段的战略抉择，是创新成为第一动力、协调成为内生特点、绿色成为普遍形态、开放成为必由之路、共享成为根本目的的发展，是构建新发展格局的必然要求。高质量发展是"十四五"乃至更长时期我国经济社会发展的主题，关系我国社会主义现代化建设全局。高质量发展是"中国号"巨轮必须面对也一定要驶过的关口，除此之外别无他途。"高质量发展不只是一个经济要求，而是对经济社会发展方方面面的总要求；不是只对经济发达地区的要求，而是所有地区发展都必须贯彻的要求；不是一时一事的要求，而是必须长期坚持的要求。"立足新发展阶段、贯彻新发展理念、构建新发展格局，是贯穿推动高质量发展的逻辑主线，三者紧密关联。进入新发展阶段明确了我国发展的历史方位，贯彻新发展理念明确了我国现代化建设的指导原则，构建新发展格局明确了我国经济现代化的路径选择。把握新发展阶段是贯彻新发展理念、构建新发展格局的现实依据，贯彻新发展理念为把握新发展阶段、构建新发展格局提供了行动指南，构建新发展格局则是应对新发展阶段机遇和挑战、贯彻新发展理念的战略选择。三者有机统一的落脚点是推动我国经济社会的高质量发展，满足人民日益增长的美好生活需要，最终实现共同富裕。

深入贯彻落实习近平新时代中国特色社会主义思想和习近平总书记考察云南重要讲话精神，云南省委、省政府全面把握进入新发展阶段的时代方位，坚决贯彻新发展理念的指导原则，积极探索服务构建新发展格局的有效路径，切实增强"四个意识"、坚定"四个自信"、做到"两个维护"，心怀"国之大者"，以永不懈怠、一往无前的奋斗姿态，聚焦重点、难点和特点，出台了《中共云南省委 云南省人民政府关于贯彻新发展理念推动各州市高质量跨越式发展的指导意见》，全面部署"十四五"发展工作，全力推动云南实现高质量跨越式发展，早日实现"三个定位"的战略目标。

中华人民共和国成立70多年来，特别是党的十八大以来，红河各族儿女在党中央和省委、省政府的坚强领导下，担当实干、砥砺前行、争先跨越，跑出了"红河加速度"，铸就了"红河大动脉"，塑造了"滇南魅力新城"，讲好了"红河减贫故事"，敞开了"红河宽广胸怀"，守护了"红河美丽家园"，唱响了"红河同心歌谣"，与全国同步全面建成小康社会。新时代，红河全面贯彻落实党的十九大和十九届历次全会精神及省第十一次党代会精神，围绕高质量跨越式发展，拿出新思路、新办法、新举措，抓紧、抓好、抓出成效，确保党的十九届历次全会和省第十一次党代会精神在红河落地生根开花结果，书写新时代的红河华章。

一、认清红河高质量跨越式发展的重大意义

红河高质量跨越式发展是深入贯彻落实习近平总书记考察云南重要讲话精神，实现"三个定位"赋予红河的新使命；是省委、省政府站在全国、全省发展大局，基于红河发展的基础、条件、优势、潜力，对推动红河高质量发展提出的新要求，充分体现了省委、省政府对红河经济社会发展的高度重视和对红河各族人民的关怀，为红河当前和今后一个时期推动高质量发展指明了前进方向。

（一）贯彻落实习近平总书记考察云南重要讲话精神的需要

努力建设成为我国民族团结进步示范区、生态文明建设排头兵、面向南亚东南亚辐射中心，是习近平总书记站在历史和全局的高度，谋划一域未来，为云南量身定制的战略指引，是新时代云南发展的行动纲领和根本遵

循。充分认识云南在全国发展大局中的四个突出特点，找准云南的坐标方位、使命担当、区位优势和前进方向，也是习近平总书记两次考察云南重要讲话精神的根本要求。贯彻落实习近平总书记考察云南重要讲话精神，就是要深刻领会习近平总书记对云南提出的"一个跨越""三个定位""四个突出特点"的内在逻辑，深入思考，理论联系实际，把红河摆进去、把红河发展摆进去、把红河发展中面临的实际问题摆进去，正确把握红河在"三个定位"中的地位和作用，切实担负起新时代赋予红河的使命责任。

（二）立足新发展阶段的需要

立足新发展阶段的历史方位，开启全面建设社会主义现代化国家新征程，向着共同富裕的目标迈进，习近平总书记提出了高质量发展的"三个要求"，为推动高质量发展指明了方向，必须把高质量发展落实到经济社会发展的各领域和全过程，坚定不移走高质量发展之路，这是新阶段的发展要求。"一点都不能缺"：推动高质量发展必须是经济、政治、文化、社会、生态文明"五位一体"发展，绝不能仅仅是经济的发展，而且要让人民群众有实实在在、全面立体的获得感。"一个都不能少"：推动高质量发展必须是全体人民共同富裕，包括全部地区的人民，只有全部地区都实现高质量发展，共同富裕才能真正落地，绝不能简单要求各地区在经济社会发展上达到同一水平，而是要承认客观差异，结合实际情况，因地制宜、扬长补短，走出适合本地区实际的高质量发展之路，必须坚持全国一盘棋。"一刻都不能停"：推动高质量发展必须是长期坚持、持续推动、久久为功，绝不是应时之举、权宜之计，而是永远在路上。

（三）贯彻新发展理念的需要

新发展理念是一个系统的理论体系，回答了关于发展的目的、动力、方式、路径等一系列理论和实践问题，阐明了我们党关于发展的政治立场、价值导向、发展模式、发展道路等重大政治问题。贯彻新发展理念明确了我国现代化建设的指导原则，进入新发展阶段，完整、准确、全面贯彻新发展理念，必须从"根本宗旨、问题导向、忧患意识"三个方面来把握。从根本宗旨把握新发展理念。实现共同富裕不仅是经济问题，而且是关系党的执政基础的重大政治问题，要统筹考虑需要和可能，按照经济社会发展规律循序渐进，积极打造民族团结进步示范区，解决地区差距、城乡差距、收入差距等问题，不断增强人民群众获得感、幸福感、安全感。从问题导向把握新发展理念。根据新发展阶段的新要求，坚持问题导向，立足红河实际，根据红河自身条件和可能,抓住短板弱项来重点解决突出问题,更加精准地贯彻新发展理念,切实推动红河高质量跨越式发展。不能脱离实际硬干,更不能为了出政绩不顾条件地蛮干,必须切实实现高质量发展。从忧患意识把握新发展理念。随着我国社会主要矛盾变化和国际力量对比深刻调整,必须增强忧患意识、坚持底线思维,随时准备应对更加复杂困难的局面,要坚持政治安全、人民安全、国家利益至上有机统一,既要敢于斗争,也要善于斗争,全面做强自己。经济领域,要防止大起大落,确保重要资源供给安全,产业链供应链稳定安全;社会领域,要防止大规模失业风险,加强公共卫生安全,有效化解各类群体性事件。我们在谋划和推进发展的同时,要善于预见和预判各种风险挑战,做好应对各种"黑天鹅""灰犀牛"事件的预案,不断增强发展的安全性。

(四)服务融入新发展格局的需要

在经济全球化的大背景下,任何一种经济循环都是由国内循环和国际循环所构成的,二者的组成、结构状况是由国家的发展阶段、所处环境、目标任务来决定的。构建新发展格局,是适应我国经济发展阶段变化的主动选择,是我国经济现代化的路径选择,是关系我国发展全局的重大战略任务,是于变局中开新局、塑造全面建设社会主义现代化新优势的重大战略。服务新发展格局,必须从内外两个方面来理解。从应对外部风险来看,传统国际循环体系明显减弱,市场和原材料"两头在外"的发展模式难以为继,2008年金融危机以来,全球货物贸易总量占GDP的比重由2008年的51.4%降至2019年的34.2%;新冠肺炎疫情暴发后全球产业链供应链断裂风险进一步上升。从做强内部优势来看,发挥大国经济优势,做强内部循环系统,这是世界大国经济发展的历史经验,否则就难以形成持续的竞争力和推动力。我国是拥有世界最大中等收入群体、全球超大消费潜力市场、最完整工业体系的制造业第一大国,拥有超过1.3亿户市场主体和超过1.7亿名受过高等教育或拥有各类专业技能的人才,需求后劲和供给能力空前强大。构建新发展格局,有利于利用好我国大国优势,发挥规模和集聚效应,释放巨大而持久的动能,促进自身经济持续发展,拉动世界经济复苏。红河进出口贸易额从2015年的12.82亿美元提高到2020年的58.70亿美元,地区生产总值从2015年的1222.30亿元提高到2020年的2417.48亿元,外贸依存度由2015年的7.34%提升到2020年的16.98%,仍然是典型的内向型经济。红河应主动服务构建新发展格局,避免专盯"高大上",避免重复建设,避免烂尾项目,内外兼修、由弱到强、共同推动,是实现融入"国内大循环"和"国内国际双循环"相互促进发展新格局的必然选择。

(五)主动服务和融入国家发展战略的需要

"十四五"乃至更长一段时间,"一带一路"倡议,中国—中南半岛经济走廊、长江经济带、粤港澳大湾区、新时代西部大开发等国家战略,将引领推动区域合作联合发展。正如习近平总书记所强调的,要发挥各地区比较优势,促进生产力布局优化,重点实施"一带一路"建设、京津冀协同发展、长江经济带发展等战略,支持革命老区、民族地区、边疆地区、贫困地区加快发展,构建连接东中西、贯通南北方的多中心、网络化、开放式的区域开发格局,不断缩小地区发展差距。在国家构建"四大板块+四大战略+四区+三区三线"的多层次区域发展战略体系中,红河属于我国西部的革命老区、民族地区、边疆地区和扶贫攻坚地区,位于多种战略结合点和交会处,必将产生叠加效应、协同效应和融合效应。主动服务和融入国家发展战略,红河应在产业发展、巩固脱贫成果、城乡区域协调发展、沿边开放、生态环境保护、民族团结、干部队伍建设、招商引资和营商环境等领域发挥引领、支撑和桥梁的作用,处理好安全和发展、开放和改革、团结和进步的关系,激发区域发展的内生活力,推动形成新的增长点,由此拓展红河经济社会发展的新空间,提高红河经济的潜在增长率。

(六)突显红河优势特征的需要

分析红河州情,综合红河历史文化灿烂、生态环境优越、区位优势明显、产业基础扎实、南北发展差距大"五大突出特点"。红河是农业大州、重要工业基地、旅游度假的理想之地,完全有基础、有条件、有实力实现高质量跨越式发展。红河一半属于滇中,一半位于沿边,是连接东南亚的大通道,是"一带一路"建设与越南"两廊一圈"的重要节点,中国(云南)自由贸易试验区三个片区之一在红河,区位优势、开放优势、经济优势叠加,加快推进沿边开放是红河高质量发展的潜力和希望所在,是国家的重托,也是人民的期盼。早在新中国成立初期,红河各民族就共同签订了《团结爱国公约》,号召各族人民"在中国共产党的领导下,维护民族团结,维护边疆稳定,共同保卫和建设祖国"。进入新时代,红河坚持各民族共同团结奋斗、共同繁荣发展,在铸牢中华民族共同体意识上走在前、作示范,完全有基础、有条件、有优势推动民族团结进步示范区建设。实现总书记确定的"三个定位",是红河落实主体功能区战略,完善空间治理,形成优势互补、高质量发展的区域经济布局的需要。

综上所述,从新时代的历史条件、基本特征、历史任务、责任担当和崇高使命来看,新发展阶段、新发展理念、新发展格局推动高质量发展,犹如一座高高耸立的历史航标,是推动经济社会发展、改变国家面貌的奋斗之路,是谋求人民幸福、实现民族伟大复兴的光明之途。党的光辉照边疆,边疆人民心向党。红河各族人民沐浴党的光辉,在党的领导下,在全国人民齐心协力帮扶下,凝心聚力,因地制宜,发展生产,搞活产业,与全国人民一道如期步入小康社会,正阔步迈向全面建设社会主义现代化的新征程。"听党话!感党恩!跟党走!"是红河各族人民的共同心声。全面认清进入新发展阶段的时代方位,牢牢把握贯彻新发展理念的指导原则,积极探索服务构建新发展格局的有效路径,深入推动云南跨越式高质量发展,红河应有新的担当,在落实习近平总书记关于云南发展的"三个定位"上勇于探索、勇于开拓、勇于创新,做新时代的引领者,做落实党的决策部署的带头人。

二、发挥红河高质量跨越式发展的七大优势

红河在推动高质量跨越式发展的历史进程中,既要坚定走好高质量发展之路的信心,也需要从历史的维度、现实的条件和未来发展趋势来把握优势、发挥优势和转化优势。

(一)区位优势

红河自古以来就是中国西南地区通向东南亚的重要门户和窗口,东汉时期的"马援古道"途经蒙自、河口到达越南的河内,是"南方丝绸古道"的第二通道。红河州有13个县(市),北部7个属于滇中,南部6个位于沿边,是中越经济走廊主干线。目前,有3个国家级一类口岸,有中国(云南)自由贸易试验区红河片区、红河综合保税区、国家级蒙自经济技术开发区、河口边境经济合作区、中国(红河)跨境电子商务综合试验区等开放平台,是云南对外开放特别是对越南开放的前沿。红河地处国家"一带一路"建设的重要节点和云南建设面向南亚东南亚辐射中心的重要前沿,北融滇中(到昆明的高铁、准轨、高速公路网已基本形成)、南接越南(从河口至越南首都河内高速公路里程约250千米,滇越铁路从河口至越南北部最大深水港海防港约400千米)、东进两广(向东乘南昆客专4小时、5—6小时分别可达南宁、广州)、西连缅老(向西沿昆磨高速公路、中老铁路可达缅甸、老挝)的互联互通格局逐渐形成,区位优势突出。在立足国内、面向南亚东南亚的

"大循环、双循环"中，拥有巨大发展潜力，具备利用两种资源、两个市场，走好高质量跨越式发展之路的综合区位优势条件。

（二）开放优势

"敢问路在何方，路在脚下。"云南胜在开放，开放是统领云南改革发展的总抓手。其中，红河具有多方面的开放优势。从开放历史基因上看，红河片区所处的河口作为云南开发开放较早的边境口岸之一，历史上是我国与南亚东南亚国家进行经济文化交流的门户。1895年河口被开辟为商埠，20世纪初，滇越铁路建成通车，商贾云集，云南省进出口物资有80%以上经河口口岸进出。1992年，河口被国务院批准为沿边开放县，同年12月国务院特区办批准设立4.02平方千米的河口边境经济合作区。古老的通商口岸焕发出勃勃生机。从开放现实条件上看，目前，河口口岸是全省最大的农产品进出口口岸，已获批设立进口粮食、植物种苗、水果、冰鲜水产品4个指定监管场所，可利用越南丰富的农产品资源，以及本地丰富的香蕉、杧果等热带林果，发展落地加工及贸易。从开放平台建设上看，红河拥有国务院批设的自贸试验区红河片区、红河综合保税区、蒙自经济技术开发区、河口边境经济合作区，以及正在申建的中越河口—老街跨境经济合作区，这些重要的对外开放平台，功能互补，动能强劲，前景广阔。从开放政策上看，"一带一路"、自贸试验区、沿边地区开发开放、西部陆海新通道建设等国家发展战略在此叠加交会，移动互联网、智能终端、大数据、云计算、生物技术等新一代技术将带来更多变革和创新，RCEP正式签署，红河片区将在"走出去"和"引进来"战略实施中扮演更加重要的角色。这些开放优势成为红河走好高质量跨越式发展之路的重要动力源。

（三）资源优势

红河野生动植物资源丰富，亚热带原始森林莽莽苍苍，有国家一级重点保护野生植物23种、野生动物21种，是云南"中华生物谷"重要基地，被誉为"滇南生物基因库"。红河耕地面积609千公顷，有效灌溉面积185千公顷，是国家高原特色现代农业示范区和云南粮经作物的主要产区。红河矿产资源分布广泛但又相对集中，北部是锡、铜、铅、锌、钨、银等有色金属矿和锰、煤的集中区，南部是铜、镍、金等有色金属矿和非金属类矿产的集中区。目前，红河州探明矿产资源潜在价值达2.5万亿元，占全省已探明矿产资源潜在价值的28%。走好资源资产化、资产资本化、资本证券化的路子，把资源优势转化为生产力优势、经济实力优势和国际竞争力优势，是红河高质量跨越式发展的宝贵财富。

（四）产业优势

2020年红河全州实现地区生产总值2417.48亿元，位居全国30个少数民族自治州第一，三次产业结构由2010年的15.8∶50.4∶33.8调整为2020年的15.3∶38.1∶46.6，产业发展提质增效明显。高原特色现代农业持续向规模化、园区化、标准化、组织化、品牌化、融合化迈进，发展万亩以上产业带52个，9个农产品先后入选云南绿色食品"10大名品"，绿色食品加工中心建设稳步推进，9个县市获评全国电子商务进农村综合示范县，农业总产值较2015年增加237.16亿元。红河是云南优质蔬菜、水果主产区。水果种植面积、产量均居全省第1位，蔬菜种植面积居全省第3位、产量居全省第1位，有"绿色食品牌"省级重点产业基地20个、居全省第3位。推进园区产业聚集发展，电子信息产业从无到有，工业发展优势不断巩固提升。其中电子信息制造业占规模以上工业比重从2015年的零提升至2020年的17.9%，烟草制品业比重从2015年的40.8%降至2020年的26.6%，改变了烟草制品业"一枝独秀"的局面，非烟工业占比由59.2%上升到73.4%，民营经济增加值占GDP比重由2015年的40.6%提高到53.5%。铜、铅、锌、铟等有色金属储量丰富，锡产量居世界第1位，有"锡都"的美誉。全州规模以上工业企业从2015年的270户提升至2020年的454户，工业增加值从2015年的363亿元提升至2020年的522亿元。现代服务业加快发展，新兴产业发展势头强劲，"云上梯田·梦想红河"文化旅游品牌更加响亮，2020年接待国内外游客4234.83万人次，实现旅游业总收入465.69亿元，较2015年分别增长63.69%和143.02%；电商产业蓬勃发展，2020年完成电子商务交易额150.14亿元，增长54.8%。产业兴则经济兴，产业强则红河强。红河走好高质量跨越式发展之路必须充分发挥好产业优势。

（五）生态优势

红河有屏边大围山、绿春黄连山、金平分水岭3个国家级自然保护区，有异龙湖、哈尼梯田、长桥海、黄草洲4个国家级湿地公园，建成15个城市森林（湿地）公园。红河（元江）、南盘江（珠江）穿境而过，河流湖泊众多，水资源丰富。先后获得"中国十佳绿色城市""中国绿色发展优秀城市"称号，元阳哈尼梯田遗产区被命名为全国"绿水青山就是金山银山"实践创新基地。13县市全部创建为"天然氧吧"，红河州成为全国第一个"天然氧吧州"，滇南中心城市空气优良率保持在97.5%以上，城镇污水处理率

95.07%，城镇生活垃圾无害化处理率99%，累计淘汰落后产能135万吨，单位GDP能源消耗累计下降28.9%。

（六）气候优势

红河属低纬高原亚热带季风气候，年平均气温16℃—20℃，在气候学指标划定的春秋季范围内，正所谓"冬无严寒，夏无酷暑"。根据研究，人体感觉舒适的环境温度为18℃—20.6℃，红河整体处于此最佳范围，气候宜人。红河地处低纬高原季风气候区域，境内有重重高山屏障，在冬季阻挡了北方冷空气南下，即便有强寒潮入侵，由于山峦阻挡，强度已经锐减，一般不会造成强烈的降温；夏季在来自热带海洋的西南季风和东南季风这两支暖湿气流的影响下，降水集中，雨热同季，因本身海拔较高（同内地和沿海地区相比），加上蒸发耗热而使平均气温降低，所以夏季不热，多数地区基本无高温酷暑。与世界名城东京、纽约、罗马、巴黎、苏黎世相比，红河气候更加适中；与全国有名的避暑胜地青岛、承德、大连、庐山、衡山相比，红河更加凉爽。根据人体生理卫生实验研究发现：最适合人类生存的海拔高度为"500—2000"米，而海拔1500米的地区是天然的康养胜地。红河州坝区平均海拔1483米，是人类理想宜居地。优越的气候条件成为红河走好高质量跨越式发展之路的天然优势。

（七）文化优势

红河拥有中共云南一大会址查尼皮、西南联大蒙自分校旧址、"边纵"遗址等红色资源，拥有千年哈尼梯田、千年临安古城、千年建水紫陶，拥有百年滇越铁路、百年开埠通商、百年云锡矿业、百年过桥米线，拥有云南第一条铁路、第一个邮政局、第一个海关、第一家外国银行。红河是《四库全书》总阅官尹壮图、清末特科状元袁嘉谷、著名数学家熊庆来、抗日名将张冲等杰出人物的故乡。有10个世居少数民族，民族文化绚丽多彩，一首《阿波毛主席》唱响大江南北，一曲《长街宴》唱出民俗风情，"云上梯田·梦想红河"令人向往。文化优势成为红河走好高质量跨越式发展之路的精神力量和内在信心。

三、肯定红河经济社会发展的十大成就

红河州深入学习贯彻习近平新时代中国特色社会主义思想和习近平总书记考察云南重要讲话精神，认真贯彻落实党中央、国务院决策部署和省委、省政府工作要求，"十三五"时期，经济社会稳步发展，城乡面貌焕然一

新,为走好高质量跨越式发展之路奠定了坚实基础。

(一)党的创新理论最新成果深入人心

坚持把学习贯彻习近平新时代中国特色社会主义思想和习近平总书记考察云南重要讲话精神作为首要政治任务,扎实推进"两学一做"学习教育、"不忘初心、牢记使命"主题教育、党史学习教育,各级党委(党组)会议第一议题学习习近平总书记有关重要论述制度全面落实,推动学习贯彻习近平新时代中国特色社会主义思想走深走实,党的创新理论最新成果在红河大地彰显出强大的真理力量、思想力量、实践力量。

(二)综合经济实力实现跨越

全州地区生产总值年均增长8.9%,经济总量连续5年保持全省第三位,2020年达2417.48亿元,超过四川凉山州、新疆伊犁州,跃居全国30个少数民族自治州第一位。现代产业发展提质增效,一二三产业年均分别增长5.9%、11.1%、7.8%。建成开远国家现代农业产业园,蒙自、开远入选全省"一县一业"示范县,弥勒绿色食品加工园建设稳步推进;工业增加值年均增长10.1%,全州工业园区规模以上工业总产值突破千亿元大关,电子信息制造业成为新动能;一批美丽县城、特色小镇成为红河旅游新元素,弥勒创建成为国家全域旅游示范区,"云上梯田·梦想红河"文化旅游品牌更加响亮。

(三)脱贫攻坚取得全面胜利

坚持"中央统筹、省负总责、市县抓落实",举全州之力实施精准扶贫、精准脱贫,"两不愁三保障"全面实现,7个贫困县脱贫摘帽,798个贫困村脱贫出列,91.32万贫困人口全部脱贫。拉祜族、布朗族2个"直过民族"实现整族脱贫,7.58万人通过易地扶贫搬迁实现"挪穷窝""置新业",18.86万户通过农村危房改造住上安居房,困扰红河千百年来的绝对贫困问题得到历史性解决。

(四)疫情防控和强边固防取得实效

坚持人民至上、生命至上,全面落实常态化疫情防控措施,压实属地责任和主体责任,形成党政军警民联防联控、群防群控强大合力,疫情防控有力有效开展,实现了"零死亡""零院感""零外溢",重大疫情防控体系和公共卫生体系不断完善。以"镇守边关、视死如归"的决心意志强边固防,争分夺秒、只争朝夕,高标准高质量推进人防、物防、技防建设,边境立体化防控体系得到全面加强。

（五）基础设施实现历史性巨变

高速公路跨过红河南岸、通车里程达1045千米，建制村通硬化路率、通客率、通邮率均达100%。高速铁路实现"零"的突破，云桂高铁（南昆客专）穿境红河，复兴号动车开到国门城市河口，电气化铁路通车里程达317千米，弥蒙铁路（高铁）即将建成通车。弥勒通用（东风）机场建成通航，红河蒙自机场历经21年终获批复并开工建设，元阳民用机项目预可行性研究报告通过评审待批复。水网、能源网、信息网、物流网等基础设施扩面提质。

（六）生态文明建设取得明显成效

坚持以生态文明建设引领红河高质量发展，全州森林覆盖率比2015年提高10.8个百分点，达57.8%。哈尼梯田遗产区成为"绿水青山就是金山银山"实践创新基地，建成15个城市森林（湿地）公园，屏边创建为国家生态文明建设示范县。污染防治攻坚战有力有效，一批低效落后产能淘汰退出，中央和省环保督察反馈问题扎实整改，个旧重金属污染防治、滇南中心城市大气污染联防联治取得实效，河（湖）长制全面落实，异龙湖保护治理积极向好，滇南中心城市水污染综合治理项目启动实施，创建一批省级"美丽河湖"。爱国卫生"7个专项行动"和农村人居环境整治广泛开展，13县市全部创建为国家卫生城市（县城），城乡面貌焕然一新。

（七）改革开放实现重大突破

重点领域和关键环节改革取得新突破，党政机构改革顺利完成，职能职责进一步理顺，"放管服"改革深入推进，营商环境不断优化。新一轮国资国企改革顺利实施，优化重组州级三大国有企业。撤镇设街道、蒙自街道析置、个旧鸡街镇行政管理体制改革等创新推进，全州常住人口城镇化率达47.7%。中国（云南）自由贸易试验区红河片区获批建设，改革试点任务创新推进，红河综合保税区建设取得新进展，国家级蒙自经济技术开发区不断发展壮大，中国（红河）跨境电子商务综合试验区方案于2022年6月发布，"五区"引领的开放格局基本形成，沿边开放发展优势更加突显，全州进出口贸易额从2015年的12.82亿美元提高到2020年的58.7亿美元，增长3.6倍。

（八）民族团结进步事业结出丰硕成果

制定践行《新时代红河哈尼族彝族自治州民族团结进步爱国公约》，民族团结进步创建扎实开展，成功创建为"全国民族团结进步示范州"，中华民族共同体意识更加牢固，生动展现"党的光辉照边疆、边疆人民心向党"

的新时代画卷。教育、文化、卫生等民生福祉持续改善，民生支出占地方一般公共预算支出74.6%以上，建成滇南中心医院、州一中、州职教园区等一批民生工程，滇南区域医疗中心建设顺利推进，《哈尼古歌》《流芳》等文艺精品走进大众，社会保障体系更加健全，2020年城镇、农村居民人均可支配收入分别达37500元、13580元，人民群众的幸福指数不断提高。

（九）民主法治建设深入推进

党对一切工作的领导不断加强，党的领导体制机制不断完善，社会主义民主政治建设取得新进展。人大立法、监督工作取得新成效，修订自治州自治条例、制定多元化解矛盾纠纷促进条例等一批地方性法规。人民政协工作取得新进展，多党合作和政治协商制度不断完善，政治协商、民主监督、参政议政职能得到加强。支持政府、监委、法院、检察院依法履职尽责。大统战工作格局不断完善，工会、共青团、妇联等群团组织进一步发挥作用。法治红河建设不断加强，普法宣传深入开展。坚持总体国家安全观，各领域安全水平持续提升，各类重大风险有效防范化解，政府债务风险逐步降低。平安红河建设持续深化，扫黑除恶专项斗争进入常态化。党管武装、国防动员和"双拥"工作全面推进，民族团结、宗教和顺、社会稳定、边疆安宁的局面更加巩固。

（十）党的建设更加坚强有力

认真贯彻新时代党的建设总要求，管党治党政治责任层层压实，全面从严治党向纵深推进。党的政治建设全面加强，全州广大党员干部忠诚拥护"两个确立"，坚决做到"两个维护"。建党百年系列庆祝活动深入开展，干事创业精气神全面提振。领导班子和干部人才队伍建设不断加强，圆满完成县市、乡镇党委领导班子和村（社区）"两委"换届。基层党建持续加强，蒙自市开展全国城市基层党建示范市工作成效明显，探索了智慧党建"红河模式"。意识形态工作责任制全面落实，主流舆论阵地巩固壮大，网络信息安全得到加强。深入纠治"四风"，基层减负取得实效，州委巡察工作实现全覆盖，政法队伍教育整顿效果明显。持续保持反腐高压态势，进一步巩固风清气正的政治生态。

红河两岸日新月异、千年"小康"梦圆边疆，具有经验性和标志性的意义，奠定了迈向第二个百年奋斗目标的发展根基。在实践中，中国共产党领导和我国社会主义制度的优势进一步彰显，践行新发展理念更加深入人心，广大党员干部政治品质和斗争精神以及斗争本领进一步得到锤炼，红河各族人民精神面貌更加奋发昂扬,听党话、跟党走的信念更加坚定,为走好高质量跨越式发展之路提供了有力政治保证和强大奋进力量。

四、抢抓红河高质量跨越式发展的六大机遇

当前和今后一个时期,红河高质量跨越式发展的环境和条件都有新变化,面临一系列新机遇、新挑战,机遇远大于挑战,仍然处于重要战略机遇期。从国际上看,当今世界正经历百年未有之大变局,不稳定性、不确定性明显增强,但和平与发展仍然是时代主题。从国内来看,我国已进入高质量发展阶段,经济长期向好的基本面没有变,发展优势仍然明显,发展潜力仍然巨大,增长动力仍然强劲。

(一)全球科技革命和数字经济发展的机遇

新一轮科技革命和产业变革席卷全球,数字经济重塑了社会生产力,重构了生产要素供给,为全球经济社会的发展提供了重要基础和核心动力。发展以云计算、大数据、物联网、工业互联网、人工智能、5G、区块链等新一代信息技术为特征的数字经济,已经成为数字中国战略。在完善传统基建的基础上,着力发展数字经济,不仅是后发优势,更是一种结构性的变化,数字基建是保证经济增长、民生就业的"利器",新型信息基础设施将为产业数字化转型和数字化创新提供重要基础环境支撑。快速、全面、超前转入数字经济,能够大力推动红河经济结构转型。信息基础设施、融合基础设施、创新基础设施将形成数字新生态的创新,带来市场化的巨大投资,成为技术创新与产业升级的内生动力,强劲牵动区域中心城市复合高能发展,提升红河加速融入滇中城市群的广度和深度。坚持"以资源引企业、以市场换产业、以应用促发展",聚焦工业、农业、文化旅游等领域和其他在线经济,加快数字经济与实体经济深度融合发展,以"数字"为经济赋能、为发展提质。坚持用"数字"为治理增效,加快推进政务服务、公共管理、社会管理等方面的数字化转型,推进社会治理方式的精准化智能化变革。

(二)国家构建新发展格局的机遇

构建新发展格局是基于国内国际两个市场、两种资源,推动产业链、供应链、价值链、创新链、人才链、资金链、科技链、资源链、政策链、消费链紧密结合的"十链合一",加强国内外经济耦合,是一种需求牵引供给、供给创造需求的更高水平动态平衡。构建新发展格局的最本质特征是实现高水平的自立自强,关键在于经济循环的畅通无阻,基本要求是实行高水平对外开放。国内国际双循环格局为全国各地立足长远，把握契机，制定有力策略，加快战略转型提供了重要机遇。一是国内大循环形成过程中消费扩量升级，为零售转型提供机遇；二是经济结构优化调整，新基建、产业技术升级，以数字经济为代表的新产业、新动能逆势增长、蓬勃发展，为技术改造、数字化转型提供机遇；三是国内资本市场深化改革，产业资本证券化、社会财富金融化，为综合化转型提供机遇；四是国内国际双循环格局构建，改革开放向纵深推进，"一带一路"和人民币国际化提速发展，为国际化转型提供机遇；五是抢抓RCEP的重大机遇，加强与越南等东南亚国家的全面合作，促进与成员国产业链、供应链、价值链深度融合。红河应主动服务和融入构建新发展格局，抢抓机遇，提升自身的适配性，为落实"三个定位"，实现高质量跨越式发展创造条件。

（三）国家重大战略在云南交会叠加的机遇

在国家构建"四大板块+四大战略+四区+三区三线"的多层次区域发展战略体系中，"一带一路"、长江经济带、粤港澳大湾区、西部大开发等国家重大发展战略和政策在云南交会叠加，将引领推动区域融合发展、合作发展、一体化发展。云南是我国面向南亚东南亚和环印度洋地区的大通道和桥头堡，独特的区位优势、资源优势、开放优势更加突显，开放成为引领云南改革发展的总抓手，将给云南省带来更多的政策红利，也将拓展红河的对外开发开放空间。新时代的西部大开发包含着强筋健骨、构筑"四梁八柱"的政策体系，是红河基础设施、基础产业投融资发展的重要基础。巩固兴边富民行动成效是国家以振兴边境、富裕边民为宗旨，以富民、兴边、强国、睦邻为目的，针对边境地区的重大倾斜政策，是红河强边固防的重要力量源泉。以上这些政策为红河走好高质量跨越式发展之路带来重大机遇。

（四）面向南亚东南亚辐射中心建设的机遇

云南省委、省政府全面贯彻落实习近平新时代中国特色社会主义思想和习近平总书记考察云南重要讲话精神，先后制定出台了《中共云南省委 云南省人民政府关于加快建设我国面向南亚东南亚辐射中心的实施意见》《云南省建设我国面向南亚东南亚辐射中心规划（2016—2020年）》等系列规划和政策文件，搭建起了推进辐射中心建设的政策体系。云南本着加强研究、储备政策、建立机制，积极参与多（双）边区域合作机制建设，主体省份地位进一步突显，国际"朋友圈"不断扩大，这为红河开放发展拓宽了空间。国际大通道建设取得新突破，澜沧江—湄公河国际航运实现集装箱运输的零突破，中老铁路建成通车，中缅、中老实现信息网络设施互联互通，这为红河开放发展奠定了坚实基础。跨境人民币业务不断扩大，2019年业务范围覆盖101个国家和地区，区域性金融服务能力得到大幅提升，这为红河开放发展输送了新鲜的血液。科技合作、旅游合作、文化交流、卫生合作深入推进，特别是中国与周边国家携手抗击新冠肺炎疫情，彰显了我国治理体系和治理能力现代化，这为红河开放发展凝聚了民心力量。红河要抓住机遇，主动服务和融入国内国际"大循环、双循环"新发展格局，主动服务和融入共建"一带一路"高质量发展，实行高水平对外开放。

（五）云南自由贸易试验区建设的机遇

自由贸易试验区是中国加快构建以国内大循环为主体、国内国际双循环相互促进新发展格局的一个非常重要的平台，现在沿海地区基本实现了全覆盖。中国（云南）自由贸易试验区的发展十分有利于加快云南对外开放的步伐。相比原来的重点开发开放试验区、边合区、跨境经济合作区，从政策上来讲，开放的力度、自主创新的力度都进一步加大了，制度创新被提升到了一个非常高的高度。整个自由贸易试验区的发展核心，就是通过自由贸易试验区的推进，实现高效利用两种市场、两种资源来推动经济发展。在整个推进过程中，尝试前人没有做过的一些做法，结合云南的实际情况进行创新。这为红河沿边开放建设，发挥自主创新能力创造了机遇。

（六）滇中城市群发展的机遇

习近平总书记指出："产业和人口向优势区域集中，形成以城市群为主要形态的增长动力源，进而带动经济总体效率提升，这是经济规律。"滇中城市群是云南省人流、物流、资金流和信息流等会集的中心，是云南省进一步扩大对内对外开放的最优区域。红河北部7县（市）是滇中城市群的重要组成部分，是连接"滇南"经济圈的重要走廊和枢纽。作为滇中城市群城镇组团"一心、一区、一带"中的重要一区，强化红河北部7县（市）与昆玉一体化的互动联动，积极承接和精准对接滇中城市群的产业转移，吸引更多发展要素汇聚，将为红河北部7县（市）与周边地区产业协同合作提供更多可能，为红河走好高质量跨越式发展之路拓展了发展空间。

新时代，统筹中华民族伟大复兴战略全局，我们仍然处于大有可为的战略机遇期。如何抓住机遇期？如何化危为机，于变局中开新局？深刻认识和把握中国发生的从金融领域、经济领域、文化领域、政治领域到军事领域等一场深刻的变革。这些内外在的重大变化，需要运用矛盾论的辩证思维，从原来的"顺势而为、乘势而生、借势而上"中走出来,走向"谋势而上、因势利导、事在人为"中去,积极主动在战略博弈中开新局,切实彰显红河的智慧、力量和方案,这才是抓住新时代战略机遇期的关键,才能为红河走好高质量跨越式发展之路创造良好的内外部环境。

五、正视红河高质量跨越式发展面临的八大问题

从红河自身来看,"十三五"以来,红河发展成绩显著,进步明显。然而,从高质量发展的要求来看,红河还面临诸多困难和挑战,这些困难和挑战成为高质量跨越式发展的重要障碍。

(一)发展不平衡、不充分的问题突出

一是发展不充分的问题突出。2020年红河全州GDP位居全省第三,但不及第一位昆明市的一半(约36%)。红河人均GDP仅为7816.7美元,低于全国(11233.7美元)3417美元。由于系统性谋划不够充分,滇南中心城市建设整体性、宜居性和包容性不足,个旧市、开远市、蒙自市在规划管理、基础设施、公共服务、城市管理上尚未实现一体化。绿春县、金平县、红河县、屏边县等县域经济发展不充分。二是区域发展不平衡的问题突出。与全国相比,2020年,红河人均国内生产总值水平偏低,工业增加值、常住人口城镇化率以及中等收入群体占比与全国平均水平差距较大,发展任务依然艰巨。从州内来看,红河北部7县(市)地区生产总值占全州经济总量的80.7%,而南部6县仅占全州经济总量的19.3%,南北教育、医疗卫生、城镇化率等存在较大差距。三是城镇发展差异大。2019年,全州常住人口城镇化率为47.7%,低于全国10个百分点以上。南北地区城镇化率差距大,滇南中心城市常住人口城镇化率超过70%,北部7县市为60.2%,南部6县仅为27.2%。四是城乡差异大。由于红河南北区域差异大,城乡差异更加突出,2019年,红河城镇职工工资平均水平为7.67万元,城镇职工工资平均水平最高的为弥勒市,达到9.03万元;而红河农村常住居民人均可支配收入为12570元,农村常住居民人均可支配收入最低的为元阳县,低至9465元;红河城乡收入比为6.1∶1,最高城镇职工工资平均水平和最低农村常住居民人均可支配收入之比为9.54∶1。五是综合承载能力弱。2019年,发展较好的蒙自市、个旧市、开远市城镇常住人口也分别仅有43万、31万、22万,没有达到中等城市规模,城镇聚集功能较弱,南部6县城镇人口聚集度更低,基础设施配套不完善。

（二）支撑高质量发展的基础不牢

支撑高质量发展的经济基础和结构不够牢靠。一是工业规模总量小。红河经济总量与福建莆田市的2644亿元、四川德阳市的2404亿元接近（莆田、德阳在其省内的区位、排位和红河相似），但"十三五"期间红河的工业增加值占GDP的比重一直徘徊在25%左右，而莆田市、德阳市的工业增加值占GDP的比重则分别达41%、42%；红河规模以上工业企业仅有454户，仅为莆田市1163户的39%、德阳市1280户的36%。二是传统产业转型升级慢。卷烟新产品研发不足，烟草行业营业收入不断下降。有色金属产业多以初级产品加工为主，仅锡和铜产业有少量精深加工。个旧市作为国家资源枯竭型城市转型试点，在发展新兴产业、接替产业方面办法不多。三是工业投资增长乏力。"十三五"期间，红河累计完成工业投资2100多亿元，年均增长5.1%。全州13个工业园区中产值50亿元以上的入园企业仅5户，产业集聚度不高。四是城镇规模整体偏小。全州仅有个旧市、开远市、蒙自市和建水常住人口达到20万人，没有一个较大的城市，"个开蒙"滇南中心城市尚未形成，城镇聚集功能较弱。五是南北、城乡、山坝之间发展差距大，南部6县财政自给率仅为8%左右。六是生态环境保护短板明显。总体生态环境较为脆弱，生态环境保护任重道远，全州森林覆盖率从2015年的47%增加到2020年的57.32%，但仍然低于全省62.4%的平均水平。

（三）边疆民族地区治理能力有待提升

社会治理是一个系统工程，需从多方面布局工作、综合施治，方能取得事半功倍之效。然而，红河在多个方面仍存在明显的短板。一是在预防和化解社会矛盾机制建设上存在短板。社会矛盾排查预警机制不够完善，难以全部做到早发现、早预防、早处置。重大决策社会稳定风险评估机制不健全，尚未能促使评估过程真正成为协调利益、取得共识的过程。信访工作机制尚需完善，还不能充分发挥信访工作源头性、基础性作用。矛盾纠纷多元化解机制不完善，在推进人民调解、行政调解、司法调解紧密联动方面，在推进诉讼与非诉讼方式有机衔接和增强矛盾纠纷多元化解的实效性上存在不足。二是在社会治安防控体系建设上存在短板。按照全面覆盖、突出重点、有效防控的原则和要求，在治安防控"五张网"建设上，在构建全方位、立体化的社会治安防控网络上还有"硬件"上的差距和不足。在治安形势分析研判、健全实战指挥机制、推进部门联动和区域协作，不断提高社会治安防控处置水平等多项"软件"功能上还有差距。三是在健全公共安全体制机制上存在短板。在落实和完善安全生产责任和管理制度以及食品药品安全监管制度等方面还有差距，在建立公共安全隐患排查和安全预防控制体系上还有差距，在构建应急管理体制，优化应急管理能力体系建设，提高防灾减灾救灾能力上还有差距。四是在健全社会心理服务体系上存在短板。主要表现为：体系不完善，政策不健全；普及力度小，民众意识弱；服务不全面，专业人才少。五是在构建基层社会治理新格局上存在短板。城乡社区是社会治理的基本单元，也是党和政府联系、服务人民群众的"最后一公里"。但是，在推动社会治理重心向基层下移，推动县级部门下放权限，强化乡镇（街道）统筹协调和综合管理能力，增强村（社区）服务功能等方面明显不足。在坚持把行政管理的更多事项从村（社区）一级剥离出来，把服务群众的更多事交给他们去做，并同步落实"费随事转"制度上不到位。在借鉴北京市"街巷吹哨、部门报到"的先进经验，研究制定县级以上部门及时响应群众要求、支持基层工作的办法措施上明显不足。

（四）巩固拓展脱贫攻坚成果任务繁重

2020年消除绝对贫困后，巩固拓展脱贫攻坚成果成为"十四五"时期的首要任务，这也是推动经济社会高质量发展的需要。根据目前的情况分析，红河巩固拓展脱贫攻坚成果面临的主要问题有：一是产业组织化不足和就业层次低。部分深度贫困地区产业发展基础相对滞后，产业发展存在小、散、弱的问题，加上市场风险、科技投入、产销衔接等诸多因素影响，产业组织化程度还不能及时适应市场化的需求。贫困群众组织化培训和转移输出水平仍有较大提升空间，专业培训力度仍需加大，受市场精细化用工需求影响，小部分贫困群众在务工稳定的收入方面还存在隐患。二是发展的内生动力不足。基层党组织的凝聚力、引领力仍需不断强化，基层干部群众工作能力需提升，村民自治能力需进一步强化，激发内生动力载体建设需进一步强化，仍有小部分贫困群众发展意识不足，存在"等靠要"思想，需进一步加大工作力度。三是人居环境整治有待加强。部分易地扶贫搬迁安置点后续综合治理跟进还不够，部分村规民约需进一步完善，极少数地方还存在"脏乱差"情况，人居环境整治的长效机制仍不健全，对群众的思想引导和制度约束需进一步强化。

（五）现代产业体系尚未全面形成

现代产业体系尚未完全建立，传统产业转型升级亟待加快，新兴产业尚未形成强有力支撑，科技创新能力与经济社会发展不匹配。2019年，红河研发经费总投入为18.5亿元,仅为全省研发经费总投入220亿元的8.4%,投入强度为0.8%,仅为全省平均投入强度1.5%的53.3%,每万人高价值发明专利拥有量红河州为0.13件,仅为全省1.09件的11.9%。主要表现为:一是产业发展层次较低。农业现代化程度低,工业"量"不大、"质"不高,服务业发展滞后。红河仍处于资源大规模开发和加工转化的快速发展期,资源型工业特征显著,工业化重化性特征突出,短期内以能源、化工、冶金为主的重型化产业结构难以发生根本改变。同时,基础工业比重高,加工工业比重低,初级化特征较明显;资源型重工业的发展容易受市场价格影响,效益波动大,导致工业经济效益整体偏低;单位GDP能耗高于全省平均水平,产业节能减排任务艰巨。产品大多数属于基础型的上游产品,产业链短,资源深加工能力不强,产品附加值低,处于产业价值链低端。尤其是特色农业,以初级产品为主,资源优势未转化为经济优势。二是产业关联协同度不高。园区规划跟着建设走现象突出,城镇规划和产业规划未实现有效对接。县市产业园区多但各自为政,产业结构趋同、重复建设等问题突出,缺乏统一、科学的整体布局规划,没有形成互补和错位发展,各县市之间存在同质化竞争。三次产业之间通过产品供需而形成的互相关联与内在联系度不高,相互支撑、融合发展不够。三是新兴产业发展不足。新材料、电子信息等先进制造业和现代金融业、信息服务业、大健康产业等现代服务业发展程度明显滞后,节能环保产业和新能源产业仍处于应用环节,生产制造环节明显较弱。同时,现代服务业和特色经济体量还不大。科技支撑产业特别是新兴产业发展的能力不足,核心技术缺乏,引进技术消化吸收再创新能力薄弱,以企业为主体、产学研结合的技术创新体系尚未形成。

(六)开放发展潜力尚未充分释放

随着历史变迁,红河改革开放步伐放慢,开放型经济发展速度、规模、水平等与开放优势、条件不匹配,开放发展潜力尚未充分释放。一是外向型经济发展不足。开放平台建设整体处于起步阶段,制度创新不够,政策优势转化不明显;对外贸易总量小,2019年全州外贸进出口总额为329.2亿元,占全省外贸总额的比重为14.2%;2020年,红河进出口总额为402.8亿元,仅占全省的15%,比广西崇左市1843.2亿元低1440.4亿元,比广西防城港市709.6亿元低306.8亿元;占比远低于同为中越边境城市的崇左市,占全区的37.9%。二是实际利用外资少。红河2019年引进的外资为3616万美元,仅占全省的4.8%,同为中越边境城市的钦州市则达2.7亿美元,占广西全区的

23.5%。三是对外联通不畅。开远—海防国际货运班列仅开行869列，货源不足且回程空驶现象严重。口岸功能不完善，公路大桥通行能力和载荷已不能满足日益增长的货运需求。四是平台建设滞后。红河综合保税区存在体制机制不顺、联动发展不够等问题；蒙自经济技术开发区产业结构单一，产业链短、产品附加值低；中国（云南）自由贸易试验区红河片区改革试点任务还没有完全落地，基础设施配套建设滞后，高层次专业人才紧缺。五是企业主体功能发挥不足。全州1428家外贸企业中仅有248家实质性开展进出口业务，开放型人才缺乏，吸引外来资本、外来人才、外来企业不足。

（七）化解重大风险任务依然繁重

疫情防控任务依然繁重。境外疫情扩散蔓延及其对世界经济产生的不利影响给我国疫情防控和经济发展带来新的挑战。近期，新冠肺炎疫情出现局部反弹，疫情防控形势严峻复杂，存在较大压力。污染防治任务依然繁重。红河和南盘江流域持续改善水质面临较大压力。部分城市扬尘污染问题突出，巩固和提升环境空气质量的压力较大。农用地土壤重金属超标、化肥施用强度超标情况仍然存在。防范金融、政府债务风险任务依然繁重。在以P2P为代表的互联网金融和投资公司等投资理财领域，非法集资案件隐患仍然存在。小额贷款公司放贷对象多为信用等级较低、风险评估较难的小企业，不良贷款率控制难度大；融资担保机构担保客户资产质量不高，在风险承担上银行和担保机构的地位严重不对等。地方政府债务风险化解任务较大。由于地方政府债务规模较大，来源单一，并且债务管理缺乏有效的偿债机制，地方政府债务新增融资金困难、筹集偿债资金困难，债务风险化解任务较大。

（八）改革创新和人才支撑不足

截至2020年底，红河拥有447.8万多人口，事业单位工作人员总量77457人，占总人口的1.84%；专业技术人才总量为84948人，占总人口的2.02%；高技能人才总量为35540人，占总人口的0.85%。人力资源集聚与开发呈现"大资源、小集聚""大体量、小效能""大人口、小科技"等劣势，人力资源潜能挖掘不足、资源配置不均衡，缺乏现代产业技术人才，人才培育途径不宽，主要靠体力劳动获取收入。人力资源开发以短期技能培训为主，系统性、组织化开发体制尚未形成，从业人员技术培训机制不健全，专业技术人才培育、培养、引人留人机制难以适应"十四五"红河经济社会高质量发展的要求。

习近平总书记指出，当前，我们正处在一个挑战层出不穷、风险日益增多的时代，面对困难，任何国家、任何地区都不能独善其身。困难和问题是任何国家、任何地区发展中不可避免的，关键在于面对困难和问题的态度以及解决困难和问题的方法。勇敢面对困难和问题，不一定能够改变困难和问题，不勇敢面对问题和困难，什么也不能改变。面对这些困难和问题，红河只有保持积极自信勇敢的态度，激发"踏平坎坷成大道"的昂扬斗志，坚定"不破楼兰终不还"的决心意志，万众一心加油干，越是艰险越向前，去面对各种困难和挑战。同时，只有善于锤炼解决困难和问题的能力和找出方法，才能拥有更多机会去赢得成功、赢得未来。

六、瞄准红河高质量跨越式发展的总体要求和目标任务

（一）准确把握总体要求

高举中国特色社会主义伟大旗帜，坚持以习近平新时代中国特色社会主义思想为指导，深入贯彻落实党的十九大和十九届历次全会精神，认真学习贯彻习近平总书记在庆祝中国共产党成立100周年大会上的重要讲话精神和考察云南重要讲话精神，全面贯彻落实省第十一次党代会精神，把握新发展阶段、贯彻新发展理念、融入新发展格局，坚持稳中求进的工作总基调，以推动高质量发展为主题，以深化供给侧结构性改革为主线，以改革开放创新为根本动力，以满足人民日益增长的美好生活需要为根本目的，统筹发展和安全，推进边疆民族地区治理体系和治理能力现代化，确定发展思路，即聚焦"一个目标"，聚集"八大重点"，形成"五大布局"，实现"八个新突破"，圆满完成"十四五"规划目标任务，开启全面建设社会主义现代化新征程。

聚焦"一个目标"

"十四五"末，经济社会实现高质量跨越式发展，聚焦"一个目标"，经济总量达到4200亿元以上，力争比2020年翻一番，建成有为政府、有效市场和有序社会高度和谐统一的新红河。

聚集"八大重点"

聚集落实"链长制"，抓实产业发展；聚集巩固脱贫成果，全力促进农民增收；聚集城乡区域协调发展，抓实新型城镇化和乡村振兴；聚集做好沿边开放大文章，在先行先试上求突破；聚集走在前做表率，抓实招商引资和营商环境；聚集美丽红河建设，抓实生态环境保护；聚集铸牢中华民族共同

体意识，抓实民族团结进步；聚集作风革命、效能革命，全面加强干部队伍建设，努力在全省高质量发展中体现红河新担当、展现红河新作为、做出红河新贡献。

形成"五大布局"

中心引领。乘"滇中崛起"之势，大气魄、大视野、大手笔规划建设滇南中心城市。蒙自重振百年风华、提升首位度，个旧唱好"双城记"①、激发世界锡都新活力，开远破解化工围城、以产业转型带动城市转型。树牢"一盘棋"思想，全面开启滇南中心城市国土空间、基础设施、产业协同、公共服务、绿色生态"五个一体化"时代，加速产城融合、城乡融合、服务融合、文化融合，着力打造省域副中心、"国家门户·滇南中心"，把滇南中心城市打造成加快红河发展的强大引擎。

两翼齐飞。借地缘相近、人文相通之利，立足红河、融入滇中，加快推进弥勒泸西一体化、建水石屏一湖两城建设。坚持弥泸一体、绿色崛起，建成滇中绿色发展新高地；坚持一湖两城、古城新韵，按照"一个景区"的理念打造"滇南最美乡愁之旅"，全面焕发"古韵、文韵、乡韵"新活力，把弥勒泸西、建水石屏一体化打造成加快红河发展的矫健双翅。

南部振兴。充分发挥生态优势、用好热区资源，抢抓国家和省乡村振兴重点帮扶县、兴边富民、强边固防等政策机遇，制定出台差异化政策措施，全面巩固拓展脱贫攻坚成果，接续推进乡村振兴。大力推进红河谷热区绿色经济带建设，红河、元阳、绿春、金平共同用活用好哈尼梯田世界级品牌，屏边深入做好山水文章，河口加快"区县融合"率先崛起，充分释放南部6县的后发优势，把南部打造成加快红河发展的新增长点。

沿边开放。坚持优势在区位、出路在开放，以全球视野、世界眼光和超常规举措推进沿边开放。找准服务和融入国内国际"大循环、双循环"的切入点和发力点，以自由贸易试验区红河片区引领"五区联动""市区融合"，主动承接东部沿海产业转移，做大做强加工贸易、大健康服务、跨境旅游和跨境电商物流，充分利用"两廊一圈"②政策，争取建设中国河口—越南老街跨境经济合作区，扩大跨境产能合作，搞活沿边金融，以大开放促进大发展，把沿边开放打造成加快红河发展的强大助推器。

廊带联动。发挥既处滇中又连沿边的独特区位优势，主动服务和融入国

---

① "双城记"：个旧主城区与大屯新区双城相向联动发展，做精做优主城区，做强做大大屯新区。
② "两廊一圈"："两廊"即昆明—老街—河内—海防—广宁、南宁—谅山—河内—海防—广宁两条经济走廊，"一圈"即环北部湾经济圈。

家、省的发展战略，创新区域高质量发展空间组织形式，推进昆河经济走廊发展带、昆玉红旅游文化带、沿边经济开发开放带、红河谷热区绿色经济带、滇南文化旅游经济带建设，构建"两纵三横"的联动发展格局，形成服务国家和省重大发展战略的纽带、联结全州国土空间布局的桥梁，以"廊带联动"助推南北均衡、区域协调、城乡统筹发展，把廊带经济打造成加快红河发展的强健筋骨。

实现"八个新突破"

经济发展实现新突破。高质量发展的体制机制更加健全，一流资源加速向一流发展成效转化，以落实"链长制"引领现代产业体系建设取得显著成效，重大项目支撑作用不断强化，新兴产业培育壮大，经济结构持续优化，全部工业增加值年均增长15%以上、占GDP比重达30%以上，地区生产总值年均增长13%以上。

创新能力实现新突破。深入实施创新驱动发展战略，加快推进科技体制改革和创新生态建设，推动基础科学研究和关键核心技术攻关取得新突破，力争投入强度达到1.5%以上，加强研发攻关，加快成果转化应用，科技创新为高质量发展增添新动能，科技开放合作迈出新步伐。

城乡区域融合实现新突破。现代化基础设施网络更加健全，基本实现"邻县通高速、邻州通铁路、南北通航空、州府强枢纽"。以人为核心的新型城镇化加快发展，滇南中心城市引领作用不断发挥，常住人口达到132.83万人、城镇化率达72.88%，全州常住人口城镇化率达47.7%以上，独具魅力的美丽县城和特色小镇竞相绽放，乡村振兴战略全面实施，南北、城乡、区域发展更加协调。

沿边开放发展实现新突破。对外开放大通道、物流、信息体系更加完善，外向型产业培育壮大，跨境产能合作不断深化，制度创新协同高效，"五区联动""市区融合"叠加效应充分释放，自由贸易试验区红河片区成为沿边开放的示范引领区，蒙自经开区建成千亿级园区，红河综保区外贸进出口总值实现翻番，沿边开放水平全面提升，外贸进出口总额突破100亿美元。

生态文明建设实现新突破。"绿水青山就是金山银山"价值转化全面加快，生态优势转化为发展优势。国土空间开发保护格局全面优化，以异龙湖保护治理为标志的污染防治攻坚战取得新突破，生态环境持续改善，创建成为国家森林城市、全国生态文明建设示范州，全州森林覆盖率达60%以上，美丽红河绿色底蕴更加厚实。

民生福祉改善实现新突破。脱贫攻坚成果巩固拓展，居民收入增长和经济增长基本同步，中等收入群体比重达30%以上，加快向共同富裕目标迈进。社会文明建设实现新提升，社会主义核心价值观深入人心。优质均衡的公共服务体系基本形成，社会保障体系更加健全、更可持续，人民生活更殷实、更安康、更幸福。

边疆治理效能实现新突破。以聚集铸牢中华民族共同体意识，抓实民族团结进步引领边疆治理能力全面提升，统筹发展和安全更加有效，边疆民族地区治理体系和治理能力现代化扎实推进，防范化解重大风险机制不断完善，突发公共事件应急能力、自然灾害防御和救灾能力不断提高，"中华民族一家亲、同心共筑中国梦"的局面更加稳固，中国特色云南特点的红河边境安全铜墙铁壁全面筑牢，民族团结进步创建工作全面深入持久开展，法治红河、平安红河建设提升到更高水平。

社会文明建设实现新突破。精神文明共建、文明成果共享局面进一步形成，社会主义核心价值观深入人心，人民思想道德素质、科学文化素质和身心健康素质明显提高，公共文化服务体系和文化产业体系更加健全，人民精神文化生活日益丰富，民族优秀传统文化广泛弘扬，社会文明程度不断提高，中华民族共同体意识更加铸牢，凝聚起同心共筑中国梦的强大合力。

（二）确定具体发展目标

到2025年，红河州经济总量达4200亿元以上，年均增长10%以上，人均GDP达9万元左右。到2035年，经济总量迈上万亿元台阶，与全国全省同步基本实现社会主义现代化。高原特色农业重点产业综合产值达2000亿元、农产品加工产值与农业总产值之比达3∶1以上，全部工业增加值突破1300亿元、占GDP比重提高到30%以上，文化旅游综合收入达2000亿元以上。沿边金融改革取得新突破，营商环境进一步优化，沿边开放水平持续提升，全州外贸进出口总额突破100亿美元。安全稳定大局持续巩固，全州所有县市创建成为全国民族团结进步示范县市，常住人口城镇化率达到62%，中等收入人群比重达30%以上，2025年异龙湖水质达到Ⅳ类以上。

七、落实红河高质量跨越式发展的八大举措

实现高质量跨越式发展的战略重点和目标任务具体落实到重大项目、重大政策与重大改革举措上。从红河的实际问题出发，围绕高质量跨越式发展

的短板、弱项规划布局一些基础性重大项目；围绕高质量跨越式发展中的大事、难事、急事出台一系列重大政策；围绕社会主义市场经济有为政府、有效市场和有序社会建设提出一批重大改革举措。

（一）大抓产业发展

贯彻新发展理念，认真落实"盘活有效资源要素，围绕产业来推动经济发展"的要求，突出特点、发挥优势、挖掘潜力，把推动经济高质量发展的重点放在产业转型升级上，加快构建现代产业体系。立足红河资源禀赋、产业基础及发展潜力，聚焦大抓产业、主抓工业、狠抓产业链，坚持"'链长制'推动、园区化发展、项目化落实、数字化赋能、'一把手'招商"工作思路，走好"两型三化"发展路子，推进"5+6"现代产业体系与12条重点产业链互补融合、联动支撑、集群发展。

1.做大做强高原特色农业

聚焦"国家农业绿色发展先行区和全国绿色农产品生产基地"建设，全面启动农业现代化三年行动，走产业化、规模化、标准化、品牌化的发展路子，加强高标准农田建设，坚决遏制耕地非农化、防止耕地非粮化，提高农业综合生产能力。坚持用工业理念抓农业，大力发展农产品精深加工，实施食品工业增品种、提品质、创品牌行动，实施特色农业精品打造工程。下力气培育农业龙头领军企业，引进一批有实力的加工企业，保证优质农产品供给，力争金锣、天同、鹏欣等项目尽快投产达效，不能开工就停工，更不能只开工不投产、投产而不达产。加快建成百万亩高端稻谷基地、百万亩干热河谷基地、500万亩高端果蔬基地、20万亩高端云花基地、千亿级优质畜禽供给基地5个基地，大力实施"一二三"行动①，采取"六大"举措，建设现代农业示范区。力争到2025年，"绿色食品牌"重点产业综合产值达2000亿元以上，农产品加工产值与农业总产值之比在3∶1以上。

加快建成"5个基地"。加快构建以"稻谷、蔬菜、水果、花卉、中药材、畜禽"等优势品种为主导的产业体系，发挥北部坝区规模农业引领带动作用，推动南部山区特色农业加快发展，打造高端稻谷、干热河谷、高端果蔬、高端云花、优质畜禽供给基地，建设现代农业示范区。加快建成百万亩高端稻谷基地。稳定扩大高端稻谷种植面积，主攻单产、提高质效、优化品种和区域布局，规划建设一批生态优质稻产业带，大力发展节水灌溉技术，到"十四五"末，力争建成100万亩以上高标准水稻田。利用数字技术

---

① 实施"一二三"行动："一"是指"一业"，大力发展"一县一业、一村一品"；"二"是指"二端"，聚焦种子端、电商端；"三"是指"三化"，坚持设施化、有机化、数字化。

建立溯源体系，发展大米定制化种植生产模式，力争将红河大米打造成云南高端大米的代表性品牌。推进梯田红米良种选育和基地建设，推进元阳梯田红米地理标志产品认证，打造成世界知名的梯田红米之乡。加快建成百万亩干热河谷基地。加快实施百万亩干热河谷开发工程，推动荒坡荒山耕地绿地改造，把红河干热河谷建成全省干热河谷开发示范区。加快水利基础设施建设，做到"山顶上戴帽子，山腰上系带子，山脚下穿鞋子"，将干热河谷区"光山荒山变成花山果山，变成绿水青山，变成金山银山"。加快完善提水、蓄水、配水工程建设，积极探索光电、水电相结合的提水技术，每年实施20万亩高效节水工程，力争实现水利设施全覆盖。选好选准特色产业，做好产业发展规划，围绕热带水果、冬早蔬菜、梯田红米等特色产业，按照绿色有机发展定位，集中连片布局产业基地，重点在红河谷打造80余万亩热带水果基地，力争每个重点产业在干热河谷地区打造10个以上万亩连片基地，5年内基地化率达到60%以上。加快建成500万亩高端果蔬基地。突出水果早熟错季上市的优势，推进亚热带水果提质增效，大力发展杧果、菠萝等热带水果。在温带水果优势产区，重点打造全球最大的小浆果基地、中国南方优质蓝莓带，力争到"十四五"末，水果种植面积达到320万亩以上、综合产值突破500亿元。大力推进蔬菜产业集群发展，力争到"十四五"末，全州蔬菜种植面积达到250万亩以上，综合产值达到300亿元。加快建成20万亩高端云花基地。发挥好开远、弥勒、泸西花卉产业园区的创新优势，瞄准高端花卉品种，大力发展水肥一体化无土栽培技术，加快自主品牌研发和商品化开发，抢占花卉产业制高点。力争到"十四五"末，全州高端花卉基地达到20万亩。加快建成千亿级优质畜禽供给基地。加快家禽、生猪、肉牛、肉羊、奶牛养殖基地建设，依托大企业，带动年出栏生猪上万头的规模养殖小区和家庭农场建设，加快规模化屠宰场建设，做强精深加工，力争到"十四五"末，实现规模养殖综合产值1000亿元以上。

实施"一二三"行动。认真贯彻落实"一二三"行动，促进红河"绿色食品牌"全面跃升。深入推进"一县一业"示范创建。瞄准"世界一流、中国最优"目标，力争泸西、建水、石屏等县市进入省级"一县一业"示范县，支持开远市、泸西县紧扣"一县一业"建设国家优势特色产业集群，培育一批重点龙头企业，着力构建产业园区为点、产业强镇为面、产业集群为线的发展布局，发挥个旧"锡都"的工匠精神，打造红河"百年米线"名片，努力创成云南绿色食品"10大名品"。聚焦抓好种业、电商两端。加快推进梯田红米、蔬菜、花卉、中药材等产业种子资源创新及繁育基地建设项目，开展种源技术攻关。加快推进农村电商综合示范建设，深化与知名电商平台合作，实施"快递进村"工程，构建电商主体"一企带多村""一店带多户""一人带多人"的利益联结机制。扎实推进设施化、有机化、数字化。坚持园区化、专业化、集约化发展方向，在延伸农业产业链上下功夫，重点做大做强肉制品加工产业，加快实施家禽屠宰加工、生猪屠宰及肉制品精深加工等项目。积极引进果蔬加工龙头企业，深化政企合作，打造具有影响力的果蔬加工和功能性饮料生产基地。支持豆制品产业链高端化发展，引导蒙自过桥米线产业化发展。加快建设农产品质量追溯平台，将绿色食品、有机产品、地理标志农产品纳入追溯管理，推动绿色产业基地可视化、动态化管理，推进生产智能化、经营网络化、管理数据化、服务在线化的数字农业农村发展。

采取"六大"举措。落实省委、省政府的要求，尊重市场规律，结合红河绿色产业发展的实际情况，重点实施"抓有机创名牌育龙头，占市场建平台解难题"三年行动计划六大举措。抓有机。引导绿色有机产品认证，力争全州绿色有机产品有效认证面积和数量每年增长15%以上。实施地理标志运用促进工程，力争"县县有地标"，规范使用地理标志企业超过120家。积极引进国际排名前十的知名认证机构或其在中国的代理机构入驻红河，引导企业开展国际互认质量管理体系认证。创名牌。重点推动"六大产业"核心农产品和"一县一业"优势农产品创立一流品牌，力争认证绿色食品、有机农产品总量进入全省前三，新增国家级和省级农业龙头企业3户、50户以上。打好"区域公共品牌+产品品牌+企业品牌"组合拳。充分利用新媒体，加大线上线下推广力度，不断提升红河名品的美誉度和影响力。育龙头。结合"一县一业"，培育一批示范龙头企业、示范家庭农场、示范农民合作社和农业产业化示范基地。持续推进云南省"10大名品""10强企业""20佳创新企业"的申报参评和宣传推介工作。占市场。不断提升全州优势农产品市场核心竞争力。通过龙头企业拓展、政府牵线搭桥，采取直供直采、直销配送、订单生产、加盟合作等方式，巩固扩大北上广深及港澳市场。通过扩大边民互市贸易规模，充分发挥自由贸易试验区红河片区、红河综合保税区作用，大力开拓以东南亚为主的国际市场。建平台。立足北部国家现代农业示范区、山区综合开发、红河谷经济开发开放带，搭建院士专家工作站、产业创新研究院、产业技术创新中心等，构建知识产权"引进—保护—创新"

平台。推进"互联网+"现代农业，加快生产、经营、管理的网络化、数据化和服务在线化，搭建智慧农业平台。建设便利的物流枢纽、信息化交易服务体系，构建高效率配送集散平台。以弥勒绿色食品加工园为龙头，依托"一县一业"形成县域农产品加工产业集群，构建农产品精深加工平台。解难题。通过政策扶持、用地管理、指标倾斜、部门配合等，解决用地难问题。通过银政企合作，推进"一部手机云企贷"试点工作，解决融资难问题。通过制定涉农企业水价、电价、税收等扶持政策，解决配套服务政策落地难问题。

2. 着力推进工业延链、补链、强链

健全完善产业链"链长制"，针对确定或计划引进的"链主"企业成立强有力的服务保障团队，靠前服务，在政策、用地、环评、能源、融资及推动落实各个方面给予重点支持倾斜，有力有效推进延链、补链、强链，加快促进产业链上下游、产供销、大中小企业协同发展。全产业链优化升级传统产业，优化整合各个园区产业布局，推动产业链向下游高附加值领域延伸，打造锡、铜等产业基地。在泸西绿色低碳示范产业园建设上，一定要深耕下游产业链，加大招商引资力度，引进有实力的精深加工企业，延伸产业链，做大做强绿色铝产业集群。着力培育壮大新材料、先进装备制造、新能源、节能环保、生物医药、大健康等新兴产业，全产业链培育壮大通用航空产业，重点推动有色金属新材料、电池材料与电子材料、电子元器件制造协同发展。抓住国家"原料用能不纳入能耗总量"的政策机遇，全面加大新能源开发力度，保障能源供应。全产业链重塑烟草产业，建优卷烟工业"第一车间"，加快推进红河烟草产业园卷烟配套项目建设，打造现代化烟草加工及配套产业集群。

加快把绿色清洁资源优势转化为经济发展优势，持续推进绿色能源战略与绿色先进制造业深度融合，打造"一链条两基地一前沿"融合发展示范区，打造世界领先的千亿级有色金属全产业链示范区，大力实施工业振兴行动，加快发展园区经济，全产业链重塑烟草制造业，加快提升电子信息业，扩大食品加工业，打造世界级锡产业集群，建设世界最大的锡铟金属基地、全国重要的有色金属再生资源回收利用基地和环保产业基地，促进清洁能源的发展和消费；加快新能源开发，构建"风光水火储"并举、"源网荷储"一体化①的现代能源体系，建成全省新能源开发利用示范基

---

① "源网荷储"一体化：通过优化整合本地电源侧、电网侧、负荷侧资源要素，以储能等先进技术和体制机制创新为支撑，以安全、绿色、高效为目标，创新电力生产和消费模式。

地、能源安全保障基地、国际能源枢纽前沿，支撑红河建设有色金属全产业链示范区。

建设有色金属全产业链示范区。打破有色金属资源硬约束，建立有色金属软优势，拉长有色金属产业链，培育有色金属新材料，形成有色金属产业集群，建设有色金属全产业链示范区。到2025年力争有色金属及新材料产业产值达2500亿元以上。拉长有色金属产业链。以汽车、轨道、电子、航空、超导材料等领域为方向，将锡、铟、铜、铅、锌等从开采冶炼环节延伸至高附加值的制造环节，由料变材、以材成器。培育有色金属新材料。推进锡材向精细化、微型化及多功能化等领域发展，加快研发电子锡焊料、锡基催化材料、高纯铟、先进光电子微电子材料、锂电池材料等新材料，培育壮大终端、高端产品。联合国内顶尖企业和科研团队攻关，突破ITO靶材等先进技术，推动锡铟新材料实现进口替代，建设世界最大的锡铟金属基地。加大有色金属再生资源回收利用。加快发展循环经济，推进工业固体废物综合利用，积极发展环保科技创新和环保装备制造，形成全国重要的有色金属再生资源回收利用基地和环保产业基地。形成有色金属产业集群。充分发挥蒙自经开区产业聚集优势，围绕有色金属精深加工及新材料、电子信息等主导产业，加快与行业龙头企业对接，实施精准招商、以商招商，引领推动有色金属产业集群发展。

全力推进"绿色能源+工业"发展。全产业链重塑烟草产业，加快"数字烟草"建设，提升红河在云南优质烟叶基地的地位，建优卷烟工业"第一车间"，建成红河烟草产业园。加快发展消费电子终端产品和电子设备制造，推动全州电子信息制造业向中高端迈进，建成面向南亚东南亚的电子信息产业基地。加快建设开远小龙潭化工园区，积极发展精细化工，扩大食品加工业。全产业链培育壮大通航产业。

建成全省重要能源基地和国际能源枢纽前沿。认真贯彻落实习近平总书记关于"四个革命、一个合作"国家能源安全新战略，紧紧围绕省委、省政府打造"绿色能源牌"的决策部署，立足自身能源资源优势，着眼长远发展需要，以市场为导向，以安全保障为出发点，把资源优势转化为经济优势、产业优势、发展优势，努力将红河州建成云南省新能源开发利用示范基地、能源安全保障基地、国际能源枢纽前沿。建成全省新能源开发利用示范基地。加快推进建设进入《云南省在适宜地区适度开发利用新能源规划》的永宁、弥勒西、剑角峰、仙人洞坡、猴子山5个风电基地项目，解决好"丰紧枯缺"结构性缺电问题。建成能源安全保障基地。加强中小水电有序规范管理。推进煤电一体化建设，强化煤电节能减排改造升级。优化能源结构，持续构建多元化电力生产格局，基本实现能源生产与消费相匹配，建成多层次储气保障体系，煤炭储备规模适度，电煤价格及储运机制进一步理顺，电力总体平衡，电力调峰和应急能力进一步提升。建成国际能源枢纽前沿。深化中越电力贸易合作，推进中越电力联网项目建设，加快建设互联互通的跨区域（跨境）电力交换枢纽前沿。

3.大力推进旅游业创新发展

加快推进文旅融合发展，创新旅游产品业态，提供更多个性化、品质化中高端产品。同时要大力推进滇南文化旅游经济带建设，加快元阳哈尼梯田景区、建水古城等品牌打造，做大高端品牌、做特康养旅游、做深文旅融合、做活特色夜游，真正把红河旅游打造成为云南旅游的新地标、新品牌、新引领。坚持以文塑旅、以旅彰文，以"两个保护一个打造一个推动"（保护世界的哈尼梯田，保护好历史文化名城，打造"滇南最美乡愁之旅"，推动全域旅游高端发展示范区为抓手）打造滇南文化旅游经济带，提升"云上梯田·梦想红河"文化旅游品牌影响力，建设文旅深度融合示范区。力争到2025年，文化旅游业收入达2000亿元，到2035年达5000亿元以上。

保护世界的哈尼梯田。始终牢记"哈尼梯田首先是稻田，而且必须是良田"，保护和传承好哈尼梯田的农耕文明。哈尼梯田是世界文化遗产，它不仅是传统的种植和生产方式，更是文化和历史的传承，要坚持保护优先，把哈尼梯田农耕文化和现代文明要素结合起来，在传承保护的基础上创造性转化、创新性发展，把祖先留下的文化遗产和森林、村寨、梯田、水系"四素同构"循环生态系统维护好、传承好、发展好。哈尼梯田保护要尊重自然、尊重历史，创新保护的政策、模式、方式，充分发挥生态补偿、旅游反哺、农田保护等多种政策叠加优势，提升保护实效、增加群众收入。要把一切为了农民增收、为了脱贫户增收作为鲜明导向，创新群众增收方式，大力推广"稻鱼鸭"综合种养等产业形式，提升哈尼梯田稻种质量，因地制宜改进农耕技术，积极融入文化内涵，提高水稻品质、价格、附加值；要推进哈尼梯田农耕文化与休闲农业、乡村旅游融合发展、可持续发展，实现群众增收的多样化。坚持"建筑形、文化魂、产业根、生态本、科技心、人类情"六大设计理念，坚持"吃、住、行、游、购、娱，文、医、养、体、学、智"

十二大要素，坚持"统一种养方案、统一加工方案、统一品牌营销方案、统一质量方案、统一管理方案、统一研发方案"六大方案，使用互联网和大数据的手段，面向全世界，在哈尼梯田的保护和利用模式上下功夫，在"不能变""可以变""完全变"上下功夫，使用二维码和区块链技术构建24小时全天候、全领域、全流程可视化保护和利用系统，创新世界历史文化遗产哈尼梯田的世界性保护和利用模式，让全世界为保护世界历史文化遗产哈尼梯田贡献力量，创新旅游新业态、新模式、新途径，高起点规划，保护传承好哈尼梯田"山、水、林、田、人、村"等自然肌理，扎实推进哈尼梯田农耕文化与休闲农业、乡村旅游融合发展。科学划定生态红线、保护开发范围，实施退耕还林、荒山造林、封山育林、梯田灌溉系统修复工程，提升梯田生态系统整体功能。遵循梯田原始风貌，完善基础设施等要素资源，完善开发体制机制，完善投融资机制，完善文化旅游多样性体验方式，塑造以稻作文化、民族文化、建筑文化、村寨文化和社会文化为主体的旅游新业态，将红河哈尼梯田世界文化遗产区打造成为"绿水青山就是金山银山"实践创新基地的样板。

保护好历史文化名城。坚持整体保护、活态保护，保存好历史风貌和整体格局，维系好古城居民的生活方式和传统习俗，实现"城"的保护与"人"的发展相统一。系统保护建水、石屏、红河等地古城古镇、古建筑古宅，打造彰显中华传统文化、云南少数民族文化、地方侨乡文化的历史文化长廊、旅游胜地。坚持规划先行，严格审查和控制恢复重建、新建风貌等古城改造项目。高标准建设旅游配套设施，加大特色民俗修缮力度，规范风味小吃和旅游餐饮市场，培育沉浸式体验旅游新业态。聚焦"探寻边地中原文化、体验滇南田园风光、品味康养烟火味道"，坚持协同融合、突出重点、彰显特色、统筹推进的思路，以建水、石屏"一湖两城"历史文化、特色产业、生态廊道为抓手，着力构建"一湖引领、双城带动、两廊串联、十团闪亮"的"滇南最美乡愁之旅"新格局，实施石屏—建水"滇南最美乡愁之旅"等一批重点项目。

打造"滇南最美乡愁之旅"。突出特色精准定位，坚持"一镇一风格"，紧扣各个特色小镇的自然环境、产业基础、历史文化、风土人情等独特资源，加快业态培育，着力构建"文、旅、医、养、体、学、智"为主要内容的全产业链，持续提升特色小镇品质。因地制宜、科学布局、统筹推进，打造特色鲜明，充满自然、文化魅力的特色小镇，构建各展特色、互为补充、错位发展的怀旧型、生态型、风土型、艺术型等特色小镇群。

推进全域旅游高端发展。打造全域旅游示范区、特色旅游城市、旅游强县，创建一批旅游名镇、名村，形成特色鲜明、多向发展的全域旅游目的地体系，持续提升"云上梯田·梦想红河"品牌影响力。开发一批精品文化旅游线路、若干精品自驾线路，完善沿途旅游产品和公共服务设施，力争5年内建成运营100家以上半山酒店，每个县至少1家五星级酒店。高标准推进田园综合体建设，重点抓好哈尼梯田、建水泸江烟柳、开远花卉等项目，打造串起珠、连成线的田园综合体。推进智慧文旅建设，依托"一部手机游云南"，加快旅游数字化转型发展，推动旅游景区、旅游酒店、特色小镇进行智能化改造，全面扩大刷脸旅游、智能导游、智能找厕、智能停车等功能覆盖面，推进旅游产业数字化升级。

（二）大抓促进农民增收

认真落实"巩固拓展脱贫攻坚成果，防止规模性返贫是底线任务，要全力促进脱贫增收"的要求，大力弘扬伟大脱贫攻坚精神，严格落实"四个不摘"要求，切实维护和巩固脱贫攻坚战的伟大成果，全力促进农民增收，坚决守住不发生规模性返贫的底线。

1.强化巩固拓展脱贫攻坚成果措施，促进脱贫人口持续增收

立足实际、因地制宜、强化措施，重点实施"六大工程"，有效推进巩固拓展脱贫攻坚成果同乡村振兴有效衔接。实施国家和省级乡村振兴重点帮扶县建设工程。积极争取把已脱贫县纳入国家或省级乡村振兴重点帮扶县支持范围，增强其区域发展能力。实施乡村特色产业帮扶工程。落实产业帮扶全覆盖机制，以脱贫县为单位规划发展乡村特色产业，把农业、工业、旅游业、电商、产业合作社等统筹起来，做到覆盖所有脱贫户、边缘易致贫户。尊重市场规律和产业发展规律，推动优势特色产业规模化、市场化、组织化、品牌化发展。大力推广"龙头企业+合作社+基地+脱贫户"模式，健全完善紧密型产业帮扶利益联结机制。继续大力实施消费帮扶。实施稳定就业帮扶工程。搭建用工信息平台，培育区域劳务品牌，加大脱贫人口有组织劳务输出力度。千方百计稳定和扩大就业，实现更加充分更高质量就业。扩大公益性岗位安置，提高劳务组织化程度和拓宽就业扶持覆盖面。延续支持扶贫工厂、扶贫车间的优惠政策，加大以工代赈、以奖代补、劳务补助等力度。按需开发公益性岗位，建设有序退岗管理机制。对外出务工、就业创业、技能培训等按规定给予奖补支持。实施易地扶贫搬迁后续帮扶工程。完善后续扶持政策体系，持续巩固易地扶贫搬迁脱贫成果，确保搬迁群众稳得住、有就业、逐步能致富。提升安置区社区管理服务水平，建立关爱机制，让搬迁群众融入新环境、适应新生活。实施生态保护工程。牢固树立"绿水青山就是金山银山"的理念，坚持生态优先、绿色发展，稳步推进生态保护、生态治理、生态产业等生态帮扶工程。学习推广浙江"千村示范、万村整治"工程经验，按照"田园风光是最美的风景、蔬菜林果是最好的绿化"的理念，聚焦农村"厕所革命"、"两污"治理、村容村貌改善，持续推进农村人居环境整治工作，努力打造"田园美、村整洁、人精神"的生态宜居美丽乡村。实施乡村基础设施建设工程。推进乡村建设行动，统筹县域城镇和村庄规划建设，完善欠发达乡村水、电、路、气、通信、广播电视等基础设施。加快推进脱贫县"四好农村路"向高质量发展，加快推动全州50户以上自然村通硬化路及农村公路提级改造等项目建设，补齐村内道路硬化、住房安全巩固、饮水安全巩固提升、生活条件改善、村组消防设施等短板。

因地制宜、科学编制实施农村居民和脱贫人口持续增收三年行动实施方案，落实好"一平台、三机制"，深入推进农村一二三产业融合，大力发展休闲农业和乡村旅游，为农民提供更多就地就近就业机会。加强与州内企业的沟通对接、信息交流，着力解决企业"用工难"和群众"就业难"问题。紧盯脱贫人口，摸清底数、建立台账，科学分析、一户一策、精准施策，确保年内人均纯收入有较大提升。

2.健全完善帮扶长效机制，巩固拓展脱贫成果

建立农村低收入人口和欠发达地区帮扶机制，开展农村人口动态监测，精准识别农村低收入人口，坚持分类指导、分类帮扶，重点在加强"一平台、三机制"建设中，深化机制建设。在县级政府层面建立农村困难群众"救助平台"。定制"找政府"APP，制定帮扶救助政策和标准。兜住民生底线，规范公益性岗位管理，以现有社会保障体系为依托，促进弱劳力、半劳力等家庭就近就地解决就业问题。切实将符合条件的脱贫不稳定和边缘易致贫人口纳入农村低保范围，对完全或部分丧失劳动力的农村低收入人口健全农村社会保障和救助制度，做到应保尽保、应兜尽兜，保障基本生活。健全防止返贫致贫动态监测机制。继续对脱贫县、脱贫村、脱贫人口开展监测，持续跟踪收入变化和"两不愁三保障"及饮水安全保障巩固情况，定期核查，及时发现，及时帮扶，动态清零。对脱贫不稳定户、边缘易致贫户，对因病、因残、因灾等意外变故返贫致贫的家庭，开展常态化监测预警，细化帮扶措施,加大帮扶力度,为巩固拓展脱贫攻坚成果提供制度保障。健全东西部协作和社会力量帮扶机制。加强东西部协作,推进中央定点帮扶、省内定点帮扶等社会力量参与帮扶。持续推动"万企帮万村"行动,持续帮助人口较少民族、"直过民族"等欠发达群体,推进少数民族聚居区乡村全面振兴。完善扶贫项目资金资产管理机制。加强扶贫资金资产项目管理,加快扶贫资产清理进程,落实管护主体,确保扶贫资产长期有效,建立产权归属明晰、权责义务匹配、运营管护高效、收益分配合理、资产处置合规的扶贫资产管理机制,提高扶贫资金经营管理效益。完善党建引领机制。实施组织振兴行动,深入推进党建巩固拓展"双推进",选好、培养好、用好、管好乡村振兴"明白人、带头人",以基层党建引领乡村振兴。对巩固拓展脱贫攻坚成果和乡村振兴任务重的村,继续选派驻村第一书记和工作队,健全常态化驻村工作机制。把巩固拓展脱贫攻坚成果纳入县市党政领导班子和领导干部推进乡村振兴战略实绩考核内容,与高质量发展综合绩效评价做好衔接。加强易地搬迁集中安置区后续扶持力度,完善利益联结"双绑"①机制,引进培育农业龙头企业,深入实施"万企兴万村"行动,不断壮大村集体经济。统筹用好乡村公益岗位,发挥以工代赈作用,具备条件的可提高劳务报酬发放比例。拓展东西部协作和结对帮扶政策,精准施策发力,全面深化交流合作。

3.保持政策措施总体稳定,推动脱贫地区帮扶政策落地见效

5年过渡期内严格落实脱贫县摘帽不摘责任、不摘政策、不摘帮扶、不摘监管"四个不摘"要求,帮扶不松劲、脱贫不脱钩,确保现有帮扶政策、资金支持、帮扶力量总体稳定。对现有帮扶政策逐项推进分类优化调整,合理把握调整节奏、力度、时限,逐步实现由集中资源支持脱贫攻坚向全面推进乡村振兴平稳过渡。帮扶政策。保持主要帮扶政策总体稳定,兜底救助类政策继续保持稳定。落实好教育、医疗、住房、饮水等民生保障普惠政策,并根据脱贫人口实际困难给予适度倾斜。优化产业就业等发展类政策。完善帮扶措施、投入机制,接续推进脱贫地区发展。财政金融政策。保持财政投入力度总体稳定,强化巩固拓展脱贫攻坚成果投入保障,过渡期前3年脱贫县继续实行涉农资金统筹整合试点政策。统筹加大乡村振兴重点帮扶县、美好生活示范村投入力度,推进村级集体经济先进示范村建设。鼓励和引导

---

① "双绑""一绑":即采取有产业发展条件的建档立卡户绑定合作社等新型经营主体的帮扶模式,通过发展产业、就地转移就业、土地流转、帮助销售农特产品4种途径带贫益贫;"二绑",即采取合作社等新型经营主体绑定龙头企业的产业发展模式,解决市场竞争力不强、抗风险能力弱的问题,促进产业扶贫发挥更大作用。

银行业金融机构，创新金融产品和服务方式，积极开展扶贫贴息贷款、扶贫小额信贷、创业担保贷款和助学贷款等业务，鼓励开展中长期信贷服务。建立健全融资风险分担和补偿机制，助推金融机构发挥好服务"三农"的积极作用。土地政策。落实中央土地支持衔接政策，强化耕地保护主体责任。支持脱贫地区根据第三次全国土地调查及最新年度变更调查成果，优化国土空间布局，加快推进乡（镇）村国土空间规划编制。优先保障巩固拓展脱贫攻坚成果和乡村振兴用地需要。用好国家城乡建设用地增减挂钩政策，在有力保障用地需求的同时，通过省内、省外有偿流转节余指标筹措资金，支持当地脱贫攻坚和乡村振兴工作。在安排高标准农田建设任务和分配中央补助资金时，向脱贫地区倾斜。人才支撑。实施能力提升行动，建立健全引导各类人才服务乡村振兴长效机制。加大脱贫地区干部教育培训力度，支持优秀年轻干部到巩固拓展脱贫攻坚成果任务重的地区工作，有计划地选派后备干部到乡村振兴重点帮扶县乡挂职任职。依托东西部协作，开展干部双向挂职锻炼。继续实施农村义务教育阶段教师特岗计划等政策。全科医生特岗和农村订单定向医学生免费培养计划优先向脱贫地区倾斜。持续改进脱贫地区基层公务员考录工作和有关人员职业资格考试工作。继续实施边疆民族地区、革命老区人才支持计划，在职务、职称晋升等方面采取倾斜政策。鼓励高校毕业生到脱贫地区就业创业。

全力支持乡村振兴重点帮扶县巩固拓展脱贫攻坚成果，加快推进红河、元阳、绿春、金平4个国家乡村振兴重点帮扶县和屏边省级乡村振兴重点帮扶县的特色产业、基础设施和基本公共服务建设。

（三）大抓新型城镇化和乡村振兴

红河州城镇化率仅为47.7%，比曲靖市（50%）低2.3个百分点，比玉溪市（55.3%）低7.6个百分点，更低于全国平均水平（64.7%）17个百分点，要实现到2035年城镇化率达70%，未来的任务和工作量还很大。乡村振兴在红河有条件有优势，要利用气候优势、环境优势、植被优势等，开展绿美行动加快乡村振兴。聚焦区域协调、优势互补、城乡一体，围绕构建"五大布局"、做强滇南中心城市、提升城镇支撑能力、加快河口口岸城市建设、全力巩固拓展脱贫攻坚成果等方面，持续推动城乡融合发展。落实国家和省级区域重大战略、区域协调发展战略、主体功能区战略，认真落实"加快南北协调发展，提升县城承载力，打造'绿美城市''绿美乡村'，让全州乡村面貌有大变化"的要求，以全力推进新型城镇化和乡村振兴，推进区域一体化高质量发展和加快以滇南中心城市建设引领新型城镇化三个层次重点为抓手，形成区域协调、南北联动、优势互补、城乡互促的新发展局面。

1. 优化国土空间布局，走新型城镇化发展之路

立足资源环境承载能力，建立"多规合一"的国土空间规划体系，强化"三条控制线"管控，优化形成"三大空间"，加强重要空间开发保护，构建高质量的国土空间开发保护新格局。

强化"三条控制线"管控。围绕生态保护红线、永久基本农田和城镇开发边界严控严管。生态保护红线。生态保护红线内，自然保护地核心保护区原则上禁止人为活动，其他区域严格禁止开发性、生产性建设活动，在符合现行法律法规前提下，除国家重大战略项目外，仅允许对生态功能不造成破坏的有限人为活动。永久基本农田。强化永久基本农田控制线对各类建设布局的约束，永久基本农田保护经法定划定后，任何单位和个人不得擅自占用或改变用途，严格规范永久基本农田的农业生产活动。城镇开发边界。坚持土地节约集约利用，科学划定城镇开发边界，强化城镇开发边界控制线对城镇建设的刚性约束作用，新增城镇建设用地不得突破城镇开发边界，严格限制开发边界外的建设用地增长，全面提升开发边界内土地利用效率，鼓励城镇紧凑发展，防止城镇无序蔓延。

形成"三大空间"格局。围绕生态功能区、农产品主产区和城市化地区构建相互促进、相互协调的生态、生产、生活功能区。生态功能区。实行保护为主、限制开发的方针，着力提升重点生态功能区在提供生态产品、确保生态安全和生态系统稳定上的功能。引导各类自然保护区、国家森林公园、饮用水水源保护区等生态功能区把发展重点放到保护修复自然生态系统、维护生物多样性、提供生态产品上，因地制宜发展不影响生态功能的旅游文化业、适量农牧业、民族特色产业等，推进生态功能区的人口逐步有序转移。农产品主产区。实行保护为主、开发为辅的方针，引导农业生产向优势产区集中，着力提升农产品主产区提供农产品、保障农产品供给安全的功能，逐步形成"一县一业""一村一品"的格局，推进农业产业在优势区域集聚发展，提高农产品主产区农业生产能力。城市化地区。实行开发与保护并重的方针，顺应新型城镇化发展趋势，推动城市组团式发展，积极构建以滇南中心城市为引领，以弥勒泸西一体化和建水石屏"一湖两城"为两翼，以自由贸易试验区红河片区为前沿，以哈尼梯田遗产区为名片，以县城为重点、中心集镇和特色村寨为节点，以昆河经济走廊发展带、昆玉红旅游文化带、红河谷热区绿色经济带、沿边经济开发开放带、滇南文化旅游经济带为支撑的新型城镇化布局。

2.推进区域一体化高质量发展，开创区域发展新局面

围绕全省"滇中崛起、沿边开放、滇东北开发、滇西一体化"的区域布局，着力形成"中心引领、两翼齐飞、南部振兴、沿边开放、廊带联动"的发展布局，以做强"中心"、做大"两翼"、做活"前沿"、做亮"名片"、做美城乡、做优"五带"、做好"县域"为抓手，促进北部县市协同发展，健全完善联动南北的制度机制，推进区域一体化高质量发展。

持续推进区域协调发展。开创区域协调、南北联动、差异化协同发展新局面。做强"中心"、做大"两翼"。坚持省域副中心、"国家门户·滇南中心"定位，把滇南中心城市打造成为集滇南交通枢纽、沿边开放前沿、特色产业基地、生态人文宜居于一体的"水韵湖城"。推进蒙（自）个（旧）开（远）建（水）一体化发展，把屏边县纳入滇南中心城市规划建设。立足资源禀赋、产业基础和发展优势，推动产业转型升级，筑牢滇南中心城市发展根基。重点布局先进制造业（包括电子信息）、有色金属及新材料、高原特色现代农业、数字经济、房地产业、现代服务业，建设滇南中心城市智造走廊、新经济发展引擎、国际贸易枢纽经济平台、产业转型升级示范区。弥勒泸西一体化围绕"立足滇中、弥泸一体，绿色崛起、高质量发展"定位，加快弥勒市"现代田园城市·健康生活福地"、泸西高原花园城市建设，建设滇中绿色发展新高地。推动"弥泸"空间规划、基础设施、产业建设、园区建设、联合招商、人才交流、文旅康体、生态建设、社会治理"九个一体化"高质量发展。重点打造"健康生活目的地"和"绿色食品牌"，积极承接滇中乃至国内产业转移，做强绿色食品加工、现代花卉、新型装备制造等主导产业，重点培育高原特色农业、先进制造、现代物流、烟草及配套、生物医药与大健康、旅游文化等新兴产业。建水石屏"一湖两城"以历史文化、特色产业、生态廊道为抓手，重点按照"一个景区"的理念打造"滇南最美乡愁之旅"，建设具有独特魅力、富有文化底蕴的世界级旅游景区。重点发展旅游文化、高原特色农业、绿色食品、食品和消费品制造、生物医药与大健康、绿色铝材一体化加工等优势产业。通过一二三产业互融、优势互补、产业互促、区域互动，做强做精建水紫陶、石屏豆腐等一批特色产业。坚持弥泸一体、绿色崛起，建成滇中绿色发展新高地。

做活"前沿"、做亮"名片"、做美城乡。以自由贸易试验区红河片区建设为引领，加快河口、金平、绿春等沿边地区发展，打造成为强边固防、兴边富民的前沿门户。大力发展加工及贸易、大健康服务、跨境旅游、跨境电商物流四大主导产业，把自由贸易试验区红河片区打造成为面向东盟的加工制造基地、贸易物流中心、中越经济走廊创新合作示范区，成为新时代制度创新和扩大开放的新高地。按照"整体谋划、各展特色、互为补充、共同发展"的要求，推动红河、元阳、绿春、金平4县用活用好哈尼梯田世界级品牌。依托哈尼梯田"两山"理论实践创新基地、世界级的文化旅游资源，弘扬"天人合一、自强不息"的哈尼梯田精神，坚持以农耕文化为魂、以美丽田园为韵、以生态农业为基、以古朴村落为形，进一步擦亮哈尼梯田世界遗产区亮丽名片。重点复制推广"稻鱼鸭"综合种养等现代生态循环农业模式，深度开发梯田红米等特色生态农产品，发展生物医药、旅游文化等生态绿色产业。屏边深入做好山水文章。构建"县城—中心集镇—特色村寨"协调发展格局。巩固和提升县城在全州新型城镇化发展中的基础地位，充分发挥县城在构建新型工农城乡关系中的桥梁和纽带作用，就近就地吸引农业转移人口市民化，形成推进红河高质量发展的多个增长极。统筹谋划县城产业发展、基础设施、公共服务、生态保护等布局，强化要素集聚和产业带动能力。持续推进城市更新建设行动、"美丽县城"建设；因地制宜发展特色鲜明、充满魅力的特色小镇和小城镇，强化中心集镇在联结城乡发展中的桥梁和纽带作用，促进发展基础好的小城镇升级为中心集镇，加快补齐基础设施和公共服务设施短板，推进城镇扩权赋能。紧密联结、城乡并带动新型城镇化，促进城镇和乡村各美其美、美美与共，建设城乡各族群众安居乐业的美丽家园。

　　做优"五带"、做好"县域"。推进昆河经济走廊发展带、昆玉红旅游文化带、红河谷热区绿色经济带、沿边经济开发开放带、滇南文化旅游经济带，形成联动国家和省重大发展战略的纽带、联结全州国土空间布局的桥梁、促进融入新发展格局的循环通道。坚持以一体化思路和举措打破行政壁垒、提高政策协同和产业联动，统筹推动南北、山坝、沿边和腹地县域经济联动协调发展，促进北部县市经济规模再上新台阶，加快南部6县经济发展步伐。加大北部7县（市）与滇中城市其他州市在产业协作、基础设施互联互通、生态环境联防联治、开放平台共建共享等方面的合作力度，实现协同发展、错位发展、共赢发展。屏边深入做好山水文章，依托滴水苗城和特色苗族文化，重点推动旅游文化产业加快发展。加快推动红河、元阳、绿春、金平4县协同发展，巩固拓展脱贫攻坚成果同乡村振兴有效衔接，以生态文明建设为引领，以南北联动为纽带，以特色产业发展为重点，大力发展绿色经济和特色旅游文化产业。加快推动河口县以自由贸易试验区红河片区为依托，重点围绕电子信息产业打造外向型制造业基地，大力发展进出口加工贸易，推动边境贸易规范有序、繁荣发展。更加注重州域内发展的整体性、协同性，建立目标同向、规划同图、利益相连、措施一体的联动机制，通过共享经济、扶贫产业园、教育医疗互助等方式协调联动，实施"以北带南人才培育"等行动计划，实现南北协调发展。统筹推进"山坝边"协调发展，深挖山区发展潜力，提升坝区发展效能，优化沿边发展布局，不断提高县域经济发展质量和效益。"十四五"期间，推动各县市在县域经济上比学赶超、争先进位，每年争取一批县市进入全省县域经济"10强县"和先进县、进位县。

3. 以滇南中心城市建设为引领，加快推进新型城镇化

滇南中心城市是引领红河经济社会发展的重要增长极。坚持"先做生态、后做城市""先做基础、后做开发"的规划建设理念，围绕"五个一体化""六个融合""十大工程"，推动"一个规划一盘棋，一张蓝图干到底"，加快同城化改革，推进滇南中心城市建设。到2025年，滇南中心城市（蒙自、个旧、开远）一体化取得显著成效，城镇功能定位基本清晰，经济总量大幅度提升，区域协调机制基本建立，力争城镇化率达70%以上。到2035年，省域大城市基本建成，集滇南交通枢纽、沿边开放前沿、特色产业基地、生态人文宜居于一体的"水韵湖城"魅力彰显。

推进"五个一体化"。国土空间一体化：构建滇南中心城市统一的"总体规划—单元规划—详细规划"三级国土空间规划体系，制定细化可操作的国土空间用途管制规则，推动城市间相向协同发展，建设集约组合城市。基础设施一体化：对外依托中越班列、红河航道、云桂铁路、沿边铁路、沿边高速公路等，打造全国性综合交通枢纽，融入国家"一带一路"倡议，积极参与孟中印缅经济走廊、中越国际大通道建设；对内依托空铁枢纽、开蒙铁路、滇南中心城市轨道交通工程、开远至建水等高速公路、开蒙快捷通道和蒙建快捷通道等城市快速道路建设，打造互联互通、高效运转的枢纽门户滇南中心城市；统筹布局建设水利、能源、供水供电、综合管廊、两污治理等基础设施，有序推进海绵城市、韧性城市建设，以新基建夯实数字经济发展底座。特色产业一体化：对标省、州提出的现代产业体系，立足滇南中心城市优势特色和产业基础，构建以先进制造业、有色金属深加工及新材料、现代服务业、高原特色现代农业、历史文化旅游业为主体的产业体系；加快现代物流枢纽体系建设，以红河综合保税区、蒙自经济技术开发区、自由贸易试验区红河片区为支柱，促进"五区"联动，建成高水平、优产业的开放创新平台。公共服务一体化：完善基础型与品质型相结合的公共服务设施体系，实现滇南中心城市基础型公共服务设施全域均等覆盖，品质型公共服务设施差别化布局，推进核心区建设成为区域性教育高地、医疗中心、科研中心、金融中心，个旧主城区建设成为区域性康养中心，开远主城区建设成为区域性体育中心，建水主城区建设成为区域性历史文化中心。生态绿色一体化：构建"一心四廊五脉"（"长桥海、大屯海、三角海"三海生态绿心，"南洞河—黑水河—犁江河"生态廊道、"泸江河—沙甸河—大庄河"生态廊道、"乍蚂大沟—嘉明河"生态廊道、"5号沟—沙拉河"生态廊道四廊，"莲花山绿脉、老阴山绿脉、磨盘山绿脉、大尖山绿脉、大黑山绿脉"五脉）的生态格局，保护山水生态基底，完善山水林田湖草沙冰生态系统，构筑滇南中心城市生态安全格局。全面推进城市和通道面山绿化建设，筑牢绿色生态屏障，建设滇南中心城市绿道和一批亲湖公园、临海湿地公园、环山郊野生态公园。构建滇南中心城市一体的"山水基质、蓝绿双廊、多点分布"海绵城市空间结构，支撑区域良性发展。

加快"六个融合"。产城融合：结合《红河州"十四五"产业发展规划》，推动产业与城市功能融合、空间整合，"以产促城、以城兴产"，打造空铁数字物流园区、鸡街沙甸一体化示范区等产城融合示范组团。城乡融合：健全城乡融合发展体制机制，抓实"两污"治理、"厕所革命"等，加快城乡电网、天然气、饮用水一体化等配套设施建设；促进公共教育、医疗卫生、社会保障等资源向农村倾斜，推动滇南中心城市公共服务设施实现全域均等覆盖、共建共享；建设一批高原特色农业园区、示范区及田园综合体，推动乡村地区就近就地城镇化。社区融合：按照15分钟生活圈建设要求，形成以人为本化、生态化、数字化为价值导向的新型城市功能单元，提升居民认同感和归属感，构建滇南中心城市统一的社区治理秩序，积极推动智慧社区建设。服务融合：实现互联网智慧管理，促进滇南中心城市公共服务设施一网通；推动滇南中心城市"一卡通"工程，实现医疗、教育、文化、体育设施一卡畅通服务。生态融合：以滇南中心城市"三线一单"（生态保护红线、环境质量底线、资源利用上限和生态环境准入清单）确立工作为抓手,明确划定大气、水、土壤环境质量底线,健全一体化生态环境监测和评价制度,推动滇南中心城市生态环境跨区域联防联治。文化融合:以百年滇越铁路文化带和千年文化发展轴建设为抓手,"蒙开个建"共同传承千年城市文明,各城市在突显自身文化特质的基础上,形成协调、联动的文化环境及城市风貌。

实施"十大工程"。加快推进滇南中心城市联通工程、公共服务提标、市政公用设施提档、重点产业发展提质、水资源配置、水生态修复治理、鸡沙片区一体化、新型基础设施建设、旅游基础设施提升、市容环境卫生提级十大工程,建成一批示范性、带动性、标志性重大工程。

提升城市服务功能。以建设宜居城市、绿色城市、韧性城市、智慧城市、人文城市为目标,不断提升城市人居环境质量、人民生活质量、城市竞争力。聚焦全州不同程度存在老旧小区、城镇棚户区、老旧厂区,城市环境不优、城市品质不高、城市发展空间受限等问题,推进城市更新行动。抢抓国家加快新型城镇化和全省"美丽县城"建设契机,围绕"生态宜居、健康舒适、安全韧性、交通便捷、风貌特色、整洁有序、多元包容、创新活力"等方面全面开展城市体检评估。统筹实施城市更新行动,着力从推进公共服务设施提标扩面入手,健全医疗卫生设施、完善教育设施、改善养老托幼设施、发展文旅体育设施、完善社会福利设施、建设社区综合服务设施,高质量建设滇南区域医疗中心,加快把红河学院建成具有区域特色的"国门大学";着力从推进环境卫生设施提级扩能入手,完善垃圾无害化资源化处理、健全污水集中处理设施、改善城市公共厕所;着力从推进市政公用设施提档升级入手,优化市政交通设施、完善市政管网设施、发展配送投递设施、推进城市智慧化改造、更新改造老旧小区、改造城市棚户区;着力从推进产业培育设施提质增效入手,完善产业平台配套设施,健全冷链物流设施,提升农贸市场水平;着力从优化道路线型、打通断头路入手,建设连接城市新老城区的快速路,丰富区域路网结构,畅通新老城区,提高次干路和支路的密度;着力从城市建筑风貌、文物保护、历史文脉等入手,做好不同城市的形象设计,使城市建筑风貌与当地文化特色、民族元素、民族色彩、装饰纹样及周边环境相协调。

4.落实"五抓五强"要求,实施乡村建设行动

按照"产业兴旺、生态宜居、乡风文明、治理有效、生活富裕"总要求,强化以工补农、以城带乡,全面推进产业、人才、文化、生态、组织振兴，绘就农村美、农业强、农民富的美好图景。把乡村建设摆在社会主义现代化建设的重要位置，按照"五抓五强"（抓产业建设、抓设施配套、抓风貌改造、抓环境卫生、抓建章立制，强组织、强产业、强环境、强基础、强文化）要求，强化乡村规划引领、基础设施建设、人居环境提升，实施乡村振兴"十百千"工程，加快推进乡村全面振兴。

加强乡村建设规划。统筹县域城镇和村庄规划建设，高水平编制完善符合村庄发展实际、农民发展意愿和乡村振兴要求且务实管用的村庄规划，实现应编尽编，纳入国土空间"一张图"管理。按照"县（城）—乡（镇）—村—房"4个层级，建立完善"村庄布点规划—村庄规划—村庄设计—农房设计"实用性规划设计层级体系。遵循乡村生态、生产、生活空间自然肌理和文明形态的发展规律，加强村庄风貌引导，注重保持乡土风貌、保护传统村落，做美村庄、做特民居。加强村庄规划管理，强化新建农房设计刚性管控，严格农房宅基地和农房建设审批管理，管理增量、改造存量，让所有的变量都在规划内美丽亮相。

强化乡村基础设施。围绕建设更加宜居的现代乡村，补齐农村基础设施短板，完善乡村水、电、路、气、通信、物流、防灾减灾等基础设施，全面改善农村生产生活条件。强化县城综合服务能力，加强乡镇公共服务功能，加快推进学校、幼儿园、标准化卫生院（室）、敬老院、农家书屋、村民广场、活动中心等农村生活服务设施和公益事业设施建设，推动公共服务资源在县域内优化配置，加快城乡基本公共服务均等化。建立解决农村住房安全问题的长效机制，巩固拓展危房改造和抗震安居工程建设成果。加强农村建房许可管理，完善建设标准和规范，提升农房设计水平和建设质量，支持新建一批功能现代、风貌乡土、成本经济、结构安全、绿色环保的宜居型示范农房。

提升农村人居环境。学习推广浙江"千村示范、万村整治"工程经验，提升乡村建设规划、绿化、文化、整洁化水平，从一个乡村到一个片区，从若干片区到各县市全域范围，全面提升农村人居环境。因地制宜推进农村改厕、生活垃圾处理和污水治理，实施河湖水系综合整治，改善农村人居环境。深入开展文明新风创建活动，全面实施乡村绿化行动，建设一批"美丽乡村""文明新风示范村""森林乡村"。严格保护乡村面山和古树名木，坚持乡土气息、适地适树原则，重点推进村内绿化、围村片林、农田林网、美丽庭院建设，让田园风光成为最美的风景、蔬菜林果成为最好的绿化。

实施乡村公共服务提升工程。围绕建设高质量教育体系,促进教育公平,推动义务教育均衡发展,使农村人口受教育程度不断提升。全面推进健康红河建设,构筑多层次社会保障体系,提升农村健康教育、健康管理等基本公共卫生服务质量。健全农村社会保障和救助制度,帮助农村丧失劳动能力的老年人口、留守儿童、残疾人群、精神疾病人群等解决基本生活问题。

实施乡村振兴"十百千"工程。贯彻落实省委、省政府实施乡村振兴"百千万"工程的重大决策部署,因地制宜、彰显特色、突出质量、打造品牌、提升示范带动影响力,启动实施乡村振兴"十百千"示范工程。全面推进乡村建设行动,以点带面打造15个以上乡村振兴示范乡镇、150个以上精品示范村、1000个以上美丽村庄。乡村振兴示范乡镇突出建设集农产品加工中心、农产品集散中心、"三农"服务中心和线上线下销售平台于一体的现代产业园区,将乡村振兴示范乡镇建设成为省级乡村振兴示范园,力争建成元阳哈尼梯田、建水泸江烟柳、开远花卉3个田园综合体。精品示范村以行政村为单元,打造"绿色食品牌"产业基地、一二三产业融合发展、宜居宜业宜游的乡村。美丽村庄以村组为单元,按照美丽乡村评定36项指标创建。

5.健全城乡融合发展机制,构建新型工农城乡关系

坚持走城乡融合发展之路,强化以工补农、以城带乡,推动形成全州工农互促、城乡互补、协调发展、共同繁荣的新型工农城乡关系。

加快农业转移人口市民化。全面放开全州城镇地区户口迁移政策,继续推进居住证制度全覆盖,健全以居住证为载体的城镇常住人口基本公共服务提供机制。完善农业转移人口市民化的转移支付分配办法,落实农业转移人口市民化财政奖励政策。贯彻落实城乡养老保险制度衔接政策、流动就业人员社保关系转移接续等政策,保障城镇常住人口享有社保、就业等基本公共服务权益。认真落实城镇建设用地扩大规模与吸纳农业转移人口落户数量挂钩政策。

促进城乡和南北人才合作交流。建立城乡和南北人才合作交流机制,探索通过岗编适度分离等方式,推进城市教科文卫体等工作人员服务乡村。制定财政、金融、社会保障等激励政策,吸引各类人才返乡入乡创业。鼓励农村集体经济组织探索人才加入机制,吸引人才、留住人才。提高农民科技文化素质,推动乡村人才振兴。

推进城乡基础设施一体化发展。以县市域为整体,统筹规划布局城乡基础设施,实现城乡路网、供水、网络、物流等统一规划、统一建设、统一管护，探索建立合理的分级分类投入、管护机制。以政府投资为主加大乡村道路、水利、公交和邮政等公益性强、经济性差的设施建设投入；发挥政府资金的撬动作用，积极引入社会资本，引导当地群众加大乡村供水、垃圾污水处理和农贸市场等有一定经济收益的设施建设投入；以企业为主加大乡村供电、电信和物流等经营性设施建设投入。

构建城乡普惠共享公共服务体系。健全全民覆盖、普惠共享、城乡一体的基本公共服务体系，推进城乡基本公共服务标准统一、制度并轨。强化县城综合服务能力，把乡镇建成服务农民的区域中心。科学配置和整合县域内义务教育资源，推动城市优质学校辐射农村薄弱学校常态化，推进优质资源向农村学校流动。优化乡村教师队伍结构。完善乡村医疗卫生服务体系，积极推进城乡医共体建设，加强乡村医疗卫生人才队伍建设，推动职称评定和工资待遇向乡村医生倾斜，实现城乡共享优质医疗资源。统筹城乡公共文化设施布局、服务提供、队伍建设，健全乡村公共文化服务体系，实现公共文化服务全覆盖。

（四）大抓沿边开放

深刻领会和准确把握建设"面向南亚东南亚辐射中心"是主动服务和融入新发展格局，认真落实"抢抓重大机遇，加强谋划研究，先行先试、大胆创新，进一步在释放政策优势上取得更大成果"的要求，以大开放引领云南改革发展总抓手的核心要义，立足"沿边""跨境"区位优势，找准红河主动服务和融入新发展格局的切入点和发力点，以"一个统筹、一个窗口、一个引领、两个融合联动"的总体思路，聚焦全方位、多层次、多元化开放，充分发挥开放平台区位优势，着力解决开放平台市场主体少、实力弱等突出问题；深化沪滇合作，建立与上海市产业合作机制，共建产业园、共建乡村振兴园中园、共建口岸城市、共建国际物流枢纽、共建康养基地等，打造面向南亚东南亚辐射中心的前沿窗口；充分利用越南劳动力充足、成本低等优势，探索跨境劳务输出新模式，全力构筑面向南亚东南亚辐射中心的前沿门户。

1. 高标准建设自贸试验区红河片区，为陆地沿边开放探索新经验

紧紧围绕闯出一条沿边开放发展的新路子，担当为国家试制度、为地方谋发展"两大使命"，坚持建设面向东盟的加工制造基地、商贸物流中心和中越经济走廊创新合作示范区"三大定位"，聚焦加工及贸易、大健康服务、跨境旅游、跨境电商物流"四大重点产业"，将红河片区打造成为融入新发展格局的战略支点。

坚持"三大定位"。自2019年8月30日自贸试验区红河片区挂牌成立以来，红河州坚定不移围绕党中央、国务院关于自贸试验区建设决策部署和省委、省政府工作要求，按照"高标准谋划、高水平建设、高质量发展，切实打造沿边开放示范区"发展思路，全力推动各项工作落细落实。加快建设面向东盟的加工制造基地。抓住《区域全面经济伙伴关系协定》（RCEP）签署机遇，加快推进纺织服装产业园、中小企业孵化园、电子商务产业园、绿色食品产业园等园区基础设施建设，承接高技术水平和高增值率的加工环节；大力引进国内外制造研发企业，联动红河综合保税区、蒙自经济技术开发区，将红河片区打造为面向东盟的区域性制造业研发生产基地。加快建设面向东盟的商贸物流中心。依托红河片区跨境电商物流产业园电商平台大力发展跨境电商，建设面向南亚东南亚的农产品交易平台，与云锡合作建设以锡为主的有色金属交易平台，加快推进红河（河口）陆上边境口岸型国家物流枢纽建设，不断完善电商边境仓、海外仓、国际快件管理服务中心等设施与服务，打造面向南亚东南亚的跨境电商物流中转站；融合跨境物流和国际商贸，为中国和以越南为主的南亚东南亚国家间进出口商品，提供保税展示、仓储、交易、交割等服务，打造面向南亚东南亚的国家货物分销物流中心。加快建设中越经济走廊创新合作示范区。推动中越双方跨境产能、跨境服务合作区建设，联动发展加工制造业，其中红河片区吸引中越加工制造业企业设立总部，打造中越合作中的国际加工制造总部；借助口岸优势，完善跨境游客休闲娱乐、度假、集散等服务设施，将红河片区打造为中越跨境旅游集散中心；建设产城融合的"国际陆港自贸城"，引入国际旅游和医疗养生等业态，打造中越健康生活区；引入跨国企业，发展配套生产性服务产业，为红河片区和越方及东盟其他成员国提供跨境服务，打造中越区域性现代服务中心。

聚焦"四大重点产业"。聚焦加工及贸易、大健康服务、跨境旅游和跨境电商"四大重点产业"，推动中国（云南）自贸试验区红河片区加快发展。加快发展加工及贸易。深化"五区"和"市区"联动，释放"自贸区+边合区"政策叠加效应，深化中越合作，融入国际产业链。做强加工贸易，打造国际加工制造总部，发展电子信息、人工智能等高端制造业和上游产业，促进中越跨境产能合作，提升产品在国际贸易中的优势。推动互联网、大数据、人工智能与制造业的深度融合，促进红河片区制造业向研发、设计、制造、服务一体化方向发展。电子信息产业方面，重点发展电子零件与智能硬件加工。先进装备制造业方面，重点制造新能源汽车关键零部件。农副产品进出口加工产业方面，重点发展保税加工进口农产品。纺织加工产业方面，探索跨境服务合作，形成产业集聚。国际贸易方面，重点打造汽车及平行进口体系，促进保税展销产业。加快发展大健康服务。打造国际化的诊疗中心，开发瑶医瑶药等现代中药产品。整合周边生态资源，将生态体验、休闲养生、健身健康等多种体验融入大健康产业，引入高端医疗资源，发展高端医疗和中医理疗市场，形成以"医疗+养生"为主的大健康体系。依托滇南区域医疗中心，打造干细胞国际诊疗中心，引进前沿技术，吸引国际诊疗人群。打造医疗研发平台，促进仿制药、基因库等前沿研发。运用现代技术手段，使古老瑶医文化重新焕发活力。建设面向南亚东南亚的中医药保健品直销中心，推动中医药离岸贸易发展。加快发展跨境旅游。围绕全域旅游，打造中越跨境旅游合作示范区，建设产城景相融合的自由贸易试验区，围绕亚热带自然风光、少数民族文化、两国一城风情等资源优势打造特色景点，并与休闲旅游、餐饮民宿、文化体验、健康养生等产业相结合，推进全域旅游目的地建设。争取政策支持，简化自驾车和人员出入境旅游审批手续，促进跨境自驾游便利化、快捷化。推进澜湄旅游联盟，联动河口—磨憨双口岸，打造中老越三国旅游环线。开发边境特色景点，打造免税自由消费区，探索"治疗+度假"医疗旅游模式，开办国际性体育、会展、文创等活动。加快发展跨境电商。打造跨境电子商务产业园，推动跨境电商产业集群化；打造面向南亚东南亚的跨境农产品交易平台；提供保税仓储、国际运输、货物配送、特色物流服务，形成面向东盟的跨境电商物流中转站和货物分销基地。支持外贸企业加强跨境产能合作，到东盟国家建立物流、仓储、包装、冷链、配送一体化服务平台，培育壮大跨境电商。

把河口建成红河融入RCEP的重要窗口。用好区位优势。深化以越南为重心、中南半岛为重点、东南亚为主体的对外开放。要抓住RCEP生效、中老铁路开通等重大机遇，加快"北融滇中、南接越南、东进两广、西通缅老"开放大通道建设，加强口岸通关便利化，打造现代商贸物流产业链，推动与越南等南亚东南亚国家人流、物流、资金流、信息流及技术流便捷高效双向流动，推进各种资源要素在更大范围内实现市场化配置，努力打造中国—东盟产业链、供应链、价值链深度融合新高地。加大招商引资力度，把河口打造为国内企业进入越南投资和"名特优产品"进入国内发展的"重要窗口"，增强沿边地区资源集聚能力和辐射带动作用。加强国际产能、数字经济、跨境旅游、跨境劳务等合作，提升中越（河口/老街）边境经济贸易交易会专业化、国际化、品牌化、信息化水平和影响力，将其打造成为对越开放的重要窗口和辐射南亚东南亚的重要平台。

做实改革创新。紧紧围绕"沿边""跨境"特色，聚焦创新强州、科技赋能、转型发展，围绕发展方式创新、平台建设、培育企业主体、成果转化、人才引进培养等方面，大力实施创新驱动发展战略，加快建设创新型红河。以制度创新为核心，以探索可复制可推广为基本要求，全力推动自贸试验区红河片区147项改革试点任务，不断归纳总结形成改革试点经验，努力形成更多可复制可推广的制度创新成果。围绕跨境贸易、跨境电商、跨境产能合作、跨境金融、跨境人力资源合作、跨境园区建设、跨境物流、跨境旅游"八个跨境"，深入开展差异化探索并加快形成实践成果。促进跨境人民币业务创新发展，规范边民互市贸易结算，推动金融业改革在红河片区先行先试。鼓励重点产业创新成果转化落户"五区"，着力培育外贸产业集聚区。全力以赴营造市场化、法治化、国际化营商环境，推进"放管服"改革，完善减税降费政策，更大力度推进改革创新，持续激发市场主体活力，特别是中小微企业和个体工商户活力。

2. 推进"五区联动"和"市区融合"，打造区域经济增长极

坚持政策共享、资源共享、合作共赢，健全完善统筹协调机制，推动"中国（云南）自由贸易试验区红河片区、中国（红河）跨境电子商务综合试验区、蒙自经济技术开发区、红河综合保税区、河口边境经济合作区"（以下合称"五区"）发展。完善责任共担、利益共享机制，推动各县市与"五区"开展政策对接、产业对接、项目对接，用好用活开放平台，促进要素共建共享，释放政策叠加效应。推动形成"1（红河片区）+2（红河综保区、蒙自经开区）+河口边合区+跨境电子商务综合试验区+13（以河口县为主的红河州13个县市）+N（云南省其他县市）+Y（越南）+D（东盟）"发展格局。

持续释放"五区联动"效应。围绕发展空间、产业布局、第三方综合服务机构搭建等重点，推进"五区"在政策、产业、招商、人才、资金等要素上实现优化整合，加快形成以自贸试验区红河片区为引领，"五区联动"发展的产业集群。推动红河综合保税区与自贸试验区红河片区政策贯通、产业融合、信息共享、优势互补。中国（云南）自由贸易试验区红河片区：着力打造自由贸易园区。经过3至5年改革探索，对标国际先进规则，形成更多有国际竞争力的制度创新成果，推动经济发展质量变革、效率变革、动力变革，努力建成贸易投资便利、交通物流通达、要素流动自由、金融服务创新完善、监管安全高效、生态环境质量一流、辐射带动作用突出的高标准高质量自由贸易园区。蒙自经济技术开发区：着力打造生产基地；重点围绕产业升级、要素保障和创新驱动，积极实施产业链延链、补链工程，发展锡、铜、铝等有色金属精深加工与新材料、先进制造业等重点产业，大力发展现代物流、电子商务、金融服务、现代产业服务、节能环保服务等现代服务业，打造产业聚集新高地。红河综合保税区：着力打造保税基地；充分发挥已有的保税功能，提升收付汇的容忍度偏离度，释放保税、免税、退税等政策红利，扩大流通渠道；重点推动海关特殊监管区内外产业配套一体化发展，大力发展大宗商品交易、分销服务、物流配送、金融保险、电子信息产业以及先进装备制造业；充分利用和发挥好现有完善的设施和政策条件，把红河综合保税区作为自由贸易试验区红河片区的海关特殊监管区，打造成自由贸易试验区红河片区向内陆腹地延伸的加工仓储地、物流集散地、集拼地、货物中转地的交易平台。中国（红河）跨境电子商务综合试验区：抢抓RCEP生效带来的发展机遇，围绕RCEP节点城市建设，探索沿边地区跨境电子商务制度创新、管理创新、服务创新、业态创新和模式创新，构建云南面向东盟陆路跨境贸易电子商务增长极。河口边合区：积极推进河口边合区建设，落地生根。

扎实推动"市区融合"发展，建立"市区融合"协调机制。建立健全各县市与"五区"互动机制，加大人才交流力度，打破跨区域、跨体制存在的束缚。加快推进县市在政策、产业、招商、人才、资金、土地等发展要素上与"五区"整合联动，更好发挥并放大"五区"对全州开放发展的引领作用。推动与滇南中心城市融合联动。加快推进滇南中心城市与红河综合保税区、蒙自经济技术开发区在城镇规划建设、产业招商互补衔接、资源要素优化配置等方面统筹联动，促进蒙自、个旧、开远3市与红河综合保税区、蒙自经济技术开发区以及中国（红河）跨境电子商务综合试验区在规划、建设、管理上实现融合发展。推动与国门口岸城市全面融合联动。推动自贸试验区红河片区与河口国门城市统筹规划发展，加快实施区、城协同发展项目，持续提升河口国门城市形象，打造国际陆港自贸城，实现门户带动沿边、联动腹地协调发展，推进开放型经济取得新突破。推进金水河边境经济合作区建设，打造金水河国门口岸特色城镇，建设一批口岸综合体，力争建成绿春县平河省级口岸。完善界桥会谈等合作机制，高质量办好中越边境经济贸易交易会，提升经贸、旅游、人文、教育等领域合作水平。

用活平台优势。自贸试验区红河片区、中国（红河）跨境电子商务综合试验区、红河综保区、蒙自经开区、河口边合区这"五区"是红河州想了很多办法、花了很多精力争取来的发展机遇，是建设沿边开放示范区的重要平台，但这么多年过去了，红河州在用活平台、推动发展上还有很大差距，还停留在等政策、等项目层面，不敢大胆试、大胆闯、大胆创新，政策红利没有得到充分释放。要主动向东部先进省份学习，大胆探索创新，自主闯、自主试，奋勇争先。要持续深化"五区联动"和"市区融合"，理顺"五区"管理体制机制，推动各县市融入"五区"协同发展。

用足政策优势。以推进贸易强州行动计划为抓手，做大一般贸易，做强加工贸易，推广复制边民互市贸易进口商品落地加工"红河模式"，用好RCEP原产地累积规则，扩大金属矿砂、水果、水产等优质产品进口。要抓紧研究制定红河跨境电商综试区实施方案，更好地促进和规范跨境电子商务产业发展壮大。要推动跨境金融创新，大力发展跨境人民币结算业务，着力在金融开放与跨境金融合作等方面先行先试、大胆探索。

（五）大抓招商引资和营商环境

认真落实"依托工业基础好、市场主体相对活跃等自身优势，努力推动招商引资和营商环境走在前、作表率"的要求，聚焦一年攻坚突破、两年提质培优、三年进入全国一流方阵，在极简审批、一网通办、一站服务、主动履约、挂包上门上实现突破。

1.坚持"一把手"招商

严格落实党政"一把手"招商要求，建立协同联动的招商工作机制，聚焦"招什么""谁来招""拿什么招""怎么招"，搞清楚自己"有什么""要什么""缺什么"，研究分析全球产业布局，统筹考虑税收、就业等价值效益，以"三顾茅庐"的韧劲，让红河的"链主"企业和"链群"企业多起来、大起来、强起来，促进产业链上下游联动发展。督促县市、部门、园区主要领导带头谋划项目，带头精准招商，带头推进项目。严格落实"一个项目、一名挂钩联系领导、一套工作班子、一个工作方案"的要求，在全州推广实行州级领导挂钩推进重点招商引资项目工作机制，从上到下形成领导包抓重点项目、解难帮困的工作合力。压实"五区"、行业主管部门招商责任，充分发挥州招商委统筹协调作用，在县市、园区之间"穿针引线"，着力解决无序竞争、同质化引资问题，真正形成全州"大抓招商"工作格局。将"组团式"招商与"小分队"招商有机结合，达到"州级牵总组织、各级点对点对接、县市各谋所需"的精准招商成效。各级各部门要主动学习政策、研究政策、运用政策，主动向上争取、向社会融资，力争落地一批大项目、好项目。

2.优化营商环境

树立"营商环境就是生产力、竞争力"的理念，以增强企业和群众的"获得感""认同感"为出发点和落脚点，聚焦"放管服"改革、重点领域改革和市场需求导向，持续加大简政放权力度，持续提升政务服务效能，纵深推进重点领域改革，强化营商环境指标竞争力，奋力开创红河州深化"放管服"改革优化营商环境工作新局面，全力打造市场化、法治化、国际化一流营商环境。坚持把优化营商环境作为基础性、长期性工作抓紧抓好，牢固树立"政府围着企业转、企业有事马上办"意识，大力实施营商环境攻坚行动。要转变观念，改变招商老套路，从拼资源要素向全周期、全过程优化服务保障转变，不能"赔本赚吆喝"。持续深化"放管服"改革，提高办事效率，切实帮助解决企业发展中遇到的痛点、难点、堵点问题，以真招、实招、硬招打造"红河效率""红河服务""红河诚信"，确保营商环境评价争先进位。

3.让市场主体更具活力

聚焦大企业"顶天立地"、中小企业"铺天盖地"、微型企业及个体工商户"枝繁叶茂"，深入实施市场主体倍增计划，让市场主体多起来、大起来、强起来。要认真落实"走进基层、走进服务对象，听一听各类市场主体想什么、盼什么、要什么，搞清楚政府该干什么、不该干什么，加强管理、深化改革、推动发展"的要求，千方百计帮助市场主体克服疫情影响、解决实际困难，全力稳住经济、加快发展，以红河州的稳和进，为全省全国做出更多更大贡献。

要精细高效助企纾困，把工作精力聚焦到旅游、住宿、餐饮、交通运输等困难行业纾困帮扶和"一对一"上门服务上来，严格落实州级领导挂联重点企业机制，深入开展纾难解困政策"三进个体工商户"活动，多渠道听取企业的建议和诉求，收集和推动解决影响、制约企业发展的问题，深挖细究问题症结所在，做到"一事一议"、综合施策、精准施策、靠前发力、精准发力、多使巧力，帮助企业渡过难关。

要提振市场主体活力，有序推进河口等疫情防控重点区域的复工达产工作，着力提升企业申报、"一网通办"和通关便利化、投资自由化、货币结算国际化效能，并建立重点企业联络员制度，深入实施市场主体倍增计划，建立完善企业培育成长库，用产业引导基金撬动社会资本投入，实施中小企业成长工程，引导支持金融机构结合"链主"需要设计供应链金融产品，有效保存量、扩增量、提质量，让市场主体多起来、活起来、大起来、强起来。

4.增强招商引资质效

要增强招商引资质效，立足红河的区位优势、资源优势、基础优势，立足产业链的发展格局制定产业链条招商图谱，建立一套高效、务实、专业、精准的招商工作模式，大力推进全产业链招商，坚持有格局、有态度，而不能一味迎合，更不能"捡到篮子里都是菜"，对红河发展无益甚至带"污"的GDP，宁愿不要。

（六）大抓生态文明建设

深刻领会"生态文明建设排头兵"的核心要义，推动人与自然生命共同体建设，深入践行"绿水青山就是金山银山"理念，聚焦生态优先、绿色发展，围绕筑牢生态安全屏障、打好污染防治攻坚战、发展绿色产业、构建绿色能源体系、推进生态价值转换等方面，加快建设美丽红河秀美山川，建设人与自然和谐共生的现代化。

1.加强生态保护和修复，守护好绿水青山

坚守自然生态安全边界，实行最严格的生态环境保护制度，统筹推进山水林田湖草沙冰一体化保护和修复，强化生物多样性保护，筑牢生态安全屏障。

构建绿色生态空间。加快构建"一核一区一带一屏多点多廊"绿色生态空间格局，即滇南中心城市生态系统保护核心圈，北部石漠化地区，红河干热河谷带，南部边境国家生态屏障，自然保护地、重要湿地、国有林场等"多点"，主要公路、铁路、河流、库区沿线等"多廊"，推进国家森林城市、国家生态屏障、"森林红河、绿满红河"等创建，为全省筑牢西南生态安全屏障贡献红河力量。

深入推进重要生态系统保护修复。统筹推进山水林田湖草沙冰一体化保护和修复，实施一批重要生态系统保护修复重大工程，争取国家支持实施云南省哀牢山红河哈尼梯田、石屏异龙湖、弥勒太平湖等生态保护修复项目。落实河（湖）长制、林长制，完善自然生态保护制度体系，推行森林河流湖泊休养生息和耕地休耕轮作。科学统筹山区综合开发和红河谷热区保护性开发。加快"森林红河、绿满红河"建设，开展大规模国土绿化行动，科学推进石漠化综合治理、水土流失治理、陡坡地治理、地质灾害防治等工程，实施个旧市、蒙自市、建水县、泸西县、弥勒市等历史遗留矿山生态修复等工程，加快城市面山通道生态修复、城市公园绿地等绿化生态工程建设，提升自然生态系统质量和稳定性。大力实施城乡绿化美化三年行动和国土绿化行动，到2025年，森林蓄积量达到1.2亿立方米，天然林面积达到130万亩，森林覆盖率达到60%以上，草原综合植被盖度达88%，湿地保护率达60%。

加强生物多样性保护。加大屏边大围山、金平分水岭、绿春黄连山、红河阿姆山、元阳观音山、建水燕子洞等自然保护区保护管理。推进生物多样性保护生态廊道和珍稀濒危物种保护区建设，加强重点野生动植物保护、生物安全管理、遗传资源保护，严防外来有害物种入侵。开展极小种群就地、就近、迁地保护，建设一批种质资源收集保存圃和扩繁园区。开展生物多样性调查观测评估，加快实现生物多样性信息化管理。建设州级野生动物疫源疫病监测中心，完善县市监测站点，全面提升重大野生动物疫情监测预警和应急处置能力。开展跨境生物多样性保护合作，保障区域与国家生物安全。借助联合国《生物多样性公约》第十五次缔约方大会的契机，推动实施一批生物多样性保护项目，争取纳入世界生物多样性保护基金库，释放云南"中华生物谷"重要基地和"滇南生物基因库"优势效应，提升红河州生物多样性保护水平。到2025年，以国家公园为主体的自然保护地体系基本建立，自然保护地面积占全州面积的比例达10%；到2035年，达到全省平均水平，重要自然生态系统、重点保护野生动植物和极小种群得到有效保护。

2.推动绿色发展，创建"两山"理论实践创新基地

坚持以生态文明建设引领哈尼梯田保护利用、绿色低碳发展，牢牢守住生态保护红线、环境质量底线、资源利用上限，打通"两山"转化通道，严控高耗能、高污染项目盲目上马，推动自贸试验区红河片区碳排放权交易资源储备体系建设，提升红河全域碳汇能力，打造绿色经济增长极。

擦亮哈尼梯田世界文化遗产品牌。大力弘扬"天人合一、自强不息"的哈尼梯田精神，坚持以"古朴村落为形、农耕文化为魂、生态保护为本、有机农业为根、现代科技为音、美丽田园为韵"，提高生态产品转化能力，把元阳哈尼梯田世界文化遗产区打造成为全国"绿水青山就是金山银山"实践创新基地的红河样板,辐射带动南部各县哈尼梯田的保护利用。以更严的举措落实哈尼梯田保护管理条例及实施办法,完善管理信息平台和监测预警体系,建设"数字梯田"。复制推广"稻鱼鸭"综合种养等生态循环产业新模式,深度开发梯田红米系列"绿色食品牌"。结合国家5A级旅游景区创建,统筹推进美丽乡村建设、文化品牌提升、农民创业创新,培育发展"哈尼梯田生态农业+电子商务+休闲旅游+健康养老+文化传承"等新业态,推动生态产品优势转化为产业优势、经济优势、发展优势,不断擦亮哈尼梯田世界文化遗产品牌。

推进绿色低碳发展。把经济绿色转型作为推动绿色低碳发展的关键,壮大绿色产业市场主体,完善绿色供应链,构建生态产业化、产业生态化的绿色转型产业体系。以产业绿色化为重点,大力发展生态利用型、循环高效型、低碳清洁型等产业,加快高原特色现代农业绿色发展、传统企(行)业绿色改造、产业园区绿色升级、新兴产业绿色培育。构建绿色低碳发展的政策、投融资、科技创新等支撑体系,积极引导社会资本投入污染防治和绿色低碳发展,增加森林和生态系统碳汇,控制工业、交通等重点领域碳排放。持续释放"天然氧吧城市"生态效应,争创一批中国气候康养地。大力倡导绿色生活,增强全民节约意识、环保意识、生态意识,着力建设绿色家庭、绿色社区、绿色学校、绿色企业、绿色商场、绿色餐馆和节约型机关,推动全社会形成节约、绿色、低碳的生产生活方式。

提高资源利用效率。全面落实能耗、水耗、建设用地开发强度和总量"双控"制度,加强重点领域管理,推进资源节约集约循环利用。健全自然资源资产产权制度,落实有偿使用制度,推进自然资源统一确权登记法治化、规范化、标准化、信息化。大力发展循环经济,鼓励发展"种植+养殖+加工"循环农业。深入开展节能降耗行动,实施开远市热电汽循环利用产业园等一批项目。建立水资源刚性约束制度,以水定城、以水定产,完善水资源消耗总量管理和节约制度。深化土地管理制度改革,落实最严格的耕地保护制度和土地节约集约利用制度,强化用途管制,严守耕地红线,开展全州土地综合整治,提高土地利用效率。

推进示范创建。深入实施公园城市和生态家园建设行动,健全完善森林城市、卫生城市、生态文明建设示范县市创建和巩固长效机制,持续开展美丽县城、特色小镇和美丽乡村、道路、河湖、景区、社区、庭院等创建活动,全面推动县域景区化建设。坚持点、线、面结合,统筹建设州级公园、县市级公园、小区公园、小游园和微绿地以及各专业类公园或绿地,巩固提升全州15个城市森林(湿地)公园建设成果,加大城市绿地、园林和健康步道等公共基础设施建设,推进城市增绿添美行动,营造多元生态场景,努力把所有县城建成公园城市。持续推进美丽乡村、森林乡村建设,打造美丽宜居的生态家园。到2025年,弥勒、开远、河口国家园林城市建设水平明显提升,力争将蒙自、个旧、建水、石屏、泸西、元阳、屏边创建成国家园林城市;力争建成森林城市(县城)5个、森林乡村1000个;村庄绿化覆盖率达35%。

3.打好污染防治攻坚战,持续改善环境质量

突出精准治污、科学治污、依法治污,深化污染防治攻坚战,持续打好蓝天、碧水、净土保卫战,不断改善全州生态环境质量。认真落实"打好污染防治攻坚战,加强生态环境保护"的要求,持续深入学习贯彻习近平生态文明思想,将中央生态环境保护督察反馈问题的整改作为重要抓手,以整改促落实、促提升,启动实施红河州蓝天、碧水、净土三年行动计划,坚决打好污染防治攻坚战。

持续打好蓝天"保卫战"。加强滇南中心城市大气污染联防联治。持续推进钢铁、火电企业超低排放改造。加强机动车遥感监测系统建设,强化机动车尾气排放监控,加大重型柴油货车污染治理力度。推进化工、工业涂装、包装印刷、油品储运销、汽车维修等行业挥发性有机物污染治理,加强细颗粒物与臭氧的协同治理。持续完善污染天气监测和预警机制,抓好建筑工地、城区道路扬尘、大货车管控和餐饮油烟监管。"十四五"期间,蒙自市空气质量优良天数比率保持在98%以上。

持续打好碧水"保卫战"。大力推进水生态保护修复,强化流域污染治理和环境风险防范,建设一批最美河湖。实施"湖泊革命",坚持打好以异龙湖为重点的河(湖)库水污染综合防治攻坚战,依法治湖、铁腕治湖,实行顶格执法,以革命性举措狠抓异龙湖保护治理,按照"退、减、调、治、管"要求,认真编制实施"一湖一策"保护治理方案,确保2025年前达到Ⅵ类水质。因地制宜推进小流域综合治理,推进农村水系综合整治工程建设。加大饮用水水源规范化建设力度,实施一批城乡集中式饮用水水源地保护与治理工程,强化集中式饮用水水源区环境集中整治和应急监管,健全水资源储备体系。持续提升城镇和工业园区污水治理能力,完善城乡雨污分流基础设施建设，加大农村污水管控和治理力度，补齐生活污水收集处理设施短板。采取控源截污、垃圾清理、清淤疏浚、生态修复等措施，消除全州劣Ⅴ类水体和黑臭水体。到2025年，确保地表水水质达到或好于Ⅲ类水体比率在72%以上。

持续打好净土"保卫战"。持续开展农用地分类管理，加大优先保护类耕地保护力度，严格管控重污染耕地，提升受污染耕地安全利用水平。进一步加大疑似污染地块环境管理，动态更新全州建设用地风险管控和治理修复名录，加强部门协调配合，规范污染地块再开发利用准入管理，加强土地征收、收回、收购等环节监管，完善暂不开发利用污染地块环境风险管控。加强对采选行业和冶炼行业的规范化管理，严格尾矿库环境风险管控，加强源头装载治理。推动冶金、化工等传统工业转型升级，加强固体废物资源化、减量化能力建设，建设工业固废综合利用示范基地。强化对企业的环境监管，严格执行重点重金属污染物特别排放限值，确保重金属排放量进一步下降，基本完成个旧、建水等地区固体废物及重金属污染防治，完成人口密集区危险化学品生产、储备企业搬迁改造。建设环保大数据平台，完善生态环境信息公开制度。积极发展生态循环农业，着力控制农业面源污染，减少化肥农药施用量，加强废弃农膜回收利用。加强医疗废物和废弃的有毒有害化学品监管。加大力度推进生活垃圾分类，实现城乡生活垃圾减量化。

4.建设公园城市和生态家园，不断改善城乡人居环境

统筹山水林田湖草沙冰生命共同体与城乡人居环境建设，全面推进公园城市和生态家园建设，让美丽城镇、美丽乡村、美丽山川和人居环境共生共荣。

坚持规划引领。以生态视野在城市构建山水林田湖草沙冰生命共同体、布局高品质绿色空间体系，将"城市中的公园"升级为"公园中的城市"。坚持人口资源环境相均衡，"五区三线"划定相衔接，生产生活生态相融合，建立促进主体功能定位和资源禀赋要素聚集相协调的国土空间布局，在编制全州新型城镇化规划、县域城镇和村庄规划中科学布局公园城市和生态家园。坚持突出公园城市形态，全面提升公园城市规划建设水平，切实将生态优先、绿色发展理念贯穿城市规划建设管理各方面，突出生态宜居，合理规划布局功能完善、特色鲜明、城在园中、园在城中、城园一体的公园城市体系，实现人、城、境、业和谐统一，让公园城市成为诗意栖居之地。总结复制屏边推进公园城市建设打造"美丽苗乡·森林屏边"的经验，因地制宜推进滇南中心城市打造"水韵湖城"、弥勒打造"现代田园城市·健康生活福地"、建水石屏打造"滇南最美乡愁之旅"等，形成现代城镇、林果乡村、绿色田园、美丽河湖和谐共生的空间格局。

突显生态底色。让绿色成为公园城市和生态家园的鲜明底色，构建绿色空间形态，倡导绿色生活方式。加快构建生态廊道和网络化绿道脉络引导城市空间布局，形成"先进公园、再进城市""园中建城、城中有园、城园相融、人城和谐"的整体格局，体现城绿交融之美，让城市融入森林、让森林拥抱城市。坚持尊重自然、顺应自然、保护自然，加大生态家园的保护与修复力度。积极运用市场化手段全面塑造低碳绿色生活方式，实施体育公园、城市步道等项目，建设一批环湖、沿河并连接景区、城镇、乡村的美丽绿道。加快绿色交通体系建设，积极推广共享汽车、共享单车等出行方式，促进公共交通空间优化、模式转变、网络重构、弹性高效，让绿色低碳生活方式和消费模式成为社会新风尚和出行新需要。

彰显人文魅力。坚持以美育人、以文化人，尊重历史、尊重人文，生态优先，体现地域特征、民族特色、乡愁记忆的理念，在公园城市和生态家园规划建设中充分彰显人文魅力。突出现代工业文明，以建设滇南中心城市等为抓手，打造具有"水韵湖城"独特魅力的公园城市；突出山水田园文化，以建设"现代田园城市·健康生活福地""高原花园城市"等为抓手，在弥勒、泸西打造具有绿色发展活力的公园城市；突出中原文化和边地文化融合，以建设"一湖两城"历史文化廊道等为抓手，在建水、石屏打造具有厚重历史文化的公园城市；突出多姿多彩的少数民族文化，以擦亮哈尼梯田世界文化遗产名片等为抓手，在南部县打造具有少数民族特点的公园城市；突出沿边开放文化，以建设国门城市、"美丽口岸"等为抓手，在边境3县打造具有边境城镇特色的公园城市；突出"看得见山、望得见水、记得住乡愁"，以推进"滇南最美乡愁之旅"、实施乡村振兴"十百千"工程、传统村落保护等为抓手，在全州打造具有乡愁气韵、红河特质、现代文明特征的生态家园。

提升经济价值。释放"天然氧吧城市"生态效应，提升公园城市和生态家园经济价值，让"绿色资产"真正变成百姓的"生态福利"。依托自然资源条件，实施蒙自中国石榴城产业融合发展等一批重点项目，把蒙自建成践行新发展理念的公园城市引领区，把开远、个旧打造成以公园城市带动城市转型、以城市转型带动经济转型的标杆，把屏边、弥勒打造成引领绿色发展的公园城市示范市，在建水、石屏、泸西、元阳等地培植具有生命力的绿色发展新业态，在河口、金平、绿春打造沿边高质量开放型经济带，推动公园城市经济价值充分显现。推动生产方式绿色化转型，加快培育壮大绿色产业，规划建设绿色生产体系、基础设施体系和绿色供应链体系，促进绿色新材料的研发、生产和应用，发展装配式建筑，推行模块化生产，推广循环经济发展模式。充分发挥自然资源多重效益，鼓励和支持发展农旅融合等产业，加大生态家园的生态产品和服务供给力度，加快生态和经济良性循环，推动生态家园自然资本增值，形成绿色经济。

（七）大抓民族团结进步示范区建设

深刻领会"民族团结进步示范区"核心要义是铸牢中华民族共同体意识，认真落实"民族团结进步，当示范、作表率"的要求，坚持把民族团结进步事业作为永恒的工作主题，坚决守护好民族团结进步生命线，促进全州各民族共同团结奋斗、共同繁荣发展，持续提高边疆民族地区经济社会发展水平，巩固提升全国民族团结进步示范州创建成果，创建更多全国民族团结进步示范县市，促进各民族共同团结进步、共同繁荣发展，力争成为全国民族团结进步事业的一面旗帜。

1.铸牢中华民族共同体意识，建设民族团结进步示范区

坚持以铸牢中华民族共同体意识为根本方向，以加强各民族交往交流交融为根本途径，以"中华民族一家亲、同心共筑中国梦"为总目标，深入开展中国特色社会主义和中国梦宣传教育，引导各族群众牢固树立"汉族离不开少数民族，少数民族离不开汉族，各少数民族之间也相互离不开"思想，增强对伟大祖国、中华民族、中华文化、中国共产党、中国特色社会主义的认同，铸牢中华民族共同体意识。

深化中华民族共同体意识宣传教育。健全铸牢中华民族共同体意识教育常态化机制，把铸牢中华民族共同体意识纳入国民教育、干部教育、社会教育全过程，引导各族群众树立正确的国家观、历史观、民族观、文化观、宗教观，增强各族群众国家意识、公民意识、中华民族共同体意识。开展党史、新中国史、改革开放史、社会主义发展史和中国梦宣传教育，引导各族群众从身边的新发展新变化新生活中切实感受习近平总书记和党中央的亲切关怀，推动"感党恩、听党话、跟党走"成为全州各族群众的共同心声。开展"党的光辉照边疆、红河儿女心向党"、国家安全和国防等宣传教育，大力弘扬以爱国主义为核心的民族精神和以改革创新为核心的时代精神。加强党的民族理论和民族政策宣传教育，深化民族团结进步宣传月、宣传周、宣传日活动，引导各族群众自觉践行《新时代红河哈尼族彝族自治州民族团结进步爱国公约》，积极构建各民族共有精神家园。坚持我国宗教中国化方向，全面贯彻党的宗教工作基本方针，加强宗教界和信教群众的爱国主义和社会主义教育，积极引导宗教与社会主义社会相适应。

建立各民族相互嵌入式社会结构和社区环境。完善促进各民族交往交流交融的体制机制，制定有利于构建互嵌式社会结构的政策举措，推动各民族相互嵌入式融合发展。加强少数民族流动人口服务管理，推进少数民族聚居社区网格化管理，完善州、县（市）、乡（镇、街道）三级少数民族流动人口服务工作站运行机制。构建流出地和流入地跨区域协作合作工作格局，建立少数民族流动人口服务管理跨省（区、市）协作机制，扩大少数民族流动人口服务管理跨区域联盟，加大流出地和流入地之间的定期磋商、信息互通和工作衔接力度，为少数民族流动人口提供落户、住房、教育、医疗、法律援助等均等化服务，引导各民族群众参与当地社区管理和服务。推广蒙自市"建设者之家"工作模式，支持蒙自市创建全国第五批少数民族流动人口服务管理示范城市。搭建各民族交往交流交融平台，深入开展"中华民族一家亲、同心共筑中国梦"系列实践教育活动，深化"结对子""手拉手""心连心""一家亲"等多层次多领域多样化的民族联谊活动，广泛开展中华文化讲堂、民族知识竞赛等群众喜闻乐见、促进民族团结的文体活动，营造各民族共居共学共事共乐的社会环境。

推广普及国家通用语言文字。坚定不移将推广普及普通话和语言文字规范化纳入教育教学和学生技能训练的基本内容；加大民族地区骨干教师普通话培训力度，持续组织高校大学生志愿者到民族地区开展推广国家通用语言文字主题社会实践活动。继续实施边境一线直过民族聚居区国家通用语言文字普及推广工程。加大国家通用语言文字社会面推广普及力度，推进国家通用语言文字普及攻坚工程，加大对少数民族务工人员的培训力度，开展普通话示范村创建。

搭建各民族沟通的文化桥梁。坚守中华文化立场，以社会主义核心价值观为引领，实施中华民族视觉形象建设工程，深入挖掘和培育"红河哈尼梯田世界文化遗产"的中华文化符号和中华民族形象。建设突出铸牢中华民族共同体意识、以中华文化符号为主要元素的文化广场，传承优秀民族文化。实施少数民族优秀文化保护传承工程，建设"乐作舞""阿细跳月""海菜腔"等一批非物质文化遗产展示传承基地。建设一批少数民族特色村寨，保护好文物古迹、传统村落，推动各民族优秀文化创造性转化和创新性发展。倡导"美美与共"的民族文化发展观，推动各民族文化传承保护和创新交融，促进各民族在文化上相互尊重、相互欣赏、相互学习、相互借鉴，构筑中华民族共有精神家园。

发挥边境小康村示范带动作用。云南在探索实践中国特色解决民族问题的道路上，创造了"云南经验"，并得到中央充分肯定和认同。这一经验具有民族团结和谐的"中国特色云南特点"，可复制，可推广。以建好边境现代小康示范村为契机，发挥展现示范与带动作用，筑牢红河边境安全铜墙铁壁。

2.以创建示范区为抓手，全面保持"领头雁"[①]地位

巩固深化全国民族团结进步示范州创建成果，建立健全部门联动机制、共建共创机制，创新方式载体，推动创建工作由创建模式向示范模式转变。

推进示范创建提质扩面。把示范创建工作纳入经济社会发展总体规划中统筹实施，深入开展州、县（市）、乡镇（街道）、村（社区）四级联创工作，推动示范创建工作走深走实，使示范创建工作覆盖到各领域，不断提高各族群众的参与度。实施民族团结进步"十县百乡千村万户"示范创建工程，完善指标体系和管理命名措施，建立健全工作机制。"十四五"期间，力争13县市全部创建成为全国民族团结进步示范县市，创建国家级示范单位5个、民族团结进步教育基地2个以上；创建省级民族团结进步示范县市8个、示范单位80个以上、民族团结进步教育基地5个、铸牢中华民族共同体意识教育基地2个以上；命名州级示范县市2个、示范单位500个、民族团结进步教育基地20个、铸牢中华民族共同体意识教育基地30个。

推进示范创建创新发展。优化示范创建布局，打造和巩固提升民族团结进步"示范点"；打造以边境一线和铁路、国道、省道、县域交通干线沿线为重点的民族团结进步"示范带"；打造以州府为中心辐射周边县市、以县市城区为中心辐射周边乡镇、以乡镇集镇为中心辐射周边村寨的民族团结进步"示范圈"；打造以行政接边地区为重点的民族团结进步"示范联盟"，形成以点串线、以线连片、以片带面、全域创建的格局。推进创建工作与精神文明建设融合发展，把民族团结进步创建工作列入州级文明城市、文明村镇、文明单位、文明校园的指标体系，增加文明单位、文明村寨等在创建民

---

① 红河州在全国30个民族自治州中GDP总量排名第一，已经成为"领头雁"。

族团结进步示范单位中的权重，推动民族团结进步示范创建深入持久开展并向纵深发展。

3. 补齐短板，加快边境地区高质量发展

持续加大政策、资金倾斜力度，强化基础设施建设，加快特色产业发展，改善社会民生，加快民族地区边境地区高质量发展，支持高寒山区和人口较少民族加快发展。

加快补齐基础设施和公共服务短板。推进强边固防工作，强化守边固边兴边意识，深入实施兴边富民行动，加强国门城市、边境城镇、抵边村镇和抵边通道建设。以基础设施和公共服务提档升级为重点，强化民族地区和边境地区综合交通、水利、能源、信息、物流和城乡基础设施建设，改善各族群众生产生活条件。完善公平公正、共建共享的公共服务体制机制，加强民族地区和边境地区教体文化、卫生健康等基本公共服务建设，逐步提高基本公共服务均等化水平，促进各民族群众公共服务同质、法治保障同权、精神家园同建、社会和谐同创。

加快民族地区产业发展。以北部百万亩高原特色现代农业示范区、山区综合开发和红河谷经济开发开放带为抓手，推动民族地区产业提质增效，走出一条绿色化、特色化和品牌化的产业发展之路。加快民族地区旅游、民族文化创意设计、民族工艺品等优势产业发展，鼓励发展民族医药产业，扶持民族贸易和民族特需商品定点生产企业发展，推进少数民族特色村镇建设和民族地区文旅融合示范景区创建，促进民族地区优势特色产业发展。

推进现代化边境小康村建设。切实把边境一线村寨建成党建强、基础牢、产业兴、环境美、生活好、边疆稳的新时代美丽乡村，推动形成以城镇为中心、以边境小康村为节点、辐射周边边境地区的强边稳边富边新格局。围绕加强基础设施建设、做强做精优势产业、大力发展边境贸易、提升公共服务水平、优化宜居环境、加强乡村治理能力建设等重点任务，把抵边49个行政村（社区）建设成为现代化边境小康村，让边境群众过上更美好的日子，边境民族地区治理能力显著增强，各民族和睦相处、和衷共济、和谐发展，成为展示国门形象的窗口、守土固边的堡垒。

4. 统筹发展和安全，推进边疆民族地区治理体系和治理能力现代化

统筹发展和安全，坚持总体国家安全观，把安全与发展贯穿经济社会发展各领域和全过程，有效防范化解各类风险，建设更高水平的法治红河、平安红河，确保人民安居乐业、社会安定有序。

推进全过程民主政治建设。坚持党的领导、人民当家做主、依法治国有机统一。坚持和完善人民代表大会制度，健全人大对"一府一委两院"监督制度，支持和保证人民通过人民代表大会行使国家权力。坚持中国共产党领导的多党合作和政治协商制度，加强人民政协专门协商机构建设，推动协商民主广泛多层制度化发展。坚持民族区域自治制度，推进民族团结进步事业创新发展。健全基层群众自治制度，增强群众自我管理、自我服务、自我教育、自我监督实效。发挥工会、共青团、妇联等人民团体作用，把各自联系的群众紧紧凝聚在党的周围。全面贯彻党的宗教工作基本方针，依法管理宗教事务，持续抓好宗教领域突出问题整改治理，积极引导宗教与社会主义社会相适应，保持宗教领域和谐稳定。完善大统战工作格局，积极发挥民主党派和工商联作用，团结引导党外知识分子、留学归国人员、新的社会阶层人士以及海内外同胞参与到红河高质量跨越式发展中来。

加快建设法治红河。毫不动摇地坚持党对民族地方立法工作的领导，正确行使并运用好自治州民族地方立法权，完善民族立法、地方立法机制，提升立法质量，加快推进完善与中国特色社会主义法律体系相配套、体现时代特征、富有红河特点、突出重点领域的地方性法规和政府规章体系。严格落实"行政执法公示、执法全过程记录、重大执法决定法制审核"三项制度，规范执法自由裁量权。坚持将公正司法作为维护社会正义的最后一道防线，严格落实司法责任制，坚决排除对司法活动的干预，保证监察权、审判权、检察权得到依法正确行使，保证公民、法人和其他组织合法权益得到切实保障。制定实施"八五"普法规划，引导人民群众深入学习宪法、民法典、民族区域自治法以及自治州自治条例等法律法规，着力增强各族干部群众尊法、学法、守法、用法的意识。

建设法治政府。严格落实重大行政决策程序合法性审查机制、重大决策终身责任追究制度，强化对执行情况督促检查，推动建立健全以政策效果评估为重点的政策评估制度，全面落实政府法律顾问制度。推进严格规范公正文明执法，构建守责尽责、失责追责的法治政府建设与责任落实工作机制。深化行政复议体制改革，推动行政复议与行政诉讼等多元化解矛盾纠纷机制的有机衔接和联动。进一步完善依法行政决策制度，推动政府转变治理理念、创新行政方式、提高行政效能、依法行使权力，建设人民满意的服务型政府、法治政府。

（八）大抓干部队伍建设

"一张蓝图绘到底，一以贯之抓落实"是一切正确决策的生命线。毛泽东同志在六届六中全会上做出著名的"政治路线确定之后，干部就是决定的因素"重要论断。聚焦新时代好干部标准，强调干部要旗帜鲜明讲政治，要树立正确选人用人导向、增强领导班子整体功能、提升干部干事创业能力。认真落实"大力推进作风革命、效能革命，建设一支敢于担当、干事创业、攻坚克难的干部队伍"的要求，为红河高质量跨越式发展提供坚强组织保障。按照"五个过硬"要求，树立正确用人导向，选好干部，配强班子，尤其要选优配强县（市）党政"一把手"和州直部门主要负责人。以正确用人导向引领干部干事创业，建立崇尚实干、主动担当、加油鼓劲的正向激励体系，完善干部关心激励机制，做好容错纠错工作，打造忠诚、干净、担当的高素质干部队伍。要着眼事业发展需要，结合红河实际，深入实施培育年轻干部、少数民族干部、专业干部"三大工程"，选配熟悉产业发展、金融外贸、"三农"工作、生态环保、社会治理等方面的干部，开展精准化财税金融、国际贸易、数字经济等专项培训，推进干部跨地区、跨部门、跨行业交流，优化班子结构，增强整体功能。建立"聚天下英才而用之"的机制，拓宽选拔、引进具有较高专业素养和相关实践经验的各类人才的范围和渠道，优化干部人才队伍结构。教育引导广大党员干部正确认识使命、正确认识组织、正确认识自己、正确认识责任，接过事业发展的接力棒，牢固树立"今天再晚也是早，明天再早也是晚"的效率意识，敢于立标达标，以"跳起来摘桃子"的标准定目标抓落实，以作风建设锤炼"硬核"执行力，跑出"跨越"速度，勇挑重担、苦干实干，在新时代新征程中展现新气象新作为。

1.强化危机意识，增强抓工作落实的紧迫性

只有增强危机意识，时刻保持居安思危的心态，正视错误和缺点、不断开拓和创新、永不低头和放弃，才有可能使基业长青。近年来，红河在产业转型升级、开放型经济发展等方面步伐较慢，抓产业、抓项目、抓招商、抓开放的力度不够，部分工作推进滞后，比如2020年城镇污水、生活垃圾处理率考评排名全省第14位，旅游重点工作省级考评排名全省第12位，全面深化改革任务落实连续两年排名全省第11位，基础教育排名全省第14位。要知耻而后勇，奋起直追，有芒刺在背、如坐针毡的紧迫感、危机感，要在高质量发展的前提下，快字当头，时不我待、只争朝夕，深入剖析深层次原因，在找差距、补短板、增动力中争创一流的工作业绩，推动各项工作争先进位。

2.强化担当精神，增强抓工作落实的自觉性

红河把"担当实干、争先跨越"作为自觉追求，强化担当精神，以坚定的意志力和坚决的执行力把党中央、国务院决策部署和省委、省政府工作要求贯彻好、落实好。紧紧围绕高质量跨越式发展，大力解放思想，敢于创新突破，把招商引资、营商环境、产业发展等统筹考虑、整体推进，没有办法想办法，没有方案出方案，把应该办而又"行不通"的工作变成"行得通"。着力引进一批具有"链主"地位的龙头型企业、具有关键作用的零部件配套企业、具有公共服务功能的平台型企业，用市场化手段化解产业转型升级、开放型经济发展的难题。深入推进作风革命、效能革命，纵深推进"担当实干 争先跨越"大讨论活动向"见行动、出实效、严督促"上转，用实际行动和工作成效向省委指出的10种干部作风问题宣战，下真功夫、拿出"真把式"，把"三个工作法"细化实化为工作模式、具体行动，把作风革命、效能革命贯穿到产业链建设、营商环境优化、市场主体倍增、民族团结进步、疫情防控和强边固防等具体工作全过程各方面。

3.坚持"严"的主基调，增强抓工作落实的合法性

把"严"的主基调长期坚持下去，落实全面从严治党主体责任制、党风廉政建设责任制和意识形态工作责任制。持之以恒落实中央八项规定及其实施细则精神，深化整治形式主义、官僚主义顽瘴痼疾，严防"四风"问题反弹回潮，持续开展警示教育，加强党章党规党纪教育，举一反三，防微杜渐。紧盯重点领域、关键岗位，特别是党政"一把手"，强化对权力运行的制约和监督。以斗争精神持续推进为基层减负工作提质增效。坚定不移深化反腐败斗争，一体推进不敢腐、不能腐、不想腐，构建风清气正的良好政治生态，继承发扬好光荣的革命精神和党的优良传统，走好新的"赶考"路。做到严格依法行政，既可以防止行政权的缺失，保障政府有效施行行政管理，发挥有为政府的作用；又可以防止行政权的滥用，从而保护公民的合法权益，发挥好有效市场和有序社会的作用。要落实好全面从严治党政治责任，坚持依规依纪依法办事，力戒形式主义、官僚主义，着力营造风清气正的干事创业环境，调动一切可以调动的力量，为红河高质量跨越式发展服务。

4.树牢为民情怀，增强抓工作落实的惠民性

"人民对美好生活的向往，就是我们的奋斗目标。"这是党的十八大以来最响亮最深入人心的政治宣言。红河营商环境排名从2019年全省的第2位下滑到2020年的第7位，"一部手机办事通"注册量仅为全省注册量的10%左右，这些都是差距。人民政府的天职就是服务，要热忱服务人民、服务市场主体。要牢固树立以人民为中心的发展思想，不断深化"放管服"改革，多做利民便民惠民的实事好事，不断改善民生，增强群众的获得感、幸福感、安全感。

5.讲究工作方法，增强抓工作落实的科学性

大抓工作落实，关键在"抓"。习近平总书记说："抓落实如敲钉子。"把红河高质量跨越式发展蓝图绘得更好、更有成效、更加出彩，打造成为世界一流，重点是要坚持发展方向与发展方位、传承历史与开拓创新、提高速度与保证质量、减轻压力与增强动力、内部协调与外部合作、区域协同与区域差异、硬件设施与软件制度、有为政府与有效市场、谋事与谋人、发展过程与发展效果"十个方面矛盾的有机统一体"。我们学习掌握抓落实、善落实、落得实的科学工作方法，就是要坚持"十个方面矛盾的有机统一体"，统筹兼顾、十指弹琴，一锤接着一锤敲、一步接着一步走、一环扣着一环解，要循序渐进、持之以恒、层层深入，锲而不舍反复"敲打"，不留"烂尾"，真正将各项工作的"钉子"钉准钉实钉牢。

6.注重工作实效，增强抓工作落实的价值性

大抓工作落实，核心在"实"。干部的精神状态，决定着抓落实的力度、气势和成效。红河高质量跨越式发展，要大力推行项目工作法、一线工作法、典型引路法，从上至下，需要一支敢于破难、善于破难、精于破难，想干事、能干事、干成事的铁军，需要抓落实的"施工队长"，需要一支一步一步地抓、一件一件地干的队伍，坚定、坚决而又坚持不懈地干下去。同时，各级各部门既要协同配合，也要比学赶超，层层传导压力，级级压实责任，拿出抓落实的"十八般武艺"，在发展的"竞技场"上一较高下，以实效论英雄，以实绩赢点赞。把重大项目特别是重大产业项目抓实，抓好，抓出效率、效益和效果来。树立重实干重实绩的导向，注重在一线考察识别干部，旗帜鲜明选拔重用想干事、能干事、干成事的干部，建强各级领导班子和干部队伍。各级干部要增强服务意识，眼睛向下，为基层服务，在一线中发现问题、解决问题、推动工作。

八、提出红河高质量跨越式发展的十大对策建议

认真贯彻习近平新时代中国特色社会主义思想和习近平总书记考察云南重要讲话精神，全面认清进入新发展阶段的时代方位，牢牢把握贯彻新发展

理念的指导原则，积极探索服务构建新发展格局的有效路径，深入落实党的十九大和十九届历次全会精神、省第十一次党代会精神和《中共云南省委云南省人民政府关于贯彻新发展理念推动各州市高质量跨越式发展的指导意见》，按照"两个到位"和"两个精准"，即"认识到位""落实到位"和"问题精准""措施精准"的要求，比照新时代高质量发展的内涵和外延，针对红河发展的实际情况，红河还在一定程度上存在认识不到位、急于求成和准备不充分，"十四五"谋划的重大项目、重大政策、重大改革举措与高质量发展要求、重大发展战略、实际发展情况以及事物自身发展规律相脱节，落实高质量发展和要素保障之间缺乏强有力的支撑等问题，我们认为，红河实现高质量跨越式发展必须"过三关斩十将"，切实采取以下十大对策，才能最终实现凤凰涅槃、华丽转身、再铸辉煌。

必须过认识真理关，深刻理解和准确把握高质量发展内涵和外延的实质和要求。

高质量发展的内涵和外延，与时俱进，内涵更加丰富，外延更加广阔，高质量发展"一点都不能缺""一个都不能少""一刻都不能停"[①]。这"三个一"告诉我们，高质量发展既是一个科学概念，又是一个艺术概念；既是一个哲学概念，又是一个策略概念；既是一个真理、信念和追求，也是一个前提、过程和结果；既是一项伟大工程、伟大事业和伟大斗争，也是一种方法、方式和途径。习近平总书记要求各地根据自身条件和可能，善于运用辩证思维来处理好发展方向与历史方位、安全和发展、生态环境保护和经济发展、总体谋划和久久为功、传承历史与开拓创新、保证质量与提高速度、维护公平与讲求效率、内部协调与外部合作、区域协同与区域差异、整体推进和重点突破、发展过程与发展效果等方面的矛盾有机统一体关系。"三大定位"抓住了云南高质量跨越式发展的"本、根、魂"，是"生态效益、社会效益和经济效益"三者高度有机统一体。

从统筹推进"五位一体"总体布局和协调推进"四个全面"战略布局来看，"人不负青山，青山定不负人"。从昆明出发，同心共建一个美丽的地球家园，向世界各国展示了中国生物多样性保护成就，展示了云南生物多样

[①] 习近平总书记于2021年3月7日下午在参加十三届全国人大四次会议青海代表团审议时强调：高质量发展不只是一个经济要求，而是对经济社会发展方方面面的总要求；不是只对经济发达地区的要求，而是所有地区发展都必须贯彻的要求；不是一时一事的要求，而是必须长期坚持的要求。《学习时报》上的文章《准确把握高质量发展的"三个要求"》将其解读为：一点都不能缺，一个都不能少，一刻都不能停。

性保护成果，生态文明建设走在全国前列；云南民族文化在铸牢中华民族共同体意识的前提下，呈现"多、古、奇、丰、融"的特色；云南社会建设创造了我国民族团结进步的"云南经验"；云南是"党的光辉照边疆，边疆人民心向党"的典范；"我国面向南亚东南亚辐射中心"使云南从改革开放的末梢变为前沿。然而，我们要清醒地认识到，经济发展不平衡、不充分仍然是云南高质量发展最大的短板。综合上述分析，我们认为，在保障"安全"的前提下，在满足高质量要求的前提下，云南的发展"能快则快"，必须实现"更好更快"的发展，既要"中高速"，更要"中高端"。红河高质量跨越式发展遵循着同样的规律和原则。

中西部地区和东部地区相比，"最大的差距是思维的差距，最大的短板是能力的短板"。红河实现高质量发展必须做到"三个避免"：一是避免认识不到位。高质量发展是一项复杂的系统工程，既需要高层全面系统设计，大力支持，又需要全体人民和资本的共同参与。二是避免急于求成。高质量发展需要过程，一步一步推进，并不是三五个月、一年半载能看到效果的。三是避免准备不充分。高质量发展需要有效地使用适当的质量变革、效率变革、动力变革等发展方式转变的管理预算，以提高变革的成功率。并不是所有的竞争都是赢在起跑线上，很可能是赢在转折点。目前，政府和企业都面临安全问题和高质量发展问题等多重因素的综合考验。推动高质量发展要过认识真理关，必须改变认知，以克服"视而不见"的问题；必须改变行为，以克服"知而不行"的问题；必须改变习惯，以克服"行而不达"的问题。为此，就高质量发展的实施主体而言，建议调动一切可以调动的积极性，团结一切可以团结的力量来推动红河实现高质量跨越式发展。

（一）发动人民群众和发挥制度优势，推动高质量发展

党的百年历史告诉我们，市场是一种经济手段，只有充分发挥社会主义制度的显著优势，依靠广大人民群众的磅礴伟力，将英雄、模范、楷模的力量转化成为千千万万人民群众的力量，将精神的力量转化成为生产的力量；依靠资本的物质力量，通过明确规则、划出底线，设置好"红绿灯"，夯实反垄断和防止资本无序扩张的法治基础，筑牢"人民群众+社会主义制度+资本"协调一致机制，才能够实现高质量跨越式发展，才能推动共同富裕。

（二）激发社会资本的积极性，引导要素向建设"三个定位"聚集

根据边际技术替代率递减规律，劳动力可以替代资本，但是，劳动力不可以取代资本，并且替代能力越来越弱。高质量发展是致力于提高质量

标准,加强全面质量管理,推动质量变革、效率变革、动力变革的发展。具体而言,高质量发展是讲求效率、效益和效果的发展,重点就是通过产业链的"关键原材料、关键零部件、关键元器件和关键软件源代码"、"数字通信技术变革"等,包括新理念、新模式、新能源、新材料、新信息、新产品……甚至是新的一次工业革命,从而实现"换道超车"。例如,网络平台的赛道包括:互联互通的共享功能、大数据应用为特征的商业功能和以多产业融合为目标的生态功能这三大功能是最受资本市场青睐的赛道。所以,要认真贯彻落实国务院印发的《关于创新重点领域投融资机制鼓励社会投资的指导意见》(以下简称《意见》),深化社会主义市场经济体制机制改革,在实行统一市场准入,创造平等投资机会;创新投资运营机制,扩大社会资本投资途径;优化政府投资使用方向和方式,发挥引导带动作用;创新融资方式,拓宽融资渠道;完善价格形成机制,发挥价格杠杆作用5个方面下功夫,建立产业发展基金,坚持"要素跟着项目走,政府跟着市场走",特别是国家级重大项目和省级重大项目,特别是世界500强企业和中国500强企业,抓住全产业链的关键环节,培育自己的"隐形冠军"企业,创造更具竞争力的市场环境,从而激发社会资本投资的积极性和建设热情。

(三)调动人民群众的积极性,营造新时代人人为红河做贡献的社会氛围

高质量发展,就是能够很好满足人民日益增长的美好生活需要的发展,每个社会成员都是主体,发挥主人翁精神,承担起推动红河高质量发展的责任与义务。为此,我们要深刻认识和正确把握人人有责、人人尽责、人人享有的深刻内涵,扎实推进人人有责、人人尽责、人人享有的高质量发展。"人人有责",强调必须明确党委、政府、企业、社会、公民等各个不同主体在高质量发展中的责任边界和角色定位,尊重人民主体地位,做到问政于民、问需于民、问计于民。习近平总书记指出:"新时代属于每一个人,每一个人都是新时代的见证者、开创者、建设者。"这一重要论述告诉我们,高质量发展是属于大家的,每一个人都是高质量发展的建设者,每一个人都是历史合力的实践者。高质量发展没有旁观者,谁都不是局外人。"人人尽责",强调每个人都要积极向上、主动努力、奋发有为。习近平总书记指出,实现中国梦必须凝聚中国力量。"大厦之成,非一木之材也;大海之阔,非一流之归也。""人人享有",强调我们每一个人都能共享发展成果、发展机会和发展权利。习近平总书记指出:人民对美好生活的向往就是我们的奋斗目标;生活在我们伟大祖国和伟大时代的中国人民,共同享有人生出彩的机会，共同享有梦想成真的机会，共同享有同祖国和时代一起成长与进步的机会。这突显了高质量发展一切为了人民、一切依靠人民的重要思想。也只有形成新时代人人为红河做贡献的社会氛围，红河高质量发展才有希望。

必须过谋划系统关，围绕高质量发展来谋划重大政策、重大举措和重大项目

国家"十四五"规划建议和纲要都明确强调，坚持系统观念，科学理顺宏观和微观，主题和主线，理念和重大政策、重大举措以及重大项目之间的逻辑关系。按照国家要求，省委、省政府，州（市）委、州（市）政府，县（区）委、县（区）政府都做了战略决策部署和具体安排。"一个目标""两个大局""三新理论"；"一个主题""两大主线""三层含义""三大定位"都已明确。全省各地各部门都在出台行动方案、实施意见和政策措施。

但是，目前州、县（市、区）高质量发展思路与高质量发展要求存在差距，因此，建议建立"十四五"规划动态评价、调整和实施机制，必须做好和高质量发展要求的对接，必须做好和重大发展战略的对接，必须做好和实际发展情况的对接，必须做好重大政策、重大改革举措与重大项目自身的可行性评价的对接。

（四）把开放作为引领红河改革和创新发展的总抓手

以大开放促进大革新、促进大发展，不仅是我国经济持续增长的基本经验，而且是我国现代化建设不断取得新成就的关键。从进出口总额来看，2020年，红河为58.7亿美元，占全省389.5亿美元的15.1%，这与红河是中国（云南）自由贸易试验区三大片区之一的地位极不相称；云南为389.5亿美元，占全国的0.8%，这与云南沿边开放大省的地位极不相称。从实际利用外资情况来看，2020年，红河实际利用外资只有2119.52万美元，占全省7.6亿美元的2.8%。从外贸依存度来看，2020年，红河外贸依存度仅为16.7%，突破了10%，高于云南省外贸依存度10.9%有5.8个百分点，与全国平均水平相差14.9个百分点，红河是典型的内循环经济。因此，把开放作为引领红河改革和创新发展的总抓手，既贯彻了习近平总书记关于把云南建成我国面向南亚东南亚和环印度洋地区开放的大通道的要求，又符合红河发展的实际情况。

（五）锚定重大区域布局和重大产业战略不动摇，一任接着一任干，一张蓝图绘到底

习近平总书记强调，规划科学是最大的效益、规划失误是最大的浪费、规划折腾是最大的忌讳。要真正做到一张好的蓝图一干到底，切实干出成效来，具体体现在4个方面：一是瞄准重大目标不偏移；二是推进重大战略不松劲；三是塑造重大格局不变形；四是拧住重大产业不放手。按照这样4个标准的要求来透视红河高质量发展，我们认为，红河在塑造重大格局不变形和拧住重大产业不放手两个方面明显存在不足，红河"十一五"尚未提出整体的区域布局思路；"十二五"提出，建设"一圈、两带、两片区"（"个开蒙"滇南城市经济圈、昆河经济产业带和石文经济产业带、北部经济区和南部经济区）空间布局；"十三五"提出，加快构建"一核两区三带"空间布局，即滇南中心城市，北部滇中城市经济成长区、南部山区综合开发区，昆河经济走廊开发开放带、沿边经济开发开放带和红河谷经济开发开放带；"十四五"提出"一核两翼一沿一片多节点四带"，以滇南中心城市为龙头，以弥勒泸西一体化和建水石屏"一湖两城"为两翼，以自由贸易试验区红河片区为前沿，以哈尼梯田遗产区为名片，以县城为重点、中心集镇和特色村寨为节点，以昆河经济走廊发展带、红河谷经济开发开放带、沿边经济开发开放带、滇南文化旅游经济带"四带"为支撑的发展格局。5年一变，重大格局难以成形。21世纪以来，红河"十一五"提出重点培育烟草及辅料、冶金及新材料（包括有色和黑色金属）、化工（主要为煤化工和化肥工业）、建筑建材、能源、以生物等为主的农副产品加工业和现代服务业七大支柱产业；"十二五"提出重点扩张冶金及新型材料，构建新型煤化工，巩固提升烟草、制糖、电力、建材等传统产业，加快发展旅游、商贸物流、信息、金融等现代服务业，大力发展文化产业等五大产业；"十三五"提出做精特色经作产业、做强畜牧产业、做大林产业、培育特色渔业等高原特色现代农业，巩固提升烟草及配套产业、改造提升冶金精深加工产业、优化发展以煤化工为主的精细化工产业、多元发展能源产业、稳步发展建筑建材产业、大力发展食品加工业等推动传统产业转型升级，着力培育新能源工业、新材料工业、装备制造业、生物医药工业、节能环保产业、电子信息工业等战略性新兴工业，加快发展旅游业、文化产业、现代物流业、金融服务业、网络经济等现代服务业；"十四五"提出以12条重点产业链作为主攻方向。产业发展重点不断发生变化，产业政策跟着不断变化，产业发展难以扎根、发芽、开花和结果。这两个方面的多变制约了红河的发展。

（六）在实施重大项目、重大政策与重大改革举措之前，认真做好可行性研究

一是针对红河有色金属产业。关键原材料、关键零部件、关键元器件和关键软件源代码是红河有色金属产业全产业链构建的"四大关键"环节，也是红河有色金属产业的四大短板和弱项，同时，这也是云南百年锡业存在和发展的根由。云锡具有世界定价权的根本原因在于云锡是世界锡材料质量的标杆和代名词，并且产量占世界产量的三分之一弱，具有牵一发而动全身的影响力。构建红河有色金属产业全产业链和推动红河有色金属产业集群发展最大的痛点、难点和堵点就在这"四大关键"环节上。围绕锡、铟、铜、铅、锌、铝等有色金属产业，从资源、勘探、采矿、分选、冶炼、加工、制造、设计、研发、销售"十大环节"，市场、客户、产品、质量、品牌、标准、价格、资金、人才、技术"十大要素"和产业链、价值链、供给链、创新链、科技链、资金链、人才链、资源链、制度政策链、消费链"十链合一"的角度进行系统设计，全面深化体制机制改革，崇尚工匠精神，提倡技术至上，坚持战略利益，形成有利于打造"关键原材料、关键零部件、关键元器件和关键软件源代码"的产业支持政策和重大项目，如此才能形成产业优势，才能形成全产业链招商引资的聚集力，才能打造红河有色金属产业增长极。二是针对红河半山酒店。有的半山酒店入住一晚需要7000—10000元，且需要提前半年到一年预订，入住者一住就是半个月或一个月；有的半山酒店却入住率太低。建议认真做好半山酒店项目的评估工作，只有发现存在的问题，才能做好后续工作。三是针对红河生物多样性保护项目。借助联合国《生物多样性公约》第十五次缔约方大会的契机，推进实施一批生物多样性保护项目，争取纳入世界生物多样性保护基金库。

（七）稳步推进智慧化应用，进一步增强数字化、网络化和可视化项目

从产业化应用的角度而言，数字化、网络化和可视化是"最大变量"，必然成为"最大增量"，也应成为"最大保障"。据计算，2016年谷歌人工智能阿尔法围棋手（AlphaGo）在与韩国棋手李世石的对弈中，每下一盘棋，仅仅是机器成本就达3000美元。其中的费用主要是电费，大约是一个成年人每天所消耗能量的300倍。有关数据显示，GPT-3人工智能模型训练一次的成本大约为1300万美元。中国工程院院士王恩东指出，"相比云计算和大数据等应用，人工智能对计算力的需求几乎无止境"。现有计算机系统无论是在模型上、结构上、算法上，还是在组织方式上，都难以满足人工智能发展对算力的需求。智慧化的实现有赖于计算机系统和通信系统的体系创新，遵循计算机信息技术本身的发展规律，进一步增强数字化、网络化和可视化项目。

必须过要素保障关，落实要素保障的新思路、新出路、新举措

红河高质量发展需要清洁的淡水、土地等资源，需要资金、人才、技术、信息等各种要素的保障，特别是在新时代的背景下，要素保障需要新思路，具体体现在3个方面：一是"克服盲动，胜在战略"；二是"超越保守，赢在开放"；三是"戒除骄傲，成在创新"。

（八）红河胜在战略，努力构建国内大循环的重要节点，争取大投资

红河要素保障最缺的就是资本，表现为投融资能力不强，资金和资本短缺。红河企业上市规模十分有限、体量非常薄弱。受发债实力所限，利率成本居高；红河债券发行总量偏小，且结构上偏重于政府债和城投债；企业债、公司债规模较小，业界信誉较好。红河的基金发展缓慢，公募基金管理人在滇注册数为0，私募基金存在数量少、规模小的问题。总体来看，红河资本市场成熟度低，融资能力有限。从间接融资来看，红河存贷比已经达到最高限，增加间接融资的空间不大。从全国地方政府债务余额和政府债务限额来看，红河政府专项债的空间还很大。加之，2018年国税、地税又重新合并，全部税收上缴中央；2021年5月21日，财政部、自然资源部、国税总局、人民银行4个部门联发《关于将国有土地使用权出让收入、矿产资源专项收入、海域使用金、无居民海岛使用金四项政府非税收入划转税务部门征收有关问题的通知》，决定将由自然资源部门征收的上述4项非税收入，全部划转给税务部门负责征收。其中从河北、上海等7地开始试点，2022年1月1日起在全国全面实施这项征管划转工作。从投资主体来看，国家投资空间最大。因此，红河胜在战略，唯有践行国家定位、承担国家使命、完成国家任务，承接国家项目，建设国家工程，打造国家平台，成为国家"基本生产要素基地、基本原材料基地、基础设施建设的主战场"和国家面向南亚东南亚和环印度洋地区命运共同体的引领者，在主动服务和融入国家发展战略、参与南亚东南亚和环印度洋地区的区域合作中，为红河争取更大更多的要素保障，才能更好地支撑红河高质量发展。

（九）红河赢在开放，努力成为中国连接南亚东南亚和环印度洋地区双循环的战略节点，争取巧投资

红河自古以来就是中国西南地区通向东南亚的重要门户和窗口，东汉时期的马援古道途经蒙自、河口到达越南的河内，是"南方丝绸古道"的第二通道，红河具有开放的民族文化基因。从经济角度来看，经济全球化仍然是大势所趋，各个国家都在国际贸易和国际合作中获益。从2020年中国进出口额来看，东盟国家和中国的贸易总量保持第一位。从红河自身发展来看，红河目前属于以国内大循环为主体的内循环经济，也属于不平衡、不充分的双循环。与全国平均水平相比，红河的对外贸易依存度却始终保持在低位水平，徘徊在10%上下，2020年超过15%，但仍远远低于全国平均水平，对外开放空间很大。建议发挥中国（云南）自由贸易试验区红河片区的优势，通过打破贸易依赖交通的偏见，建设面向东南亚的人才教育和职业培训中心，加快建设面向东南亚的医疗健康服务中心，加快建设面向东南亚的北斗卫星信息系统开发应用中心，加快开辟面向东南亚的国际传媒平台，加快建设面向东南亚的独立电力体系，大力发展服务贸易，争取省内外、国内外的投资。红河对外开放实施"三步走"战略：第一步，发挥平台和通道的作用，促进贸易大发展，特别是服务贸易的大发展；第二步，以大贸易带动大产业和促进大产业的构建；第三步，建成辐射中心的重要支撑点。

（十）红河成在创新，始终在"内外双向发力"中做文章，争取高效投资

无论是在构建国内大循环的重要节点上，还是在构建中国连接南亚东南亚和环印度洋地区双循环的战略纽带上，都必须改革创新。特别是形成以国内大循环为主体，需要构建全国统一大市场，需要依托高度发达的市场机制，才能争取高效投资。构建全国统一大市场，必然需要依托全国一体化的发展，全国一体化发展需要以区域一体化发展为重点，区域一体化发展需要以新型城镇化为载体。因此，红河要加快推进滇南中心城市建设。

产业体系是经济体系生产环节中的重要内容。其中，实体经济是发展的主体和基础，科技创新是引领发展的第一动力，现代金融是经济的核心和血脉，人力资源是发展的第一资源。以上数者是充分提高劳动、资本、技术三要素的协同投入，注重实体经济的质量和效率，实现实体经济、科技创新、现代金融、人力资源"1+3"四位协调、同步、融合、互动发展的关键要义。这是贯彻新发展理念的首要任务，也是现代产业体系的显著特征，是提升产业国际竞争力、壮大国家经济实力的根本举措，更为构建现代化经济体系奠定了基础。

从发展模式上讲,在市场导向型、资源导向型、开放导向型和科技导向型四大类型产业发展中,红河属于资源导向型。红河产业处于向市场导向型、开放导向型和科技导向型转变转型的过程中,如果红河再加入中低端生产行业,资本、技术、市场都已被别人占领了,红河就没有发展机会。红河没有别的选择,只有跳过中低端,直接进入高端行列,这是红河产业转型升级的唯一路径。但是,红河产业转型发展面临三大核心问题:一是市场小(向市场导向型转变过程中面临的问题);二是交易成本高(向开放导向型转变过程中面临的问题);三是人才短缺(向科技导向型转变过程中面临的问题)。这三大问题都是无法依靠市场机制来解决的问题。红河经济的体量小、竞争力弱、创新不足,容易因市场"挤出效应"而遭到排斥和淘汰,这将导致越是市场化,红河越边缘化、交易成本越高、要素越短缺的局面。解决这三大问题需要发挥政府的作用,保障"人才、技术、资本、数据为核心"的制度供给。只有通过改革创新,在"有为政府和有效市场"之间找到平衡,破解红河"市场小、交易成本高、人才短缺"三大难题,才能为红河高质量跨越式发展提供最优方案。

分报告

分报告一：

大抓产业不断增强经济增长动能

  产业是经济的命脉，是推动高质量经济建设的核心动力。产业兴则经济兴，抓产业项目就是抓发展。2022年云南省委经济工作会议旗帜鲜明地把产业发展放在经济工作的首位。明确提出要大力推进产业发展。要大力突破工业，下大力气培育全产业链，强化园区产业集聚，大力培育新兴产业，全力保障能源供应，大力推进产业创新；要大力提升农业产业化和农业生产科技化，抓好粮食和重要农产品供给保障；要大力推进旅游业态创新，全面提升质量和效益，努力成为引领全国旅游发展创新的一面旗帜。要培育和发展市场主体，大抓营商环境，大力招商引资、承接产业转移，推动产业实现大发展、大提升。

  大抓产业发展不仅是红河州调整经济结构、转变生产方式，提升发展能级的重要任务，而且是红河融入和参与经济"双循环"新发展格局的擂台赛，刻不容缓。2022年3月，省委书记王宁在红河州调研时强调红河州要坚持发展第一要务不动摇，大抓产业发展，全力巩固拓展脱贫攻坚成果、促进农民增收，大抓新型城镇化和乡村振兴，大抓沿边开放，大抓招商引资和营商环境，大抓生态环境保护，大抓民族团结进步，大抓干部队伍建设，把工作做实做细，确保取得新成绩。

  红河州始终坚持把发展作为解决一切问题的基础和关键，坚持产业是经济增长的核心动能。在以高质量发展统揽全局向纵深推进的关键之年，把产业发展摆在更加突出位置，推动产业链优化升级，打造具有竞争优势的产业集群。把建立现代产业体系作为不断增强经济增长动能的重要抓手，巩固提升特色优势产业，加快壮大新兴产业，着力提振服务业，推动产业补短板上水平取得了丰硕成绩。

"十四五"时期,红河州按照发展定位—功能分区—产业集聚—项目建设的发展逻辑,做强工业、做特高原特色农业、做优旅游产业。持续发展培育壮大产业新动能、新优势,把绿色发展作为产业发展的底色,把发挥优势作为产业发展的核心竞争力,把开放创新作为产业发展的新驱动。根据经济高质量发展的逻辑,深入研判产业发展规律趋势,提出破解当前产业发展在能级质量、协同水平等方面存在的问题,精准发力,明确了构建现代产业体系的着力点。一是巩固提升重点产业。深入实施产业基础再造、重大技术改造及智能制造三大工程,支持州域内央企、省企及州属国有重点企业做强、做优、做大,促进非公经济持续健康发展。二是发展壮大支柱产业。紧扣烟草、先进制造、有色金属及新材料、高原特色现代农业、能源等产业,实施传统产业高端化、智能化、绿色化改造,推进产业基础高级化、产业链现代化。三是培育发展优势产业。全面实施工业振兴行动计划,积极发展载能工业和新能源产业,擦亮"云上梯田·梦想红河"文化旅游品牌。四是打造千百亿级产业。优化区域重点产业链布局,大力扶持产业链延伸发展,加快构建"5+6"现代产业体系,力争支柱产业和优势产业增加值占红河州GDP的比重、对经济增长贡献率均超过60%。在更高起点上促进红河州高质量发展。

一、做特高原特色农业,建设现代农业示范区

做特高原特色农业,是红河统领现代农业产业体系建设、保障农产品安全、推进红河高质量发展的内在要求和重要举措。省委、省政府在广泛调研和系统总结云南农业发展历史经验、发展状况、资源禀赋的基础上,提出"做特高原特色农业"的战略决策部署。红河牢固树立"绿水青山就是金山银山"的理念,立足北部国家现代农业示范区、南部山区综合开发、红河谷经济开发开放带"三大板块",聚焦水果、蔬菜、花卉、梯田红米、规模养殖、中药材"六大产业",走产业化、规模化、标准化、品牌化的发展路子,大力推进农产品的初加工、精深加工,培养一批龙头领军农业企业,做特高原特色农业。

红河基于省委、省政府立足新发展阶段、贯彻新发展理念、融入新发展格局,深入贯彻落实习近平总书记考察云南重要讲话精神赋予红河的新使命,为红河明确的新定位,分析红河高原特色农业发展的基础、条件、优势

和潜力，坚持特色化、差异化发展方向，做特高原特色农业，建设现代农业示范区。坚持质量兴农、绿色兴农、科技兴农、品牌强农，实施农业现代化三年行动，发展高品质、高附加值、高集约度、高科技农业，把增加优质、安全、特色的绿色农产品供给放在突出位置，全面提高红河高原特色农业质量效益和竞争力。

（一）红河做特高原特色农业的独特优势

1.得天独厚的生态优势

红河地处低纬度亚热带高原型湿润季风气候区，在大气环流与错综复杂的地形条件下，具有独特的高原型立体气候特征，光热充沛、空气优质、土地肥沃，北回归线从中部穿过，云南海拔最低处河口，海拔高差2000余米，形成了地形、土壤、气候和物种多样的农业生产先天优势。光热条件好，昼夜温差大，雨量充沛，气候类型多样，具有从热带到温带的高原型立体气候特征和得天独厚的生态优势，农业生产具有"多、特、好、早"的先天优势。红河独特的地埋气候、良好的生态环境和自然禀赋，赋予了红河农产品纯天然、高品质的品牌内涵，"后发优势"明显，绿色已成为红河农产品的底色。红河既有发展坝区规模农业的北部坝区，又有可发展特色农业的南部山区和干热河谷，形成"两区一带"的农业板块。红河的坝区面积位于云南第4，坝上地势平坦，气候温和，土壤肥沃，灌溉便利，具有规模化种植的优势，同时，红河坝区分布的细碎化与高原型立体气候相结合，特色化更加明显，具有"做特""做优""做强"的生态优势，兼具特色化和规模化的发展优势，有助于红河做特高原特色农业。

2.规模培育的产业优势

红河是云南优质蔬菜、水果主产区，具有"多、早、好、特"的特点和优势。水果种植面积、产量均居全省第1位，蔬菜种植面积居全省第3位、产量居全省第1位。独特的自然条件下生产出人无我有的地标产品，梯田红米品种和数量均位于全国第一，拥有亚洲最大的菊花资源库，滇东南水牛、石屏青绵羊等9个国家级资源品种，1个国家级肉羊核心育种场。经过多年发展，红河蓝莓产业已经形成"世界技术、中国品牌、红河种植、全球消费"的势头。

2021年，园林、水果面积为287万亩，产量为302万吨，综合产值为225.5亿元，均位居全省第一。水果品种多、成熟期早晚兼备，能够实现错季上市、全年生产；建水有"中国早熟优质葡萄第一县"之称，阳光玫瑰葡萄4月份就上市，全州蓝莓种植面积达2万亩，是云南最集中的种植区之一。

花卉方面，通过园区建设、龙头引领、科技提升，全州花卉种植面积达25.73万亩。开远国家现代农业产业园，吸引国际、国内23家一流花卉企业入园合作，拥有自主知识产权花卉新品种45个，年生产鲜切花5.97亿枝，实现花卉总产值14.64亿元，形成集花卉种苗、研发、种植、包装、冷链物流、旅游等于一体的现代花卉产业链。

2021年，蔬菜面积为248万亩，产量为453万吨，产量位居全省第一，红河"天然温室"和"天然凉棚"的低纬高原气候特征，形成建水洋葱、泸西香葱、弥勒韭黄等万亩连片产业带，泸西县成为G20杭州峰会生鲜蔬菜主供基地。

中药材方面，草果、砂仁、三七、生姜4种中药材的种植面积均超过10万亩，是全国中草药资源最富集的地区之一，屏边、金平、红河、绿春、泸西、弥勒6个县(市)被列为"云药之乡"。

3.抢抓RCEP战略机遇的区位优势

红河自古以来就是中国西南地区通向东南亚的重要门户和窗口，东汉时期的马援古道途经蒙自、河口到达越南的河内，是"南方丝绸古道"的第二通道。红河有13个县(市)，北部7个属于滇中，南部6个位于沿边，是中越经济走廊主干线。红河地处国家"一带一路"建设的重要节点和云南建设面向南亚东南亚辐射中心的重要前沿，拥有4个国家级一类口岸和自贸试验区红河片区、红河综合保税区、蒙自经开区、河口边合区和中国（红河）跨境电子商务综合试验区等开放发展平台，是云南对外开放特别是对越南开放的前沿。红河具有"高海拔低纬度"的地理特征，22.8%的地域面积属北亚热带及红河谷热区，进出口农产品结构优势显现，凭借高原特色农产品已发展出开放型现代农业。红河按照"增客户、扩规模、降成本"的发展思路，充分利用现有资源，对农产品进行精深加工，大力引进集种植、加工、市场营销于一体的企业，与优越的区位优势和口岸条件相结合，特色农产品具有深加工优质出口的优势。

红河北融滇中(到昆明的高铁、准轨、高速公路网已基本形成)、南接越南(从河口至越南首都河内高速公路里程约250千米，滇越铁路从河口至越南北部最大深水港海防港约400千米)、东进两广(向东乘南昆客专4小时、6—7小时分别可达南宁、广州)、西连缅老(向西沿昆磨高速公路、中老铁路可达缅甸、老挝)的大开放格局逐渐形成，开放区位优势突出。随着以国内大循环为主体、国内国际双循环相互促进的新发展格局形成,国家"一带一路"、区域全面经济伙伴关系协定、"两廊一圈"、长江经济带、新一轮西部大开发、粤港澳大湾区等重大战略机遇在红河叠加交会,自由贸易试验区、数字经济等一批重大利好政策在红河落地落实,为红河发展带来良好机遇,在立足国内、面向南亚东南亚的"大循环、双循环"中,潜力无限、风光无限。

(二)红河做特高原特色农业取得的丰硕成果

红河州委、州政府深入学习贯彻习近平总书记考察云南重要讲话精神,认真落实中央和省委农村工作会议精神,紧扣省委、省政府提出的"做特高原特色农业"目标要求,积极推动"产品落在品牌上",抓好品牌打造;推动"品牌落在企业上",抓好主体培育;推动"企业落在基地上",抓好基地建设;推动"基地落在绿色上",抓好有机绿色,把产业、产品、品牌、企业、基地有机串联,打造优质产业链,加快红河新时代高原特色农业高质量发展步伐,走出一条产出高效、产品安全、资源节约、环境友好的高原特色农业现代化道路。红河高原特色农业效益逐渐突显,"农区变景区、田园变公园、农房变客房"的改变正在全州形成燎原之势,布局科学、产品优化、适销对路、管理规范、高效集约的高原特色现代农业生产体系在红河大地扎根落地,飘香四方。

1. "新主体"培育增添动能

积极培育引领主体、提高专业合作社发展质量、提升农业社会化服务水平、建立稳固利益联结机制,带动中小企业、合作社、大小农户共同发展。以全面、立体、长效服务高原特色农业、中小种植企业和合作社为基础,分散企业集中到区域或龙头企业下,形成抱团发展,资源集中、生产集群、营销集约的发展格局。红河县级以上农业龙头企业由2017年的364户增至2020年的469户,其中乍甸乳业有限责任公司被认定为国家重点龙头企业,省级重点龙头企业82户,州级重点龙头企业271户。农民合作社示范社273个,其中国家级示范社19个、省级示范社117个。荷兰安祖公司、美国保尔公司、美国卓莓以及国内的温氏集团、金锣集团、海升集团、联想佳沃等一批大企业好项目相继落地红河。目前,金锣集团生猪屠宰及肉制品深加工项目即将投入生产,广东温氏集团家禽项目完成用地征收和清表,山东天同公司国际农特产品加工智慧产业园项目已签约入驻开展地勘工作,上海鹏欣集团肉牛产业示范养殖项目一号牧场实现开工建设。

为了做特高原特色现代农业，红河出台了《红河高原特色现代农业抓有机创名牌育龙头三年行动计划》，明确发展壮大农业龙头企业，并结合实际制定了《红河2020年度有机认证水果产品风险监测实施细则》作为2020年度专项风险监测的工作依据。截至2021年7月，红河获有机产品认证的企业共76家、93张证书，比2020年净增29家企业、33张证书，有机认证基地面积15.46万亩、产品认证面积9.62万亩、年产量7.67万吨、年产值40677.66万元。目前，红河有机认证数量居全省第7位，比2020年上升2位。2021年以来，完成新认证绿色食品的企业39家（73个产品），新认证有机产品的企业63家（88个产品），正在申报蒙自枇杷、元阳梯田红米、建水草芽、开远藠头4个农产品地理标志。

红河共拥有地理标志证明商标29件，位列全省第一。直供G20杭州峰会的泸西县生鲜蔬菜现已注册"红高原·泸西"和含G20符号的区域公用品牌图形商标，开远市"七彩云菊"成功注册花卉公用品牌商标，"蒙自石榴"荣登"2017—2018年地标农产品电商品牌榜"、2020年"中国区域公用品牌（地标农产品）价值榜"。42个企业品牌、产品品牌和区域公用品牌被纳入省级品牌目录管理，"明康汇"牌蔬菜、"蒙涯红"牌石榴、"佳沃"牌蓝莓、"鑫湖东"牌杨梅、"丰岛"牌菊花等14个产品进入云南省"10大名品"名单，云南乍甸乳业有限责任公司进入云南省"20佳创新企业"名单，名企名牌申报数量逐年增长，参与主体实力不断增强。

2. "大产业"发展增量提质

红河通过聚焦水果、蔬菜、花卉、梯田红米、规模养殖、中药材"六大产业"，做特高原特色农业，六大产业产值实现快速增长。2020年，红河实现省级确定的茶叶、花卉、蔬菜、水果、坚果、咖啡、中药材、肉牛8个重点产业综合产值646.29亿元，排名全省第三[①]。"十三五"时期红河地区生产总值年均增长8.9%，经济总量连续5年保持全省第三位，2020年达2417.48亿元，跃居全国30个少数民族自治州第一位，以高原特色农业引领现代产业发展提质增效，粮食生产连年丰收，一二三产业年均分别增长5.9%、11.1%、7.8%。红河通过推广"一水多用、一田多收"的梯田"稻鱼鸭"综合种养模式，使同一亩梯田的产值由原来不到2000元，提高到普遍综合效益8000元以上，每亩增收6000元，种植梯田红米21万亩，梯田红米种植面积和产量均位居全省第一。禽蛋产量位居全省第一，肉类总产、生猪出栏、家禽

---

① 《云南红河：奋进新征程交出"赶考"路上优异答卷》，云南网，2021年10月3日。

出栏均居全省第二，牛奶产量位居全省第三。[①]红河花卉产业不断壮大，种植技术、品种创新力度加大，基质本土化生产和国际先进技术引进集成创新取得突破。同时，大力推广水肥一体化无土栽培，加快花卉专利品种引进研发，打响红河花卉品牌。目前，全州花卉种植面积达27万亩，力争到2025年达30万亩。

红河高原特色农业正在实现农产品供给由主要满足"量"的需求向更加注重"质"的需求转变，农产品质量安全水平和品牌农产品占比明显提升，休闲农业和乡村旅游等新产业新业态也在加快发展。红河全面推动"一县一业"示范创建工作，2019年，蒙自市、开远市分别以水果、花卉产业入选全省首批20个"一县一业"示范县名单，2021年6月，省级公布2021年度"一县一业"示范创建县名单，蒙自市、开远市继续在列。制定实施《红河高原特色现代农业抓有机创名牌育龙头三年行动计划》，州级财政每年安排近3000万元专项奖补资金，建立奖补机制。2021年3月，弥勒柠果种植省级农业标准化示范项目通过评估验收，金平油茶栽培国家农业标准化示范区项目顺利通过中期检查评估。红河已建设完成13个国家级农业标准化示范区和11个省级农业标准化示范区，开远建成国家现代农业产业园，蒙自经开区建成千亿级园区，弥勒绿色食品加工园建设稳步推进。

质量安全体系建设初具成效。红河农产品质量抽检合格率保持在97%以上，全州225家单位421个产品通过有效期"三品一标"认证，其中，无公害农产品认证57家单位124个产品，绿色食品认证73家单位133个产品，有机产品认证86家单位155个产品，认证农产品地理标志9个。[②]开远、泸西、石屏创建为省级农产品质量安全示范县，州级检测中心的检测范围涵盖水果、蔬菜中农药残留、植物性产品重金属等4类98项，红河农产品质量安全检验检测中心和10个县级农产品检测机构已获得省级"双认证"证书，形成了横向到边、纵向到底的全州农产品检测网络。在强有力的检验检测保障下，红河农产品品牌竞争力增强，农产品外销稳步增长，2020年，红河实现外销额146.73亿元，为做特高原特色农业奠定了坚实基础。

3. "新平台"建设效果显现

搭建科研平台，围绕开远现代花卉产业园区，打造成为云花与世界对话

---

① 红河政府新闻办：《红河"起飞质变——怎么看怎么办"系列新闻发布会·贯彻落实打造世界一流"绿色食品牌"专题发布会》，2021年10月18日发布。

② 红河政府新闻办：《红河"起飞质变——怎么看怎么办"系列新闻发布会·贯彻落实打造世界一流"绿色食品牌"专题发布会》，2021年10月18日发布。

的窗口、花卉育种的天堂，建成"陈发棣专家工作站"并推进建设5000平方米试验棚，携手中国农大、南京农大、云南农科院推进花卉新品种研发繁育以及示范推广，与美国保尔、荷兰大丽孚、日本精兴园、德国塞蕾科塔等多家国际花卉公司进行深度合作，引进玫瑰、菊花、蝴蝶兰等专利品种500余个。搭建加工平台，高标准规划建设弥勒绿色食品加工园区，推进供电、供热、防洪等配套基础设施和冷链物流仓储项目建设，累计签约入驻农产品加工项目23个，成功引进山东金锣集团年屠宰200万头生猪、年出栏30万头生猪养殖及肉制品深加工项目，广东温氏年屠宰2500万羽家禽及1250万羽肉鸡熟食加工等项目落地开工。搭建流通平台，进一步扩大农村电商覆盖面，2021年8月开远市、个旧市正式获批2021年第二批国家级电子商务进农村综合示范县，实现全州13县（市）综合示范项目全覆盖，共获得电商进农村示范县专项资金2.295亿元。目前，建成州级电子商务公共服务中心1个，州级物流仓储配送中心1个；建成县级电商公共服务中心9个、县级物流仓储配送中心9个、乡镇电商物流服务站92个、村级电商物流服务点413个，乡镇电商物流服务站实现全覆盖，行政村电商物流服务点覆盖率达50%。农村电商发展环境不断优化，2021年1月至9月，红河实现电商交易总额163.73亿元，同比增长39.63%。打造"直播带货+短视频"营销新场景，拓宽农产品销售渠道，直播营销带动农户参与10389人，实现交易额2.05亿元。目前，全州13县市均实现电商全覆盖，获批全国电子商务进农村综合示范县，13县（市）红河（蒙自）智慧物流产业园已投入使用，州级物流仓储配送中心招商入驻顺丰、京东、圆通、中通等10多家知名快递企业，物流服务覆盖全州90%以上行政区域，形成城乡高效配送的"统仓共配"模式。通过电子商务平台，建水蔬菜、水果远销加拿大、法国、美国、德国等国家，元阳梯田红米、咸鸭蛋、黄牛干巴逐渐成为"网红"……"连上一张网，打开一片天"，随着电子商务的快速发展，各县市将本地优质农产品销往全国乃至全球。搭建融资平台，推进"一部手机云企贷"试点工作，截至目前，通过开展"一部手机云企贷"平台线上线下金融服务，建设银行完成323户企业授信，累计授信金额8.85亿元，投放贷款9.86亿元。搭建数字化平台，开展数字农业示范工作，开远高效现代农业园区引进荷兰普瑞瓦(Priva)公司建设"数字化气候水肥控制中心"，以设施智能化、管理数字化为重点，让智能化设备设施与农艺、农技高度结合在一起。以泸西牛牧业为代表的智慧牧场，建有国际先进利拉伐挤奶设备和先进牧场管理系统，对牛群进行数字化管理，已发展成为西南地区良种奶牛规模较大、奶牛单产水平最高的高原特色智慧牧场。

"五个基地"建设成效初显。按照省委、省政府提出的"未来红河要打造好五个基地"的工作要求，红河坚定不移加快打造"五个基地"。高端稻谷基地建设方面：已选育水稻新品种13个，完成梯田红米区域公用品牌规划，正在加快梯田红米地理标志认证。干热河谷基地建设方面：有序推进水源工程前期勘测工作，正在开展本那河水库和红河谷灌区工程规划，调研市场化运作光伏提水工程可行性。高端果蔬基地建设方面：以蒙自市万亩优质蓝莓产业园为核心，辐射带动开远市、建水县、石屏县打造中国南方优质蓝莓产业带2.8万亩，正在对接云天化大湾区蔬菜直供基地项目。高端云花基地建设方面：依托开远现代花卉产业园区打造花卉育种基地，建成"陈发棣专家工作站"及试验棚5000平方米，与国际知名花卉企业合作，引进玫瑰、菊花、蝴蝶兰等专利品种500余个。优质畜禽供给基地建设方面：完成400万头牛猪养殖、2000万羽肉鸡养殖、60万头肉牛养殖项目部分用地等前期工作，预计年内开工建设。

（三）红河做特高原特色农业存在的困难和问题

红河通过构建产业园区为点、产业集群为线、产业强镇为面的发展布局，以工业的理念做大做强高原特色农业，提升农产品附加值，显著促进农民增收、农业增效和农村富裕，取得了丰硕发展成果。然而，红河做特高原特色农业，建设现代农业示范区，还存在组织化程度低，农业发展合力弱；经营体系不完善，标准化程度低；营销体系滞后，优质到优价通道尚未打通等问题，与优质高原特色农业还存在一定差距。

1.组织化程度低，农业发展合力弱

产业化水平低。由于以专业化生产和规模经营为特征的农业产业化经营格局初步形成，农业产业化经营主体实力不强、规模不大，组织带动能力偏弱，生产链条组织不到位等问题突出，导致农业组织化水平不高。大多数龙头企业的科技、管理水平较低，高附加值的产品较少，竞争力弱，带动作用难以有效发挥，尚未形成集群式经济。原材料标准化基地建设水平低，生产链条前端支撑不到位。由于政府、企业用于生产基地建设资金较少，具有标准化、规模化的专用特色种植养殖生产基地建设水平与龙头企业实际加工需求还有很大差距。水果、花卉、蔬菜种植面积位于全省第1、第2、第3位，综合产值全省排名第1、第4、第4位，农业规模优势还没有转化为产值优势，农产品精深加工不足，小农经济特征明显。

农业"小、散、弱"情况突出。红河高原特色农业存在"规模小、分布散、实力弱"的问题，规模效应较弱。具体来看，红河农业生产方式、技术含量、市场份额、经济效益的总体水平不高，高原特色农业小、散、弱的状况没有根本改变，农业发展较缓，基础设施薄弱、生产方式陈旧、发展资金短缺、科学技术落后、政策体制机制不健全；农产品基地建设滞后、优质原料供给不足，产品精深开发不够、科技研发创新能力较弱；合作组织建设滞后、农民进入市场的组织化程度不高；农产品基地建设、精深加工、品牌战略发展相互制约；农业综合生产能力和比较效益低，粗放式经营的状况没有根本改变，农民增收难度大；农业产业化水平低，产业普遍存在生产规模小、产业类别分散、商品类型雷同、产品加工链短、环境污染重、科技含量低等问题。2020年全州农产品加工产值比为1.78∶1，虽高于全省的1.68∶1但低于全国的2.4∶1。

利益联结机制不完善。农业产业化链条联结不紧密，农业企业与农户没有形成风险共担、利益均沾的利益共同体，农民组织化程度较低，缺乏专业合作社对农民的示范带动。农民专业合作社普遍规模小、实力弱，带动功能差、竞争力不强，整体社会效益和经济效益偏低。农民合作组织的发展过度注重数量而忽视质量和规模，大多未完全按合作社法进行规范运作。家庭农场运营规范程度参差不齐，示范家庭农场引领示范水平需进一步提升。大多数农民习惯于传统农业生产的思维定式，且目前合作社处于初始发展阶段，宣传力度不够，示范带动作用不强，不少农民缺乏组织起来共同发展的热情和信心。农民专业合作社社员互相之间合作意识不强，只愿利益共享，不愿风险共担，诚信度不高，有利则合，无利则散。同时，部分地区乡、村干部对发展农民专业合作社存在认识不足的现象，引导和服务作用弱，制约了合作社发展。

2.经营体系不完善，标准化程度低

良种培育关键问题亟待解决。红河高原特色农业在如何进一步对优质种业资源进行扩增、研究、创新和利用，实现优良基因的聚合和重组，提高遗传资源利用水平等方面还存在亟待解决的问题。农业科研经费投入少，设备陈旧，手段落后，人员流失等，削弱了资源研究工作，导致育种前期工作薄弱，缺乏具有突破性的技术储备，影响育种工作的开展。同时，农业部门在优良品种培育和推广上存在分歧，导致在优良品种的推广上各自为战，未能实现大规模效应，因而难以成为名牌。

品质难以统一。红河农产品标准化起步较晚,标准化意识落后,品质很难统一,初级农副产品比重大,科技含量高、附加值高的精深加工产品少,与城乡居民对安全优质特色农产品的需求差距较大。红河冷链物流基础设施不配套、冷链物流企业发展不足、标准体系不健全、冷链运输比重低,与此相关的食品安全隐患较多,难以满足城乡居民多元化、个性化的消费需求。虽然农产品质量抽检合格率保持在97%以上,但大多数农产品仍以初级产品出售,产品层次较低,附加值不高,产业链条不长,竞争力较弱,只能走中低端消费之路,外销难,出口更难,导致"有质有量没好价",形成了"一等原料、二等加工、三等价格"的局面。

质量标准体系仍有改进空间。虽然红河对农产品质量的关注度日益提高,保障农产品质量安全的标准化体系也正在逐步完善,但是整体来看,农业标准体系的完善依然存在较大发展空间。基于不同产品的标准体系制定不及时,尤其缺乏特优农产品的质量标准体系,影响农产品消费者的接受程度,导致农产品市场经济发展滞后。此外,农业标准结构不合理,对于初级加工产品的标准较少,农产品优质衡定标准、农产品市场准入标准等还未健全完善。农药和肥料的不合理使用情况仍然存在,不仅影响农产品的食用安全,还会破坏自然资源,而农产品对自然资源的依赖又导致农产品受到二次污染,如此恶性循环也让农产品质量堪忧。此外,农业科技创新力度不强,生产过程中有许多关键技术亟待解决,比如生物农药、生物肥、天然食品添加剂等生产资料的开发,农作物的生产栽培技术、病虫草害综合防治技术以及食品加工和包装等关键技术的开发,在食品运输、储存等环节上涉及的技术开发等。

3. 营销体系滞后,优质到优价通道尚未打通

品牌效应弱,缺乏有影响力的品牌。红河高原特色农产品仍存在"诸侯割据、各自为政"的现象,品牌多、杂、乱、小,往往出现众多品牌拼抢市场、一片"混战"的局面,冲淡了品牌效应,难以形成组团出击、集中打响品牌的合力,缺乏市场竞争力。农产品产后保鲜、贮运、加工环节科技滞后,企业科技创新能力弱,农产品加工企业的产品基本上停留在粗加工上,精深加工产品、二次增值产品少。缺少有影响力的高原特色农业品牌,与红河拥有的优越资源禀赋、丰富农耕文化、多样优质产品具有一定差距。

品牌建设重申报、轻管理。红河高原特色农业品牌建设存在重申报、重评选、轻管理的现象,缺乏品牌后续跟踪管理,忽视优质高原特色农产品品牌的策划和宣传，连续性不强，不利于树立统一品牌形象。忽视品牌建设与推广，没有意识到品牌效益的重要性，在后期产品营销时，一味地复制产品推广与营销模式，导致资金浪费，阻碍品牌长期发展。许多农业生产者和经营者受传统经营方式的惯性束缚，忽视农产品名牌的创建与保护工作，缺乏市场营销观念，品牌意识淡薄，"重生产、轻品牌"，核心不是品牌而是产品，存在"注册了个商标，就算品牌化了"的简单认知，缺乏品牌形象的塑造。从品牌主体来看，农产品品牌开发、管理、受益往往不是同一主体，具有很强的地域共享性和品牌收益的外部性，单个企业品牌开发动力不足。

地域特色不明显。红河高原特色农产品种类众多，但具有鲜明特色的品牌只是少数。从现有品牌的定位来分析，基本都是围绕农产品品质的优越性，比如绿色、健康和原生态。在宣传中也重点突出种植环境展示、口感味觉体验等，但对品质和品牌相关要素的挖掘不够深入，定位点的选择比较单一，品牌特色不够醒目，同质化现象严重，缺乏创意，难以形成具有地域特色的品牌，品牌竞争仍停留在价格层面，难以形成清晰的市场形象，更难以保证消费群体的稳定性。大多初级农产品只是注重商标的识别功能和促销功能，尚未挖掘出品牌的深层次价值，品牌的差异化和独占性不突出，最后表现为一流方案、二流执行、三流结果，建立在产品比较优势基础上的品牌知名度、美誉度和品牌联想等品牌资产价值基本没有显现。品牌组织化程度低，加之宣传不到位，市场销售大多处于自发状态，恶性竞争十分严重，常常"叫好不叫座"——品质口碑不错，但市场占有率却不高。同时，由于缺少龙头企业品牌，打出去的品牌知名度无法通过消费者"看得见、买得到"的形式落地和实现，无法形成有效的"品牌变现"。尽管一部分农产品的质量已经达到了国际标准，但深加工能力不强，鲜有包装宣传，营销手段滞后，再加上规模不大，几乎没有自己的优势。红河登记注册的地理标志农产品数量偏少，专用标志推广效果较弱，"三品一标"认证数量为348个，仅占全省的5.5%。

流通体系不健全。红河高原特色农业生产企业过分依赖于传统的商业流通渠道，产供销"快速通道"尚未普遍建立，相关利益群体过多，农产品的供需信息流通不畅，销售效率大幅下降。从农民手中到正规超市进行销售的流通环节过多，鲜活农产品的保鲜储藏面临较大挑战，在一定程度上增加了成本，提高了售价，降低了消费者的满意程度，同时也削弱了农民的利益。红河缺乏有组织的流通企业和流通体制，市场组织化程度低、规模小、设施不齐全、经营管理手段落后是红河农村流通体系的局限,存在农产品价格普遍处于低位,农业生产循环不畅,市场经济主体和组织发展迟滞,市场信息传递机制不健全等诸多问题。虽然现代技术先进,可采用现代农产品销售方式,但由于基础网络设备不完善,计算机操作水平低下,现代营销方式未实现广泛运用。

农产品销售平台不完善。红河高原特色农产品销售过程存在销售渠道受限和缺少专业平台的问题,销售多采用传统的农产品营销方式,即"生产者→产地批发商→销地批发商→零售商→消费者",批发商是主导者,农民将农产品卖给批发商,然后一级批发商将其出售给二、三级批发商,再出售给零售商,最后到达消费者手中,产品的原产地效应不明显,农产品品牌附加值低。缺少专业销售平台建设,与消费者直接交流沟通较少,未能直观展示并随时更新特色农产品相关信息。

(四)红河做特高原特色农业的对策建议

总体思路:聚焦"国家农业绿色发展先行区和全国绿色农产品生产基地"建设,全面启动农业现代化三年行动,走产业化、规模化、标准化、品牌化的发展路子,做特高原特色农业。加强高标准农田建设,坚决遏制耕地非农化、防止耕地非粮化,提高农业综合生产能力。坚持用工业理念抓农业,大力发展农产品精深加工,实施食品工业增品种、提品质、创品牌行动,实施特色农业精品打造工程。培育农业龙头领军企业,引进一批有实力的加工企业,保证优质农产品供给,推进农业供给侧结构性改革。

深入践行新发展理念,立足新发展阶段,融入新发展格局,贯彻落实省委、省政府战略部署,主动融入大局、找准坐标定位,积极发挥标准、认证、品牌支撑作用,主动服务地方特色优势产业,"拉高线"带动产业和消费升级,推动农业供给侧结构性改革提质增效,以高原特色产业发展厚植红河经济增长新优势。把做特高原特色农业放在全州经济社会发展大局中谋篇布局,不断优化产品品质、提升产品竞争力,为推动云南、全国和全球农业现代化发展贡献力量。以全面、立体、长效服务高原特色农业为基础,分散企业集中到区域或龙头企业下,抱团发展,形成资源集中、生产集群、营销集约的发展格局,按照统一品牌、统一标准、统一检测、统一监控、统一标识"五个统一",建立有身份证、有履历、有检测、有监控,可识别、可查询、可追溯、可信任的"四有四可"质量追溯体系,以统一的形象和品牌对外进行宣传推广,积极为企业搭建贸易平台,提升赢得市场竞争的能力,共同做大做强高原特色农业。

基于红河高原特色农业发展过程中遇到的组织化程度低、经营体系不完善和营销体系滞后的发展困境,从组织层面的三体共建、经营层面的三品共赢和营销层面的三系共融来做特高原特色农业,培育根植红河独特优势的增长极,如图1所示。

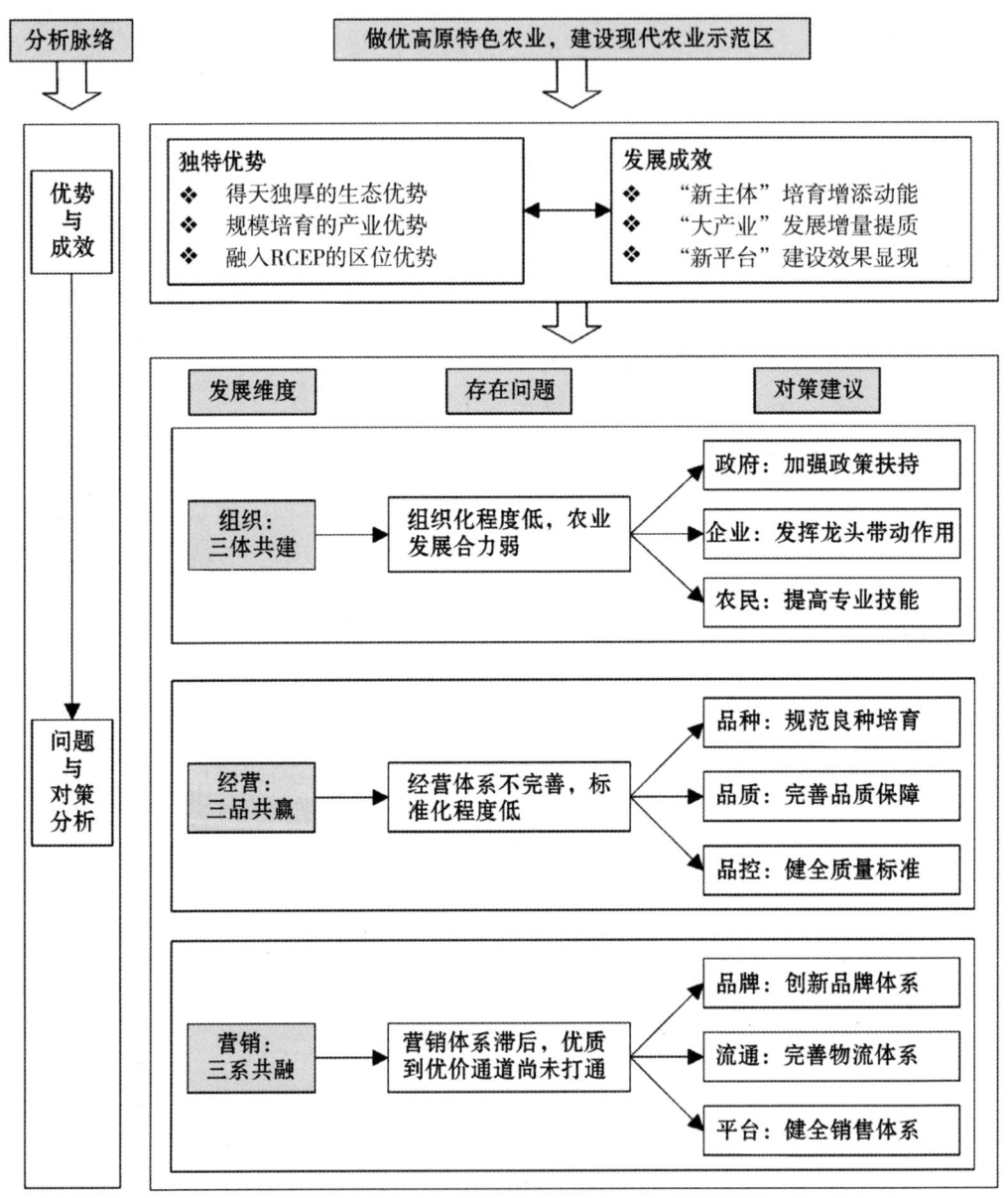

图1 红河做特高原特色农业技术路线图

资料来源:作者自行整理绘制

1. 组织层面：三体共建

通过加强政府政策扶持、发挥龙头企业带动作用和提高农民专业技能的三体共建，切实提高红河高原特色农业的组织化程度，实现高原特色农业根据市场需求，有条理、有步骤、有计划地组织起来，凝聚发展合力。

（1）政府：加强政策扶持

建立重点扶持培育龙头企业目录，加强认定和运行监测，建立竞争淘汰机制。按照"扶优、扶强、扶大"原则，进一步加快全州农业龙头企业发展，对新认定为国家级龙头企业，按《红河高原特色现代农业抓有机创名牌育龙头三年行动计划》进行奖励。州级财政安排100万元，对年内销售收入达4亿元至5亿元的龙头企业，给予奖励10万元；对年内销售收入达5亿元以上的龙头企业，给予奖励20万元。提升服务龙头企业的能力和水平，营造良好营商环境，全方位助力龙头企业上市融资。加大招商引资力度，着力引进一批规模大、实力强、品牌知名度高的国内外龙头企业参与主导产业项目投资开发。鼓励引导龙头企业建立现代企业制度，引进优秀人才和先进技术，增加研发投入。

培育壮大市场主体，坚持"政府围着企业转，企业有事马上办"，为各类市场主体和企业家营造公平竞争、安心发展的环境，不遗余力支持想干事、能干事的企业在红河大地抢占先机、做大做强。实施"市场主体倍增"计划，完善促进民营企业、中小微企业和个体工商户发展的政策体系。政府牵头制定政策，以优厚的福利吸引大学生回乡创业和高素质人才直接就业，针对农产品线上经营者素质低下的现象，从网络营销、新媒体运用、包装设计等方面进行定期培训。借论坛营销提升红河高原特色农业知名度，搭建高级别交流论坛平台，发挥政府背书作用，发挥论坛经济的带动示范作用。将农业与旅游、文化、康养、环保等不同的主题相结合，积极承接大型国际和国内政治、经济、文化论坛与会展，积极借助互联网等传播手段，实现企业之间、行业之间、地区之间乃至全国、全球经济信息的生产、处理、传播和交易，借助论坛经济汇聚人流、物流、资金流和信息流，助力红河高原特色农业高质量发展。

（2）企业：发挥龙头带动作用

实施龙头企业培引计划，大力引进农业龙头企业，打造一批专精特新"小巨人"企业，培育一批产业链主导型企业和龙头骨干企业。实施招大引强专项行动，精准做好产业谋划、项目策划，引进一批大企业、好项目。

深入推进农村一二三产业融合发展，打造乡村田园综合体，培育壮大乡村旅游、休闲农业，拓展农业多样性功能，全产业链拓展农业增值增效空间。以弥勒绿色食品加工园为龙头，依托"一县一业"形成县域农产品加工产业集群，完善农产品精深加工平台。积极引进果蔬加工龙头企业，深化政企合作，打造具有影响力的果蔬加工和功能性饮料生产基地，支持豆制品产业链高端化发展，引导蒙自过桥米线产业化发展。

大力发展"农业+观光休闲""农业+康养""农业+文化传承"等新业态，集群成链，全链统筹，整体提升农业竞争力。明确发展路径，围绕加快推进水果、蔬菜、花卉、梯田红米、规模养殖、中药材六大产业和其他产业进行"建链"；聚焦高原特色农产品产业链关键环节，围绕补齐短板弱项进行"补链"；突出招大引强和品牌培育，围绕提升产业价值进行"强链"；着力推动高原特色农产品产业链向数字经济、5G、物联网等领域延伸，围绕产业深度融合进行"延链"，形成较为完整的产业群链体系，最终实现产业的生产规模化、系统标准化。同时，聚焦短板弱项，全面梳理产业链上下游渠道，聚焦产业链育种、种养、加工、流通、检测和销售等关键环节，健全生产、加工、仓储保鲜、冷链物流等全产业链，狠抓产业链痛点、堵点、断点，强化项目支持，落实政策措施，着力弥补现代种业、精深加工、冷链物流和市场销售等高原特色农产品产业链短板弱项，实现红河高原特色农业快速发展。

坚持园区化、专业化、集约化方向，聚焦种植养殖业精深加工，引进一批有品牌、有实力、有市场的龙头企业，做优特色农产品加工业，争取到2025年，农产品加工产值与农业总产值比达到3∶1以上。推动园区优化提升和提质增效，创建一批绿色低碳示范园区，促进园区经济高质量发展。做大肉制品加工业，加快广东温氏2500万羽家禽屠宰加工、山东金锣200万头生猪屠宰及肉制品精深加工等项目建设，深化与上海鹏欣集团合作，全产业链推进以肉牛为重点的肉制品加工业，形成年综合产值400亿元以上的肉制品加工产业集群。做强果蔬加工业，推动山东天同食品项目落地建设，加快发展果蔬加工产业，形成年综合产值400亿元以上果蔬汁及保健品、功能性食品生产集群。做优特色农产品加工业，充分挖掘"过桥米线""石屏豆腐""梯田红米"等地方特色食品的潜在价值，重点支持豆制品产业链高端化发展，引导蒙自过桥米线产业化发展，着力发展米面制品产业。积极推动乍甸乳业上市，壮大乳制品加工产业链，依托全州农产品种植基础，培育发展茶、花卉、稻米和咖啡等深加工产业链，力争形成产值200亿元以上的产业集群。

(3) 农民：提高专业技能

充分发挥农民专业合作社在提高农民组织化程度中的优势作用，支持各类能人领办农民专业合作社，实现专业合作社对各产业领域、各村和农户的全覆盖。深入推进国家、省、州级示范社创建行动，不断提升专业合作的规范性、专业性和实效性，加强运行监管，增强质量和实力，提高农业生产经营组织化、社会化程度，为农民提供就业岗位，通过就业岗位上的学习和培训，提高农民素质和专业技能，变"一次性培训"为"全过程跟踪"。不断创新合作组织形式，引导农民通过土地、林权、资金、劳动、技术和产品等生产要素重组，积极发展生产、供销、信用"三位一体"综合合作，实现合作发展和抱团发展，把合作社组织打造成完善农民利益联结机制的重要纽带。同时，注重将先进的种植技术推广给农民、农户，既让种植农作物的农民、农户紧跟时代发展做好农作物种植，又让先进种植技术推动生产规模的拓展延伸，为增产增收开辟新的路径。

强化农业合作社的试点示范，在合作内容上采取劳动合作、资本合作、劳动与资本合作等多种合作方式，围绕第一产业，农产品加工、销售、休闲等二、三产业来创办合作社；在合作机制上采取多形式，如股份合作制、合伙制或其他形式的合作等；在合作渠道上采取多方位，可以提供技术、农资、信息、产品收购等一项或多项服务，也可以提供产前、产中、产后一体化服务；在牵头部门上采取多元化，可以由农村专业大户、经营能人牵头兴办，可以依托龙头企业或批发市场兴办，还可以由农技部门、供销部门等牵头兴办。同时，典型引路推进，在条件成熟的乡村或地区先行试点，按照点面结合、突出重点的方针，每年通过开展示范合作社评比等活动，选择一批规模较大、带动能力强、农民增收作用明显、运行机制较好的专业合作社建设试点，从资金上给予重点扶持，促进农业增效、农民增收。

2.经营层面：三品共赢

通过规范良种培育、完善品质保障和健全质量安全标准体系的三品共赢，提高农业经营过程中的标准化水平，将标准化建设作为"三品"的支撑，使之更加体系化和标准化，是新时期红河高原特色农业高质量发展的指南。

(1) 品种：规范良种培育

加快推进种子资源创新及繁育基地建设，围绕粮食安全和主要农产品供给保障，着眼于特色优势产业产品高质高效，进一步巩固种业在现代农业体系中的基础地位。加快推进梯田红米、蔬菜、花卉、中药材等产业种子资源创新及繁育基地建设项目，开展种源技术攻关。立足北部国家现代农业示范区、山区综合开发、红河谷经济开发开放带，搭建院士专家工作站、产业创新研究院、产业技术创新中心等，健全知识产权"引进—保护—创新"平台。依托滇南杂交稻试验繁育中心、中国石榴城创新中心、陈发棣专家工作站、国际知名育种商西露丝的菊花品种资源库以及云南省优质种业基地，完善红河现代种业体系。充分利用袁隆平院士在蒙自建设优质杂交稻高产试验基地的良机，打造高产优质稻良种实验推广中心，争创水稻高产世界纪录，全面提升红河高原特色农业的影响力和生产力。充分发挥农业院校和农业科研院所作用，大力推进农业科技创新和成果转化示范应用，实施现代种业提升工程，用现代技术手段改造传统农业，加快发展数字农业、智慧农业、高效设施农业，全面提高农业良种化、设施化、信息化、标准化水平。加强良种扩繁体系建设，提升优良品种种子种畜保供能力，充分发挥科技型农业龙头企业在种质资源创新、优良品种引进、地方特色品种培育、扩繁推广应用中的重要作用，推进佳沃国际优质品种试验示范中心等项目建设，完善石榴种质资源圃，建设高标准高水平高效率的粮油品种商品种子生产基地、现代化苗圃、育苗工厂、标准化种猪种牛场，健全代销平台，形成立足红河、服务全省全国、辐射南亚东南亚的良种生产供应体系。

以绿色发展为导向，以优化供给、提质增效、农民增收为目标，着力打造县联网的种业数据库，全面支撑涵盖种业审批登记、质量安全、追踪溯源等功能的种业大数据建设。针对红河产业发展存在的问题，选择优势品种，配套相关产业生产技术规程和地方标准，在良种良法配套、农机农艺融合的基础上，建立相关产业种业生产标准化示范区，进一步推进化肥农药减量增效，集成推广"全环节"绿色高效技术，完善"五个统一"社会化服务体系，扩大示范效应引领绿色发展，把最优的技术模式、最少的药肥用量、最省的人工投入、最大的综合效益引入特色农业发展。强化种业生产经营备案、生产、调运、销售各环节监督管理，严格行业标准，建立可追溯质量监管体系，规范种业生产，助力产业扶贫、巩固脱贫成果、助推乡村振兴。

（2）品质：完善品质保障

加快建设农产品质量追溯平台，将绿色食品、有机产品、地理标志农产品纳入追溯管理，推动高原特色农业产业基地可视化、动态化管理，推进生产智能化、经营网络化、管理数据化、服务在线化的数字农业农村发展。坚持质量兴农、绿色兴农、科技兴农、品牌强农，实施农业现代化三年行动，发展高品质、高附加值、高集约度、高科技农业，全面提高高原特色农业质量效益和竞争力，加强农产品质量安全追溯体系建设。大力推进两个"三品一标"，产品方面，大力发展绿色、有机、地理标志农产品生产，推行食用农产品达标合格证制度；生产方式上，推动品种培优、品质提升、品牌打造和标准化生产。充分发挥"三品一标"农产品在制度规范、技术标准、全程控制、档案记录、包装标识、质量安全追溯等方面的优势，大力推进农业绿色有机化、商品化、规模化、组织化、品牌化，从生产源头提升农产品质量安全水平。引导企业强化商标品牌意识，建立完善商标注册、使用、许可、转让、质押、投资、维权等管理制度。积极申报和运用地理标志保护产品和地理标志证明商标，促进相关产业发展壮大，提高产品在国内外市场的竞争力，实现经济效益和社会效益双赢。引导绿色有机产品认证，力争全州绿色有机产品有效认证面积和数量每年增长15%以上。实施地理标志运用促进工程，力争"县县有地标"，规范使用地理标志企业超过120家。积极引进国际排名前10位的知名认证机构或其在中国的代理机构入驻红河，引导企业开展国际互认质量管理体系认证。

认真贯彻落实习近平总书记多次强调的"把增加绿色优质农产品供给放在突出位置"，按照党中央、国务院的部署要求，全面实施"质量兴农、绿色兴农、品牌强农"战略，对标"四个最严"①，落实监管职责，强化全程监管，不断提升绿色优质农产品的供给能力。规划建设一批生态优质产业带，积极打造云南高端大米代表性品牌，突出红河水果早熟错季上市的优势，重点打造中国南方优质蓝莓产业带，推进石榴、柑橘、葡萄等优势特色水果的提质增效，加快自主品牌研发和商品化开发，力争到"十四五"末，实现红河特色农产品重点产业综合产值突破2000亿元。

（3）品控：健全质量标准

建立完善的质量安全标准体系，以提高农产品质量安全水平为出发点，以优势特色产业为开发重点，积极制定农业标准，建立示范区，以基地建设与市场监督为抓手，积极推行安全农产品标准化生产，推进农业生产过程的规范化管理。只有让农产品质量标准跟着市场需求变化来调整，才能让标准的制定更具可操作性。加强对农业投入品经营者、农产品生产者的技术培

---

① "四个最严"：即用"最严谨的标准、最严格的监管、最严厉的处罚、最严肃的问责"，确保广大人民群众"舌尖上的安全"。

训，促进对肥料、饲料、农药、兽药等农业投入品经营和使用的知识和技能的提升，明确产品成分，知晓使用对象和方法，防止误用滥用。加强对农资经营市场准入的监管，严厉打击制售假冒伪劣产品和禁用药物品种违法行为，加强对农产品市场的监管，惩治以次充好、假制假冒商标品牌等不法行为。牢固树立和贯彻落实创新、协调、绿色、开放、共享的新发展理念，深入推进供给侧结构性改革，充分发挥市场在资源配置中的决定性作用，以体制机制创新为动力，以先进技术和管理手段应用为支撑，以规范有效监管为保障，着力健全符合红河实际的"全链条、网络化、严标准、可追溯、新模式、高效率"的现代化冷链物流体系，满足居民消费升级需要，保障高原特色农产品消费安全。加强冷藏保鲜、卫生、质量安全可追溯、检验、检测等环节的把控力度，促进冷链运输集约化发展，完善布局合理、设施设备先进、功能完善的冷链配送服务网络。进一步完善冷链行业标准体系，规范冷链物流运行管理，形成布局合理、覆盖广泛、衔接顺畅的冷链基础设施网络，建立健全"全程温控、标准健全、绿色安全、应用广泛"的冷链物流服务体系，培育一批具有核心竞争力、综合服务能力强的冷链物流企业，冷链物流信息化、标准化水平大幅提升，基本实现冷链服务全程可视、可追溯，生鲜农产品和易腐食品冷链流通率、冷藏运输率显著提高，腐损率明显降低，确保高原特色农产品质量安全得到有效保障。

坚持以农产品质量安全为抓手，强化标准的宣传和细节的优化完善，做好农业标准的制定和落实，让农业标准为农产品质量保驾护航，严格保障农产品种植和生产质量。提高科技水平，注重农业生产规模的拓展，做好不同生产单位的沟通交流工作，加强生产单位与科研院所的项目合作，保证科技成果得到较好转化，也让农产品生产规模得到合理扩大。同时，打造农业示范基地，实现农产品生产、种植的生态效益与经济效益，发展污染零排放、农药零残留、疫病零发生的新型农产品种植模式，促使农业向着集约化方向发展，现代化、标准化技术的引入更是让更多可利用资源应用到农产品种植中来，带动了一方地区经济建设，让农民实现了增产和增收。大力推动建设（果业）大数据中心、水果全产业链数字化管理平台、万亩数字石榴产业示范区、万亩数字蓝莓产业示范区、现代农业产业加工园物联网、果品全程质量安全区块链全程可追溯体系等工程。利用物联网、GIS、大数据等新一代信息技术，汇聚全州农业农村时空数据资源，构建红河农业农村时空一张图与大数据辅助决策分析平台，实现以图管农、以图管地、以图防灾的创新管理模式，提高农业管理服务的实时化、可视化、精细化，提升农业管理服务数字化水平和政策决策水平，推进全州数字乡村建设。通过农业生产环境、生产条件的规范化改造，绿色化、智慧化、数字化技术的应用，农业产业链供应链的优化完善，农业组织形式特别是农产品质量控制体系的健全，农产品成品率、合格率、优质率大幅度提高，农业品牌影响力不断提升，远端高端市场的不断开拓，进一步提高红河特色农产品的商品性和商品率，到2025年，全州农产品商品率达到90%以上，优质品率达到80%以上。

3.营销层面：三系共融

通过创新品牌体系、完善物流体系和健全销售体系的三系共融，通过无形的营销网络潜移默化地提高消费者对特色农产品的品牌认知，扩大市场影响力和占有率。

（1）品牌：创新品牌体系

重点推动"六大产业"核心农产品和"一县一业"优势农产品创立一流品牌，力争认证绿色食品、有机农产品总量进入全省第3。创新"区域公共品牌+产品品牌+企业品牌"组合拳和品牌体系，培育地域特色突出、产品特性鲜明的公共品牌，打造竞争力强、具有带动示范作用的企业品牌，培育"大而优""小而美"有影响力的农产品品牌。充分利用新媒体，加大线上线下推广力度，不断提升红河名品的美誉度和影响力。以做特高原特色农业为目标，打造品牌组合拳，形成区域品牌为引领、企业品牌为主体、产品品牌为基础的农业品牌体系。到2023年，打造"哈尼梯田红米"区域公用品牌，打响"七彩云菊""蒙自石榴"等区域公用品牌，力争新入选云南绿色食品牌"10大名品"25个以上、"10强企业"1户以上、"20佳创新企业"3户以上，新登记农产品地理标志产品5个。

着力打造地标农产品和特色产品品牌。加强地理标志农产品培育保护，打造标志性特色农产品全产业链，培育一批全国乃至全球知名的特色农产品品牌。立足全州特色农业资源和产业基础，持续培育一批发展潜力大、产品质量优的特色农产品，打造特色农产品品牌，力争入选云南绿色食品"10大名品""10强企业""20佳创新企业"。水果产业重点打造蒙自石榴和蓝莓、屏边荔枝、石屏杨梅、河口香蕉、泸西高原梨、建水葡萄和柑橘等品牌，蔬菜产业重点培育泸西小香葱、建水洋葱和小米辣、弥勒韭黄、石屏萝卜等品牌，花卉产业重点打造开远"七彩云菊"品牌，粮食类重点打造梯田红米品牌，中药材类重点打造弥勒和泸西灯盏花、金平南板蓝根、屏边砂仁等品牌，畜牧类重点培育屏边微型鸡、建水黄褐鸭、弥勒红骨羊等品牌。围绕自然优势、人文优势和产业优势，深入开展特色产品普查，挖掘符合农产品地理标志保护条件的产品资源，建立农产品地理标志保护产品资源库，有计划地申报农产品地理标志产品。通过政府搭台、企业唱戏的方式，大力开展地理标志产品保护、品牌宣传和品牌推介，提升红河地理标志产品的市场认知度和美誉度。重点围绕元阳梯田红米、蒙自枇杷、河口香蕉、金平草果、绿春玛玉茶等地域特色农产品，力争三年新登记农产品地理标志产品5个，总数达到14个，居全省前列。对目前申报条件尚不成熟而又有地理标志特征的，加大培育力度，力争成熟一个、申报一个、保护一个，培育壮大红河地理标志保护产品。

做大做强龙头企业品牌，打造区域公共品牌。结合"一县一业"，培育一批示范龙头企业、示范家庭农场、示范农民合作社和农业产业化示范基地。持续推进云南省"10大名品""10强企业""20佳创新企业"的申报参评和宣传推介工作。重点加大对农产品龙头企业技术改造、产品研发、品牌打造、冷链物流等关键环节的支持力度。深入挖掘地理标志农产品资源和农耕文化，打造哈尼梯田红米区域公用品牌，结合特色农产品优势区建设和"一县一业"示范创建，打响"七彩云菊""蒙自石榴"等区域公用品牌。巩固拓展蒙自、开远"一县一业"示范创建成果，各县市找准主导产业全面推进"一县一业"，形成"一县一业"品牌。推进以蒙自为核心区的全球最大蓝莓生产基地建设，大力发展红河谷80万亩热区水果，打造"碧色蓝韵"和"红河谷"热区水果品牌。依托"天然温室"和"天然凉棚"低纬高原气候优势，加快出口东南亚和外销大湾区蔬菜基地建设，培育打造蔬菜品牌。发挥现代花卉产业园区创新引领示范作用，加快花卉专利品种引进、研发，示范带动千亩以上花卉种植基地建设，打响"红河花卉"品牌。立足世界文化遗产资源保护利用，提升梯田生态综合种养基地，开发梯田红米系列产品，擦亮世界级"哈尼梯田"农文旅品牌。

强化特色农产品的品牌视觉形象设计，包括品牌名称、标志、颜色、图形等基础元素，以及产品品牌的广告宣传、环境展示等，提升消费者基于视觉效果的品牌认知。将红河的民族特色文化元素应用于产品形象设计之中，具体包括整体原型使用、部分元素提取使用以及创意组合使用，增强设计的底蕴和特色。弘扬红河特色地域文化，突出原产地信息，深度挖掘与高原特色农产品相关的文化内涵，以地方资源优势和人文环境为基础，借助当地的农耕文化、民族风俗、生活习惯、传统习俗，深入挖掘与农产品相关的文化内涵，通过创造独特的文化概念，塑造鲜明的品牌特性，为农产品打上深刻的地域文化烙印。

（2）流通：健全物流体系

建设现代综合物流体系，推进物流枢纽和物流基础设施建设，培育和发展现代物流龙头企业，建立区域性国际大宗商品交易集散中心，完善城市和县、乡、村配送网络。布局新型基础设施，发展新一代信息网络，加快工业互联网建设，推动传统基础设施"数字+""智能+"升级，全面提升国际通信服务能力和物联网接入能力。推进"互联网+"现代农业，加快生产、经营、管理的网络化、数据化，服务在线化，搭建智慧农业平台。建设便利化的物流枢纽、信息化交易服务体系，构建高效率的配送集散平台。主动融入和服务新发展格局，按照全省"四出省四出境"物流通道、物流枢纽，多式联运物流网建设布局，加快构建红河"通道+枢纽+网络"的现代物流体系。依托省州物流通道，逐步打通蒙自至贵州、成渝、文山、普洱等对接国内物流通道，建设融入中越、中老泰通道等衔接国际物流通道。规划以滇南中心城市为核心，河口、建水、元阳为次核心，其余县市为支撑的"1+3+7"物流节点体系，配套一批物流园、物流中心、物流服务站建设。加快打通农产品进城"最初一公里"和工业品下乡"最后一公里"，积极构建智慧供应链信息平台、跨境物流信息平台等综合信息平台，推动全州智慧物流、跨境物流等新业态发展。与超市和互联网平台对接，搞好线上、线下营销，做好石榴、枇杷、葡萄、梯田红米、蔬菜等特色农产品的市场推介，发展直播直销。

重点引进国际先进制冷技术和包装线，集仓储、运输、包装、加工、配送和物流信息等功能环节，形成完整的供应链，建设国际先进的分选包装及冷藏物流中心。加大农产品田头市场标准化建设与改造，支持建设具有地方特色、产地依托和区域优势的田头市场。合理布局产地批发市场、销地批发市场和零售农贸市场，建设完备的产品供应链体系，鼓励名花、名果等企业组建企业联盟，聚合资源抱团发展。

（3）平台：健全销售体系

以农产品市场建设为抓手，积极推进农产品展示和销售平台建设，助推开展"农超对接"，加紧筹建直销网络，全方位推动农产品销售工作的开展。着力推进产地批发市场建设，夯实农产品营销基础。发展电商平台、专业市场和线上线下相融的营销模式,健全销售矩阵和平台体系,通过龙头企业拓展、政府牵线搭桥,建立直供直采、直销配送、订单生产、加盟合作等方式,巩固扩大北上广深及港澳市场。通过扩大边民互市贸易规模,充分发挥自由贸易试验区红河片区、红河综合保税区作用,大力开拓以东南亚为主的国际市场。

加强电商平台建设。建立与电商平台常态化工作协调机制,推动农产品直采基地建设等,创新电商业态模式,构建红河农产品供应动态数据库,联通大型商超、线上平台等符合规定条件的个性化经营主体等。深入实施大抓电商行动,加大与阿里巴巴、拼多多等电商平台的合作力度,加强与麦德龙、百果园等大型超市对接,做好农超对接工作;与本来生活网、阿里巴巴等互联网企业对接,做好线上、线下营销,扎实推进国家级电子商务进农村综合示范县的各项工作,着力构建电商公共服务、物流仓储配送、农产品供应链、电商人才培训、电商精准扶贫五大体系。加快推进农村电商综合示范建设,深化与知名电商平台合作,实施"快递进村"工程,构建电商主体"一企带多村""一店带多户""一人带多人""你种植我包销"的利益联结机制,打造"贫困户+基地(专业合作社)+加工企业+电商企业(平台)"的电商供应链模式。开展"网上菜场、网上餐厅、网上超市、网上药店、网上家政"五网建设,培育女娲鲜生、马帮到家、嘀达优选等一批新零售平台,拓宽本地电商圈,促进贫困地区农特产品的销售。生产端注重提升农产品标准化水平,销售端借力国内知名电商平台赋能,打通"电商批零、集团采购、小区配送"渠道。加大对电商园区的投入,丰富园区业态,吸引更多企业入驻,整合部门资源,将电商园区打造为红河电商培训基地。发展电商新业态,加强和规范电商直播,建设一批电商直采直销基地,完善红河特色农产品电商销售体系。

打造特色专业市场,加强农产品专业市场建设,支持建设一批集商品展示、贸易洽谈、商品交易、商务会展、电子结算、仓储配送等功能于一体的大型特色专业市场,提升农产品交易市场标准化、信息化、专业化服务水平。鼓励农业新型经营主体在大中城市和社区建立专卖店,专柜专销、直供直销,建立稳定的销售渠道。组团参加中国国际农产品交易会等各类高规格综合性、专业性会展,开拓对接高端消费市场。主动对接京津冀、长三角、珠三角等发达地区,大力开拓北方市场,开展大中城市驻点批发、社区到点零配等业务。创新农产品产销对接模式,大力发展农超、农校、农企对接和个性化定制配送等新型营销模式,促进红河高原特色农产品走向高端市场。

发展线上线下相融的营销模式。深化与"一部手机游云南""一部手机云品荟"的合作,利用其线上线下渠道资源,开设云南高原特色农产品专区,在扩大品牌知名度和影响力的同时,有效促进产品销售和市场拓展。支持经营主体扩大产品销售范围,提升外销比例,积极参与国内外各类展销会、对接会、推介会,在省内外设立分支机构、商务平台、专卖店,与大中型超市等农产品流通企业开展直采供应。在强化科技创新支撑引领、加大宣传推介和着力建设"南亚东南亚农业品牌(地理标志)运营中心"和"地理标志产品示范园"等方面,加快红河地理标志产品保护和运营管理体系构建,助力做特高原特色农业。充分利用线上和线下的结合载体——二维码,在二维码制作、展示、用户扫描、查看的每一个环节,充分考虑用户的习惯和心理,利用移动端搜索的便捷性实现精准营销,有效改善传统线下广告投放方式的诸多问题,实现线上线下充分结合,提升推广功效。

二、做强工业,大力打造制造业新格局

作为云南省工业基础较为厚实的州(市)之一,红河州产业经济的未来发展,依然离不开工业经济的强有力支撑。工业是推动区域经济发展的基石。工业稳则经济稳,工业兴则经济兴,工业强则区域强。党的十八大以来,红河州产业发展实现重大突破,工业转型升级步伐铿锵有力。烟草、有色及黑色冶金、能源、化工等传统产业加快升级;电子信息产业实现从无到有;以冶金、化工、建材等重工业和卷烟、电子信息、食品加工、生物医药等轻工业为支撑、多元市场主体并存的制造业发展格局逐步形成。

(一)红河工业发展的基础和主要成效

红河州是云南省重要的工业基地,不仅拥有良好的自然资源条件和产业基础,而且正处在快速发展时期,发展势头良好。

1.自然资源优势突出

红河州属于低纬度亚热带高原型湿润季风气候,境内有7507平方千米的热区和270万亩自然保护区,得天独厚的气候条件使红河州水果、蔬菜、优质稻、中药材面积和产量均居云南前列。红河州矿产资源也十分丰富,已探明和发现的各种金属和非金属矿点1000多处、矿种50多种,潜在的价值达10多万亿元。截至2020年底,红河州已探明锡、铜、铅、锌储量达1100多万吨,铁近2亿吨,锰近3000万吨,锡矿储量位居世界第一;煤炭资源保有量

40多亿吨，位居全省第三；石膏资源储量达1.19亿吨，大理石资源储量为5亿立方米；铟、钯等稀贵金属探明储量超过1000吨。此外，周边地区矿产资源也十分丰富，其中百色、文山等是铝土矿主产区，境外越南和老挝铝土矿储量均在50亿吨以上，缅甸锌、铅、锡矿储量分别为50万吨、30万吨和9.6万吨。

2.工业基础较为扎实

红河州是云南近代工业发祥地，具有深厚的工业基础，拥有41个工业大类中的34个，以有色金属、能源、化工、建材为主的重工业体系和以卷烟、食品为主的轻工业体系成为撑起红河州"两型三化"工业体系的坚实脊梁。截至2020年底，红河州有色金属冶炼年产能达142.5万吨，其中锡产能15万吨、铟产能150吨，均位列全球第一；铝产能55万吨、铅产能40万吨、锌产能20万吨、铜产能12.5万吨，均位居全省前列。红河州电力总装机规模达715.2万千瓦。

"十四五"时期，红河州将加大工业振兴行动实施力度。加快建设有色金属全产业链示范区，打造世界级锡产业集群，大力发展有机锡、无机锡化工及精密焊接材料产业链，建设世界最大的锡铟金属基地、全国重要的有色金属再生资源回收利用基地和环保产业基地。打造云南绿色铝重要聚集区。打造铜基新材料产业集群。创新发展以铟基为主的金属功能新材料。加快发展园区经济，全产业链重塑烟草制造业，加快提升电子信息业，扩大食品加工业。

3.工业经济不断壮大

工业规模逐年扩大，红河制造快速发展。2016—2020年，红河州全部工业增加值年均增速为10.1%，高于全省2.4个百分点；规模以上工业增加值年均增速为11%，高于全省3.2个百分点；制造业增加值年均增速为12%，高于全省5.4个百分点，呈快速发展态势。2020年，红河州全部工业增加值为603.1亿元，占GDP的24.9%，拉动GDP增长近1.64个百分点，对红河州经济增长贡献率达31.6%；制造业规模以上增加值占全部工业增加值的65.5%，较"十二五"末提升1.2个百分点，在工业经济中的主力军和顶梁柱地位坚挺。"十三五"期间，红河州主要工业产品产量保持平稳较快增长，其中10种有色金属产量从2015年的81.76万吨增至2020年的129.4万吨，水泥产量从681.5万吨增至913.4万吨，服装产量从68.4万件增至197.6万件，钢材产量从117.4万吨增至158万吨。红河州工业发展增速均高于全省平均水平，制造业发展速度优于全省,在经济转型中拔得头筹。

4.产业结构持续优化,新兴产业快速崛起

"十三五"期间,红河州新兴产业快速发展,传统产业加快升级,工业现代化水平显著提高,主要工业产品产量保持平稳较快增长,以冶金、化工、建材等重工业和卷烟、电子信息、食品加工、生物医药等轻工业为支撑,多元市场主体并存的制造业发展格局逐步形成,工业经济规模逐年扩大,总量实现稳步增长,主要增速指标多年位居全省前列。

随着红河州制造业转型升级深入推进,产业结构持续优化,烟草制品业在保持平稳运行的情况下比重逐年降低,非烟工业比重逐渐上升。从"十二五"末到"十三五"末,烟草制品业增加值占红河州规模以上工业增加值的比重从40.8%降至26.6%;非烟工业增加值年均增长17.5%,高于红河州规模以上工业增加值年均增速6.5个百分点,占红河州规模以上工业增加值的比重从59.2%提升至73.4%,已成长为拉动红河州工业快速增长的主要引擎。以电子信息、绿色食品、生物医药等为代表的新兴产业实现高速发展,规模以上工业增加值占比从4.3%提升至23.2%,已成为新的经济增长点。其中,电子信息产业实现从无到有,移动通信手持终端、彩色电视机分别从0增至263万台、17.3万台;规模以上工业增加值、工业总产值近4年年均增速分别达25.6%、38.9%,呈高速增长态势。2019年、2020年,红河州规模以上电子信息制造业营业收入占全省的比重分别达51%、41%。

招商引资为红河州工业增添新动力。"十三五"期间,红河州创新发展思路,以中东部产业转移为契机,主动招商、上门招商,实现电子信息产业从无到有、从小到大,逐步形成以电子设备制造为核心的发展模式,并成为制造业增长新动能。依托蒙自经开区、红河综保区、中国(云南)自由贸易试验区红河片区等,加大招商引资力度,精选落地项目,2016年引进以晴集团智能手机项目建成投产。红河州围绕蒙自、开远、河口等地通过产业链招商、以商招商等方式引进锦鼎光电偏光片、迪信科技SMT贴片等一批电子产品制造项目落地建设。2020年,红河州电子信息制造业以产业招商、委托招商、精准招商、以商招商等方式迅速培育壮大新兴产业规模,对红河州产业结构持续优化、新旧动能加快转换具有十分重要的促进作用。

5.发展载体功能不断增强,工业园区引领作用初见成效

园区建设发展取得积极成效。红河州以先进技术改造传统产业为重点,以培育壮大新兴产业为抓手,大力推进新型工业化,引导产业聚集发展,工业园区规模以上工业总产值突破千亿元大关。从"十二五"末至"十三五"末，红河州13个工业园区实现工业总产值从650.5亿元增至1056.1亿元，规模以上工业增加值从144.9亿元增至284.3亿元，年均增速分别为10.2%、14.4%。开远热电汽循环利用产业园（大唐片区）被列为全国纺织产业转移试点园区、蒙自经开区成为首批省级"新型工业化产业示范基地"，建水工业园建成省级绿色园区。园区规模以上工业增加值占红河州规上工业增加值的比重分别从39.8%提升至54.4%，聚集发展水平明显提高。经过多年培育和发展，有色金属及新材料、电子信息制造两个产业集群已初具雏形，2020年二者工业总产值占全部工业总产值的比重均超过10%。其中，有色金属及新材料产业发展方式逐步从"粗放"向"集约"转变，锡、铝、铜、铅、锌等有色金属产业围绕蒙自经开区、个旧特色工业园和建水工业园等园区形成"有色金属冶炼—固体废物集中回收—资源综合利用"的循环经济体系。豆制品、紫陶等传统产业也通过石屏、开远和建水等地的产业平台形成聚集。

6. 经营主体不断壮大，企业效益显著提升

中小企业快速发展，民营经济突破千亿。"十三五"期间，红河州加大对中小企业培育力度，深入实施"专精特新"中小企业、成长型中小企业、民营小巨人企业培育三项工程，支持红河州中小企业、民营经济加快发展、创新发展。从"十二五"末到"十三五"末，民营经济增加值从496.3亿元增至1293.9亿元，突破1000亿元大关，年均增速达10.5%；民营经济增加值占GDP的比重从40.6%提升至53.5%，位居全省前列；民营经济主体数量从17.2万户增至27.3万户。

红河州省级成长型中小企业、省级民营"小巨人"和州级"专精特新"中小企业分别从11户、0户和9户增至113户、3户和100户，云锡机械和云锡锡化学品两家企业成为省级制造业单项冠军培育企业。2020年，云南振兴实业集团有限责任公司、蒙自矿冶有限责任公司、云南乘风有色金属股份有限公司、石屏宝秀建筑有限公司、云南齐星建工集团有限公司、云南齐力建设集团有限公司、云南弥勒市磷电化工有限责任公司7家公司进入"云南省非公企业100强"名单；云南振兴实业集团有限责任公司、蒙自矿冶有限责任公司、云南乘风有色金属股份有限公司3家公司进入"云南省制造业20强"名单。红河州还不断加强中小企业服务平台建设，中小企业服务体系不断完善，截至2020年底建成省级中小企业公共服务示范平台2个、省级小企业创业示范基地2个。

企业效益明显改善，发展质量显著提升。随着红河州传统产业改造升级步伐加快、新兴产业持续发展壮大，红河州工业企业实现较快发展，生产效益明显改善，企业亏损总额大幅缩小，经营质量稳步提升，工业企业经营呈稳中向好、稳中有进的良好态势。从"十二五"末到"十三五"末，红河州规模以上工业企业从270户增至454户，利税总额从144.8亿元增至211.8亿元，年均增速分别为11%、7.9%；企业亏损面从43.1%降至22.9%。

7. 创新驱动深入实施，新旧动能加快转换

红河州以技术改造、科技创新为突破口，深入实施创新驱动发展战略，加快创建企业技术中心，不断加大研发投入，新技术、新成果加速转化，技术创新服务体系不断完善。从"十二五"末到"十三五"末，红河州R&D经费投入从7.9亿元增至22.4亿元，年均增速达23.2%；规模以上工业企业R&D经费投入强度从0.78%增至近1%；省级企业技术中心数量增至17个。红河州制造业企业的技术装备和工艺水平有较大提升，其中云锡锡冶炼退城入园搬迁改造项目采用炉渣无害化处理综合回收和尾气脱硝技术，成为全球第一家在锡冶炼行业实现尾气脱硝的企业；云锡锡化工通过自主研发、引进工艺技术和关键设备等方式，推动烷基铝法有机锡、锡酸锌等锡化工产品生产工艺达到全球领先水平；鑫联环保自主研发的火法富集—湿法分离多段耦合集成处理技术攻克了对含重金属废物进行"脱氯除杂"的世界性难题；云南解化自主开发的褐煤气化新技术，填补了国内空白。

重大项目稳步推进，项目支撑作用明显。通过主动承接东中部产业转移，红河州稳步推进有色金属及新材料、电子信息、绿色食品、新型建材等新兴产业及优势特色产业重大项目建设，为经济平稳发展提供了有力支撑，也推动产业发展向更深层级、更高水平、更广领域延伸。从"十二五"末到"十三五"末，红河州工业投资规模保持平稳增长，年均增长5.1%，2018年、2019年红河州工业投资占全省工业投资的比重均位居全省第一，分别达17.7%、15.9%。其间，惠铜新材料锂电箔、惠丰铜业铜杆、涌顺铝业年产15万吨中高端铝合金新型材料、圣比和新材料年产5000吨锂离子电池正极材料、以晴集团年产5000万台手机及智能家电、云锡锡冶炼退城入园搬迁改造、源鑫炭素年产60万吨阳极炭素、宏斌食品年产15万吨蔬菜加工等一批重大项目建成投产，开远如佑年产4.2万吨针织以及7万吨梭织高档面料纺织全产业链、群星化工年产2万吨高锰酸钾技改搬迁、红河卷烟厂易地技术改造、雄风印业异地技改、华之源一次性手套生产、大为焦化技改和金锣生猪

养殖屠宰及肉制品深加工等一批大项目正在加快建设。

智能制造助力转型，示范项目有序推进。"十三五"期间，红河州以加快新一代信息技术与制造业深度融合为主线，以智能制造为主攻方向，围绕烟草、冶金、食品和装备等重点领域，支持企业实施"智能+"试点示范，累计组织364户企业上云上平台，大力推动信息技术向设计、生产、销售等环节渗透，制造业信息化、网络化和智能化发展水平不断提升。截至2020年底，红河州通过两化融合评估诊断和对标引导企业118户，完成评估75户。多个智能制造项目正在有序推进，红河卷烟厂易地技改搬迁项目通过构建云数据中心、物联网、ESB集成平台，实现柔性化、精益化及智能化生产，建成国际一流的卷烟生产系统；润鑫铝业电解铝智能制造技术开发应用及智慧工厂建设项目入选工信部工业互联网试点示范项目及云南省工业互联网"三化"改造试点示范项目，红钢生产线智能化改造项目、锡业股份锡冶炼智能工厂建设项目等入选省工业互联网"三化"改造试点示范项目，加速进入智能制造网络化阶段；云锡铜业铜电解智能车间示范项目、云锡锡深加工智能工厂项目、广元实业年产2000吨小曲清香型白酒智能生产线示范项目、浩翔科技通用器械智能制造技改扩建项目等入选省级智能制造示范项目名单，智能制造水平正在不断提升。

8.绿色发展成效显著，发展方式加快转变

在习近平生态文明思想指引下，红河州深入践行绿色发展理念，全面推动供给侧结构性改革，关停淘汰鼓风炉炼铅、炼铜、炼锑装备，统筹源头减量、过程控制、末端利用，资源综合利用水平明显提升，绿色发展成效显著。2016年以来，红河州累计淘汰煤炭落后产能368万吨、电解铝过剩产能10.96万吨、焦化落后产能20万吨、铅落后产能46.15万吨、水泥熟料落后产能20万吨、平板玻璃落后产能90万重箱、铁合金落后产能13万吨、石灰石落后产能12万吨；关停淘汰选矿企业363户。红河州大力推进共伴生金属、中低品位资源综合利用，有效提高矿产资源利用率；在各园区积极开展节能和经济循环化技术改造，有效降低生产能耗；6个省级及以上工业园区建成集中式污水处理设施，个旧市北部选矿试验示范工业园区等通过集中建设污水处理、固体废弃物处理等基础设施，有效降低工业排放；通过大力发展节能环保产业，积极开展尾矿、废渣、工业废气废水及余热余压等资源综合利用，有效提高资源综合利用率和再制造产业化水平。2020年，红河州单位GDP能耗、万元工业增加值能耗分别较"十二五"末下降约29.89%、

35.37%，年均降幅为6.7%、7.6%；工业固体废物综合利用率、工业用水重复利用率分别为68.4%、95.3%，较"十二五"末分别提升30个百分点、7个百分点。截至2020年底，共建成国家和省级绿色工厂3户、绿色园区1个。

（二）红河做强工业的关键点

建设产业生态圈，建立健全产业链是红河州全面贯彻新发展理念、推动高质量发展的必然要求，是提升实体经济发展水平、提高经济质量效益的核心内容。聚焦大项目，以项目促发展是红河州加快发展步伐，实现跨越的重要路径。做好产业服务是促进产业转型升级的重要保障。

1.建圈强链是红河州做强工业的必然选择

红河州做强工业必须实现先进的要素聚集，建圈强链是促进生产要素有效聚集的重要手段。一个地区的高质量发展，核心在区域发展功能，关键在产业支撑。产业是经济发展的物质基础和动力源泉。从区域发展维度来分析，要始终保持产业兴州立州的战略定力，以产业高质量发展来夯实区域发展基础。从第二产业发展本身角度来看，新一轮科技革命和产业变革加速演进，以规模经济和外部效应为特征的"集群化"发展趋势更加明显，如何培育红河州第二产业自身的核心竞争力，是推动产业建圈强链的战略考量。

新发展时期，红河州工业在能级质量、协同水平、要素聚集等领域还存在薄弱环节和问题，要有所突破就需要建圈强链。当前，红河州在5个千亿级支柱产业和6个百亿级优势产业框架下，有序构建"4+N"现代制造业体系，持续提高制造业体系的创新力和系统性，不断提升产业链供应链现代化水平。要进一步强化有色金属及新材料、绿色食品、电子信息等优势产业引领作用，大力推动烟草及配套、化工、建材等传统产业转型升级，加快推进先进装备、生物医药、消费品和节能环保等新兴产业发展壮大，形成多层次梯级上升的产业发展格局，就必须融入和参与更大的经济圈、产业圈，建立更强、更长、更牢固的产业链。红河州要以更加开放的心态参与和融入滇中经济圈、成渝地区双城经济圈、长江经济带和粤港澳大湾区建设。

2.聚焦重大产业化项目是红河州做强工业的重要抓手

红河州做强工业的关键是以重点产业链为主线聚焦重大产业化项目。项目建设是稳定经济增长的重要举措，通过打造形成产业聚合优势，积极协调推进投资规模大、辐射范围广、带动作用强的重大工程、重点项目建设，促进全产业链顺畅运转。要紧盯产业标杆，加快补齐短板，聚焦重（特）大项目，形成产业发展新优势，才能实现特色产业迅速集聚。要提高产业项目比重,提升先进制造业的发展质量,增强区域经济发展后劲。要聚焦产业链谋划项目,围绕六大重点产业,紧盯产业市场走向和政策方向,把准市域发展定位与比较优势,持续拓展项目谋划的深度、广度、厚度,切实把项目谋深谋准谋实。

谋划安排项目,要做到"三个聚焦":一要聚焦发展战略,围绕融入对接云南面向南亚东南亚辐射中心建设,把握RCEP的战略机遇,既要贯通"大动脉",又要搞活"微循环";二要聚焦城市建设短板,统筹推进城市建设,切实满足产业发展需要;三要聚焦重大产业,健全产业链。要加大"三个力度":一要加大推进实施力度,新建项目要加快推进前期工作,力争早日开工,续建项目要抓紧赶进度、抢工期,争取早竣工。二要加大精准调度力度,及时协调解决项目推进过程中存在的问题,确保项目顺利实施、有序推进;三要加大破解难题力度,解放思想、拓宽思路、创新办法,创造性地开展工作,积极向上争取政策、资金支持,充分利用市场资源、社会资金,有效破解要素制约。

3.优先做好服务是红河州做强工业的必备条件

红河州工业发展的重要抓手是聚焦产业链招引项目,围绕重点产业补链、延链、强链,不断提升落地环境、完善配套政策、吸引人才聚集,切实提升招商引资的精准性、吸引力和实效性。通过抓紧做好前期筹备、推介和对接,确保取得更多高质量的签约成果。聚焦产业链提供服务,坚持有为政府同有效市场相协同、挖掘存量同节用增量相结合,科学配置资源,强化要素保障,加快补齐基础设施短板,持续优化提升营商环境,形成推动项目、服务企业的有力保障。要做到以下几点。一是优化政务环境。强化政府的公共服务职能是发展市场经济的需要。二是优化依法行政环境。坚持政府率先讲诚信重承诺,公开政策、公开标准,言必信、行必果。三是优化要素环境。积极引进金融机构落户,为产业项目融资。四是加大投入培养人力资源。营造惜才、重才、用才的良好环境。五是搭建营销平台。为企业和产品发展创造条件,努力扩大省外市场份额。积极协助支柱产业和重点企业加强与周边市、省的经济联系,利用沿边优势和RCEP的机遇支持工商企业"走出云"开拓市场。

(三)红河做强工业存在的问题和短板

近年来,红河州工业发展取得了很大成绩,但是也存在许多不容忽视的问题和短板,必须正视问题和短板,如此才能找到解决问题的方法。

1. 产业结构不优，调整优化任务艰巨

红河州制造业在发展壮大过程中，积累了偏传统、偏基础、偏中低端的结构性矛盾，虽然经过持续调整优化，但产业结构失衡问题仍较为突出。一是卷烟、冶金等传统产业占比仍然较高。2020年红河州烟草制品、有色金属冶炼及压延加工规模以上工业增加值合计占制造业增加值比例达44%，比重偏高。二是新兴产业结构仍有较大优化空间。新兴产业占红河州规模以上工业增加值的23.2%，其中仅电子信息占到17.9%，食品加工、生物医药占比分别仅为4.1%、1.2%，新材料等具有资源优势的新兴产业发展还有待开拓发展。三是轻重工业局部失衡。红河州2020年轻重规模以上工业增加值比为33.5∶66.5，其中烟草制品业占轻工业规模以上工业增加值的比重达79.3%，原材料工业占重工业规模以上工业增加值的比重达45.4%。

2. 发展方式粗放，产业发展层次偏低

红河州仅烟草产业形成育种栽培、烟叶加工、卷烟制造、包装印刷、销售流通的完整产业链条，其他大部分产业集中于上游粗加工环节，产业链条短、产业层次低、产品附加值低的问题仍然突出。红河州第一大支柱产业冶金，主要以开采、洗选、冶炼为主，产品大多为技术含量低、附加值低、生产能耗高的金属锭，下游板材、型材、铸件、箔材等高附加值生产环节基础薄弱，未能有效支撑红河州电子信息、先进装备等新兴产业发展。

3. 工业投资疲软，部分项目推进缓慢

受当前国际经贸摩擦、全球需求减弱、产业结构调整难度较大、国内要素价格上涨、新冠肺炎疫情冲击等因素影响，投资不确定风险增加，企业投资信心不足、投资意愿下降。一是工业投资大幅放缓。在连续多年高速增长后，2018年、2019年红河州工业固定资产投资总量已排名全省第一，基数较大导致难以保持较高增速。2016—2020年，红河州工业固定资产投资增速放缓。二是重大项目推进缓慢，投资规模不及预期。新的增长点不多，大项目、产业项目、优质项目支撑不足。三是财政资金投入不足。州、县两级财政收支压力较大。

4. 园区建设滞后，产业承载能力不强

虽然红河州拥有多个、多类工业园区，但普遍存在基础设施不完善、园区体制机制不灵活、主导产业不突出等问题，导致园区"小散弱"、项目承载能力不强。一是园区配套建设不完善。红河州多数园区仍处于开发建设阶段，道路、供水、排水、供电、供气、供热、通信、土地平整等基础设施建设有待加强,住房、餐饮等生活配套仍需完善。二是园区体制机制不灵活。园区功能较为单一、管理措施和制度不健全等问题较为突出,对企业和项目的服务能力有限,园企协作、共谋发展的局面尚未形成。三是主导产业发展不突出。园区产业规划过多且定位不够清晰,主导产业与产业基础、资源禀赋未能有机结合,产业关联度不高、产业特色不鲜明、龙头企业带动作用较弱,园区间缺乏协作分工,同质化竞争现象普遍。

多个工业园区被撤销,工业项目落地面临新难题。按照省委、省政府各类开发区优化提升总体方案要求,红河州保留了国家级蒙自经开区(含蒙自、个旧、开远工业园区)、红河综保区、河口边合区和省级泸西工业园区,撤销了弥勒工业园区、建水工业园区、红河特色产业园区、元阳工业园区、金平特色工业园区、屏边农特产品加工及仓储物流园区、石屏豆制品特色产业园区、绿春工业园区、中国河口—越南老街跨境经济合作区、河口进出口加工特色工业园区10个工业园区,给工业发展和布局带来了区域、机构、体制、项目、产业等诸多挑战,对被撤销的工业园区在产业布局、产业培育、招商引资、项目落地、政策支持等诸多方面产生了不利影响,给一些已引进的重大工业项目落地带来了用地、环评、审批等保障要素协调解决的困难。

5.科研力量有限,研发创新能力不足

红河州处于西南边疆欠发达地区,产业发展更多地依赖土地、资源、能源、原料等传统要素驱动,创新意识不强、科研力量薄弱、研发投入不足和成果转化少等问题较为突出。一是创新意识不强。红河州制造业企业经营管理理念相对保守,产业发展具有较强的资源路径依赖,对创新驱动认识不到位,导致创新意识不强、动力不足、氛围不浓。二是技术创新力量薄弱。截至2020年底,红河州省级企业技术中心数量为17户,仅为全省的3.7%,且只有1户国家级企业技术中心。三是研发投入不足。红河州制造业企业竞争力不强、生产效益不高,在研发环节难以持续投入大量资金,导致企业自主创新能力较弱,在激烈的市场竞争中逐渐处于劣势,由此陷入恶性循环。红河州规模以上工业企业R&D经费投入虽然呈快速增长态势,但长期低于昆明、曲靖等周边地区。

6.生产要素成本较高

红河州资金、物流和能源等要素成本较高,一定程度上挤压了企业盈利空间,规模以上工业企业亏损面多年高于全省整体水平。截至"十三五"

末，红河州只有一户新三板挂牌企业，企业融资仅能通过银行贷款、股东借款、民间借贷等方式，融资成本相对较高。当前，红河州高效、低成本的物流运输体系尚未建立，铁路和铁路专用线建设滞后，且制造业"两头在外"的现象较为普遍，导致物流成本高的问题突出。以冶金行业为例，与广西、贵州等地相比，红河州同类同质商品运到省外同一销售点的铁路运距多在500千米以上，每吨运费高达65元以上。红河州多条天然气管道支线处于建设阶段，天然气供储能力不强，用气企业面临较大的成本压力。红河州水生态保护形势严峻，资源性、工程性、水质性缺水问题并存，导致水资源供应紧张、用水成本较高。

7.受新冠肺炎疫情影响，工业经济增长不确定因素增加

突如其来的新冠肺炎疫情，对工业经济增长造成严重冲击，"六保"工作中的"保市场主体、保产业链供应链稳定、保居民就业"困难加大。外向型企业供需双方出现萎缩，电子信息制造业上游原料供应不足，下游市场订单减少，企业生产经营困难。如红河迪信科技有限公司原材料主要从香港购进，目前运输成本从30元/千克上涨到98元/千克，涨幅达226.7%；有色金属价格持续低迷，锡、铜、铅、锌、铝等主要工业产品价格持续下滑，原料供应紧张，价格上涨，企业生产经营亏损严重。特别是当前和今后一个时期，全球疫情和国际经济贸易形势仍然有很大的不确定性，国内外经济形势更加复杂、严峻，红河州工业经济增长面临的不确定因素增多，市场风险加大，工业经济增长动力不足，后期保持快速增长将面临较大压力。

8.工业产业投入不足，项目推进有难度

"六大产业"规划实施不理想，工业产业规划落地见效不明显。各级政府对大抓工业，研究不够，投入不足。

工业企业资金周转困难，完成预期增长目标压力大。工业企业生产经营资金周转困难，融资难、融资慢、融资贵的问题依然突出，工业增长乏力。工业企业内外市场需求不足，产品生产销售周期拖长，生产经营成本上升，仓储库存积压增大，物流配送不足。统计调查显示：有75%的企业反映当前生产经营面临流动资金周转困难压力，有91.7%的企业期望增加信贷等资金支持，有66.7%的企业反映当前生产经营新接订单不足，有16.7%的企业反映当前物流配送不足，有41.7%的企业反映当前市场销售价低于生产成本价，生产越多亏损越大，产业链供应链保障不畅，完成年度预期增长目标压力加大。

(四)红河做强工业的对策建议

红河州做强工业必须抓住发展机遇,主动融入和参与国家、省的发展战略,既要开放发展,又要做好内功。

1.强化以制造业为核心的体系支撑

把推动制造业高质量发展作为建设现代产业体系的核心,聚焦现代制造业体系建设,打好传统产业升级、新兴产业培育、落后产业退出组合拳。提升改造传统产业,让旧动能换发动机,制订绿色化工、产业资源及先进材料等产业集群行动计划,引导数字经济与实体经济深度融合,以集群化、数字化赋能。

培育新兴产业,壮大新动能,聚焦电子信息、大健康等新兴产业,围绕园区、项目、品牌建设布局落子,形成多点支撑、多业并举、多元发展格局,为新科技、新业态、新模式、新产业开新局。

提高高原特色农业竞争力,发挥产业优势,大力打造农产品加工业,提高农产品附加值,使农业成为红河千亿级产业之一,通过紧紧抓住龙头企业、技术、品牌等关键要素,提升产业竞争力。

2.强化以产业园区为龙头的载体支撑

产业园区是促进承接项目、集聚产业的重要承载平台,抓住园区建设就是抓住产业发展的载体支撑。聚焦承载力、聚焦质量效益、聚焦能级,培育一批龙头骨干企业,使园区规模以上工业增加值、工业投资占红河州的50%以上。强化以招商引资为增量的动力支撑,产业发展靠两手,一手抓存量、一手抓增量,既挖掘现有企业和项目潜能,又积极引进大企业、好项目,在总量扩大中优化结构,在优化结构中扩大总量。"增量引入""存量培优",进一步明确管理体系、运作体系、保障措施,确保项目引进了、留得住、发展好、添动力。

聚焦园区建设,增大链条吸力。聚焦精准招商,增长产业链条。依托龙头企业,开展产业链招商,打通上下游产业链,围绕园区平台,招引规模以上企业;创新招商方式,引进一批"专精特新"企业,推动产业链迈向中高端。

3.以创新发展引领科技支撑

加快科技创新是推动产业高质量发展的驱动力,创新平台建设产学研结合,完善人才保障机制,加强队伍建设,提高服务力度、专业化程度。以重点产业链提质增效为核心目标,全州12个产业链生态圈实现精准化、精细化，聚焦产业细分领域攻坚，以产业链为主线畅通上下游、整合左右岸，稳定供应链、配置要素链、培育创新链、提升价值链，加快打造一批产业规模大、创新能力强、主体活力强和协同效应强的重点产业集群。

4.集聚先进资源要素，营建良好产业生态

围绕培育产业生态，集聚先进资源要素，将持续做优企业投资关键变量，完善"链主企业+公共平台+中介机构+产投基金+领军人才"集聚共生的产业生态体系，降低产业链协作配套成本，提高产业链价值链的韧性，实现在细分领域精准化招引培育企业、集聚资源要素、涵养产业生态，以优越的产业基础和先进的服务水平赋能产业发展，加速提升城市核心功能，促进工业壮大发展。

5.加快培育"链主"企业，实施"链主"企业专员专班服务行动

加快培育"链主"企业。建立并动态更新产业链"链主"企业名录。实施"链主"企业专员专班服务行动，对"链主"企业确定一对一服务专员（或服务专班）进行跟踪服务。加快培育一批占据全球供应链优势地位的"链主"企业和总部企业，带动上中下游同协作、大中小企业共成长，打造以我为主的产业链供应链。聚焦强链、补链、固链需求强化"专精特新"、关键配套企业培育，实施中小企业成长培育工程，充分结合装备制造产业发展实际，建立"链长牵头，部门负责""清单管理，定期调度""走访调研，链式服务"机制，做好问题收集、分办、反馈、销号，实行闭环管理，全面释放产业链发展动能。同时，以"企业发展""项目建设""精准招商"为三大抓手，紧盯"企业清单""项目清单""招商清单"三张清单，跟踪服务企业发展，关注项目建设动态，绘制招商路径图，促进制造业整体产业强链、延链、补链发展。加强要素保障，提高服务质量。着力培育中小微企业，引导企业创建研发平台，不断壮大产业规模。提升民营中小企业的配套协作能力。

6.加快打造公共平台，全面建成高品质科创空间

加快打造公共平台，健全完善"核心+基地+网络"创新体系，全面建成高品质科创空间，开展技术攻关科研项目。加强产业基金支持，与社会资本共同设立重点产业链子基金和若干产业细分领域子基金，突出重点引资支持产业建圈强链。大力引育领军人才，建立健全重点产业链领军人才遴选机制，鼓励创新型企业推广设立"产业教授"岗位，实现产学研深度融合。

7.加快载体建设，拓宽产业发展空间

根据不同地区的禀赋条件、城市功能，统筹推进土地资源利用、生产配套建设，促进城市开发与产业结构调整、经济地理优化高度契合。着眼产业发展需要，自主开发公共物业，为入驻企业提供标准厂房、专业楼宇等发展平台，加强新型基础设施赋能，积极拓展绿色低碳产业空间，确保重大项目能落地、快投建、早达产。

提高土地资源利用效率，推动从"供土地"向"供平台"转变。提高土地资源利用效率，积极推广工业用地"标准地"，用好用活新型产业用地，探索混合用地供给，加强土地节约集约利用，扩展产业承载空间。按照"一楼一特色、一楼一产业"要求，大力构建产业集聚特色化、物业运营专业化的专业楼宇。

实施园区循环化改造，重点遴选打造绿色园区。重点深入实施光纤宽带网络优化工程，完成5G基站建设攻坚行动。重点实施园区循环化改造，加强产业园区绿色评估，采取"赛马制"，重点遴选打造布局集聚化、结构绿色化、链接生态化、资源利用循环化的绿色园区，实施动态培育行动。

三、做优旅游业，推动旅游业创新发展

旅游业作为第三产业的重要组成部分，已经成为各地经济社会发展的重要推动力。红河州具有神奇瑰丽的自然风光，悠久深厚的人文历史，绚丽多彩的民族风情，得天独厚的旅游资源。通过多年的发展，旅游业已成为红河州经济发展的支柱产业之一，展现出强劲的发展势头和广阔前景。随着信息化时代的到来，人们的旅游活动及其衍生的经济活动无时不在发生着巨大变化，只有围绕着消费群体的需求变化创新旅游业态、提供新的旅游产品和服务，才能满足市场需求，实现红河州旅游业的创新发展。

（一）推进红河旅游业创新发展的优势

红河州拥有良好的地理、气候、生态环境，还拥有浓郁的民族文化资源，这些都是红河州旅游业创新发展的优势条件。

1.环境优美，生态宜居

在云贵高原片区，红河州在地理位置、海拔、气候和物产等方面都是最适合发展旅游业的区域。红河州位于云南省南部，北回归线穿越个旧市、蒙自市、建水县；地处低纬度高原，大部分地区海拔不高，以州内几个市、县的城市中心海拔为例：弥勒海拔1450米，开远海拔1050米，蒙自海拔1307

米，个旧海拔1688米。这些海拔高度均与广西巴马等世界五大长寿之乡处于同一海拔区间，是发展康养旅游等新业态的不二之选，是最适合人类居住的高度。红河州有高海拔、低纬度的地理特征，年平均气温16℃—20℃，属亚热带高原季风气候，地处低纬度亚热带高原型湿润季风气候区，气候舒适宜人。红河州立体气候特征明显，雨量充沛，年平均日照2000小时，适宜各种农作物生长。红河州也是享誉世界的云南小粒咖啡的主产区之一。当地粮食、水果、蔬菜丰盛，一年四季粮食丰收、蔬菜常青、鲜花不败、水果不落。全州耕地面积263千公顷，有效灌溉面积185千公顷，是国家高原特色现代农业示范区和云南粮经作物的主要产区，是云南有名的"鱼米之乡"。

红河州森林覆盖率达57.32%，生态环境良好，有屏边大围山、绿春黄连山、金平分水岭3个国家级自然保护区和异龙湖、哈尼梯田、长桥海3个国家级湿地公园。每个县城规划区范围内都建成了1个森林公园或湿地公园，免费向市民开放。红河州获得"2015年度中国十佳绿色城市"和"2017年度中国绿色发展优秀城市"的荣誉称号，2018年元阳哈尼梯田遗产区被命名为全国"绿水青山就是金山银山"实践创新基地，屏边县创建成为国家生态文明示范县。

2.人杰地灵，物华天宝

早在旧石器时代，红河沿岸就已经有了人类活动。西汉时期，红河大地被纳入中央行政管理版图。① 悠久的历史孕育了红河独特的儒家文化和近代工商文化。红河享有"山川东迤无双境，文学南滇第一州""状元故里、文献名邦"等美誉。自元代以来，建水就成为滇南政治、军事、经济、文化的中心，称建水州，明代改设临安府，保留了很多中国传统文化元素的建水文庙是中国现存区域性最大的文庙，是我国保存最完整的文庙之一。随着元明清三代儒学在云南的广泛传播，仅明清两代，红河出过640个举人、77个进士、15个翰林。红河地区还涌现出清末全国唯一的经济特科状元袁嘉谷、清末巨商王炽、民国时期治理新疆16年的杨增新、世界著名数学家熊庆来、抗日名将张冲等杰出人物。国立西南联合大学文学院和法商学院曾经在红河州驻足，这里留下了云南的多个"第一"——第一条铁路（滇越铁路）、第一个邮政局（电报局）、第一个海关、第一家外国银行。中国共产党云南省第一次代表大会也在这里召开。②

红河州石屏县古城区入选第一批中国历史文化街区，有保存完整的明清

---
① 《红河概况》，红河哈尼族彝族自治州人民政府网站。
② 《红河概况》，红河哈尼族彝族自治州人民政府网站。

古民宅、府第192座，被誉为"滇南明清民居建筑博物馆"。红河县在外华侨有1万余人，分布于18个国家和地区，是全省第二大侨乡；有集马帮、侨乡两大独特文化元素于一身的马帮古城，保存有规模宏大、完整的中西合璧连片建筑群，被美誉为"江外建筑大观园"。

红河州个旧锡矿业从商周起一直延续至今，已成为闻名世界的锡都。西汉初年，锡、银、铅采冶业逐渐兴起；至明代，银、铜业兴盛，个旧锡产品早已在国内知名。清康熙以后，个旧锡的采冶矿区已是"商贾辐辏，烟火繁稠"。到清光绪末年，厂户已超过千家，锡年产量达3600多吨。红河州悠久的工业历史也催生了中国第一条也是唯一的民营铁路——"个碧石"铁路，其轨宽只有0.6米，堪称"创世窄轨"。锡工业还为世人留下了被列入全国重点文物保护单位的鸡街火车站和"宝丰隆"炉坊；卡房镇黑蚂井先后出土的千余件文物，包括被国家文物局列为国家珍宝文物精华的东汉铜佣灯和国家一级文物孔雀灯；拥有"中国工艺美术大师"称号的锡工艺大师1名。此外，红河州还有与苏伊士运河齐名、被英国《泰晤士报》称为20世纪初世界三大人工工程之一的滇越铁路。

3.古迹众多，人文荟萃

红河州文物古迹众多，各级文物保护单位数量位居全省第一，国家级、省级非遗项目数量均位居全省第一。有不可移动文物2743处，其中世界文化遗产1处、县级以上文物保护单位799处；有可移动文物24445件，其中一级文物8件、二级文物40件、三级文物611件。有国家级、省级历史文化名城名镇名村（街）11个，入选中国传统村落名录的村落有124个。州内非物质文化遗产丰富，共有各级非物质文化遗产代表性项目1144项，其中国家级非物质文化遗产代表性项目14项、省级65项、州级184项、县级881项；共有各级代表性传承人1582人，其中国家级非物质文化遗产代表性项目代表性传承人15人、省级99人、州级297人、县级1171人。

红河州作为边疆少数民族自治州，边境线长848千米，下辖九县四市，有3个自治县、5个民族乡，州内民族众多，有汉族、哈尼族、彝族、苗族、傣族、壮族、瑶族、回族、布依族、布朗族、拉祜族11个世居民族。红河州是全国民族团结进步示范州，是全国唯一以哈尼族、彝族为主体的自治州，不仅有全国最大的哈尼族人口聚居县——红河县，还有以瑶族为主体的自治县——河口县。

红河州民族文化丰富多彩，各民族文化经过长期的交流和交融，极具当地民族特色。红河州元阳、红河、金平和绿春4个县的梯田文化内容丰富，包括节庆、歌舞、服饰、饮食、农耕技术、工匠技艺等方面的民族传统文化。石屏县的海菜腔、烟盒舞、花腰歌舞、花腰女子舞龙频频亮相国内外舞台，是"中国原生态歌舞之乡"。红河州还通过举办历史悠久的哈尼长街宴、万人长街歌舞、仰阿娜（姑娘节）、开秧门等民族节庆活动，充分展示"哈尼多声部乐作舞"。屏边苗族自治县的传统民俗活动"苗族花山节"和河口瑶族自治县的瑶族"盘王节"，还带"火"了边境地区的民族节庆活动、带"热"了中越两国的跨境旅游。红河州的美食也是民族文化的一部分，起源于蒙自的过桥米线、建水的汽锅鸡是享誉国内的两道名菜，石屏豆腐更是名扬天下。百花宴、菌子宴、豆腐宴等美食美味琳琅满目，梯田鱼、蒙自年糕、越南小卷粉、小锅米线让八方来客既饱眼福又饱口福。这些丰富多彩的民族文化成为红河州旅游文化资源的"源头活水"，是旅游创新发展的重要支撑。

4. 资源丰富，创新可期

红河州主要有7种旅游资源类型。一是人类农耕文明的传承典范——世界文化遗产哈尼梯田。"2013年，红河哈尼梯田以梯田、村寨、森林、水系的'四素同构'系统被列入世界文化遗产景观名录，其所含主要遗产范围包括红河县、金平县、元阳县和绿春县四县82个村寨。"[①]红河哈尼梯田成为红河州旅游资源最亮丽的"名片"。二是历史文化古城古村：临安古城、石屏古城、团山古村、城子古村、迤萨马帮古城、郑营古村等。三是滇越铁路历史遗迹：碧色寨火车站、鸡街火车站、开远火车站、人字桥、个碧石寸轨铁路、建水石屏米轨小火车等。四是自然生态景观：泸西阿庐古洞、建水燕子洞、弥勒白龙洞、开远南洞天然溶洞群和异龙湖、大围山、分水岭等。五是康养度假旅游区：东风韵小镇、弥勒可邑小镇、开远知花小镇等特色小镇，以及以红河谷独特气候环境为代表的资源。六是以河口边境城市为依托的边境跨境旅游资源。七是以云锡矿业、开远发电厂旧址为代表的工业遗产文化旅游资源。红河州的这七类旅游资源基础设施配套齐全，已经形成代表红河州"三千四百年"的文化旅游名片——千年哈尼梯田、千年临安古城、千年建水紫陶，百年开埠通商、百年云锡矿业、百年滇越铁路和百年过桥米线。

---

① 屈册、金钰涵、张朝枝：《哈尼梯田"申遗"过程与旅游发展中的权力实践》，《广西民族大学学报》（哲学社会科学版）2018年第3期。

（二）推进红河旅游业创新发展取得的成效

推进旅游业态创新，要着力挖掘运用民族多样性、生物多样性等特色优势，以满足不同旅游人群个性化需求为出发点，谋划建设一批特色旅游项目。要开发适合不同年龄阶段、不同需求层次的线下旅游新产品，形成旅游业态新的市场"引爆点"和消费"增长点"。同时，重视总结旅游业态创新的路径和做法。"挖掘'文'的底蕴和构建'全'的机制，积极推进不同旅游业态的交叉融合，探索跨要素、跨行业、跨区域、跨时空融合旅游资源和延长旅游产业链的新模式，构建丰富旅游供给的立体式网状产业。"①红河深入贯彻落实习近平总书记考察云南重要讲话精神，全面落实省委、省政府对红河高质量发展提出的新要求、新思路，围绕创新发展的要求，在推进旅游业态创新、助力社会经济发展方面，取得以下几方面的成效。

1.自然环境持续改善

人类的健康生活依赖于"天然纯净的自然环境"，只有良好的自然环境才能维持人类正常的生命活动。"洁净而充足的水源、新鲜的空气、充沛的阳光、良好的植被、适宜的气候以及幽静秀丽的景观等是利于人类健康的自然环境。"②红河为了保证空气质量，建成15个城市森林（湿地）公园，13县市全部创建为"天然氧吧"，红河州成为全国第一个"天然氧吧州"，全州森林覆盖率达57.32%，滇南中心城市空气优良率保持在97.5%以上，屏边县创建成为国家级生态文明示范县。为了水源洁净、环境卫生，各类城镇污水处理率达95.07%，城镇生活垃圾无害化处理率达99%，累计淘汰落后产能135万吨，单位GDP能源消耗累计下降28.9%。为了持续改善自然环境，石屏县异龙湖保护治理、个旧市重金属污染治理取得明显成效，个旧市阳山生态公园完成废弃矿山生态修复等，为红河州旅游创新发展创造了优良的自然环境条件。

2.文化建设不断增强

推进旅游业态创新需要具备"文"的底蕴，包括丰富多样、多元包容的民族文化，在丰富的历史文化名城，千年古城、古镇、古村落等文化实体资源基础上，具备培育文化内涵深厚的文化体验游的条件。"十三五"期间，红河州通过创建全国民族团结进步示范州，开展社会主义核心价值观、民族团结、宗教中国化、铸牢中华民族共同体意识等内容的宣传和教育，增强中

---

① 屈册、金钰涵、张朝枝：《哈尼梯田"申遗"过程与旅游发展中的权力实践》，《广西民族大学学报》（哲学社会科学版）2018年第3期。

② 云南省发展和改革委员会：《打造世界一流健康生活目的地》，云南人民出版社2021年版。

华民族文化认同，坚定中华民族文化自信，促进各民族交往交流交融，不断铸牢中华民族共同体意识，深入推进民族团结进步事业。实施少数民族优秀文化保护传承工程、少数民族文化精品工程等项目，积极推进"十大文化工程"、建设"六大文化园区"、打造"四大文化节庆"。完成5家博物馆的建成开馆和3个县级博物馆陈列展览的提升改造，为"十四五"期间实现每个县有一个综合性的博物馆奠定了坚实的基础。红河州的非物质文化遗产保护与传承工作包括积极开展代表性传承人立法工作等。建成1个国家级生产性保护基地、2个省级非遗保护传承基地、15个州级非遗保护传习馆和98个县级非遗保护传习馆。红河州的精神文明建设和文化事业取得重大进展，社会主义精神文明有延续，中华民族的传统文化有传承，人民群众的精神生活有寄托。

3.旅游基础设施进一步完善

红河州旅游配套服务和基础设施建设不断提升。全面融入省级自驾系统和体系，重点推进红河州7条精品自驾游沿线项目建设；加快游客集散中心、游客服务中心和休息站点建设；推进"旅游厕所革命"，建设A级以上旅游厕所602座；建成汽车营地6座、观景平台96个、游客休息站64个、通信基站330座，进一步完善了沿途旅游产品和公共服务设施，旅游环境和服务水平不断提升。A级旅游景区建设步伐加快。推进旅游景区提档升级，稳步推进建水古城、元阳哈尼梯田景区创建国家5A级旅游景区工作，编制完成景区提升规划。红河州全域旅游创建和旅游业态开发成果显著。围绕全州旅游"五区一带"发展布局，大力实施全域旅游发展战略，建水县、弥勒市先后被列入国家全域旅游示范区创建名单，弥勒市已成功创建为第二批国家全域旅游示范区；全州创建成功1个省级全域旅游示范区、3个省级特色旅游城市、3个云南省旅游强县、7个云南省旅游名镇、2个省级旅游度假区。红河州的313个项目入选全国优选旅游项目，项目数量和投资总量均排名全省第一。

4."文化+健康+旅游+"持续推进

2021年2月，云南省政府印发《云南省国民经济和社会发展第十四个五年规划和二〇三五年远景目标纲要》，提出聚焦"文、游、医、养、体、学、智"全产业链，包括"发展新型乡村旅游，开发生态旅居、休闲度假、户外运动、养生养老等新业态新产品；培育主题娱乐旅游、文博遗产旅游、研学科考旅游等文旅融合新业态新产品；结合国家美丽乡村建设战略，提升旅游强县、旅游名镇、旅游特色村，发展乡村旅游新业态新产品"[①]。红河聚焦旅游全产业链，大力推进全域旅游发展战略和"旅游+"计划，推动旅游与文化、生态、康养及相关产业融合发展，鼓励以创意设计、文化旅游、数字内容等产业门类为重点，加快谋划和建设一批具有示范效应和拉动作用的重点文化旅游产业项目，打造一批反映时代精神、具有红河浓郁地域特色的文旅融合项目或产业。

（1）"农耕文化+红河哈尼梯田旅游+世界文化遗产保护"。推进红河哈尼梯田景区道路提升等旅游基础设施建设，实施传统村寨保护开发项目，深入推广实施"阿者科"模式，打造农事体验产品以及"长街宴""哈尼古歌"演艺产业等业态，带动红河哈尼梯田以及周边村寨保护开发，形成世界的哈尼梯田农耕文化旅游目的地。

（2）"近代工商业文化+滇越铁路旅游+百年米轨文化圈体验"。依托百年滇越铁路独特的历史文化遗产，挖掘整合沿线文旅资源要素，凝练提升近代工商业历史文化内涵，开发各类具有沉浸体验感的旅游线路。

（3）"特色文化+全域旅游+产业+科技"。统筹整合特色文化旅游资源，坚持宜融则融、能融尽融，以"文化+旅游+产业"培育更多业态，以"文化+旅游+科技"实现更高层次、更高效率发展。

（4）"农业+健康+田园综合体"。红河州在"十四五"时期不仅要打造高端水果基地，还要打造优质畜禽供给基地。通过打造"农业+健康+田园综合体"，突出"绿色农业"和"特色旅游"相结合，推动田园综合体建设，推进以生态环境为导向的一体化区域经济发展模式，形成"农业、健康、旅游"三位一体的发展格局，打造特色鲜明、效益明显的田园综合体。

（三）推进红河旅游业创新发展存在的问题

"十三五"时期，红河州在旅游产品开发及旅游业态创新、旅游产业发展规模和发展质量等方面都取得了较大的发展，但还需要解决当前工作中存在的一些问题和困难。

1.文旅融合深度不够

《云南省国民经济和社会发展第十四个五年规划和二〇三五年远景目标纲要》明确提出："十四五"时期，云南省要全产业链重塑旅游业发展新优势，以文化和旅游、康养和旅游深度融合为重点。红河州旅游文化资源丰富，由于旅游资源利用、旅游资金投入不平衡，政策倾斜不合理等，旅游资

[①] 杨澄：《打造世界一流健康生活目的地 全产业链重塑云南旅游业发展新优势》，《创造》2021年第4期。

源利用率低，文旅融合的深度不够，具体表现在以下几个方面。

红河州旅游缺乏旅游资金投入的效益考核体系。一方面，旅游资金的投入不平衡，容易导致资金和政策的投入倾斜于传统的几个大项目；另一方面，旅游资金和政策扶持倾向于体量大的旅游项目，有的项目少则几亿，多则一两百亿元。这些投资大的旅游项目容易出现以下问题：项目投资回收周期长、项目执行过程中抵抗不可抗力等意外风险的能力差；项目实施周期长，执行要求高，群众的参与度低；项目未与当地的少数民族文化融合，缺少文旅融合的核心竞争力，对乡村文化的挖掘不够；项目远离乡村，不贴近村民的日常生活，亲民性不够；扎根在乡村基层的旅游项目少，带动性不大，不容易调动村民的积极性和主观能动性。

由于对文化资源的内涵、功能、表现形式、归属（主人）、传承情况和传播范围等调查了解不到位，很难将其培育成高质量的文旅融合产业。如红河哈尼梯田遗产区市场经营主体经营模式单一，旅游产品开发不足，游客大多还停留在观光游览层面，民族文化体验不够，生态农业和文化旅游融合发展不够；开秧门、十月年等民俗节庆活动与游客欣赏自然风光、体验民俗文化等没有实现有机融合，发展质量不高。

2.旅游业态创新不足

红河州当前的旅游模式单一，要完成"十四五"时期提出的相关任务，面临不小的挑战。

红河州有"全国休闲农业与乡村旅游示范县（市）""中国美丽田园""中国特色民居村""中国特色民俗村""中国现代新村""中国最美休闲乡村"。此外，红河州还有7个乡镇创建成为云南省旅游名镇，13个村寨创建成为云南省旅游名村，3个村被评定为全国乡村旅游重点村；创建了67家星级精品民宿，74家精品客栈，340家农家乐，建成了弥勒太平湖等3个汽车旅游营地等旅游新业态。红河州除了传统的旅游景区以外，现有的旅游业态表现在乡村旅游、特色小镇旅游、民俗旅游和个性旅游等方面，创新性的旅游业态需进一步探索开发。

3.旅游品牌意识不强

旅游产品的品牌意识不强主要包括对品牌的使用不够、对品牌的保护意识不足、对品牌的发展缺乏创新。品牌意识不强对于红河州而言，表现为旅游企业对品牌的作用不重视，使用品牌的频率低；对品牌的宣传渠道少，品牌的知名度低，对品牌的保护意识差；对品牌的发展缺少创新，旅游品牌能够紧跟旅游风向和旅游心理转移的速度慢。由于旅游品牌意识不强，品牌在旅游产品上的使用为品牌使用者所带来的效益不大、影响小，导致品牌效应差。例如，红河哈尼梯田遗产区群众组织化程度低，具有示范带动作用的龙头企业少，梯田特色农产品品牌打造、策划包装、市场营销等做得不够。梯田红米、茶叶、传统服饰、刺绣等没有形成市场知名品牌，产品附加值不高，市场占有率低。建水文庙是历史上滇南地区用于祭祀孔子和宣扬儒家学说的场所，对云南文化教育的贡献极大，在促进滇南地区各个民族之间的交往交流交融方面发挥了积极的作用。但是，建水文庙作为高品质文化资源，其文化价值还未被深入挖掘，品牌价值还有待继续打造。红河州的其他乡村旅游、康养旅游和特色小镇旅游的品牌也存在同样的问题和短板，还需要在旅游资源的研究、开发和品牌打造方面下功夫。

（四）推进红河旅游业创新发展的对策建议

结合2021年省党代会提出的新要求，根据2022年省委、省政府提出的最新工作要求，为了解决当前存在的问题，采取以下主要措施。

1.促进文旅深度融合发展

一是要加强旅游项目投资和政策扶持的科学管理。对红河的旅游资源进行整体的分类管理，投入资金也应该按照轻重缓急、投资顺序、投资比例、投资级别和投资类型等内容来做出中长期评估和规划。不断制定完善州级和县级旅游项目投资的条件和标准，加强有利于提高经济收入、带动周边共同富裕、积极传承和保护文化遗产、促进周围生态环境保护、维护民族团结进步、对稳边固边贡献大的旅游项目的资金支持或政策倾斜。还需要制定旅游项目投资考核体系，通过委托第三方考核，具体了解所投资旅游项目或产业的经济效益和社会效益；根据考核结果决定继续追加投资的资金额度和进度，通过考核了解投资项目的实施和开展情况，有利于约束和要求项目管理方，激发当地人的自主能动性和劳动积极性，不断积累各级旅游管理层的经验。

二是要增加对旅游资源的"软件"投资。红河州丰富多彩的民族文化成为文旅深度融合的"源头活水"和重要支撑。红河州共有各级非物质文化遗产代表性项目1144项，各级代表性传承人1581人，国家级、省级非遗项目数量均位居全省第一；有1个国家级生产性保护基地、2个省级非遗保护传承基地、15个州级非遗保护传习馆（所、室、点）、98个县级非遗保护传习馆。建议红河州持续加大对各级非物质文化遗产代表性项目的支持力度，为熟练掌握文化遗产技艺技能并有较大影响的代表性传承人提供必要的经费和传承场所，鼓励其开展授徒、传艺、交流等活动，培养传承民族文化专业人才；健全完善传统文化传承机制，加大政策、资金扶持力度，对参与文化保护工作的企业、社会组织和个人给予表彰和奖励；建立健全乡土人才激励机制，设立政府荣誉制度，表彰在传承弘扬民族传统文化方面有突出贡献的人才，培养一支结构合理、梯次分明、素质优良的文化人才队伍；多渠道推进少数民族传统文化保护与传承工作，在条件成熟的地方规划建设民族博物馆和民族生态博物馆，保护好少数民族的传统民居建筑、生计方式、生活习俗和自然环境原貌等；挖掘红河历史文化、民族文化的内涵价值，创作一批有中国风格、红河特色、时代精神，融思想性、艺术性、观赏性为一体的精品剧目，推出一批非物质文化遗产旅游体验基地；深化州民族文化工作团改革工作，努力打造成为全省一流、全国知名的专业文艺院团；严格制定管理国家级生产性保护基地、省级非遗保护传承基地、州级（县级）非遗保护传习馆的规章制度和办法，严格人事调动和管理，明确工作职责和任务，提出奖惩依据的办法等。

2.打造多元化旅游产品，推进旅游业态创新

（1）发挥资源优势，打造康养旅游基地。红河州以弥勒、蒙自、开远等几个成熟的城市为载体，发挥其医疗资源丰富、基础设施完备等优势，强化提高疾病诊疗水平，完善健康护理、养生养老、康体健身、文化休闲、生态旅游等城市健康服务功能。通过发挥各地的自然资源优势和特点，打造多样化、多元化的养生养老基地。

（2）发挥森林优势，打造亚热带地区国际生态旅游模式。发挥绿春县的森林优势，力争到2025年，建成绿春大兴镇全国森林旅游试点基地镇、绿春县阿倮欧滨国家森林旅游基地、绿春县八尺山森林旅游基地；到2035年，建成覆盖绿春全县的森林旅游服务体系，建设黄连山国家森林旅游基地等，到2050年，森林旅游服务体系更加健全，森林旅游理念深入人心，人民群众享有更加充分的森林旅游服务，尽早打造出亚热带地区国际森林旅游模式。

（3）全力推进"旅游+农业"融合发展。与第二、第三产业相比，红河州农业仍存在产业规模化发展动力不足和集约化生产经营体系不健全等问题，导致农业生产的边际成本普遍较高，单个农户平均收益水平相对较低。在全面推进乡村振兴的政策背景下，"旅游+农业"的旅游新业态培育已经成为农民群体就业增收的重要基础。因此，将旅游产业作为推动红河州农村一二三产业融合的关键载体，通过持续推进农业与旅游业的深度融合，不断突显农村三产融合之于农民就业增收的正向传导效应，提升农民群体的实际收入水平和获得感。

（4）开发健身休闲新业态新产品。充分利用红河州丰富的地质、气象、水域、生物景观等资源，融入生态、绿色、低碳理念，推进"体育+健康+旅游"融合，以红河州各地体育训练基地为依托，整合串联各类登山步道、古道、绿道、骑行道等，建设以"低空、山地、水域"为主要载体，具有国际水准兼具民族特色的高端、专业、安全的户外运动基地、国家步道、骑行绿道等康体健身休闲带，打造国际流行的康体健身休闲业态产品，开发主题突出、特色鲜明的户外运动线路，吸引红河州周边游客前来体验户外休闲运动。

3. 着力打造旅游知名品牌，支持旅游产业创新发展

（1）创建国际旅游品牌。一是实施旅游品牌营销工程。在文化和旅游部牵头协调下组成品牌营销主体，协同开展系列旅游品牌营销活动，包括构建信息共享平台，开展新媒体品牌广告宣传，策划主题品牌节庆活动，开展影视营销等。加强与境外媒体和机构、国家驻外机构合作，积极拓展国际营销推广渠道，以扩大中国旅游品牌的国际影响力。二是培育国际旅游企业品牌。文化和旅游部应设置专职机构负责培育与推广旅游企业品牌；协同相关职能部门定期评选著名旅游企业品牌；引导和支持国内旅游企业参与国际权威行业认证和品牌评选等。政府部门应对创建国际知名旅游品牌的企业给予财政资助、税收优惠、银行贷款、市场推介、营销宣传等扶持。①围绕"云上梯田·梦想红河"等旅游品牌，加强与央视、新浪、携程旅游网、景域集团合作，开展"全方位、多渠道、多手段、广覆盖、常态化"的宣传营销。

（2）以建水文庙为中心打造民族地区的"中华文化品牌"，铸牢红河旅游的精神愉悦品牌。建水文庙是云南省内继中庆文庙、大理文庙之后创建的第三座文庙，是国家级重点文物保护单位。但是建水文庙深厚的中华文化资源未被充分转化利用，尚未形成知名的"中华文化品牌"。采取以下办法来打造建水文庙的"中华文化品牌"。

一是根据时间段发展多样化旅游产品，增加旅游活动频率，提升建水文庙的知名度和品牌影响力。根据学校的放假时间，坚持每年的暑假和寒假在文庙分别举办一次在世界范围内预约制的"儒家三礼"。每年的孔子诞辰日

---

① 陈雪钧、李莉：《国内康养旅游产业发展的多维分析与启示》，《开发研究》2021年第4期。

在文庙举办纪念活动和谢师礼，每年春天在文庙举办诗词书法绘画大赛，每年元宵节在文庙举办猜谜和中华民族传统服饰游园活动等。

二是依据"场景理论"①，培养建水文庙文旅融合共生模式。在举办一年四季的各类活动时，以建水文庙为场景，围绕古代建水不同时期的文化特点，通过服饰穿着、以孔庙文化为特征的场景再现、中国传统文化展示等方式吸引参加活动的游客身处其中，"构建完整的文化旅游场景，使文化的魅力被有效激活，进而形成一种可以辐射经济与社会场域的张力，从而吸引更多共同爱好者社群加入，推动文化旅游场景的扩张与可持续发展"②。可以通过学习浙江省"乌镇戏剧节"的做法，从完善云南建水文庙景观、营造社区认同、举办节事活动、吸引多元群体参与和创新文庙文化符号五个维度，生成凝聚文化价值的文旅融合品牌——建水文庙节。"以旅游产品演绎民族文化内涵，配合历史旅游以极致单品引领旅游产品，打造云南旅游产品体系，共筑区域独一无二的旅游品牌。"③

三是挖掘民族历史文化内涵，筑牢红河旅游的精神文明品牌。搜集和整理红河州各个时期少数民族的教育史和优秀的传统文化文献，挖掘和开发当地的民族文化，将相关内容合并放进"建水文庙"旅游项目里一起打造，为群众提供一个增强民族团结、培养"五个认同"、理解"三个离不开"的实践场地。通过在不同季节、不同时段分门别类在文庙举办各类有关"中华文化"的活动，不断提高建水文庙的知名度，为热爱传统文化的游客提供接受中华文化"洗礼"和"熏陶"的机会。通过这些活动带热周边建水紫陶、朱家花园、近代工商旅游文化、餐饮住宿等相关旅游经济，促进中华文化和中华民族认同。结合现代网络科技，做好建水文庙的现代服务业和广告宣传，不断为游客提供高科技旅游的便利和服务，提高建水文庙的知名度，打好建水文庙的精神文明品牌。

---

① 黄琳：《场景理论视角下文旅融合可持续发展动力研究——以乌镇为例》，《中国市场》2021年第27期。
② Terry C. "Making culture into magic:how can it bring tourists and residents?", *International Review of Public Administration*, 2007, 12(1):1-18.
③ 何少琪：《云南省康养旅游市场发展研究》，《合作经济与科技》2018年第15期。

分报告二：

全力巩固拓展脱贫攻坚成果，奋力开创乡村振兴新局面

民族要复兴，乡村必振兴，推动实现巩固拓展脱贫攻坚成果同乡村振兴有效衔接，是以习近平同志为核心的党中央着眼全局和长远发展做出的战略部署和战略决策，是新时代做好"三农"工作的总抓手。脱贫攻坚任务完成后，既要巩固拓展脱贫攻坚成果又要绘就乡村振兴新画卷，必须做好两者有效衔接。

按照中共中央、国务院《关于实现巩固拓展脱贫攻坚成果同乡村振兴有效衔接的意见》的决策部署，2020年脱贫攻坚目标任务完成后，设立5年过渡期，坚持"四个不摘"，保持主要政策稳定，从解决建档立卡贫困人口"两不愁三保障"为重点转向实现乡村产业兴旺、生态宜居、乡风文明、治理有效、生活富裕，从集中资源支持脱贫攻坚转向巩固拓展脱贫攻坚成果和全面推进乡村振兴。如何解决脱贫人口稳定增收难、成果巩固难、持续保持难等问题，把防贫和提升脱贫质量结合起来，成为社会聚焦点。

一、红河脱贫攻坚取得全面胜利

2020年，红河州与全国同步完成脱贫攻坚的历史壮举，在脱贫攻坚领域取得前所未有的成就。这些成就，凝聚了全州各族人民的智慧和心血。脱贫攻坚期间，州委团结带领全州各族人民，坚持以习近平新时代中国特色社会主义思想为指导，深入贯彻落实党的十九大和十九届历次全会精神及习近平总书记考察云南重要讲话精神，认真贯彻落实党中央决策部署和省委工作要求，以脱贫攻坚统领经济社会发展全局，脱贫攻坚取得显著成效。

（一）全面打赢脱贫攻坚战

红河州下辖13个县（市），少数民族人口占总人口的61.63%，是全国唯一以哈尼族、彝族为自治民族的自治州，贫困人口数占全省的12.07%，居全省第二位，是全省脱贫攻坚的主战场之一。

全面打响精准脱贫攻坚战以来，红河州坚持"中央统筹、省负总责、市县抓落实"的工作机制，举全州之力攻坚决战，到2020年底，脱贫攻坚战取得全面胜利，7个贫困县（其中4个深度贫困县）脱贫摘帽，798个贫困村脱贫出列，91.32万贫困人口全部脱贫。拉祜族、布朗族2个"直过民族"实现整族脱贫，17152户7.58万人通过易地扶贫搬迁实现"挪穷窝""置新业"，18.86万户通过农村危房改造住上安居房，困扰红河州千百年来的绝对贫困问题得到历史性解决。

全面打响精准脱贫攻坚战以来，红河州不断完善精准扶贫措施，千方百计提高贫困人口收入水平，建档立卡贫困人口人均纯收入从2015年的2748元提高到2020年的10247元，脱贫户实现持续大幅增收。

（二）易地搬迁开启生活新篇章

红河州部分贫困群众生活在深山区、石山区、高寒冷凉地区，居住极其分散、偏远，交通等基础设施条件差、建设成本高，生态敏感脆弱，生存条件极为恶劣。要实施搬迁，又面临思想统一难、资金筹措难、组织实施难、配套支撑难"四难"问题。红河州通过引导广大干部群众开展深刻的思想讨论，统一认识，下决心啃下易地搬迁这块最硬的骨头，按照"能搬则搬、应搬尽搬、整村搬迁"的原则，组织工作人员深入村民小组全面开展摸底调查精准识别，精准锁定"十三五"期间易地扶贫搬迁对象22859户99492人，其中建档立卡贫困户17152户75806人。以"进城、入镇、进厂、上楼"的安置模式，规划建设集中安置区，同时，完善安置点的教育卫生等配套设施，并依托县城、集镇、扶贫车间加强就业，推动易地搬迁后续工作的开展。通过"挪穷窝、断穷根"，实现城乡人口分布格局重构、产业发展结构重组、山区自然生态环境重塑"三位一体"整体推进。

（三）劳动力稳定有序转移

面对丰富的人力资源优势，红河州坚持从提高组织化程度入手，实行村组干部和驻村工作队员挂钩联包到每一个贫困劳动力，大力开展精准到人的劳动力登记摸底和就业意愿调查，健全完善精准对接平台机制，推动全州贫困劳动力有序稳定就业，以更加充分的就业支撑稳定脱贫。劳动力转移就业逐步实现从自发无序到有计划、有层次、有保障、有体面的转变。

（四）农业产业发展取得新突破

红河州坚持"大产业+新主体+新平台"的高质量发展理念，发展万亩以上产业带52个，9个农产品先后入选云南绿色食品"10大名品"，绿色食品加工中心建设稳步推进，9个县（市）获评全国电子商务进农村综合示范县。"一县一业""一村一品"建设持续推进，蒙自市、开远市入选全省"一县一业"示范县。水果、蔬菜、花卉、规模养殖、梯田红米、中药材"六大产业"持续发展壮大，全州粮食生产连年稳定在183万吨以上。开远成功创建了全国唯一一个以花卉为主导产业的国家现代农业产业园，引进了广东温氏集团、山东金锣集团等一批行业领军大企业；弥勒市创建为国家级绿色发展先行区；蒙自市引进海升、佳沃、温氏、正邦四大国家级龙头企业，建成草坝万亩现代农业产业园。红河州初步形成有一定规模、效益可观、特色突出、有一定竞争力的农业产业体系。

（五）基础设施取得新进展

红河州聚焦最为突出的路、水、房、网等基础设施建设，紧扣"两不愁三保障"主要任务，坚持自下而上精准、自上而下统筹做实做细项目库，积极争取政策项目资金支持，广泛发动群众投工投劳。"十三五"期间，全力推进高速公路建设，建设高速公路13条，通车7条，新增里程约500千米；重点推进"四好农村路"建设，农村公路通车总里程达2.18万千米，实现所有乡镇到行政村通柏油路、水泥路或预制块体弹石路。

大力实施骨干水源工程和农村饮水安全工程。2016年以来，全州5年累计投资9.52亿元，建成农村饮水安全巩固提升工程2804项，受益人口176.3万人，其中贫困人口41.61万人，集中供水率达到97.14%，自来水普及率达到96.57%，有效解决饮水安全"最后一公里"问题，全州建档立卡贫困人口饮水安全问题全部销号。

住房保障全面实现。2017年以来，全州累计改造农村危房156660户，其中四类重点对象111418户，非四类重点对象无力建房户26367户，农房抗震改造17668户，保障了农村贫困群众基本住房安全。

"能源网"保障能力持续提升。2016年以来，新增电力装机容量146.33万千瓦，全部为清洁能源；州境内5条天然气管道工程施工进展顺利，结束红河州未通管道气的历史。"信息网"基础不断加强，光缆总长较2015年提高116%，建成华为红河州云计算大数据中心，5G网络建设不断加快，开通5G

基站984个,用户数达31.5万户,建设规模排名全省第三。

(六)民生保障迈上新台阶

民生工程持续推进,就业保障更加有力。全州累计城镇新增就业21.77万人,开发乡村公益性岗位3.66万个。教育服务水平显著提升。13县市义务教育发展实现基本均衡,基础教育"三率"较2015年分别提高26.21、18.14、30.05个百分点。卫生健康条件持续改善。各级各类医疗卫生机构较"十二五"末增加211个、床位增加6059张,人均预期寿命由2015年的74.66岁提高到77.3岁,实现国家卫生县城全覆盖。文化建设成效显著。博物馆、图书馆、村级综合文化服务中心建设持续推进,打造了《哈尼古歌》等百余部优秀文艺作品,"阿者科计划"被列入教育部十大扶贫案例。社会保障体系更加完善。全民参保计划全面推进,社会保障标准不断提高;新建城市养老机构5个、敬老院27所,居家养老服务中心207个;实施各类保障性住房建设64477套,开展老旧小区改造48170户。

二、红河如期脱贫后面临的发展机遇

如今,RCEP已经签署实施,乡村振兴战略正向纵深推进,绿色产业效益不断增强,新型城镇化全面加速,这一系列发展战略、重大举措将合力提升红河州经济发展质量,有效推动农业、农村、农民发展,为红河州巩固拓展脱贫攻坚成果带来了历史性机遇。

(一)RCEP实施是红河巩固拓展脱贫攻坚成果、促进农民增收的新机遇

2022年1月1日,RCEP正式生效实施。RCEP在海关程序和贸易便利化方面,简化了通关手续,采取预裁定、抵达前处理、信息技术运用等促进海关程序的高效管理手段,在可能情况下,对快运货物、易腐货物等争取实现货物抵达后6小时内放行,这使红河州的鲜花、果蔬、肉、蛋、奶制品等生鲜产品可以快速通关,促进贸易增长。农业产业是巩固拓展脱贫攻坚成果,促进农民增收最相关的产业,近年来,红河州水果、蔬菜、花卉、规模养殖、梯田红米、中药材"六大产业"持续发展壮大,为农民增收打下坚实的基础,而RCEP的实施,促使红河州农业更充分地参与市场竞争,提高农产品国内外供应链安全性。面对不确定的国际形势和动荡的世界市场,红河州以扩大开放带动州内创新、推动改革、促进发展,不断实现农业转型升级,推动优势特色农业产业融合发展,促进农户稳定增收。

（二）实施乡村振兴战略是巩固拓展脱贫攻坚成果新抓手

巩固拓展脱贫攻坚成果是乡村振兴的首要任务。脱贫攻坚是决胜全面建成小康社会补短板、强弱项的重点任务，乡村振兴是全面建成社会主义现代化强国的重大战略，二者内在统一、一脉相承。打赢精准脱贫攻坚战，让现行标准下农村贫困人口全面脱贫，解决区域性整体贫困问题，是红河州实施乡村振兴战略首要的重大阶段性任务。实施乡村振兴战略，既有利于加快脱贫步伐，又为巩固拓展脱贫攻坚成果带来良机。

（三）绿色产业持续发展是巩固拓展脱贫攻坚成果新保障

红河州光、风、水等清洁能源资源丰富，具有打造绿色能源产业的良好基础。截至2020年年底，全州已建成光伏电站12座，总装机容量62.65万千瓦，装机容量位居全省第一。除了丰富的光能，红河以北的高山山脊地区风能资源分布也很广泛，区内均有丰富的风能资源可供开发利用。根据《云南省风能资源评价报告》，红河州泸西—弥勒—开远—蒙自—个旧—建水—石屏一带是云南省3个风能资源最佳开发区域之一。截至2020年年底，红河州已建成风电场22座，总装机容量136.18万千瓦，装机容量居全省第三。弥勒西、永宁、仙人洞坡、剑角峰、猴子山5个风电场项目被列入《云南省在适宜地区适度开发利用新能源规划》。在水电资源方面，截至2020年年底，红河州已建成水电站221座，水电总装机容量282.53万千瓦，全州累计建成电力总装机容量容量715.23万千瓦，其中清洁能源占总电力装机容量的比例为67.38%，一场坚持走可持续能源发展之路，以太阳能、风能、水能等绿色产业为主的能源发展之变，在红河大地日渐清晰。在大力发展绿色能源产业时，红河州把光、风、水等资源优势转化为经济优势和发展优势，以把握发展的重大机遇。

红河一直致力于打造具有云南特色、高品质、有口碑的绿色食品。红河绿色食品产业规模稳步扩大，将为红河州农业产业，特别是具有红河州特色的热带水果、冬早蔬菜、梯田红米、高端花卉等产业做大做强创造机遇。

红河山清水秀、人杰地灵、古迹众多、人文荟萃，有利于红河打造康养旅游目的地。红河州可立足丰富多彩的民族文化、绚丽的自然风光、深厚的历史资源、沿边的区位优势大力发展旅游业。旅游业的发展将为酒店、餐饮、农家乐等行业带来较好的发展机遇。

（四）把握新型城镇化对巩固拓展脱贫攻坚成果、衔接乡村振兴的机遇

新型城镇化是红河州乡村振兴的助推器。新型城镇化的发展将促进城乡资源要素的自由流动，引导人才、资源流向农村，补齐农村在产业发展、乡村治理、社会文明等方面的短板。城镇产业的外向型发展将引导资本、科技、人力等要素和新型农用设备向乡村流动，加快"农业+工业""农业+服务业"的发展，完善乡村产业结构，助力乡村产业振兴。在红河州新型城镇化进程中，更多的文化产品和各类资源逐步下沉，强化了城镇文化和城镇管理对乡村的辐射带动力；新型城镇化过程中，会提供更多就业岗位，有效解决农民就近就业问题，增加农民收入，从而助力农民过上富裕生活，同时社会城镇化的发展为乡村公共服务提供依托，有利于实现城乡基本公共服务均等化。

三、红河巩固拓展脱贫攻坚成果同乡村振兴有效衔接面临的问题

2020年底，红河州脱贫攻坚取得了全面胜利，红河州贫困问题的特征由绝对贫困转向相对贫困治理，贫困问题的动态性和贫困成因的多源性，决定了相对贫困治理的长期性和复杂性。在绝对贫困问题已消除的情况下，面对因发展资源、发展机会、发展能力受限而形成的相对贫困群体，相对贫困治理将成为红河州脱贫地区的长期任务。相对贫困是一个将个体置于其所在社会环境中整体考量的更具发展性、社会性和复杂性的贫困概念，反映出社会进程中一种个人或家庭基本生存需求能够得到满足但生活水平较低的状况。红河州脱贫攻坚取得胜利后，区域性整体贫困得到解决，但如何解决今后面临的相对贫困问题，还面临不小的挑战。

（一）农业产业发展组织化、规模化程度不高

红河州在脱贫攻坚期间以农民增收为目的，积极发展农业产业，农业发展取得新的突破，但总体来看，还存在产业发展的组织化、规模化程度不高，企业带动能力有限等问题。

农业产业对脱贫户增收贡献率不高。据对扶贫开发的大数据分析，在红河州脱贫户的收入比例中，生产经营性收入仅占人均纯收入的21.62%，可见产业对脱贫户带动作用不太明显。红河州农业产业发展还处于相对落后的水平，不能给本地劳动力提供充足且收入较好的岗位，对劳动力的吸纳能力不足。

产业组织化程度不高。红河州农业产业发展组织化程度还不高，一方面，导致市场主体难以整合农村一家一户的资源，不能形成产业规模；另一方面，贫困群众不能以资源参与产业发展，产业发展不能更好地惠及刚脱贫

群众。

产业规模化发展有待突破。红河州山区面积占比偏高,特别是南部脱贫县区山高坡陡、土地零散,特色产业规模化发展面临很大困难,加之农业基础设施历史欠账大,建设成本高,资金缺口大,现代农业产业发展任务艰巨。

品牌影响力不够。红河州以打造绿色产业为契机,狠抓产业培育和品牌化发展,品牌培育不断推进,但与国内、国际市场高效接轨,开展市场拓展、品牌打造还有差距。目前全州55家企业、98个产品、21.95万亩基地获绿色食品认证,47家企业、103个产品、8.52万亩基地获有机产品认证。"明康汇"牌蔬菜、"蒙涯红"牌石榴、"佳沃"牌蓝莓、"鑫湖东"牌杨梅、"丰岛"牌菊花等产品入选云南省绿色食品"10大名品",有了一定知名度和市场竞争力,但还没有形成真正有影响力的品牌,市场竞争力还不强。

龙头企业带动能力偏弱。红河州已成功引进了温氏、海升、佳沃、正邦、金锣集团等一批行业领军大企业示范引领农业产业高标准发展,但企业的发展最终是以盈利为主要目的,对脱贫户的带动不太明显。州内本地农业企业数量还偏少,且普遍存在产业链条短、农产品加工能力不强、附加值不高、产业效益偏低,带动群众增收能力还不够强。

(二)脱贫户就业面临新的挑战

人工智能等高新技术发展对脱贫户就业形成巨大挑战。红河州脱贫户有相当一部分群体在外务工。这些在外务工群体大部分是从事时间长、简单、重体力、低收入、无保障的劳动。随着人工智能高新技术的发展,人工智能首先会替代低端人力资本。未来人工智能还会替代中、高端人力,尤其是替代掉那些工作程序规范、工作内容制式化的常规岗位,如话务、收银、票务、出纳、工厂流水线操作、法律援助等。企业为节约人力成本,在重复性强的工作岗位上都会引入人工智能,从而使在岗劳动者的失业风险大大增加。

就业稳定性较差。由于中国城乡二元社会结构以及户籍制度等基本国情,农民工就业呈现出与普通城镇居民不同的特点,具体表现为就业的稳定性差、频繁更换工作单位和城市。另外,由于我国农民工属于"体制外"的就业群体,人力资本和社会资本较低,在劳动力市场上议价能力较弱,而劳动者权益保护机制的不完善加剧了就业的不稳定性。红河州已脱贫成果的建档立卡户，70.37%的收入来自工资性收入，可见就业稳定性对巩固脱贫成果的影响巨大，可以预计，一旦外出务工贫困人口收入不稳定，将大幅增加返贫可能。

就业结构性矛盾突出。红河州虽然农村劳动力绝对数量不低，但有技能的劳动力数量较低，无法满足东部地区用工企业的用工要求，劳动力不能充分就业。同时，东部地区企业却有很多岗位招不到符合要求的工人，供需结构性失衡突出。

（三）基础设施建设需进一步加强

脱贫攻坚以来，红河州基础设施大幅改善。但历史上红河州脱贫地区基础设施基础薄弱，交通、水利、电力、通信等建设成本高、工期长、施工难度大，故目前基础设施条件仅仅解决了基本的保障问题，还不能够支撑经济社会快速发展。2020年底，全州高速公路通车里程为1045千米。准轨铁路通车里程317千米，综合交通路网建设依然滞后，总量依然不足，结构依然不合理，面向南亚东南亚的快速大通道尚未打通，邻县、邻乡之间还缺乏必要的环线和联络线，纵贯南北、通达四邻、大进大出、内联外接的红河现代交通运输体系还未全面形成。饮水方面，现行标准还比较低，需要持续按照新标准巩固提升。网络通信方面，部分地方网络信号虽覆盖但质量不高，还存在盲区，宽带还有少数人口没覆盖。

基础设施中，农业生产性基础设施支撑力尤其薄弱。脱贫地区人均耕地面积较少，且坡地占比偏高，资源承载能力严重不足；耕地有效灌溉率低，农机耕种收综合机械化率也非常低。支撑脱贫户发展产业的农业基础条件还远远不够。

（四）脱贫不稳定户、边缘易致贫户和突发严重困难户是返贫致贫隐患群体

脱贫不稳定户这部分人虽已脱贫，但还处在临界线边缘，脱贫的基础还不牢固，收入还不稳定。边缘易致贫户多为收入刚刚过线家庭，虽不属于建档立卡脱贫户，但某种程度上也属于困难群体，收入水平和生活水平与脱贫户差距不大。截至2022年6月底，全州少数脱贫不稳定户、边缘易致贫户和突发严重困难户"三类人群"的风险消除率为64.23%，未消除风险的占35.77%。虽然"三类人群"大部分已经消除风险，但是，这三类人群毕竟基础差、底子弱，要持续增收，巩固脱贫成果仍然面临不小挑战。

（五）部分脱贫户内生动力不足

脱贫人口内生动力不足主要有两个方面的原因。一是干部工作还不到位。在巩固脱贫成果、衔接乡村振兴工作中，少数干部仍然存在"理不清头绪、抓不住重点，静不下心、动不起来，重痕迹轻实效、重形式轻内容，交差应付、不求有功、但求无过"等形式主义，乡村振兴工作队员对部分安于现状、小富即安、不富也安的群众思想教育引导不够，导致部分脱贫户缺乏巩固脱贫成果的决心、勇气和行动。二是激发群众内生动力的体制机制、村规民约还不健全，特别是奖励与惩罚的规章制度还未建立，一些地方政策宣传、组织动员群众不够，群众对巩固脱贫成果认识、理解有差距，"只要返贫，政府就会管"的负面认识不同程度存在，少数群众主动参与积极性不高，发展意愿不强，主体作用发挥不充分。

（六）乡村治理亟待加强

基层党组织引领作用不够。有的基层党组织建设活力不够，对基层党员宣传发动不充分，尤其是对党员致富带头人发动不够，党员先锋模范作用没有得到很好发挥；抓基层党建机制体制还不完善，缺乏有效载体，党员干部积极性不高，活动效果不佳。部分基层组织党员数量不足，不能很好地发挥带动、引领作用，巩固脱贫成果后劲乏力。

乡村治理主体素质较低。乡村振兴首先必须人才振兴，然而目前红河州农村"空心化"严重，大量劳动力外出打工导致乡村治理的优秀人才短缺，农村基层政府和乡村党员干部的乡村治理水平普遍需要提高。

乡村治理主体参与度不够。村民委员会作为农村基层自治组织，在乡村治理中发挥着重要作用，并在一定程度上发挥着乡镇政府附属机构的作用。然而，在红河州乡村治理实践中，尽管村委会作用发挥比较充分，但其他治理主体尤其是村民的主体作用尚未充分发挥，村民参与乡村治理的意愿普遍偏低，很多村民对于自治的理解仅仅局限于投票选举，而对民主决策、民主管理和民主监督的理解并不到位，例如在村务公开、村内重大事项决策时，普通村民的参与深度和广度仍然不足。

（七）教育、医疗保障水平需继续提升

1.教育发展水平差距明显

普惠性学前教育资源不足。红河州由于投入不足、缺乏师资等原因，导致普惠性学前教育规模不足，在乡村表现尤为明显。即使在城镇，小区规范配套幼儿园比例偏低，公办幼儿园占比也偏低。

义务教育发展不均衡。红河州义务教育存在的问题主要有以下几点。第一，红河州义务教育发展基本均衡虽已通过国家认定，但仅达到基本均衡中

的较低标准，整体上发展依然薄弱。第二，优质教育资源分配依然不均。目前全州义务教育优质资源相对集中于蒙自、建水、个旧，其他县区特别是南部县区教育资源相对偏弱；另外，城乡间、校际优质教育资源不均，择校热的问题尚未彻底解决。第三，控辍保学任务艰巨。全州控辍保学数量大幅减少，但由于群众思想观念落后，部分劝返复学适龄儿童少年思想不稳定，稳控任务较艰巨。

高中教育水平参差不齐。红河州40多所高中学校，仅有建水一中1所一级一等学校，县域普通高中基础薄弱，办学水平低，办学水平差别较大，教学质量参差不齐，发展不均衡的现象较为突出；教育评价体系不完善，定性和定量评价有机结合不到位，难以对教师做出客观公正、科学合理的评价，一定程度上影响了教师潜心教书育人的积极性。

职业教育问题突出。一是部分政府部门对职业教育的重要性缺乏足够的认识，仍然存在忽视职业教育的倾向，"重普教、轻职教"的现象仍很突出。二是社会对职业教育的重要价值缺乏足够的认识，一些用人单位制定不切实际的用工门槛、唯学历倾向的用人标准和人才培养模式使得技能型劳动者晋升渠道不畅，一定程度上拉低了职业院校招生的吸引力，给职业教育发展带来了负面影响。三是新闻媒体对职业教育的宣传不够，对劳动者应有的关注不够，尚未起到很好的社会舆论导向作用，直接影响了全社会及学生家长对职业教育的认知和重视程度。

2.基本公共医疗卫生服务水平相对偏低

高层次专业技术人员缺乏。全州现有卫生专业技术人员中，硕士研究生、博士研究生占比偏低。专业技术人员专科及其以下学历占比较高。整体的医疗资源结构不合理，服务质量有待提高。

基层医疗卫生服务能力弱。脱贫攻坚以来红河州在医疗卫生事业方面做了很大努力，取得较大进步，一定程度上缓解了医疗卫生资源紧张、医疗卫生技术人员不足的问题，但是基层医疗机构服务能力尚有提升空间，有的村卫生室虽然已达到脱贫退出的标准，在村医配备、药品配备、诊疗能力、规范管理等方面仍有欠缺，有的乡镇卫生院全科医生数量少、业务水平有待提高，有的县级医院大病专项救治能力不强，对基层医疗卫生机构指导、带动能力不足。

疾病预防控制重视不够，医改落实力度欠缺。在疾病预防控制上，"重治轻防"的观念亟待转变，重大疾病防控任务艰巨。医疗、医保、医药改革联动不理想，医改政策落实力度有待加强。

四、全力巩固拓展脱贫攻坚成果，有效衔接乡村振兴

"十四五"时期是巩固拓展脱贫攻坚成果、实现脱贫攻坚与乡村振兴有效衔接的过渡期。要按照党的十九届五中全会的总体要求，以缩小发展差距、提升发展能力、共享发展成果、助力实现共同富裕为目标，以提升农村基础设施和公共服务水平为根本支撑，以完善社会保障体系、发展农村集体经济为重点，注重加强普惠性、基础性、兜底性民生建设，同时坚持开发式扶贫和保障式扶贫相结合，建立巩固拓展脱贫攻坚成果的长效机制，实现脱贫攻坚与乡村振兴有效衔接，为实现共同富裕打下坚实基础。

巩固拓展脱贫攻坚成果，既要保持现有帮扶机制、力度和政策总体稳定，确保不出现规模性返贫；也要建立农村低收入人口和欠发达地区帮扶长效机制，持续完善农村地区基础设施，补齐公共服务短板，提升脱贫攻坚成效。要全面梳理和总结脱贫攻坚时期的扶贫经验、扶贫政策，根据新发展阶段的部署情况，形成农村低收入人口和欠发达地区帮扶机制的总体要求，在稳定帮扶政策的同时，逐步清理临时性、不可持续的政策，将基本保障类政策措施与农村居民最低生活保障制度有机整合，建立低收入人口兜底保障机制；要创新政策和机制，将脱贫攻坚期形成的组织推动、要素保障、政策支持等工作机制，接续强化、调整、完善，运用到推进乡村振兴中去，建立和形成新发展阶段巩固拓展脱贫攻坚成果的长效机制，实现与乡村振兴的有效衔接。

（一）以不发生规模性返贫为底线，推动脱贫攻坚与乡村振兴政策有效衔接

立足5年过渡期，全面落实"四个不摘"，落实好"一平台、三机制"，健全责任、政策、监管、帮扶工作体系，建立防止返贫监测预警及产业增收带贫、扶贫项目长效运行监管等机制，在保持主要帮扶政策总体稳定的基础上，推动政策重心由解决绝对贫困向解决相对贫困转变，为贫困治理提供政策保障。

构建缓解相对贫困的政策体系。统一明确脱贫不稳定户、边缘易致贫户、突发事故返贫户等相对贫困人口认定标准、程序。紧盯收入低于1万元的脱贫人口和监测对象，摸清底数、建立台账、科学分析、一户一策、精准施策。建立健全低收入家庭增收长效机制，完善以基本公共服务均等化为基础的防贫政策、相对贫困区域的社会保障制度、发展型低收入群体救助

政策。

健全完善帮扶机制。系统推进易地扶贫搬迁后续帮扶，完善利益联结"双绑"机制，引进培育农业龙头企业，深入实施"万企兴万村"行动，不断壮大村集体经济。统筹用好乡村公益岗位，发挥以工代赈作用，具备条件的可提高劳务报酬发放比例。深入拓展东西部协作和结对帮扶政策，精准施策发力，全面深化交流合作，切实维护和巩固脱贫攻坚战的伟大成果，坚决守住不发生规模性返贫的底线。

（二）以促进农民增收为核心，推动产业扶贫与产业振兴有效衔接

产业发展承担促进脱贫人口长效增收和激发贫困地区发展潜能的双重任务。产业扶贫过程中，全州各地形成一批具有地方特色的工作机制和政策措施，有力推动了扶贫产业发展。以产业扶贫和产业振兴有效衔接为基础，按照产业兴旺要求，重点从产业短期帮扶向注重产业后续长期培育转变，进而推动产业扶贫向产业振兴转换。

1. 提高组织化

强化组织保障机制。红河州通过在州级建立产业扶贫领导小组并实行产业扶贫联席会议工作机制，在各县市、乡镇级分产业组建工作机构，在村级组织以"党支部+合作社"的方式发动、带领群众发展产业。全州上下形成党政齐抓、高位推动、四级联动、专班专干、有人抓有人管的强大合力。在完成组织构建基础上，充分发挥基层党组织在农村的群众优势，全面推行党支部书记兼任合作社法定代表人，增强合作社公信力。

完善紧密型利益联结机制。引导农业企业与农户建立契约型、分红型、股权型等方式的合作，完善龙头企业绑专业合作社、专业合作社绑农户的"双绑"利益联结机制，把利益分配重点向产业链上游倾斜，让脱贫户更多地分享产业高质量发展的增值收益，促进持续增收。一是鼓励农民以土地、林权、资金、劳动、技术、产品为纽带，开展多种形式的产业合作与联合，提高脱贫户参与程度。二是推广"订单收购+分红""土地流转+优先雇用+社会保障""农民入股+保底收益+按股分红"等多种利益联结方式，让农户分享加工、销售环节收益。三是强化龙头企业、合作组织联农带农激励机制，探索将新型农业经营主体带动农户数量和成效作为安排财政支持资金的重要参考依据。

2. 扩大规模化

以"六大产业"为重点，以土地、林地有序流转为支撑，因地制宜推动

水果、蔬菜、花卉、梯田红米、中药材规模化种植,特色养殖规模化发展。

针对红河州复杂多样的山地气候制约产业规模化的现状,将劣势转化为优势,着力推进不同气候带区域特色产业发展。开展村村有亮点、组组有看点、户户有支撑"三个有"网格化产业扶贫行动,以"一村一品"体现"村村有亮点",以村民小组有行动、有投入打造标准化和规模化特色产业基地体现"组组有看点",以产业项目精准落实到村、到组,受益到户体现"户户有支撑",打造区域特色发展新格局。

3.打造品牌化

坚持大龙头、建设大基地、培育大品牌、带动大产业的工作思路和"大产业+新主体+新平台"的发展机制,以打造品牌化推动产业高质量发展。"十四五"期间,把以六大产业为重点的特色产业打造成中国一流的品牌。严格产品生产标准。立足红河州特色优势产业,以六大产业为重点,围绕产地环境控制、投入品使用、安全生产技术、质量检验检测,加快标准修订升级,形成与行业标准相配套的生产操作规程。加强产品质量安全监管。践行绿色发展理念,大力开展农药、化肥减量化行动。引导鼓励特色农产品基地推行绿色生产方式,强化质量追溯管理,建立生产主体监管名录,将相关生产主体纳入农产品质量安全监管平台管理,引导生产主体开展信息化质量追溯体系建设,创建一批品牌农产品诚信自律示范基地。实施品牌培育工程。孵化品牌做大增量,引导、鼓励、支持企业统一质量标准、统一品牌形象、统一产品包装,抱团宣传推介,线上线下营销推广。有序开展梯田红米、花卉等特色农产品品牌评优,优先推荐品牌企业开展产品评优、品牌遴选、名特优新目录申报,参加各大展会、专场品鉴会等,不断提升品牌市场影响力。强化品牌推广宣传。遴选优势品牌参加中国国际农产品交易会、中国绿色食品博览会、农产品地理标志专展等大型展会,采取举办专场推介会、产销对接会、产品发布会等多种形式宣传品牌。拓宽品牌营销平台。充分利用"互联网+"拓宽销售渠道,在巩固提升现有平台建设及运营的同时,深化和京东、淘宝、拼多多等大型电商平台的交流合作,密切线上线下的联系,拓展新的销售业态,将红河州农产品推向全国。

(三)以人才为基石,推动扶贫队伍与人才振兴有效衔接

精准扶贫和乡村振兴衔接的关键在于人才衔接。乡村振兴的服务主体拓展了扶贫对象的内涵,不仅包括返乡农民、大学生,还包括驻村干部以及有乡土情怀的有志之士。因此,过渡期需要延续脱贫攻坚期间各项人才智力支

持政策，建立健全引导各类人才服务乡村振兴的长效机制，建立人才发展的"蓄水池"，构建"本乡、返乡和下乡"人才共同支撑的新局面。

1.以高度组织化推动脱贫劳动力转移就业

针对红河州劳动力丰富但转移就业大多处于自发、无序状态的实际，在充分尊重劳动力市场化选择前提下，坚持从提高组织化程度入手，将人口红利转化为人力资源优势。抓实定向培训、岗位推介、维权服务、联络管理等工作，强化省外务工奖补保障、稳岗保障、交通补贴等政策支撑，千方百计推动更多的劳动力转移输出。

2.抓实农村人才培养，增加就业稳定性

开展"精准培训"。摸清农村人才底数，统计务工人员培训需求，精确制订人才培训计划。对信息采集中掌握的培训意愿进行汇总整理，针对有培训意愿的贫困劳动力，根据其期望培训工种和培训时间等制定培训计划，科学选定培训机构，分步抓好实施；对有创业意愿并具备一定创业条件的建档立卡贫困劳动力，组织开展创业培训。

以"特色课堂"培养农村特色人才。举办水果、蔬菜、花卉、规模养殖、梯田红米、中药材特色产业培训班，培训红河州特色产业发展所需的实用人才，推动红河州特色产业发展。针对愿意在安置点附近蔬菜大棚、扶贫车间等就业的搬迁群众，开展实用技术培训、岗前集中培训、"以工代训"等。

"结合市场需求开展培训"。坚持培训工种与促进转移相结合。结合市场用工需求，大力开展"订单、定向、定岗"培训，重点开展好挖掘机操作工、电焊工、砌筑工、电工等市场就业前景好、群众培训意愿强的工种培训，切实提高培训的针对性，确保培训一人、转移一人。

3.积极推行"精英回流"

实施"回家工程"，打好"乡愁牌""亲情牌"，吸引企业家、专家学者等新时代乡贤返乡投资兴业，发展"归雁经济"。广泛宣传红河州近年来的巨大变化和返乡创业的各项优惠政策，提高百姓的知晓率、参与度，营造期盼乡土人才回归的浓厚氛围；强化摸底调查，建立人才信息库。重点对外出经商人员、掌握特殊技能务工人员、专业技术人员、大中专毕业生等乡土人才进行摸底排查，建立村级乡土人才数据库；强化信息联络，确保工作成效。建立外出人才沟通联络机制，落实专人对接工作；完善鼓励各类人才带资金、带项目、带技术回红河州农村经商、办企业的优惠政策，努力为返乡人才创造宽松的创业环境。通过召开恳谈会、座谈会等方式共商红河发展大计，引导外出人才积极参与家乡建设或返乡创业。

（四）以文化为魂，推动文化扶贫与文化振兴有效衔接

治穷先治愚，扶贫先扶智。脱贫群众和乡村振兴主体意识的觉醒将促进脱贫户产生脱贫内生动力，并牵引乡村产业、人才、组织和生态的振兴。因此，将文化作为脱贫攻坚与乡村振兴有效衔接的主要载体，做深做真做实乡村文化，激活乡村发展内生动力。

1.抓实红河州民族文化传承和保护，把民族文化打造为巩固拓展脱贫攻坚成果、衔接乡村振兴的特殊载体

红河州境内居住着哈尼、彝、苗、傣、壮、瑶等多个少数民族，这些民族在生产、生活中创造了多姿多彩的民族文化。积极探索"民族文化+"模式，推动民族文化元素融入农业生产、农产品加工、农事体验，激活民族文化产业。结合特色小镇、美丽乡村建设，深入挖掘民族特色文化符号，打造"一乡一品""一村一品"文化品牌。

2.加强乡村精神文明建设

大力弘扬民族精神和创新时代精神，推进基层综合性文化服务中心、村史室（墙）、民族团结主题公园（广场）和教育基地等农村思想文化阵地充分发挥作用，加强引导农民听党话、感党恩、跟党走。深入推进文化惠民工程，健全完善乡村公共文化服务体系，支持少数民族文化传承发展，建设"乐作舞""阿细跳月""海菜腔"等一批非物质文化遗产展示传承基地，保护好文物古迹、传统村落、民族村寨，把优秀民族文化融入乡村振兴建设。大力开展农村精神文明创建工程，深入推进文明村镇、星级文明户、最美家庭等群众性精神文明创建活动，培育文明乡风、良好家风、淳朴民风。

3.精准扩大农村公共文化服务供给

坚持重心下移、资源下移、服务下移，用好一批文化馆、农家书屋、文化大院等文化设施，巩固拓展乡村文化阵地，促进城乡公共文化服务均等化、标准化、数字化。创作生产一批集思想性、艺术性、观赏性于一体的群众喜闻乐见的具有新时代风尚的主体群众文化艺术品。创新实施文化惠民工程，发挥文化能人、民间艺人作用，发展壮大群众文艺队伍，开展文化惠民演出和活动。以文化需求引导文化供给，建立健全乡村公共文化服务需求反馈机制和城乡文化结对共建机制。

（五）以生态为底色，推动生态扶贫与生态振兴有效衔接

生态环境优势是乡村的最大优势，也是乡村振兴的潜力所在。推动生态扶贫与生态振兴有效衔接，须牢固树立"绿水青山就是金山银山"的发展理念，探索绿水青山转化为金山银山的具体路径，以生态振兴促进宜业、宜居、美丽乡村建设，进而实现农业强、农村美、农民富的乡村振兴目标。

1.以生态文明建设引领乡村振兴

牢牢把握人民对美好生活的向往，围绕"产业兴旺、生态宜居、乡风文明、治理有效、生活富裕"总要求，推动乡村产业、人才、文化、生态、组织振兴，实现农业强、农村美、农民富。推动绿色生产，发展生态友好型产业。实施农业绿色发展行动，坚持产业生态化、生态产业化，调整农业种植品种，发展优质效益型农业，加大农药、化肥、秸秆、畜禽粪污等农业面源污染治理力度，健全特色农产品质量标准体系，强化农产品地理标志和商标保护。实施农村产业融合发展行动，推进数字乡村建设战略，抓实电子商务进农村综合示范项目建设，培育一批"土字号""乡字号"家庭工场、手工作坊、乡村车间，发展休闲旅游、餐饮民宿、文化体验、健康养生、养老服务等产业。

2.擘画红河乡村新图景

周密部署"干部规划家乡行动"，广泛宣传动员，安排相关领导及工作人员专人负责具体实施工作，强化服务保障，高标准推进。对本部门在职在编公职人员开展全面摸底排查，就干部出生地、专业特长、兴趣爱好、回乡意愿、未来规划等方面进行详细了解登记，厘清"干部规划家乡行动"基础数据，精准地为乡村振兴提供"智囊团"。召开"干部规划家乡行动"工作动员会，认真传达相关文件精神，要求干部职工切实提高政治站位，深化思想认识，准确把握开展行动的重要性，将"干部规划家乡行动"作为推进乡村建设的有效抓手，作为干部直接联系群众的生动实践，作为游子反哺家乡的重要机会，用好各类节假日，认真察民情、访民意、判现状、提想法、出点子，和父老乡亲一起绘就一幅"看得见山，望得见水，记得住乡愁"的美丽家乡画卷。

3.提升农村人居环境

以建设美丽宜居村庄为导向，以解决损害群众健康的突出环境问题为重点，大力推进农村人居环境整治。重点解决人口密集地区、环境敏感地区、水源保护地村庄、传统村落、美丽宜居村等村庄的污水治理问题。因地制宜

推进农村"厕所革命",统筹做好生活污水治理与改厕的衔接工作,改变农村"如厕难、环境差"状况。全面推进农村生活垃圾治理,开展就地分类、源头减量试点,实施村庄清洁和绿化行动,到2025年,基本实现农村污水处理、农村生活垃圾处理设施和农村卫生户厕全覆盖。

4.大力振兴乡村生态经济

兼顾"百姓富"和"生态美",将特色与绿色相结合,推动产业生态化和生态产业化。严格乡村产业环境准入,建立乡村产业环境准入负面清单,制定差异化激励和约束政策措施。加快现有乡村企业绿色改造升级。鼓励发掘生态涵养、休闲观光、文化体验、健康养老等生态功能,利用"生态+"等模式,推进生态资源与旅游、文化、康养等产业融合。依托乡村独特生态资源、人文优势,探索乡村"两山"转化路径模式,遴选建设一批乡村生态经济发展示范样板。

(六)以乡村治理为保障,推动扶贫队伍与组织振兴有效衔接

习近平总书记多次强调,要夯实乡村治理这个根基,让农村社会既充满活力又和谐有序。当下只有把乡村治理这个农村经济社会发展的软实力做强,把这项基础性和关键性工作做实,才能最大限度调动基层干部群众巩固提升脱贫攻坚成果的积极性、主动性、创造性,实现从"贫困光荣"到"脱贫光荣""返贫可耻"的观念转变。

1.加强农村基层党组织队伍建设

把基层党组织带头人队伍建设摆在突出位置,充分发挥示范引领作用。选优配强村"两委"班子,加大从本村致富能手、外出务工经商人员、返乡创业大学毕业生、复员退伍军人中培养选拔村干部的力度,培育"新乡贤"以激活内生型乡村治理力量。设置村级"振兴专干"岗位,通过本土人才回引、院校定向培养、州级统筹招聘等渠道,使每个村储备一定数量的村级后备干部。提高村党组织书记和村干部的薪酬待遇,探索实施村党组织书记职业化和村干部定制培育工程,健全从优秀村党组织书记中选拔乡镇领导干部、考录乡镇公务员、招聘乡镇事业编制人员机制。

2.推进乡村法治建设

坚持把法治作为决策之基,将法治贯穿于乡村治理全过程,包括搭建乡村基层法律服务平台,采取契合农村实际、符合地域特色的形式加大法治宣传力度,并针对乡村基层工作特点与基层干部特性,提升农村基层干部依法行政工作水平,使依法办事成为工作常态。同时,加强乡村人民调解组织建设、农村法律服务硬件设施建设以及乡村法治文化建设，有条件的地区要打造一批个人品牌调解工作室，引领乡村法治建设。

3.广泛调动社会组织的积极性

保障脱贫攻坚与乡村振兴的有效衔接，须破除脱贫攻坚阶段主要依靠行政手段推动的局面，构建农村多元主体参与的基层共建共治共享新格局。进一步巩固发展农民合作组织，发挥合作社、供销社等组织对农民的带动作用，引导帮扶主体、社会资本通过入股合作的方式与农户建立稳定利益联结，以集体化和组织化推动乡村产业振兴。积极孵化、培育、扶持农村服务性、公益性和互助性社会组织，鼓励社会力量发挥物资、专业、人才优势，推动农村社会养老、科技、卫生、教育事业现代化发展。

4.强化人民群众的主体地位

坚持以人民为中心、尊重农民首创精神，让农民真正成为乡村治理的主体、乡村振兴的受益者，激发乡村内生发展动能。进一步健全村民参与治理机制，创新民事民议、民事民办、民事民管的有效形式和平台载体，增强村民参与乡村振兴的主体性和能动性。加强村民自治能力建设，增强村民信息获取与分析、议事协商参与、意见与利益表达、民主监督等能力，吸纳广大群众、社会组织积极参与农村公共管理和服务。畅通村民诉求表达、利益协调、权益保障通道，创新"对面做、同面做、换位做"调节方式，实现"小事不出门、矛盾不出村"，打造和谐稳定的农村社会环境。

（七）着力补齐教育、医疗短板

教育扶贫在整个脱贫攻坚工作中具有基础性、根本性的作用，要把发展教育作为巩固拓展脱贫攻坚成果的治本之计，确保脱贫家庭子女都能接受良好的基础教育，具备就业创业能力，切断贫困代际传递。巩固拓展医疗保障脱贫攻坚成果，防止人民群众因病致贫返贫，不断夯实医疗保障各项基础工作，提升医疗保障水平，全面助力乡村振兴。

1.加快推进教育现代化发展

大力改善乡村幼儿园办学条件，缩小城镇幼儿园和乡村幼儿园、公办幼儿园和民办幼儿园之间的发展差距。规范幼儿园行政许可工作，明确建设标准、管理体制以及日常监督办法，多渠道增加农村普惠性学前教育资源供给。同时，规范学前教育办学管理。对家庭困难儿童、孤儿和残疾儿童接受普惠性学前教育给予适当补助。

千方百计加大教育投入，推进义务教育从基本均衡向优质均衡发展。做好学校改扩建新建工程和乡村学校布局规划工作。按照省定标准完善学校基础设施和教学仪器装备，推进义务教育学校标准化建设，使全州义务教育学校办学条件从基本达标到全面达标，城乡义务教育发展实现从基本均衡向优质均衡转变。

全力提升高中教育水平。探索"3+1+2"①教学管理模式。采取"联合办学""集团化办学"等模式，进一步挖掘、培育和拓展优质高中资源，重点打造一批优质高完中，扩大优质资源总量。指导普通高中多样化发展，打造卓越高中和特色高中。

推动职业教育长远健康发展。坚持市场导向。要充分发挥市场的决定性作用，以市场的需求来引领全州职业教育，做到专业设置适应全州产业发展，人才培养满足市场需求。突出服务产业发展。要适时调整专业设置，对接企业用工需求，增强专业的针对性、实用性。要立足全州经济特点和产业结构调整，服务乡村振兴战略，大力配合相关部门开展种植养殖、农产品深加工和销售等培训，加快培养一批有文化、懂技术、会管理的新型职业农民。服务企业转型升级，大力配合州内企业开展岗前、在岗、转岗技能提升培训，为企业职工提供优质培训服务，更加主动、贴切地融入并服务全州产业和经济发展。强化校企合作。开展委托培养、定向培养和订单式人才培养，实行校企双主体育人、学校老师和企业师傅双导师教学，创新技能人才培养模式，构建校企一体化人才培养模式。

2.以提高基本医疗保障为目标进一步巩固健康扶贫成果

继续深化对口帮扶，提高全州整体医疗水平。继续巩固实施三级医疗机构对口帮扶县级医院，加强县级二级医疗机构帮扶（乡）镇卫生院和卫生院帮扶村卫生室工作，实现县、乡（镇）、村三级医疗卫生帮扶工作全覆盖。持续做好大病专项救治工作。逐步增加病救治病种和分类，继续扩大脱贫人口大病救治覆盖面。继续实施人才培养计划和定向培养、特岗医师等政策措施，充实和加强基层人才队伍。加快提升农村医疗服务能力和质量，推进乡镇卫生院及乡村卫生室巩固提升建设，加快在有条件的乡镇卫生院配置手术室、产科设施、数字化X光机、全自动生化仪、彩色B超、救护车等医疗设备装备，推动优质医疗资源向基

---

① "3+1+2"：指高考"3+1+2"改革。3指的是语文、数学、英语；1指的是物理和历史选一科；2指的是化学、生物、政治、地理四科目中任选两科。

层和脱贫地区下沉,加快实施远程医疗"乡乡通"工程,逐步实现全市二级以上政府办医疗机构互联互通和信息共享,让信息多跑路、群众少跑腿。坚决做好新冠肺炎、艾滋病、结核病防控工作,树立健康生活理念,引导贫困群众养成良好卫生习惯和健康生活方式。

分报告三：

同步一体加快推进农业农村现代化

习近平总书记强调，"没有农业现代化，没有农村繁荣富强，没有农民安居乐业，国家现代化是不完整、不全面、不牢固的"①"没有农业农村现代化，就没有整个国家现代化"②。党的十九届五中全会将"加快农业农村现代化"作为新发展阶段"三农"工作的目标任务。2022年中央一号文件也提出"推动乡村振兴取得新进展、农业农村现代化迈出新步伐"。因此，农业农村现代化，既是新时代"三农"工作的总目标，又是乡村振兴的重中之重，关系着中华民族伟大复兴战略全局，决定着我国社会主义现代化建设的成色质量。

红河州作为农业大州，全面推进现代化建设同样离不开农业农村现代化。在开启全面现代化建设新征程的关键时刻，红河州更需要立足新发展阶段，努力推进农业农村现代化，为推动由农业大州向农业强州转变、实现经济社会高质量跨越式发展提供重要支撑。

一、农业农村发展取得历史性成就

经过长期接续奋斗，尤其是"十三五"以来，红河州高原特色现代农业发展提质增效，农村生产生活条件明显改善，农民生活质量显著提高，脱贫攻坚目标任务如期完成，与全省、全国同步全面建成小康社会，农业农村发展取得历史性成就。

（一）高原特色现代农业发展提质增效

"十三五"时期，红河州加快构建农业产业体系、生产体系、经营体

---

① 中共中央党史和文献研究院编：《习近平关于"三农"工作论述摘编》，中央文献出版社2019年版。
② 习近平：《把乡村振兴战略作为新时代"三农"工作总抓手》，《求是》2019年第11期。

系，着力推进农业生产品种优化、品质提升、品牌打造和标准化生产，农业劳动生产率、土地产出率、农业增值率稳步提升，"绿色食品牌"更加响亮，农业质量效益不断提高。

1. 农业产业体系更加完善

红河州农业基础地位继续巩固，农林牧渔服务业稳步发展，农产品加工业加快提升，农村新产业新业态持续丰富。2020年，全州实现第一产业增加值344.78亿元，占全省第一产业增加值的9.58%，位居全省第三；实现农林牧渔业产值713.19亿元，占全省农林牧渔业总产值的9.53%，位居全省第三；农林牧渔服务业比重从2015年的1.5%增至2.6%。划定永久基本农田737.47万亩、粮食生产功能区352.83万亩、重要农产品生产保护区110.91万亩，粮食播种面积和产量实现稳定增长，粮食播种面积稳定在577万亩以上、粮食产量保持在180万吨以上。

北部国家现代农业示范区、南部山区综合开发、红河谷经济开发开放带"三大板块"格局形成，水果、蔬菜、花卉、梯田红米、规模养殖、中药材六大优势产业绿色化、优质化、特色化、品牌化高质量发展态势显现，绿色生态农业行稳致远。建水创建为首批国家级农业现代化示范区，蒙自创建为全国农业全产业链典型县，弥勒太平湖创建为首批国家农村产业融合发展示范园，蒙自、开远入选全省"一县一业"示范县，泸西入选特色县，蒙自获全国首家"中国石榴城"命名。农产品加工业跨越式发展深入推进，高标准规划建设弥勒绿色食品加工园区，2020年，全州农产品加工产值与农业总产值的比例达1.78：1。全州实现全国电子商务进农村综合示范县全覆盖。

2. 农业生产体系逐步重塑

红河州深入打造绿色农业产品品牌，以设施化、有机化、数字化为方向，大力推进农业科技化、集群化、绿色化、品牌化发展，重塑现代农业生产体系。优势特色产业集群不断发展，累计建成195个"绿色食品牌"产业基地，开远现代农业产业园入选第三批国家现代农业产业园，弥勒入选第二批国家农业绿色发展先行区、国家农业科技园区，建水南庄镇、石屏坝心镇、建水曲江镇入选全国农业产业强镇，开远和泸西成为全省创建国家级优势特色产业集群项目建设县（市），以产业园区为点、产业强镇为线、产业集群为面的重点产业布局逐步构建。

绿色生产方式逐渐形成。全州化肥农药减量化实效明显，2015—2020

年，化肥施用量（折纯）从26.63万吨减至23.92万吨，化肥施用强度（单位面积化肥施用量）从409.63千克/公顷降至356.38千克/公顷；农药使用量从10226吨降至7980吨，农药使用强度（单位面积农药使用量）从15.73千克/公顷降低至11.89千克/公顷（详见表1）；秸秆综合利用率达85.71%，粪污综合利用率达92.62%，农膜回收率达83.33%。

农业品牌化发展加速。2020年，全州共有225家单位421个产品通过"三品一标"认证，其中，无公害农产品认证了57家单位124个产品，绿色食品认证了73家单位133个产品，有机产品认证了86家单位155个产品，认证农产品地理标志9个；共拥有地理标志证明商标29件，位列全省第一。直供G20杭州峰会的泸西生鲜蔬菜现已注册"红高原·泸西"和含G20符号的区域公用品牌图形商标，开远"七彩云菊"花卉公用品牌商标成功注册，"蒙自石榴"荣登"2017—2018年地标农产品电商品牌榜"和2020年"中国区域公用品牌（地标农产品）价值榜"；"和源"石榴、"蒙生"石榴、"云河"香蕉、"阳光果园"早香蜜桃、"晨滇滇"红阳猕猴桃、"品元"切花玫瑰、"宏升"菜心、"生物谷"灯盏细辛等14个农产品入选云南省绿色食品"10大名品"，数量、品类逐年增多，影响力和市场认可度不断提升。同时，全州农产品质量安全持续提升，蒙自、建水创建为国家出口食品农产品质量安全示范区，泸西创建为省级出口食品农产品质量安全示范区，开远、泸西、石屏创建为省级农产品质量安全示范县。

数字农业示范稳步推进。开远高效现代农业园区建设"数字化气候水肥控制中心"，推动智能化设备设施、数字化管理与农艺、农技高度融合；泸西牛牛牧业已建成西南地区良种奶牛规模较大、奶牛单产水平最高的高原特色智慧牧场。

3.新型农业经营体系逐步健全

红河州坚持"见苗浇水"与"大树移栽"并举，持续培育引进领军主体，推动新型经营主体蓬勃发展，"大产业+新主体+新平台"发展格局初现成效。努力培育本地优质企业。2020年，全州共有农业龙头企业469户，有国家级重点龙头企业1户（云南乍甸乳业）、省级重点龙头企业82户、州级重点龙头企业271户；有农民合作社示范社273个，其中国家级示范社19个、省级示范社117个。积极引进外地领军企业，充分依托区位、气候、产业、品牌、平台、政策六大优势，引进全球排名前10的荷兰安祖、荷兰西露丝等花卉企业，菊花种苗销售亚洲第一的上海虹华园艺有限公司，以及鹏欣集团、温氏集团、深圳果菜贸易公司、海亮集团、正大集团、金锣集团、海升集团、联想佳沃集团、华润集团昆明华润圣火药业等一批国际国内知名企业、龙头企业引领大产业的示范效应开始显现。

4.农业质量效益稳步提升

在"农业三大体系"和农业生产"三品一标"的推动下，红河州农业发展质量和效益稳步提升。2015—2020年，全州农业劳动生产率从1.74万元提升至2.86万元/人，提高了64.37%；农业土地产出率从2281.08元/亩提高至3424.51元/亩，提高了50.13%；农林牧渔业增值率从59.75%提高至61.09%，提高了1.34个百分点（详见表1）。

表1　2015年和2020年红河州农业发展主要指标比较表

指标	2015年	2020年
第一产业增加值（亿元）	205.20	344.78
农林牧渔业总产值（亿元）	343.44	564.39
农林牧渔服务业比重（%）	1.6	2.6
农林牧渔业增值率（%）	59.75	61.09
粮食产量（万吨）	177.19	183.49
农用化肥施用量（万吨）（折纯）	26.6	23.92
化肥施用强度（千克/公顷）	409.63	356.38
农药使用量（吨）	10226	7980
农药使用强度（千克/公顷）	15.73	11.89
土地产出率（元/亩）	2281.08	3424.51
劳动生产率（元/人）	17351.01	28586.35

资料来源：根据《2021/2017红河州领导干部经济工作手册》[①]、红河州农业农村局相关数据整理计算

（二）农村生产生活条件明显改善

红河州将打赢脱贫攻坚战作为全面建成小康社会的底线任务，全面提升农业农村基础设施，加快提升农村基本公共服务水平，稳步改善农村人居环境，村容村貌显著变化，农村生产生活条件明显改善。

基础设施建设高效推进。基本解决了农村群众的生产生活用水问题，农村生产生活用电基本得到保障，实现所有乡镇到行政村通柏油路、水泥路或预制块体弹石路。2020年，全州农村集中供水率达97.14%，农村自来水普及

---

① 红河州人民政府办公室、红河州统计局、国家统计局红河调查队编：《2021/2017红河州领导干部经济工作手册》，2021年、2017年7月。

率达96.57%，实现所有行政村100%通4G网络、通宽带网络，物流服务覆盖面超过90%。

农村基本公共服务水平显著提升。所有建制村卫生室全部达标，实现城乡居民基本医疗保险全覆盖，13县（市）义务教育基本均衡，全部通过国家评估验收，九年义务教育巩固率达96.25%，建成4个边境小康示范村。

爱国卫生"7个专项行动"深入推进。强化村庄规划编制与实施管理，全州133个乡镇已全部实施乡村建设规划许可制度，每个行政村均至少配备1名专管员。扎实推进农村"厕所革命"，全州村委会所在地无害化卫生公厕全部达到"三净、两无、一明"①的要求。积极推进农村生活垃圾污水治理，全州乡镇（镇区）生活垃圾处理设施覆盖率达83.6%，村庄生活垃圾处理设施覆盖率达60.4%；农村生活污水治理率达36.81%，有效管控率达30.66%。有序推进村庄绿化美化，全州村庄整体绿化覆盖率达44.49%；创建成1135个美丽村庄、265个森林乡村；元阳哈尼梯田遗产区成为"绿水青山就是金山银山"实践创新基地，屏边成为国家生态文明建设示范县，红河州成为全国首个"天然氧吧州"。

（三）农民生活质量显著提高

乡村产业的快速发展，促进了红河州农村居民收入的提高，也推动了农民生活质量的提高。"十三五"时期以来，全州农村常住居民人均收入快速增长，从2015年的8599元增长至2021年的15039元，年均增长9.76%；比同期全州城镇常住居民人均可支配收入和云南省农村常住居民人均可支配收入增速分别高出1.91个百分点和0.28个百分点。全州农民收入的快速提高，促进了城乡居民收入水平的相对差距（以农村常住居民收入为1）逐渐缩小，从2015年的3.02∶1缩小至2021年的2.72∶1。与此同时，全州农民生活消费也同步提高，农村居民人均生活消费支出从2015年的5655元快速增加到2020年的10030元，年均增长12.14%，高出同期农民收入增速2.57个百分点；而且全州农村居民的消费结构明显优化，以恩格尔系数为例，全州农村常住居民的恩格尔系数从2015年的37.77%快速降至2020年的32.31%，累计下降了5.46个百分点，大于云南省农村居民的恩格尔系数降幅（云南省农村居民的恩格尔系数从2015年的36.41%降至2020年的34.30%，下降了2.11个百分点）3.35个百分点（详见图1）。

值得瞩目的是，红河州农村脱贫攻坚取得了全面胜利。按照国家2300元

---

① "三净、两无、一明"：地面净、墙面净、厕位净，无蝇蛆、无粪污，灯明。

（2010年不变价）的脱贫标准，全州7个贫困县全部脱贫摘帽、798个贫困村全部脱贫出列、91.32万农村贫困人口全部脱贫、2个"直过民族"实现整族脱贫，7.58万贫困人口实现"挪穷窝""置新业"，历史性解决千百年来的绝对贫困问题①。

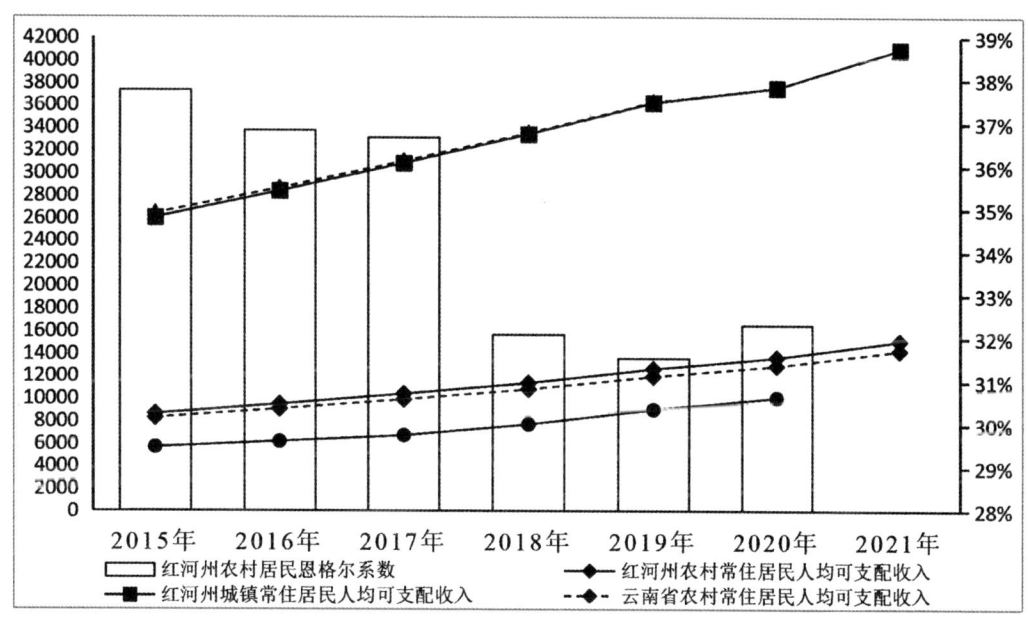

图1 2015—2021年红河州农村居民生活主要指标变化图

资料来源：根据《红河州领导干部经济工作手册（2016—2021年）》《云南省领导干部手册2017、2019、2021》相关数据整理计算

二、农业农村现代化水平测度

基于农业农村现代化内涵，借鉴现有研究构建红河州农业农村现代化评价指标体系，并运用熵值法，综合评价红河州农业农村现代化发展整体情况。总体来看，全州农业农村现代化水平逐步提升，并处于起步阶段，但是农业现代化和农村现代化存在发展不平衡性，农村现代化明显滞后于农业现代化。

（一）指标体系

关于农业农村现代化水平的测度评价，目前国内尚无统一认可的评

---

① 罗萍：《2022年政府工作报告——红河哈尼族彝族自治州第十三届人民代表大会第一次会议上》，2022年2月25日。

价指标体系。本文基于陈锡文（2018）[①]、魏后凯（2020）[②]、王亚华（2020）[③]等关于农业农村现代化的内涵解析，参照中国社会科学院农发所课题组（2020）[④]、刘国斌和方圆（2021）[⑤]、李刚和李双元（2020）[⑥]、张应武和欧元子怡（2019）[⑦]等研究成果，遵循系统性、代表性、可比性、可得性等原则，并结合红河州农业农村发展实际，构建2个维度10个方面34个指标的红河州农业农村现代化评价指标体系（详见表2）。

因相关部分无法提供农村公路通车里程、农村生活污水处理的建制村比例、农村生活垃圾处理的建制村比例及农村无害化卫生厕所普及率4个指标数据，红河州农业农村现代化评价指标体系在实际操作中只涵盖了2个维度9个方面30个指标。

（二）测度方法

本文以《红河州国民经济和社会发展第十四个五年规划和二〇三五年远景目标纲要》为依据，综合《红河州乡村振兴战略规划（2018—2022年）》《云南省国民经济和社会发展第十四个五年规划和二〇三五年远景目标纲要》《全国乡村产业发展规划（2020—2025年）》等指标及有关学者的研究成果，合理确定2035年红河州农业农村基本现代化的目标值。然后，根据《红河州领导干部经济工作手册》《云南统计年鉴》《云南领导干部手册》《云南省农村经营管理资料》等整理计算得出指标体系2017—2020年的相关数据，采用熵值法，测度红河州农业农村现代化水平。

熵值法根据样本指标数据计算出指标权重，可以有效避免指标选择和赋权的主观性[⑧]，比主观赋权法具有更高的可信度[⑨]，加之2017—2020年样本容量小，不适合主成分分析和因子分析[⑩]。文本采用熵值法赋权和评价的步骤如下。

（1）构建指标矩阵。将m个样本中的n个评价指标按照顺序构建原始数

[①] 陈锡文：《实施乡村振兴战略，推进农业农村现代化》，《中国农业大学学报》（社会科学版）2018年第1期。
[②] 魏后凯：《深刻把握农业农村现代化的科学内涵》，《农村工作通讯》2019年第2期。
[③] 王亚华、侯涛：《立足国情农情推进农业农村现代化》，《中国党政干部论坛》2021年第1期。
[④] 中国社会科学院农村发展研究所课题组：《农村全面建成小康社会及后小康时期乡村振兴研究》，《经济研究参考》2020年第9期。
[⑤] 刘国斌、方圆：《吉林省率先实现农业现代化发展研究》，《农业现代化研究》2021年第3期。
[⑥] 李刚、李双元：《青海省农业农村现代化发展水平研究》，《农业现代化研究》2020年第1期。
[⑦] 张应武、欧阳子怡：《我国农业农村现代化发展水平动态演进及比较》，《统计与决策》2019年第20期。
[⑧] 颜双波：《基于熵值法的区域经济增长质量评价》，《统计与决策》2017年第21期。
[⑨] 孟庆福等：《基于熵值法的粮食产业竞争力评价研究》，《河北工业大学学报》2011年第4期。
[⑩] 郑珍远、刘婧、李悦：《基于熵值法的东海区海洋产业综合评价研究》，《华东经济管理》2019年第9期。

据矩阵 $X=(x_{ij})_{m\times n}$ ($1\leqslant i\leqslant m$, $1\leqslant j\leqslant n$), x_{ij} 为第 i 年第 j 个指标。

（2）无纲量化。借鉴朱喜安和魏国栋（2015）①的研究成果，选择处理效果最优的极值处理法，对正、负不同效应的指标进行无纲量化处理，使其具有可比性。

对于正作用指标：$x_{ij}' = (x_{ij} - \min x_{ij})/(\max x_{ij} - \min X_{ij})$ ……①

对于负作用指标：$x_{ij}' = (\max x_{ij} - x_{ij})/(\max x_{ij} - \min x_{ij})$ ……②

式①②中，x_{ij}' 为 i 年第 j 项指标的标准化值，x_{ij} 为第 i 年第 j 项指标的原始值，$\max x_{ij}$ 和 $\min x_{ij}$ 分别为第 i 年第 j 项指标的最大值和最小值。

（3）构建指标值比重矩阵。$(p_{ij})_{m\times n} = x_{ij}'/\sum_{i=1}^{m} x_{ij}' + 0.0001$（$j=1, 2, 3, \cdots, n$）……③，其中 $0 < p_{ij} \leqslant 1$。

（4）计算 j 项指标的熵值：$e_j = -\frac{1}{LNn}\sum_{i=1}^{m}(p_{ij}LNp_{ij})$ ……④，其中 $n>0$, $e_{ij} \geqslant 0$。

（5）计算差异系数。$d_{ij} = 1 - e_j$（$j=1, 2, \cdots, n$）……⑤

（6）计算指标权重。$W_j = d_j/\sum_{i=1}^{n} d_j$（$j=1, 2, \cdots, n$）……⑥

（7）计算第 i 年实现水平。$F_i = \sum_{j=1}^{n} w_j x'_{ij}$，其中 $0 < F_i \leqslant 1$。

表2　红河州农业农村现代化评价指标体系

维度	一级指标	序号	二级指标	计算方法	主要含义	指标属性
农业现代化	产业体系	1	农林牧渔服务业比重	农林牧渔服务业产值/总产值	农业社会化服务水平	+
		2	农产品加工产值与农业总产值之比	直接获取	农业加工水平	+
		3	乡村非农产业就业人员比例	第一产业从业人员/乡村从业人员	乡村产业发展水平	+
		4	粮食产量	直接获取	安全保障水平	+
	生产体系	5	单位面积农机动力	农机总动力/农作物播种面积	农业机械化水平	+
		6	有效灌溉率	有效灌溉面积/耕地面积	农业水利化水平	+
		7	农药单位面积使用量	农药使用量/农作物播种面积	农业化学化水平	−
		8	化肥单位面积施用量	化肥施用量/农作物播种面积	农业化学化水平	−
		9	畜禽养殖规模化率	直接获取	农业集约化水平	+
		10	高标准农田面积比例	高标准农田面积/耕地面积	农业设施化水平	+
	经营体系	11	土地适度规模比例	50亩以上土地面积/承包耕地总面积	土地集约化水平	+
		12	农户参加农业专业组织比重	参加农业专业组织农户数/农户总数	农民组织化水平	+
		13	集体经济强村数量比例	经营性收入50万元以上的村数/村总数	集体经济发展水平	+

① 朱喜安、魏国栋：《熵值法中无量纲化方法优良标准的探讨》，《统计与决策》2015年第2期。

续表

维度	一级指标	序号	二级指标	计算方法	主要含义	指标属性
农业现代化	支持体系	14	农林水事务支出占财政总支出比例	农林水财政支出/财政总支出	对农业重视程度	+
	质量效益	15	劳动生产率	第一产业增加值/第一产业从业人口	劳动力产出效益	+
		16	土地产出率	第一产业增加值/农作物播种面积	土地产出效益	+
		17	农业增值率	农林牧渔业增加值/农林牧渔业总产值	农业获利水平	+
	绿色发展	18	农田灌溉用水有效利用系数	直接获得	节水水平	+
		19	畜禽粪污综合利用率	直接获得	循环利用水平	+
农村现代化	基础设施	20	城镇化率	直接获得	农村发展水平	+
		21	农村自来水普及率	通自来水的村数/村级单位数	农村水利水平	+
		22	农民年均用电量	农村用电量/乡村人口数	基本生活条件	+
		23	农村公路网密度	农村公路通车里程/公路通车总里程	基本生活条件	+
		24	宽带覆盖率	通宽带村数/村级单位数	信息化水平	+
	公共服务	25	学龄儿童入学率	直接获取	农村教育水平	+
		26	每万人拥有文化站数	农村文化站数/农村总人口×10000	农村文化水平	+
		27	每万农村人口医疗机构床位	农村医疗机构床位数/农村总人口×10000	农村医疗卫生水平	+
	农村环境	28	生活污水处理的建制村比例	直接获得	农村环境	+
		29	生活垃圾处理的建制村比例	直接获得	农村环境	+
		30	无害化卫生厕所普及率	直接获得	农业卫生水平	+
	农民生活	31	农民人均可支配收入	直接获得	效益及生活水平	+
		32	城乡居民收入比	城镇居民收入/农民收入	城乡收入差异水平	−
		33	农民恩格尔系数	食品支出/消费支出	农民消费水平	−
		34	农村人力资本	教育文化娱乐支出/生活消费支出	人力资本开发程度	+

（三）主要结论

从表3可以看出，从2017年中央首次提出农业农村现代化以来，红河州农业农村现代化水平逐年提升，从2017年的47.02%快速提高到2020年的56.95%。这既充分印证了全州接续推进高原特色现代农业提质增效、深入推进脱贫攻坚取得的显著性成就，也表明了全州在实现全面建成小康社会进程中取得的历史性成就，并为2035年同步与全国、全省基本实现农业农村现代化奠定了坚实基础。

然而，红河州农业现代化水平明显高于农村现代化水平，农业现代化与农村现代化的差距从2017年的31.94个百分点扩大到2020年的40.69个百分点；农业现代化进展步伐明显快于农村现代化进展步伐，2017—2020年间，农业现代化年均提高3.1个百分点，农村现代化年均提高0.2个百分点。这虽然存在农村环境指标缺失和农村生活便利程度指标不全的诱因，也在一定程度上证明了全州在推进高原特色现代农业发展中取得的显著成效，同时表明了在乡村振兴战略的新形势及开启现代化建设新征程、扎实推动共同富裕的新背景下，全州农业发展和农村发展的不平衡、不充分的现实。这也再次说明了"扎实推进社会主义现代化建设，最艰巨最繁重的任务依然在农村；解决好发展不平衡不充分问题，重点难点在'三农'；构建新发展格局，潜力后劲也在'三农'"。

表3 红河州农业农村现代化水平测度结果

	2017年	2018年	2019年	2020年
总体实现程度	47.02%	49.42%	53.52%	56.95%
农业现代化	39.48%	41.76%	45.68%	48.82%
农村现代化	7.54%	7.65%	7.84%	8.13%

资料来源：作者测算整理

鉴于对标2035年基本实现农业农村现代化，本文在借鉴现有文献基础上，根据测算结果，将农业农村现代化进程划分为准备阶段、起步阶段、总体实现阶段、基本实现阶段4个阶段。目前红河州农业农村现代化整体正处于起步阶段，正快速向总体实现阶段迈进，而农业现代化已经进入起步阶段，农村现代化依然处于准备阶段（详见表4）。

表4 红河州农业农村现代化发展阶段划分标准

阶段划分	发展指数
准备阶段	<30%
起步阶段	30%—60%
总体实现阶段	60%—90%
基本实现阶段	≥90%

资料来源：作者划分

三、存在的主要短板

红河州农业农村现代化尽管有了坚实基础，但仍然存在农业发展质量效益不高、农业基础设施薄弱、农村公共服务水平层次偏低、巩固拓展脱贫攻坚成果任务艰巨、农民收入增速减缓等突出困难。

(一)农业发展质量效益仍然不高

红河州农业虽然得到提质增效,但是发展质量效益仍然不高,主要表现为土地产出率①、劳动生产率②、农林牧渔服务业比例③、农产品加工产值比偏低。2020年,全州土地产出率达3424.51元/亩,为全省平均水平的99.76%,略高于全国平均水平;劳动生产率却远远落后于全省和全国平均水平,分别仅为全省和全国平均水平的97.38%和65.13%;农林牧渔服务业所占比例同样远远落后于全省、全国平均水平,仅为全省平均水平的90.66%、全国平均水平的50.84%;农产品加工产值比虽高于全省平均水平,但远低于全国平均水平(详见表5)。这表明,红河州农业产业结构仍然有待优化,产业效益仍然有待提升,农业质量效益和竞争力与农业资源不匹配,进而再次印证全州农业发展"不充分"的特征显著。

此外,全州农产品品牌影响力塑造不足。全州认证有机产品、绿色食品数量在2020年底均排在全省第10位,三分之二以上的农业龙头企业未开展认证。9个产品入选云南省绿色食品"10大名品",但入选产品总量排在全省第6名,与第1名昆明38个、第2名玉溪19个相比,差距较大。州内农产品注册商标数量仅占全州商标注册总数的7.8%,真正有影响力的区域公用品牌或是企业"老字号"更少。

表5　2020年红河州与全国、云南农业质量效益比较表

指标	红河	云南	全国	占云南比例	占全国比例
土地产出率(元/亩)	3424.51	3432.58	3094.93	99.76	110.65
劳动生产率(元/人)	28586.35	29354.9	43891.7	97.38	65.13
农林牧渔服务业比例(%)	2.6	2.86	5.1	90.66	50.84
农产品加工产值比	1.78	1.68	2.4	105.95	74.17

资料来源:根据《红河州领导干部经济工作手册2021》《中国统计年鉴2021》相关数据整理计算

(二)农村公共基础设施和服务水平仍然偏低

经过脱贫攻坚,红河州农村公共基础设施和基本公共服务得到较大改善,但离高质量小康要求、农村居民对美好生活的向往还有不小差距。全州农业基础设施依然薄弱,尤其是南部6个县,高标准农田、产业路、动力电、有效稳定灌溉水、农产品冷链设施等数量少、比例低,综合配套设施不全,有效管护机制"缺位"。与城镇相比,全州农村医疗卫生、文化教育、

---

① 土地产出率=农林牧渔业总产值/农作物播种面积。
② 劳动生产率=农林牧渔业总产值/第一产业从业人员数。
③ 农林牧渔服务业比例=农林牧渔服务业产值/农林牧渔业总产值,可以展示农业服务业发展水平。

养老等基本公共服务缺口仍然较大,城乡之间教育发展水平仍不平衡,尤其是农村学前教育;医疗卫生服务能力、服务效率仍然不高;农村养老存在供需失衡、观念方式转变困难等;农村文化体育设施供不应求、管理不善、运行不畅等;部分农村村庄建设杂乱无序、人居环境较差。

(三)巩固拓展脱贫攻坚成果任务仍然艰巨

红河州尽管实现了农村绝对贫困人口的全面脱贫、脱贫地区全部摘帽,但脱贫的基础仍然不稳固,已脱贫群众易返贫风险、稳定增收风险仍然存在,因病因灾因意外事故等刚性支出较大或收入大幅缩减导致基本生活出现困难问题依然存在,易地搬迁集中安置区公共服务设施、社区治理及搬迁人口增收、社会融入等工作还存在短板,产业带贫益贫效果和农村集体经济仍需进一步提升,部分脱贫群众的综合素质还不能适应当前发展要求,巩固拓展脱贫攻坚成果压力不小。元阳、红河、绿春、金平4个国家乡村振兴重点帮扶县(原国家深度贫困县)全面振兴基础薄弱,产业、就业、基础设施、交通物流、人口素质等方面仍有短板,群众抗风险能力还不强,巩固拓展脱贫攻坚成果任务繁重,全面推动脱贫攻坚与乡村振兴有效衔接任重道远。

(四)农民收入增速放缓

红河州农村常住居民人均可支配收入虽然获得较快增长,但整体增速减势明显,从"十二五"时期17.00%的平均增速降至"十三五"时期的9.57%[①],主要收入来源增速降低明显,农民持续增收能力亟待提升。从图2可以看出,全州农村常住居民主要收入来源是经营净收入和工资性收入,占据了农民收入的九成以上,其中经营净收入仍然为全州农民第一收入来源,占农民收入的一半以上。但受国内经济增速放缓、世界疫情持续、农产品产销不畅、就业压力加大等影响,全州农民经营净收入和工资性收入增速在"十三五"时期呈减缓态势。2016—2020年,全州农民经营净收入分别同比增长8.45%、7.79%、8.06%、11.92%、7.49%,工资性收入分别同比增长11.52%、11.46%、10.50%、8.37%、6.87%。而在经济发展不稳定性、不确定性增加和新冠肺炎疫情防控常态化的背景下,农民外出务工、农产品流通等负面影响将继续,工资性收入和经营性净收入恢复尚需一段时间。

---

① 根据2010年、2015年、2020年红河州农村常住居民人口可支配收入计算,其中2010年为农民人均纯收入,数据来自《云南统计年鉴2015》。

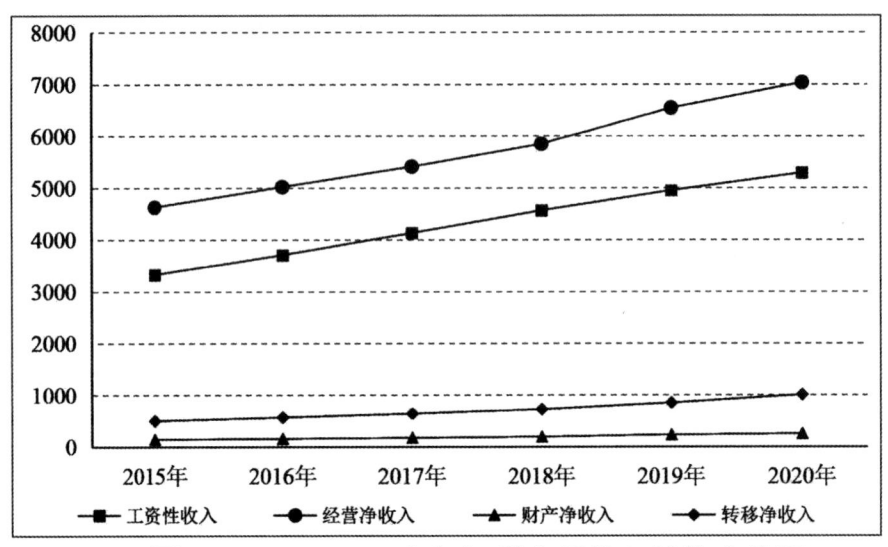

图2　2015—2020年红河州农民收入结构变化图

资料来源：根据《红河州领导干部经济工作手册2021、2019、2017》整理

四、原则、重点与推进路径

进入新发展阶段，红河州"三农"工作重心与全国、全省同步，将转向全面推进乡村振兴、加快农业农村现代化。根据《红河州国民经济和社会发展第十四个五年规划和二〇三五年远景目标纲要》，全面落实"乡村振兴富州"，坚持农业农村优先发展，坚持农业现代化与农村现代化一体设计、一并推进，以推动高质量发展为主题，坚持质量兴农、绿色兴农、品牌强农，持续深化农业供给侧结构性改革，明显提升农业发展质量效益和竞争力，建设现代农业示范区；重点突出乡村建设，全面推进乡村产业、人才、文化、生态、组织振兴，加快形成工农互促、城乡互补、协调发展、共同繁荣的新型工农城乡关系，促进农业高质高效、乡村宜居宜业、农民富裕富足，基本建成高原特色现代农业强州，基本实现农业现代化，为努力建成"三个示范区"、促进经济社会高质量跨越式发展提供有力支撑。

（一）基本原则

在新发展阶段、新发展格局下，红河州农业农村发展须深入贯彻新发展理念，坚持党管农村工作、农业农村优先发展、农民主体地位、城乡融合发展、绿色高质量发展、系统观念、改革创新7条基本原则。

坚持党管农村工作。全面贯彻落实《中国共产党农村工作条例》，毫不动摇地坚持和加强党对"三农"工作的领导，健全党管农村工作方面的领导体制机制，确保党在农村工作中始终总揽全局、协调各方，为农业高质量发展、乡村全面振兴提供坚强有力的政治保障。

坚持农业农村优先发展。把实现乡村振兴作为全州上下的共同意志、共同行动，做到认识统一、步调一致，在干部配备上优先考虑，在要素配置上优先满足，在资金投入上优先保障，在公共服务上优先安排，加快补齐农业农村振兴短板。

坚持农民主体地位。充分尊重农民意愿，切实发挥农民在乡村振兴中的主体作用，调动广大农民的积极性、主动性、创造性，把维护农民群众根本利益、促进农民共同富裕作为出发点和落脚点，促进农民持续增收，增进农民民生福祉，不断提升农民的获得感、幸福感、安全感。

坚持城乡融合发展。坚决破除体制机制弊端，使市场在资源配置中起决定性作用，更好发挥政府作用，推动城乡要素自由流动、平等交换，推动新型工业化、信息化、城镇化、农业现代化同步发展，加快形成工农互促、城乡互补、协调发展、共同繁荣的新型工农城乡关系。

坚持绿色高质量发展。牢固树立和践行"绿水青山就是金山银山"的理念，以绿色生态、资源节约、空间优化为导向，顺应市场多样化、优质化、品牌化需求，以绿色发展理念引领农业高质量发展，探索推广绿色高质高效技术集成模式，全面激活农业绿色发展内生动力，逐步构建绿色技术体系、绿色标准体系、绿色产业体系，增强绿色优质农产品供给能力，同步提升经济效益、社会效益和生态效益，助推农业质量变革、效率变革、动力变革。

坚持系统观念。加强前瞻性思考、全局性谋划、战略性布局、整体性推进，充分挖掘乡村和农业多种功能和价值，统筹推进农村经济建设、政治建设、文化建设、社会建设、生态文明建设和党的建设，坚持全州一盘棋，更好发挥州、县（市）及各方面的积极性，着力固根基、扬优势、补短板、强弱项，实现农业农村发展质量、结构、规模、速度、效益、安全相统一。

坚持改革创新。主动融入和服务国内大循环、国内国际双循环的新发展格局，持续深化农村改革，不断扩大农业开放，激活主体、要素和市场，调动各方力量投身于农业高质高效发展、乡村全面振兴，增强全州农业农村自我发展动力和能力。

（二）发展重点

"十四五"时期，红河州农业农村现代化将突出做好推动巩固拓展脱贫攻坚成果同乡村振兴有效衔接、全力打造高原特色现代农业千亿级支柱产业和有序实施乡村建设行动三个重点工作。

1.推动巩固拓展脱贫攻坚成果同乡村振兴有效衔接

严格落实"摘帽不摘责任,摘帽不摘政策,摘帽不摘帮扶,摘帽不摘监管"要求,接续推进巩固拓展脱贫攻坚成果与实施乡村振兴战略的有效衔接。依托省级统一救助平台,建立健全稳定的利益联结机制、股份合作机制、扶志扶智长效机制,实现农村低收入人口帮扶、产业帮扶、村集体经济、培训就业全覆盖。健全防止返贫动态监测和帮扶机制,坚决守住防止规模性返贫的底线。加强农村低收入人口帮扶,以刚脱贫人口和4个国家乡村振兴重点帮扶县为主要对象,大力提高国家乡村振兴重点帮扶县、脱贫村、低收入群众的自我发展能力。继续坚持开发式扶贫方针,重点做好产业发展、稳岗就业、消费拉动、易地扶贫搬迁后续帮扶工作。健全农村社会保障和救助制度,继续实施教育帮扶、健康帮扶、最低生活保障、特困救助等综合保障政策。完善东西部协作、对口帮扶、定点帮扶、选派驻村干部、社会力量参与帮扶等机制,优化协作帮扶方式。加强对扶贫项目资金资产监督管理。

2.全力打造高原特色现代农业千亿元支柱产业

全面落实《中共红河州委、红河州人民政府关于加快构建现代产业体系的实施方案》,坚持用工业化理念抓农业,按照"大产业+新主体+新平台"的思路,以大宗农产品优质化、小众农产品适度规模化、特色农产品高端精品化为方向,确保粮食和重要农产品保障,聚焦水果、蔬菜、花卉、梯田红米、规模养殖、中药材六大优势产业,全力打造"5个基地",发挥北部坝区规模农业引领带动作用,推动南部山区特色农业加快发展。持续推进"一县一业、一村一品"示范创建和现代农业产业园区建设,深入实施"一二三"行动,以省级示范县、特色县为抓手,积极推进泸西、建水、石屏、弥勒、屏边等争创示范县,并推动形成县域农产品加工产业集群和农产品精深加工平台;聚焦种业、电商两端,以梯田红米、蔬菜、水果、花卉、中药材等为重点,实施产业种子资源创新及繁育基地建设和农村电商综合示范建设;扎实推进农业设施化、有机化、数字化,坚持园区化、专业化、集约化发展方向,加快建设农产品质量追溯平台,将绿色食品、有机产品、地理标志农产品纳入追溯管理,力争"县县有地标",推动"绿色食品牌"产业基地可视化、动态化管理,着力推进生产智能化、经营网络化、管理数据化、服务在线化。

3.有序实施乡村建设行动

把乡村建设摆在社会主义现代化建设的重要位置,围绕打造乡镇服务农民的区域中心,按照"五抓五强"①要求,全面提升乡镇公共基础设施和基本公共服务能力。统筹县域城镇和村庄规划建设,保护传统村落和乡村风貌。完善乡村水、电、路、气、通信、广播电视、物流等基础设施。实施乡村振兴"十百千"工程。治理农业农村环境突出问题,开展农村土地综合整治,积极发展农林牧渔绿色生态循环农业模式,集中治理农业面源污染。弘扬优秀传统文化,强化乡村公共文化服务,推动乡村文化振兴。提高农民科学文化素质,推动乡村人才振兴。

(三)推进路径

围绕上述重点,红河州农业农村现代化需要以三产融合为导向,以绿色清洁为引领,以组织提升为重点,以便捷舒适为核心,全面提升农业质量效益和竞争力,全面提升农村宜居宜业水平,真正让农业成为有奔头的产业,让农民成为有吸引力的职业,让农村成为安居乐业的家园。

1.以三产融合为导向,全面构建乡村产业体系

立足红河地形多样、土壤多样、气候多样、物种多样的自然条件和"多、特、好、早"的农业生产先天优势,优化农业产业结构,壮大农村新产业新业态,着力延长产业链、提升价值链、完善利益链,推进大生态农业、大健康农业、大品牌农业建设,推动农村一二三产业融合发展。

立足国家农产品上产区多、农业大州的实际,全力保障粮食等重要农产品有效供给,严守耕地、基本农田保护红线和粮食播种面积底线,为全省"米袋子""菜篮子"安全提供强力支撑。继续优化种植业结构,坚定不移做优做强水果、蔬菜、花卉、梯田红米、规模养殖、中药材六大优势产业,推进北部现代规模农业引领发展、南部山区农业特色发展、红河谷热区农业错位发展,推动品种培优、品质提升、品牌打造和标准化生产,着力形成集群效应。推进畜牧业规模化集约化转型升级,加快家禽、生猪、肉牛、肉羊、奶牛养殖基地建设,依托大企业、养殖大户、家庭农场、专业合作社等主体,创新合作方式和机制,推动畜牧业规模化、集约化、标准化、优质化生产。

大力发展农产品加工业,加快高原特色优势农产品加工转化,依托红河综合保税区和河口跨境经济合作区建设平台,完善弥勒绿色食品加工园区、

---

① 抓产业建设、抓设施配套、抓风貌改造、抓环境卫生、抓建章立制,强组织、强产业、强环境、强基础、强文化。

石屏豆制品特色产业园、开远热电汽循环利用产业园等基础设施和公共服务平台建设，因地制宜开展初加工和精深加工，加快形成特色农产品加工产业集群，推动农产品由"原料输出型"向"产品输出型"转变。持续推进农村电子商务发展，充分用好全域13个全国电子商务进农村综合示范县和红河州（蒙自）智慧物流产业园，进一步健全州、县、乡、村电商物流体系，做大做强农产品电商经营主体和电商基地，大幅提高农产品网络销售量。

因地制宜发展乡村休闲旅游产业，依托弥勒、泸西、建水3个"全国休闲农业与乡村旅游示范县"，弥勒"国家一二三产业融合发展试点示范县"，元阳哈尼梯田和弥勒葡萄景观2个"中国美丽田园"，泸西菊畹村"中国特色民居村"、建水西庄镇"中国特色民俗村"、建水团山村"中国现代新村"、弥勒可邑村"中国最美休闲乡村"，元阳阿者科、弥勒可邑、建水碗窑3个"全国乡村旅游重点村"等"中字号"名县、名镇、名村以及云南省旅游名镇、旅游名村、旅游特色小镇，继续用好擦亮"三千四百年"文化旅游名片和"云上梯田·梦想红河"旅游品牌形象，丰富乡村旅游业态和产品，打造一批乡村旅游目的地和精品线路，利用"旅游+""生态+""健康+"等模式，推动农业、林业与旅游、文化、康养、运动等现代服务产业深度融合。

2.以绿色清洁为引领，全面转变农业生产方式

充分利用"绿色""环保""原生态"的红河高原特色现代农业基因，继续坚持绿色兴农、质量兴农、品牌强农，全面推动红河农业生产方式转变。推进农业清洁生产，持续巩固拓展化肥农药"负增长"成效，全面实施秸秆综合利用和农膜、农药包装物回收行动，大力推广农作物病虫害绿色防控产品和技术。加强畜禽粪污资源化利用，鼓励支持规模化养殖企业开展农家肥、有机肥生产，鼓励支持新型农业经营主体施用农家肥、有机肥。加强农产品质量和食品安全监管，完善农产品质量可追溯体系，健全特色农产品质量标准体系，支持开展绿色农产品、有机农产品和地理标志农产品认证，强化农产品地理标志和商标保护，全面推行食用农产品达标合格证制度，打造红河花卉、红河梯田红米等一批区域公用品牌，持续推进云南省绿色食品牌"10大名品""10强企业""20佳创新企业"的申报参评和宣传推介工作，提升红河农产品影响力。

3.以组织提升为重点，全面健全农业经营体系

推广"平台联建、资源联合、利益联结"有益经验，培育壮大乡村产业经营主体和专业化社会化服务组织，健全以农业产业化龙头企业为龙头、以家庭农场和农民合作社为骨干、以新型职业农民和小农户为主体的现代新型农业经营体系，逐步提升农民组织化程度。强化"外引内培"，以健全产业链供应链为核心，以建基地、强加工、畅流通为重点，积极引进有品牌和影响力的食品加工企业、人才、技术落户红河，支持本土企业做大做强做优。鼓励各级各类农业龙头企业多方式组建大型企业集团，实现创新发展、做大做强。突出抓好家庭农场和农民合作社两类经营主体，落实家庭农场培育计划，推进农民合作社质量提升，培育一批示范家庭农场、示范农民合作社和农业产业化示范基地。支持发展壮大农业专业化社会化服务组织，鼓励开展统种统收、统防统治、代耕、代种、代收、代管等全产业链服务，实现土地、劳务、服务等多种形式适度规模经营，以农业的规模化服务，提升、富裕小农户，推动小农户与现代农业有机衔接。持续完善利益联结机制，推动各类农业经营主体分享产业链收益，推动农村经营主体关系由"同质竞争"转向"合作共赢"。

4. 以便捷舒适为核心，全面提升农村公共服务

围绕"把乡镇建成服务农民的区域中心"，以满足农民对美好生活的向往为目标，全面提升全州农村基本公共基础设施和基本公共服务便捷度、舒适度和可及性。

继续把公共基础设施建设的重点放在农村，有序建设农村资源路、产业路、旅游路、村内主干道等道路，巩固提升安全饮水成果，统筹推进农村燃气、电网、信息、服务设施等建设，着力推进公共基础设施往村覆盖、往户延伸。

学习推广浙江"千村示范、万村整治"工程经验，提升乡村建设规划、绿化、文化、整洁化水平，从一个乡村到一个片区，从若干片区到各县（市）全域范围，全面提升农村人居环境。因地制宜推进农村改厕、生活垃圾处理和污水治理，实施河湖水系综合整治，改善农村人居环境。深入开展文明新风创建活动，全面实施乡村绿化行动，建设一批"美丽乡村""文明新风示范村""森林乡村"。严格保护乡村面山和古树名木，坚持乡土气息、适地适树原则，重点推进村内绿化、围村片林、农田林网、美丽庭院建设，让田园风光成为最美的风景、蔬菜林果成为最好的绿化。

巩固义务教育均衡发展成果，促进教育公平，使农村人口受教育程度不断提升。全面推进健康红河、健康乡村建设，提升农村健康教育、健康管理等基本公共卫生服务质量。构筑农村多层次社会保障体系，完善城乡居民基本医疗保险、养老保险等社会保障制度，健全县、乡、村衔接的三级养老服务网络，健全农村社会保障和救助制度，帮助农村丧失劳动能力的老年人口、留守儿童、残疾人群、精神疾病人群等解决基本生活问题。推进城乡公共文化服务体系一体建设，强化农村基本公共服务供给县、乡、村统筹，逐步实现标准统一、制度并轨，稳步提升农村基本公共服务水平，持续增强农民获得感、幸福感、安全感。

5.以深化改革为动力，全面提高农村发展效能

稳妥推进农村土地制度改革，落实第二轮土地承包到期后再延长30年的政策，规范农村土地有序流转、监管和服务；稳慎推进农村宅基地改革，探索宅基地所有权、资格权、使用权分置实现形式；保障进城落户农民土地承包权、宅基地使用权、集体收益分配权，鼓励依法自愿有偿转让。巩固农村集体产权制度改革成果，全面推进农村集体经营性资产股份合作制改革，积极发展新型农村集体经济，有序推动农村集体经营性建设用地入市。健全农村金融服务体系，支持州内金融机构创新乡村振兴金融产品，满足"三农"和小微企业个性化、差异化、产业化发展需求。加快构建农村信用体系及市场化农业信贷担保服务网络体系，推进农业保险扩面、增品、提标。深化供销合作社综合改革，开展生产、供销、信用"三位一体"综合合作试点，健全服务农民生产生活的综合平台。

分报告四：

高水平推动红河新型城镇化发展

红河州是云南省第三大经济体，经济总量和部分经济社会指标居全国30个少数民族自治州首位，是中国走向东盟的陆路通道和云南改革开放的重要门户。从经济体量来看，红河州在全省经济社会发展中具有特殊重要的战略地位。从区位上看，红河处在滇中城市经济圈的外延范围，处在面向东盟开放的主要交通枢纽位置，积极融入滇中经济圈发展，为红河州的跨越式发展带来了难得的历史机遇。

近年来，按照国家和云南省对新型城镇化的新要求、新部署，红河州新型城镇化发展步伐进一步加快，城镇化品质和特色得到了有效提升。截至2020年底，第七次全国人口普查数据显示，红河州总人口为447.8万人，城镇化率为47.7%，个旧市、开远市、蒙自市的城镇化率均在70%以上；河口县、弥勒市、建水县的城镇化率均在50%以上，高于全州平均值；而屏边县、石屏县、泸西县、元阳县、红河县、金平县和绿春县的城镇化率均低于全州平均城镇化率。总体来看，全州47.7%的城镇化率，比曲靖市（50%）低2.3个百分点，比玉溪市（55.3%）低7.6个百分点，更低于全国平均水平（64.7%）17个百分点，要实现2035年城镇化率达到70%的目标，未来的任务和工作量还很大。

表1 2020年红河州人口及城镇化率

地 区	总人口（万人）	城镇人口（万人）	乡村人口（万人）	城镇化率（%）
红河州	447.8	213.60	234.20	47.7
个旧市	41.93	31.05	10.88	74.05
开远市	32.3	22.72	9.58	70.34
蒙自市	58.6	43.04	15.56	73.44
弥勒市	53.81	28.77	25.04	53.46
屏边县	12.94	4.10	8.84	31.69
建水县	53.42	27.19	26.23	50.89
石屏县	27.2	11.19	16.01	41.13
泸西县	38.91	14.32	24.59	36.81
元阳县	35.92	5.94	29.98	16.54
红河县	28.46	5.89	22.57	20.69
金平县	33.14	8.93	24.21	26.96
绿春县	21.02	4.34	16.68	20.67
河口县	10.2	6.15	4.05	60.27

一、红河新型城镇化发展的内涵

国家发改委印发的《2022年新型城镇化和城乡融合发展重点任务》中提出，未来要继续深入推进以人为核心的新型城镇化战略，坚持把推进农业转移人口市民化作为新型城镇化首要任务。《云南省新型城镇化规划（2021—2035）》中更明确了未来云南省新型城镇化的发展方向：城市品质显著提升、产业支撑能力显著提升、城乡融合水平显著提升、城市治理能力和水平显著提升。

红河州新型城镇化是在科学发展观的指导下，坚持以人为本推进新型城镇化改革发展，按照"融入滇中、联动南北、开放发展"的思路，加速融入滇中城市经济圈，推进协同发展、集群发展的城镇化。新型城镇化的内涵主要包括在以下几个方面。

（1）注重以人为核心，区别于造城运动。红河州新型城镇化是人口、产业、土地、农村、社会多位一体的城镇化，不仅是土地的城镇化，而且要将工作重心转移到推进全州的农业人口市民化上来。

（2）注重"质"，区别于单纯的数量与规模的扩大。红河州的新型城镇化发展不仅要有"广度"，更要有"深度"。不同于传统意义上的城镇化以城镇的数量多少和规模大小作为衡量标准，新型城镇化重视城镇化综合水平的提高，注重发展速度和注重发展质量的区别。

（3）注重城乡统筹，区别于城镇壮大、农村落后的发展模式。红河州新型城镇化要做到城乡统筹、城乡一体，城市支持农村，在发展大中小城市与小城镇的同时，重视新农村建设，打造新型农村社区。

（4）注重产业互动，区别于只注重二、三产业比重的增加。红河州新型城镇化发展中，现代工业、农业和服务业相互促进与协调发展，而不再是单纯地以二、三产业在产业结构中比重的增加作为衡量经济发展的标准。

二、红河新型城镇化取得丰硕成果

"十三五"以来，按照国家和省对新型城镇化的新要求、新部署，红河州积极落实国家和省级区域重大战略、区域协调发展战略和主体功能区战略，以优化国土空间布局，推进区域一体化高质量发展和加快以滇南中心城市建设引领新型城镇化三个层次重点为抓手，新型城镇化取得丰硕成果，形成了区域协调、南北联动、优势互补、城乡互促的良好发展局面。

（一）新型城镇化空间呈现新格局

红河州积极融入国家和省区域协调发展战略，紧扣"健康"和"新型"两个重点，全面启动实施提升城乡人居环境整治行动，从规划、政策、资金、改革等方面入手，着力破解新型城镇化发展的体制机制障碍和深层次矛盾，全州新型城镇化发展步伐进一步加快，城镇化品质和特色得到了有效提升。路网、水网、能源网、信息网、物流网等基础设施扩面提质，城镇空间格局不断优化，滇中城市群副中心定位更加清晰，滇南中心城市引领作用明显增强，南北、城乡、区域发展更加协调。"十三五"以来，全州城镇建成区面积达170.66平方千米，常住人口城镇化率较"十二五"末增加4.75个百分点。

（二）滇南中心城市建设成效明显，发展成为新引擎

滇南中心城市是红河州发展布局中最为重要的"一核"，是全州经济社会健康发展的强大支撑和引擎。滇南中心城市率先转变城市建设理念，从城市要素、结构、功能等方面入手，深入探讨城市发展规律，率先推进智慧城市、海绵城市、城市"双修"、城市地下综合管廊、城市防洪排涝排水管网、城市停车场等城市基础设施建设,让滇南中心城市建设紧跟时代步伐。滇南中心城市区域交通互联畅通程度显著提升,红河蒙自机场、红河综合交通枢纽加快推进,产业协同发展、公共服务均等、生态联防共治等迈出新步伐。截至2020年,滇南中心城市建成区面积81.6平方千米;拥有城市道路里程739.41千米,城市公共供水能力为28.1万立方米/日,建成区绿地率34.47%,人均公园绿地面积为12.20平方米;城市污水处理厂处理能力为18万立方米/日,城市污水处理率为95.18%,城市生活垃圾无害化处理能力660吨/日,生活垃圾无害化处理率达100%;地区生产总值近1000亿元,以全州17.5%的国土面积、23.3%的人口创造了全州41.4%的GDP,成为带动红河经济社会城镇化高质量发展的"火车头"。

(三)美丽县城和特色小镇彰显新魅力

近年来,红河州"美丽县城"和"特色小镇"建设齐头并进、相得益彰、连线成网。其中,屏边、建水、石屏、弥勒、开远5县(市)先后被命名为"云南省美丽县城",太平湖森林特色小镇等8个特色小镇被命名为"云南省特色小镇",占全省27个特色小镇的29.6%。"美丽县城"和"特色小镇"建设已成为推进区域协调发展和新型城镇化的重要抓手。

(四)生态宜居城市建设提升新品质

红河州始终坚持以生态文明建设引领高质量发展,"十三五"期间共建成城市森林(湿地)公园15个,13个县(市)全部创建为"国家卫生县城(城市)",红河州成为全国第二个"天然氧吧城市",绿色成为红河发展最鲜明的底色,城镇发展品质显著提升,城镇综合承载力、宜居性和包容度明显增强。

(五)城乡融合发展取得新突破

红河州坚持以产促城、以城兴产来引领现代产业发展,产城融合效益显著。积极促进城乡要素自由流动和公共资源合理配置,"十三五"期间城镇和农村常住居民人均可支配收入比例从3.04∶1下降为2.76∶1,南北差距、城乡差距逐步缩小。

三、红河新型城镇化发展中的困难和问题

回溯"十三五"期间,全州新型城镇化建设取得了一定成绩,进入新时代,对照习近平总书记考察云南时明确的"一个跨越、三个定位、四个突出特点"以及各项工作要求的重要指示精神,对照国家、云南省与红河州的

发展战略相关要求与指示来看，滇南中心城市规划建设还存在较大差距，特别是处于全省上下正在开启"十四五"规划、奋力推进高质量跨越式发展的大格局下，新时代滇南中心城市规划建设的一些重大原则性问题还没有进一步明确，一定程度上制约了红河高质量跨越式发展。总的来看，全州城镇化水平仍低于云南省平均水平，同时面临系统性谋划不够、城镇化平均水平滞后、城镇规模偏小、产业支撑不足、地区差异巨大、城镇化质量不高、体制机制制约明显等一系列问题。主要表现在以下几点。

（1）滇南中心城市建设的整体性、系统性、宜居性和包容性不足，城乡区域发展还不协调、不平衡，城乡和城市内部二元结构仍然存在。个旧市、开远市、蒙自市在规划管理、基础设施、公共服务、城市管理上尚未实现一体化，基础设施配套不完善。目前只有蒙自市建立了智慧城市综合管理服务平台，城市管理智慧化水平有待进一步提高；城乡建设风貌管控没有和城市设计很好融合，城市治理水平与人民群众期望要求相比还有很大差距；住房结构性矛盾比较突出，新市民特别是农民工住房保障不够健全，滇南中心城市建设的生态嵌入不足，海绵城市建设、城市绿地覆盖率和空间规划的合理性、科学性都有待提升。

（2）全州南北地区城镇化率差距大，各级城镇综合承载力不足。截至2020年底，红河州城镇化率为47.7%，低于全国17个百分点。北部县（市）为58.23%，其中滇南中心城市常住人口城镇化率超过70%，而南部6县仅为24.96%。

（3）全州城镇历史文化资源发掘利用不足，丰富的历史文化底蕴尚未能很好地转化为城市发展的潜力和优势，统合能力、发展潜力有待进一步挖掘提升。

四、红河新型城镇化发展的对策建议

红河州南北地区城镇化率差距大，城市人口聚集的规模差异也较为明显。在发展较好的北部蒙自市、个旧市、开远市，城镇常住人口也分别仅有58.6万人、41.93万人、32.3万人，全州无大城市，也没有达到中等城市规模，城镇聚集功能较弱，中心城市的集聚效应仍有待进一步提升。南部6县城镇人口聚集度更低，如屏边县、河口县的城镇常住人口仅有12.94万人、10.2万人。全州有约四分之三的城镇规模不足1万人。南部6县平均每县仅1—2个建制镇，城镇密度较低，对农村农民的服务覆盖度有限。近年来，南部绿春县、金平县、红河县、屏边县等县(市)人口流失也比较突出,进一步扩大了南北城镇化发展差距。

推进新型城镇化是推动区域协调发展的有力支撑,是扩大内需和促进产业升级的重要抓手,对加快推进社会主义现代化具有重大意义。未来应认清优势与不足,坚持以人为核心的城镇化,加快推进滇南中心城市建设引领新型城镇化发展;坚持以滇南中心城市为引领、县城为重点、中心集镇和特色小镇为亮点,加快构建新型城镇化发展格局,做强"中心"、做大"两翼"、做活"前沿"、做亮"名片"、做美城乡、做优"四带",走出一条具有新时代特征、符合红河实际、突显红河特点的新型城镇化发展之路。

(一)提升城市治理水平,增强滇南中心城市引领力

强化城市空间治理水平,高水平编制《红河州国土空间规划》,按照耕地和永久基本农田、生态保护红线、城镇开发边界的顺序,统筹划定落实三条控制线,明确城市规模、开发强度、"三区三线"划定等要求。合理控制滇南中心城市老城区开发强度,系统运用资源环境承载能力、国土空间开发适宜性评价、城市体检结果,开展滇南中心城市风险评估。将智慧城市、公园城市等理念贯穿于城市规划、建设、管理全过程,努力把滇南中心城市打造成为集滇南交通枢纽、沿边开放前沿、特色产业基地、生态人文宜居于一体的"水韵湖城"。

坚持多规合一,统筹空间、规模、产业三大结构,强化滇南中心城市国土空间规划和监督管理,形成主体功能明显、优势互补、高质量发展的国土空间开发保护新格局。坚持高位统筹、各展所长,建立协调联动机制,扎实推进城市联通、公共服务提标、市政公用设施提档、重点产业发展提质、水资源配置、水生态修复治理等滇南中心城市"十大工程",一体化推进基础设施互联互通、三次产业深度融合、生态环境共保联治、公共服务普惠共享,形成半小时"经济圈""生活圈",打造牵引全州经济增长、辐射带动南北协调发展、具有区域竞争力的核心引擎。统筹生产、生活、生态布局,梳理城市发展脉络,让城市从外延扩张向内涵提升转变。

加强滇南中心城市基层社会治理,坚持党对基层治理的全面领导,强化和巩固党建引领基层治理作用。推动社区居民委员会设立环境和物业管理委员会、公共卫生委员会,促进提高物业管理覆盖率和群众满意度。健全社区工作者职业体系,实施大学生社工计划,引导高校毕业生到社区就业创业。创新社区与社会组织、社会工作者、社区志愿者、社会慈善资源的联动机

制，开展综合网络和全科网格建设，健全"社区发令、部门执行"等机制，建设一站式矛盾纠纷调处平台。

（二）突出产城融合，推进以县城为重要载体的城镇化建设

发挥北部坝区规模农业引领带动作用，推动南部山区特色农业加快发展，按照"大产业+新主体+新平台"思路，延长绿色食品产业链，完善利益联结机制，引导绿色食品精深加工企业向园区集中。坚持做优存量与做大增量并重，以园区为主战场，加快推进个旧、开远等资源型城市产业转型步伐，全产业链打造有色金属及新材料产业，以绿色铝材和锡基、铜基、铟基新材料为重点建设有色金属产业集群。加快新能源开发，构建"风光水火储"并举、"源网荷储"一体化的现代能源体系。加快发展循环经济、绿色经济，推进工业固体废物综合利用，积极发展环保科技创新和环保装备制造，不断提升城镇综合承载能力。积极探索各类能源技术在城市供电和建筑节能中的应用，减少城镇发展对化石能源的依赖，提高新能源利用在城镇能源消费中的比重，增强城市可持续发展能力。

一是推进县城产业配套设施提质增效、市政公用设施提档升级、公共服务设施提标扩面、环境基础设施提级扩能，促进县、乡村功能衔接互补。统筹运用中央预算内投资、地方政府专项债券、县城新型城镇化建设专项企业债券、开发性政策性及商业性金融机构信贷等资金，在不新增隐性债务前提下支持符合条件的项目。加强存量低效建设用地再开发，合理安排新增建设用地计划指标，支持县城产业转型升级示范园区的建设。

二是以县域为基本单元推动城乡融合发展，推进城镇基础设施向乡村延伸、公共服务和社会事业向乡村覆盖。积极建设城乡学校共同体，深化"县管校聘"改革，推进县域内义务教育优质均衡发展。发展普惠托育服务，构建多元化、多样化、覆盖城乡的婴幼儿照护服务体系，办好乡镇公办幼儿园。建设紧密型县域"医共体"，实行医保基金总额付费、结余留用，建立柔性人员上下流动等机制，推动"县聘乡用、乡聘村用"。增强县级医院综合能力，通过对口帮扶、远程医疗、专科联盟等方式，推动城市优质医疗资源向县域下沉。健全县、乡、村衔接的养老服务网络，发展乡村互助式养老服务。

三是推进城镇基础设施向乡村延伸，因地制宜推动供水、供气、供热管网向城郊乡村和规模较大中心镇延伸。推动县、乡、村（户）道路联通，促进城乡道路客运一体化。建设联结城乡的冷链物流、电商平台、农贸市场网络，建设重要农产品仓储设施和城乡冷链物流设施，推动城乡基础设施管护一体化。

四是推进巩固拓展脱贫攻坚成果同乡村振兴有效衔接，推动乡村振兴重点帮扶县巩固拓展脱贫攻坚成果及增强内生发展能力，逐步实现由集中资源支持脱贫攻坚向全面推进乡村振兴平稳过渡，推进易地扶贫搬迁大中型集中安置区新型城镇化建设。

（三）强化城镇基础设施支撑力，有序推进城市更新

受土地、环境、煤电油运等重要生产要素的结构性和阶段性制约，全州各级城镇建设与用地的矛盾仍较为突出，土地成本高，同时每年新增建设用地计划指标有限，调剂又受到制约，土地资源供应不足，难以满足城镇建设等刚性用地需求。此外，各级城镇基础设施和功能配套不够完善，教育、体育、文化、医疗、供水、污水和垃圾处理、公共交通等基础设施建设配套不完善，城镇吸纳集聚功能有待提高，城市综合承载能力不强。各级城镇体系结构需要进一步优化，城镇承载能力和综合实力需要切实增强。

一是加强城市基础设施建设，改善城市公共服务设施。大力消除城市中严重易涝积水路段；到2025年，"个开蒙弥建"每平方千米范围内拥有6座以上公共厕所，其他县（市）每平方千米范围内拥有5座以上公共厕所；"个开蒙弥建"城镇污水收集率达95%，其他县（市）城镇污水收集率达93%；13县（市）城镇污水处理率达到100%；"个开蒙弥建"生活垃圾回收利用率达42%，其他县（市）生活垃圾回收利用率达40%；13县（市）城镇生活垃圾无害化处理率达100%；蒙自市天然气长输管道总里程不低于300千米，其他县市不低于255千米。

落实新建住宅小区配套建设养老设施任务，新建住宅小区要严格按照每百户20平方米以上的标准配备建设敬老服务设施，列入土地出让合同，与住宅同步规划、同步建设、同步验收、同步交付。已建成住宅小区按照每百户15平方米以上的标准配套养老服务设施，并同步开展消防设施改造，配套进行养老设施改造。到2025年，配套建设养老设施达标率达到100%。

二是着力提升城市风貌，促进智慧城市健康发展。高水平编制全州各类城镇的城市设计，从多层面科学确定城市风貌特色，明确提升城市风貌的具体措施。加强城市河湖监管，全面整治河湖管理范围内乱占、乱采、乱堆、乱建"四乱"突出问题；依法依规清理拆除"两违"建筑，整治乱搭乱建问题；严格城市占道围挡施工许可和管理，人性化规范设置各类设施，有序推进各类架空管线入廊入地，治理非法小广告，着力解决城市"空中蜘蛛网""牛皮癣"等视觉污染。根据城市自身特色打造提升城市公共空间，引入文化元素，以城市品牌优化地区文旅资源配置和要素的市场化流动，提升城市影响力和美誉度，实现经济内、外双循环。

加快推进宽带、融合、安全、泛在的信息基础设施建设，有关资源要按照规定向5G基站建设免费开放。推动电力、燃气、交通、水务、地下管线、物流等公用设施和建筑物、构筑物智能化改造，建设城市信息模型（CIM）、数字化管理平台和感知系统，打通社区末端，织密数据网格，实现数字化展示、信息化关联、可视化管理，主要包括政务云计算中心、城市运营指挥平台、公共基础数据库、网络基础设施、城市公共信息平台、信息安全基础设施、城市信息模型（CIM）基础平台建设等。

三是加快全州现代综合立体交通体系建设，优化城市交通体系。推进高速公路能通全通、互联互通，谋划推动开远至建水、弥勒至建水、河口至马关等一批高速公路项目建设，形成"三纵三横一边十连"高速路网，推动沿边国道高等级化。城市内主要综合客运枢纽间交通连接转换时间不超过1小时，蒙自市、个旧市、开远市应能15分钟内到达高、快速路网，或者30分钟内到达邻近铁路、公路枢纽，或不超过60分钟到达蒙自机场。"个开蒙弥建"住宅类建筑配建停车位不低于2个/100平方米建筑面积，其他县（市）不低于1.8个/100平方米建筑面积；"个开蒙弥建"非住宅类建筑配建停车位不低于1.2个/100平方米建筑面积，其他县（市）不低于1个/100平方米建筑面积。"个开蒙弥建"公共停车场提供的停车位占城市机动车停车位供给总量的比例不低于16%，其他县（市）不低于15%，要按照标准足额保障用地，合理规划建设停车楼或地下停车库。"个开蒙弥建"城市路网密度不低于9千米/平方千米，其他县（市）路网密度不低于8.5千米/平方千米。"个开蒙弥建"过境交通量大于等于10000标准车/天的城市，要布局独立的过境交通通道。

鼓励绿色出行，生活出行采用步行与自行车交通，城市内部客运交通中由步行、公共交通、自行车交通承担比例不低于75%。制定绿色交通政策，通过引导和鼓励居民采用步行或者"步行+公交""自行车+公交"等出行方式，完善非机动车、行人交通系统及行人过街设施建设，积极进行绿道建设。制定停车综合改善方案，规范停车秩序，合理规划建设停车楼或地下停车库。在城市更新中同步建设充电桩（站）等新能源汽车充电设施，严格落实新建停车场充电设施配建指标,合理规划布局既有停车场内充电设施的建设。开展城市综合治堵行动,加强道路的微循环改造,加强路内停车位的管理。

四是在全州持续统筹推进城市道路和老旧小区、老旧厂区、老旧街区、城中村"三区一村"的城市更新行动。按"一区一策""一院一策"因地制宜确定老旧小区改造方案,统筹更新改造老旧小区内道路、给(排)水、供电、供气、绿化、照明、公厕等基础设施,完善养老扶幼、健身休闲、日间照料中心等社区服务设施。以街、巷为主线,推进老旧小区沿街立面改造等。完善消防栓或消防水池建设,设置电动自行车集中停放点及充电装置,确保消防通道畅通无阻隔,拆除重建项目按照国家规定修建防空地下室。进行坡道、盲道等无障碍设施改造,修复入口坡道、台阶和楼梯踏步、扶手,完善无障碍设施。开展绿色社区创建工作,在老旧小区改造中采用节能照明、节水器具等绿色产品、材料,加大既有建筑节能改造力度。

开展针对老旧厂区的现状调查,完善配套新建安置住房小区的城市道路以及公共交通、供水、供电、供气、通信、污水与垃圾处理等市政基础设施建设及商业、教育、医疗卫生等公共服务设施配套,负责老旧厂区工业文化遗产保护、展示利用和文旅融合创意产业园区的打造。实施成片集约改造,打破土地权属性质的界限,归并零散地块,统一土地整理、统一规划、统一公共基础设施配套、统一城市管理。

(四)完善边境地区城镇功能,推动边境城镇加快发展

在金平县、绿春县和河口县积极开展兴边富民行动中心城镇的建设试点工作,提高城镇综合承载能力,有序推进中心集镇的产业集聚,提升沿边中心集镇可持续发展水平;以体制机制创新为保障,通过改革释放中心集镇发展潜力。依托沿边公路、边民互市贸易点等,规划建设抵边新村,完善边境地区公路网络,完善城镇功能,加快沿边城镇发展。

在条件较好的边境城镇进一步建设口岸城市,例如在河口构建以跨境旅游为重点,融合瑶族风情、边贸购物等特色的中越边境旅游品牌。立足于河口作为国家一类口岸的功能,联合金水河口岸和屏边县,依托边境贸易和异国风情,重点开发以热带风光、边境贸易和异国风情、现代休闲和娱乐为主,兼容边关军事遗址等为特色的中越边境旅游。把河口建设成跨境国际旅游集散中心和口岸城市,重点打造其跨境旅游和边贸购物的旅游品牌。

（五）提升美丽县城、特色小镇独特魅力，促进新型城镇化健康发展

进一步把美丽县城、特色小镇作为红河推动新型城镇化健康发展的重要抓手，严守"不触碰生态红线、不占用永久基本农田、不通过政府违规举债来创建、不搞变相房地产开发"4条底线，立足各县市资源禀赋、区位和产业特点，加快补齐业态培育、基础设施、公共服务等短板，聚焦"特色、产业、生态、易达、宜居、智慧、成网"七大要素，打造一批独具魅力的美丽县城。

北部7县市要加速融入滇中经济圈，强化与周边的联结，在新型城镇化发展进程中走在前、作表率。南部6县要努力发挥后发优势，壮大县域经济，成为绿色发展的成长区。坚持一镇一风格、一地一特色，着力建成田园牧歌、民族风情、历史文化、特色产业、绝妙景观等类型的特色小镇群。推进产、城、人融合发展，增强生活服务功能，促进特色小镇与毗邻城市的生活圈更便捷、服务圈更完善、商业圈更繁荣。

积极申报沿边区域传统村落。挖掘沿边地区村落形成较早，拥有较为丰富的传统资源，传统建筑风貌较为完整，选址和格局保持传统特色，具有一定历史、文化、科学、艺术、社会、经济价值的村落。根据住建部、文旅部、国家文物局和财政部四部门联合发布的《关于切实加强中国传统村落保护的指导意见》要求，组织专业技术人员走村入户开展摸底、核实、登记、汇总等工作，并按照村落传统建筑、村落选址和格局、村落承载的非物质文化遗产三大评价指标体系标准进行筛选，整理相关资料，积极申报。例如，在绿春县、河口县、金平县重点建设和申报具有苗族、瑶族、拉祜族、哈尼族、彝族、壮族等民族特色的村寨和传统村落。

（六）加强历史文化保护传承，以文化底蕴促进新型城镇化发展

相较于全省的其他州市，红河在历史文化资源方面得天独厚，尤其是北部的建水、石屏、泸西、弥勒、开远等县（市），由于特殊的地理环境以及少数民族杂居分布的态势，元明清以来一直是中央王朝在云南地区施治的中心，也是教育发达的滇南重镇。建水文庙规模全国第二，有"文献名邦""滇南邹鲁"的称誉。石屏和泸西也在历史文化积淀方面各具特点。

促进红河州新型城镇化高质量发展，一方面要着力保护全州的历史文化名城名镇、历史文化街区、历史建筑、历史地段；保留历史肌理、空间尺度、景观环境，加强对革命文物、红色遗址、文化遗产的保护，推进重点文物古迹等的保护利用，统筹做好整体保护、研究传承、展示利用。另一方面，要推动全州非物质文化遗产融入城市建设，鼓励建筑设计传承创新。禁止拆真建假、以假乱真，严禁随意拆除老建筑、大规模迁移砍伐老树，严禁侵占风景名胜区内土地。充分挖掘全州的历史文化底蕴，将其转化为城市发展的潜力和优势。

分报告五：

抓住政策红利和区位优势 全面构建沿边开放新高地

红河具备独特的沿边开放发展条件，是全省开放发展最有潜力，具有丰富创新优势和沿边开放经验的地区之一。红河立足于联通国内外的"咽喉"地位，区位通道条件优越，基础设施逐步健全、联通条件不断改善；依托综合资源优势，产业平台巩固壮大、载体功能日益完善、经贸发展不断提速、经济效率显著提升。从对外经贸发展来看，通道经济日趋显现；从对外交流合作来看，对越开放合作日益深化，可以在沿边开放做出示范。红河大抓沿边开放对于优化开放空间布局、促进区域协调发展、构建和谐周边环境具有重大战略意义：有利于构建和谐周边环境，有利于融入和服务国家战略、拓展红河发展空间，有利于推动高质量发展，开启红河跨越式发展新征程，并且有助于聚集高端要素，培育全州经济新动能新优势。

一、红河大抓沿边开放的现实背景

近年来，红河探索建立与越北老街的交流合作常态机制，沿边金融综合改革试验区建设深入推进，取得"河口地区越南盾现钞跨境调运""发布兑换越南盾指导性汇率""开设本外币合一账户"等5项改革创新成果。并且加大境外新兴市场开拓力度，加强与东盟、亚欧等国家之间的合作，经贸关系不断得到加强。红河在对越经贸合作中积累了许多经验，在开放合作机制的大框架下，利用会展平台与越南在外事定期会晤、警务合作等方面的合作机制有序运转。同时高度重视与越南的文化教育合作交流，包括共同建设国际化人才培养科研平台与专业能力实践基地、举办红河文化艺术节。州内6县（市）、7村寨与越方结为友好城市、友好村寨。此外，贸易伙伴除越南外，还拓展到其他30多个国家和地区。

（一）红河大抓沿边开放的基础条件

红河既处于滇中经济圈又是沿边地区，是连接东南亚的大通道和"一带一路"建设与"两廊一圈"的重要节点，区域发展优势、抵边优势、开放优势明显。

1.区位通道条件优越，自然资源优势突出

红河地处东亚与东南亚板块的接合部，处于中国—东盟自由贸易区衔接带，有河口口岸、金水河口岸、平河边贸通道等多个口岸通道，是我国面向东南亚开放的前沿门户，也是滇越（昆河）国际经济走廊的重要枢纽，得天独厚的区位优势决定了红河开放的战略地位。

红河具有"高海拔低纬度"的地理特征，22.8平方千米的面积属北亚热带及红河谷热区，被誉为"滇南生物基因库"，生物资源开发成为红河最具活力的产业之一。红河处于滇中、滇东南、三江三大成矿带交会地，以锡为主的有色金属在全省、全国乃至世界上均占有重要的地位，煤炭、优质锰、金银等为主的矿产资源在全省具有较大的优势。个旧市是世界闻名的锡都，开远市是全省重要的能源基地。生物矿产等资源优势蕴藏着红河以开放带动开发、促进跨越的巨大潜力。

交通等基础设施不断完善，夯实开放发展的基础。"十三五"以来，红河抢抓省委、省政府高位推动综合交通五年大会战的"窗口"机遇，着力构建连接东西、贯通南北、安全快捷的综合交通体系。按照"县县通高速、南北通航空、州府通高铁"的交通发展思路，红河成为全省面向东盟开放的重要交通枢纽的目标正变为现实。红河边境线长达848千米，自古以来就是中国西南地区通向东南亚的重要门户和窗口。东汉时期的"马援古道"途经蒙自、河口到达越南的河内，是"南方丝绸古道"的第二通道。红河辖13个县（市），北部7个属于滇中经济区，南部6个县属边境县。目前，有3个国家级一类口岸，以及中国（云南）自由贸易试验区红河片区、红河综合保税区、国家级蒙自经济技术开发区等开放平台，是中越经济走廊主干线，云南对外开放的桥头堡。"十四五"时期，红河以中国（云南）自由贸易试验区红河片区建设为引领，深化推进沿边开放发展，推动内外统筹和双向开放取得了新进展，创造了在全省乃至全国具有一定影响力的红河经验，为构建沿边开放奠定了坚实的基础。

2.产业支撑巩固壮大，载体功能日益完善

在"全面开放、五区联动、市区融合、重点突破"开放发展思路指引下，红河总结形成了"会议协调、并联审批、互不前置、负面清单"的平台开发管理模式，三大国家开发区的协调和带动作用逐步显现。坚持"五区联动"发展，夯实"大抓招商"基础。充分发挥中国（云南）自由贸易试验区红河片区功能，加强与红河综合保税区、蒙自经济技术开发区在政策、产业、招商、人才、资金等发展要素方面的整合联动，加快形成规划衔接、政策叠加、功能互补、服务一体的联动格局。红河的开放发展从沿边区位优势，上升到产业平台优势，实现从单纯的"引进来"到"引进来"和"走出去"并重的重大转变。全州拥有4个国家级园区、1个省级工业园区、2个国家级新型工业化示范基地、2个省级新型工业化示范基地。"园区平台+开放政策+区位优势"叠加效应不断释放，依托红河州沿边开放区位优势，叠加中国（云南）自由贸易试验区红河片区、中国（红河）跨境电子商务综合试验区、蒙自经济技术开发区、红河综合保税区、河口边境经济合作区（以下合称"五区"）联动发展的开放型经济发展新格局正在逐步形成。中国（云南）自由贸易试验区红河片区147项试点任务已完成96项，形成14个制度创新经验案例，复制推广改革试点成功经验56条；挂牌以来新增注册企业536户，其中中国—东盟（河口）跨境电子商务产业园入驻企业147户，实现网上销售额7.71亿元。红河综合保税区是云南省首个综合保税区，成功获批昆明电子银行结算中心红河分中心、红河现金清分中心。2018年1月，红河综合保税区口岸作业区获批开通，成为红河进出口贸易快速增长的重要支撑。蒙自经济技术开发区是我国面向东盟最近、最大的国家级经开区，是长江经济带国家级转型升级示范开发区，相继建成电子信息产业园、科技孵化园、有色金属新材料产业园等一批园中园，成功引进智能电器、电子元件制造、手机智能终端等新兴产业项目，电子信息产业集群正加快形成，为全州的发展提供了强劲动力。三大国家级开发区建设加快推进，带动其他平台发展壮大，提供了良好的开放开发载体空间。河口边境经济合作区是1992年经国务院特区办批准设立的全国16个国家级边境经济合作区之一。中国（红河）跨境电子商务综合试验区以跨境电子商务企业对企业（B2B）出口为主攻方向，加快构建数字驱动、消费拉动、品牌培育、产业链和生态链完整的跨境电子商务新型贸易体系。力争用3年左右时间，引进和培育一批跨境电子商务龙头企业，打造2—3个产业型和功能型跨境电子商务园区，建设一批跨境电子商务边境仓、海外仓和跨境商品展示交易中心。到2025年，培育跨境电子商务骨干企业100家以上，实现跨境电子商务进出口交易额100亿元以上。

3. 经贸发展不断提速，通道经济效率提升

红河充分发挥泛亚铁路东线开放通道作用，强化与越南的"铁海联运"合作，支持中亚(开远—海防)国际货运班列，以国家级口岸为核心、省级通道为辅助，积极拓展与越南等"一带一路"沿线国家的互联互通；口岸联检部门密切配合，全面推行无纸化通关，实施改进运输方式、减免涉企收费等措施，促使口岸贸易额稳步增长。加快与越南互设商务联络处，共同商讨在通关、物流、商务等方面的问题和障碍，探索建立与越北老街的交流合作常态机制，通过越南推动与东盟国家商务合作机制的健全。"电子口岸""一站式"和"属地申报、口岸验放"等通关服务水平明显提高，口岸软硬件设施不断完善；通关便利化持续改善，实现"一次申报、一次查验、一次放行"的口岸管理。沿边金融综合改革试验区建设深入推进，取得"河口地区越南盾现钞跨境调运""发布兑换越南盾指导性汇率""开设本外币合一账户"等5项改革创新成果。近年来全州外贸总额、贸易方式呈现量增质升的大好局面，对外贸易增速排名全省第一；加工贸易占全州进出口的1/3左右，加工贸易增速快于一般贸易，口岸地区发展快于内陆地区；边民互市贸易进出口总额占全省边民互市贸易总额近30%。

4. 对外交流合作不断拓展，对越开放合作日益深化

近年来，红河与东南亚、南亚和欧美澳等国家和地区的社会、人文交流合作广泛开展，开放程度和开放水平不断提升。"十三五"以来，红河加大境外新型市场开拓力度，加强与东盟、亚欧之间的合作，经贸关系不断得到加强，贸易伙伴除越南外，还拓展到美国、英国、法国、荷兰、意大利、比利时、日本、韩国、菲律宾、印度尼西亚、刚果、墨西哥等30多个国家和地区。在开放合作机制的大框架下，利用第4、第5届南博会，第20届中越（河口）边交会及进博会、广交会等会展平台，与越南在外事定期会晤、警务合作、森林防火通报等方面的合作机制有序运转。高度重视与越南的教育合作交流，红河学院、红河卫生职业学院两所高校加快国门学校建设，目前在红河学院留学的越南留学生达300多人；同时，红河学院与越南相关院校以互派教师、培养外语翻译人才等方式，密切开展教育文化领域交流与合作，共同建设国际化人才培养科研平台与专业能力实践基地。红河文化艺术节的成功举办，使《诺玛阿美》《哈尼古歌》等艺术精品成为对外文化交流的典范。以经济促进政治交往，州内6县（市）、7村寨与越方的城市、村寨结为友好城市、友好村寨，双方利用每年的春节、泼水节等民族节庆日，邀请对方民间团体、友好人士来参加庆典活动。

5.创新制度不断升华，红河模式初步形成

红河是云南省重点打造的国家级自由贸易区片区之一，具有制度创新的先决条件，在推动转变职能和行政体制改革，促进转变经济增长方式和优化经济结构，实现以开放促发展、促改革、促创新，形成可复制、可推广的经验，服务全国的发展等方面进行探索和实践，并且利用自己的独特优势，在变动的国际经济格局占据有利位置，先行先试、深化改革、扩大开放，以制度创新为着力点，提升发展的软实力。一是稳步推动跨境人民币结算发展，推动人民币跨境结算从经常项目向资本项目延伸。2020年红河跨境人民币结算量为128.75亿元，位居全省第二，其中经常项下跨境人民币结算量为121.19亿元，位居全省第一。二是区域货币交易体系不断完善，创新发展本外币特许兑换业务。率先在全省实现越南盾兑换范围、兑换金额和兑换主体的突破，形成以银行柜台交易为基础、特许兑换为补充的多层次跨境金融服务体系。三是河口地区人民币对越南盾市场汇率权威性和影响力不断提高，成为中越边境最重要的货币价格指标。四是边民互市逐步实现线上跨境结算。2020年创新推动河口、金平口岸实行边民互市业务全电子化跨境结算模式，两个口岸全年通过全电子化流程线上办理边民互市跨境结算25875笔，金额达2.90亿元。

（二）红河对外开放的成效

红河坚持优势在区位、出路在开放，以全球视野、世界眼光和超常规举措推进沿边开放。找准服务和融入国内国际"大循环、双循环"的切入点和发力点，以自由贸易试验区红河片区引领"五区联动""市区融合"，主动承接东部沿海产业转移，做大做强加工及贸易、大健康服务、跨境旅游和跨境电商物流，充分利用"两廊一圈"政策，争取建设中国河口—越南老街跨境经济合作区，扩大跨境产能合作，搞活沿边金融，以大开放促进大发展，把沿边开放打造成加快红河发展的强大助推器。

1.积极构建沿边开放新高地取得进展

2013年1月国务院批准成立国家级蒙自经济技术开发区，同年12月国务院批准设立红河综合保税区，2019年8月，中国（云南）自由贸易试验区红河片区成功获批挂牌，百年蒙自海关迎来新时代开关运行，红河的开放发展从沿边区位优势上升到产业平台优势，实现从单纯的"引进来"到"引进来"和"走出去"并重的重大转变。全州拥有4个国家级园区、1个省级工业园区、2个国家级新型工业化示范基地、2个省级新型工业化示范基地。红河"一产有优势、二产有基础、三产有潜力"，特别是在云南面向南亚东南亚辐射中心建设中占据重要地位。深入挖掘消费潜力，制定扶持推动旅游住宿餐饮业发展的政策，积极推动商旅文、吃住行、游购娱深度融合联动发展。大力发展现代物流，其中云南锡业物流集团入选云南省产业发展"双百"工程，红河（河口）入选国家物流枢纽布局承载城市，红河综合保税区、河口口岸北山国际物流园滇越货场入选首批省级示范物流园区。加快实施河口跨境直达运输试点，着力打造中国云南与越南河内、海防、广宁、老街五省市经济走廊。目前，红河正在努力全面提升沿边开放水平，高标准建设云南自贸试验区红河片区，大力度抢抓"大循环、双循环"的产业机遇，加快建设国际大通道，加快培育开放型经济，加快释放开放平台优势潜力，更好地服务和融入新发展格局。同时坚持发展是第一要务，把发展落脚在项目上，以项目建设成效支撑经济社会高质量发展。"十三五"以来，全州新注册和变更外商投资企业73户（新设64户，增资、变更备案9户），合同利用外资24.09亿美元，实际利用外资1.33亿美元，其中：2016年0.32亿美元，2017年0.21亿美元，2018年0.23亿美元，2019年0.21亿美元，2020年0.36亿美元，年均增长2.33%。2021年上半年全州新注册外资企业14户，实际到位外资1201.3万美元，完成省级目标任务的80.08%，跑出超预期的"加速度"。

2.自贸试验区红河片区初见成效

一是创新制度基本落实。通过改革创新，办理云南自贸试验区首笔国际商业转贷款业务，试点首笔资本项目收入支付便利化业务，首个境外人民币同业往来账户成功开立，首笔外国法人独资企业人民币资本金业务成功落地红河片区。对标对表国务院公布实施的260条复制推广的改革试点成功经验，投资管理体制改革"四个一"模式、企业专属网页模式、一码集成服务模式、集成化行政执法监督体系和"一业一证"5条稳步开展复制推广工作。二是经济指标持续增长。统筹抓好常态化疫情防控和"六稳""六保"工作，最大限度降低疫情对片区发展的影响，经济指标增长平稳。三是项目规划不断完善。持续跟踪在建项目，完成了红河片区总规、详规、产业发展规划等关键性规划工作。完成海关监管区、中小企业孵化园、跨境电商产业园

（二期）修建性详规，启动纺织服装产业园修建性详规编制工作。加强与人民银行红河中心支行、红河金融办及国开行等金融单位合作开展项目融资推荐工作，引进中国一冶、云南建投海外投资公司，与中铁投资集团上海局、云锡建工、江苏澳洋、重庆吉之星等企业洽谈合作开发建设园区基础设施。认真落实安全生产责任制，压紧压实部门监管责任、企业主体责任。四是营商环境保持优化。持续推进"证照分离"、涉企经营"一件事一次办"改革，率先在全省实施"一业一证"改革。深化投资项目"先建后验"改革，精简投资项目准入手续，实施"先建后验"管理新模式。坚持走访企业，帮助企业解决运营中遇到的问题和困难。同时，加强与周边地区的劳务合作，根据企业用工需求与条件，加大招聘力度，帮助企业解决用工难问题。五是招商引资协调推进，聚焦"加工及贸易、大健康服务、跨境旅游、跨境电商"四大主导产业，开展招商活动。强化"一个项目、一名领导挂钩联系、一个工作专班、一名专职联络员、一抓到底"工作机制，做好总投资343亿元的36个重点签约项目落地协调服务。

3.跨境合作显著发展

一是进一步推动跨境人民币结算发展，推动人民币跨境结算从经常项目向资本项目延伸。2020年红河跨境人民币结算量达128.75亿元，位居全省第二，其中经常项下跨境人民币结算量达121.19亿元，位居全省第一。二是不断完善区域货币交易体系，创新发展本外币特许兑换业务。率先在全省实现越南盾兑换范围、兑换金额和兑换主体的突破，形成以银行柜台交易为基础、特许兑换为补充的多层次跨境金融服务体系。三是河口地区人民币对越南盾市场汇率权威性和影响力不断提高，成为中越边境最重要的货币价格指标。四是边民互市逐步实现线上跨境结算。2020年创新推动河口、金平口岸实行边民互市业务全电子化跨境结算模式，两个口岸全年通过全电子化流程线上办理边民互市跨境结算25875笔，金额达2.90亿元。四是积极申报设立中国（红河）跨境电子商务综合试验区，《红河州人民政府关于设立中国（红河）跨境电子商务综合试验区的请示》呈报省人民政府，恳请转报国务院审批。目前，云南省人民政府《关于设立中国(红河)跨境电子商务综合试验区的请示》，已呈报国务院。五是紧抓中国（云南）自由贸易试验区红河片区将跨境旅游列入四大重点产业的机遇，推动边境跨境国际旅游走廊建设。积极推动先行建设河口边境旅游试验区和跨境旅游合作区，以旅游带动经贸交流合作，鼓励旅行社开发边境、跨境旅游专项产品，加大宣传推广力度,提升旅游产品的知名度。推动发展"昆明—红河(中国云南)—老街(沙巴)—河内—海防—广宁"两国六个目的地旅游产品。目前,受新冠肺炎疫情影响,中越边境跨境游相关工作暂停实施。同时,面向国家和省内各区市客源市场,培育打造边境跨境国际旅游走廊,进一步加大面向南亚东南亚的招商引资力度。

4.民心相通往来不断

一是在高层互访上,坚持友好交往与互利合作,以地方经济交流合作为重点,不断拓展与越南等南亚东南亚国家在商务、文化、旅游、教育、卫生、农业、环保和边防等领域的交流与合作,积极开创对外开放新格局。近年来,先后有斯里兰卡、马来西亚、吉尔吉斯斯坦、坦桑尼亚、越南等多国元首、政府首脑,法国、波兰、芬兰、丹麦、以色列等国驻华使节,东盟7国驻昆明总领事馆官员以及50多个省部级代表团到红河考察访问。2001—2020年共举办20届中越(河口—老街)国际边境经济交易会。二是在民心相通上,河口县、石屏县、建水县、屏边县、蒙自市、红河县先后分别与越南的老街市、保胜县、北河县、沙巴县,法国塔努斯市,老挝万象市塞塔尼县建立了友城关系。成功举办中越"两国一城"春节联欢晚会3届、中越图书交流活动11届、中越"两国一赛道"国际自行车赛2届、"红河的月亮"中越中秋诗歌朗诵1届。金平县"伉俪节""泼水节"、河口县"中越边境苗族花山旅游节"等节庆成为促进中越边境少数民族交往的重要平台。红河学院、红河卫生职业学院、河口职中现有来自越南、泰国、老挝、缅甸等国家的在籍学生900余人。红河学院、河口县职业高级中学成功申报为省级华文教育基地。

二、红河大抓沿边开放的内在优势和外部条件

2021年6月《中国(云南)自由贸易试验区参与〈区域全面经济伙伴关系协定〉(RCEP)行动方案》印发实施,在加快制度型开放方面明确了创新探索方向,以期在跨境贸易、跨境电商、跨境产能合作、跨境金融、跨境人力资源合作、跨境园区建设、跨境物流、跨境旅游等领域实现更大范围、更宽领域、更深层次的区域合作。

(一)积极抓住政策机遇,释放叠加效应

红河已经具备了融入和参与"双循环"发展的必要条件,目前河口口岸是全省最大的农产品出口口岸,已获批进境粮食、植物种苗、水果、冰鲜水

产品、中药材等指定监管场所，可利用越南丰富的农产品资源，以及本地丰富的香蕉、菠萝、杧果等热带林果，发展落地加工及贸易。有丰富的水电资源，有利于拓展与越方的电力互联互通通道。

1.全面对接RCEP高水平规则，建设制度创新高地

云南正积极加快形成国际经济竞争合作新优势，推动高水平开放，实现高质量发展。希望利用RCEP高水平规则推动货物贸易自由化，利用原产地规则构建跨境价值链，海关程序简化及贸易便利化，建设透明稳定的商业环境，推进服务贸易自由化，创新自然人临时移动便利化措施，拓展区域双向投资新领域，利用知识产权权利深化经济一体化合作，对标电子商务自由贸易规则，推动区域金融服务开放发展，建立健全争端解决机制，建设制度创新高地，做好经验总结与复制推广。在此背景下，中国（云南）自由贸易试验区红河片区强化国内外产业链的联系和互动，建设加工贸易梯度转移承接地；推动跨境电商产业园建设；支持扩大落地加工，促进边民互市创新发展。鼓励跨境金融创新，着力推动金融结算、保险、投融资等便利化、多样化发展。

2.以"五区联动"发展，释放政策叠加效应

打造红河州跨境电子商务产业集聚区。以"五区"为核心，重点开展网购保税、直邮直购、企业对企业直接出口、出口海外仓等多模式的跨境电子商务业务，发展以仓储物流、展示体验、质量溯源、创业孵化等为主要依托的外向型产业体系。采取"一区多园、一园多点"布局方式，依托"五区"，建设中国—东盟（河口）跨境电子商务物流产业园、蒙自跨境电子商务产业园等线下产业园区，在滇南中心城市（蒙自市、个旧市、开远市）建设跨境电子商务物流园等功能园区，开展以网购保税、直邮直购、企业对企业直接出口、出口海外仓等多模式的跨境电子商务业务，实现河口、金水河口岸与滇南中心城市协调联动，带动全州跨境电子商务产业发展。

（二）以改革为引领，释放沿边开放更大空间

党的十八大以来，以习近平同志为核心的党中央开创了中国特色社会主义事业新局面，在更大范围、更宽领域、更深层次上提高了开放型经济水平，构建起全方位、多层次、立体化外交布局，改革开放正进入新时代。

1.中国特色大国外交和"亲诚惠容"周边外交提供政策保障

推动重大开放举措，包括举办"一带一路"国际合作高峰论坛、参与和推动亚太经合组织会议、主办二十国集团领导人杭州峰会、促成金砖国家领导人厦门会晤、举办亚信（上海）峰会；特别是在推进"一带一路"倡议实施中，创办亚洲基础设施投资银行、设立丝路基金、推动央企积极"走出去"。近年来，先后有斯里兰卡、马来西亚、吉尔吉斯斯坦、坦桑尼亚、越南等多国元首、政府首脑，法国、波兰、芬兰、丹麦、以色列等国驻华使节，东盟7国驻昆明总领事馆官员以及50多个省部级代表团到红河考察访问。2001—2020年共举办了20届中越（河口—老街）国际边境经济交易会。

2.全面开放的新发展格局提供战略支持

党的十九大宣告中国特色社会主义进入了新时代，十九大报告正式提出"建设现代化经济体系"的决策部署，明确要求"推动形成全面开放新格局"。通过贯彻落实中央各项新的开放措施，将进一步深化红河同其他国家和地区间的投资合作，开展更广泛的资本、技术、管理、人才交流，有利于红河在更大范围、更宽领域、更深层次上提高开放型经济水平。红河以地方经济交流合作为重点，不断拓展与越南等南亚东南亚国家在商务、文化、旅游、教育、卫生、农业、环保和边防等领域的交流与合作，积极开创对外开放新格局。

（三）优化营商环境，宽领域、大范围承接产业转移

从经济增长动力来看，外需拉动力不断增强，在"辐射中心"建设深层次、多维度、全方位的开放背景下，红河可通过深入贯彻落实多重国家战略的发展政策，加快经济体制改革和开放机制创新。

1.以外资便利服务助推招商引资

根据国家《外商投资法》《外商投资法实施条例》及商务部《外商投资信息报告办法》，指导外资企业用足用好各项支持政策措施，保障外资企业享受同等政策支持；充分发挥蒙自经开区、红河综保区、自贸试验区红河片区等开放平台作用，积极引进外资，主动为外资企业协调解决外资项目手续审批、银行开户、资金快捷进出等实际问题，为外商投资企业提供便利。根据《云南省商务厅关于贯彻执行〈鼓励外商投资产业目录（2020年版）〉的通知》《红河州稳增长促发展12条政策措施》《红河州外商投资奖励办法（试行）》等政策文件，抓好重点外资企业跟班服务。红河可以抓住政策红利，推进外资政策落地见效，《云南省人民政府关于切实解决吸引外资"盲点""痛点""难点"促进外资增长的意见》可帮助解决资金、用地指标、金融业、税收等方面的问题；《红河州州外来州内投资企业投诉受理规定》保障外商投资合法权益。

2.主动承接产业转移优化政策红利

扩大对内对外开放已成为云南跨越式发展的重要支撑，红河将成为开放发展的新亮点、新高地。进入新时代，省委、省政府提出"对内加强与长江流域、泛珠三角区域、京津冀、成渝经济区和周边省区的交流合作，对外面向南亚东南亚和印度洋周边经济圈，积极主动参与国际经济走廊和中缅、中老、中越经济走廊建设"，可在更大程度上承接产业转移。《云南省人民政府关于推动水电铝材一体化发展的实施意见》，是红河积极承接东部铝材加工产业转移，引入水电铝产能项目，发展水电铝材一体化，打造绿色铝材加工产业，积极引进东部沿海地区新材料企业到红河合作建设，进一步延伸铜、铝、铟等有色金属产业链的文件依托。

（四）助力新基建，为高质量发展蓄势赋能

红河全力抓好《红河州推进新型基础设施建设实施方案（2020—2022年）》的实施，着力创造新供给、激发新需求、培育新动能，着力推进在智慧旅游、工业互联网、智慧交通、智慧能源试点示范达到全省先进水平，为红河加快构建现代化经济体系特别是产业体系，厚植新根基，使"新基建"成为红河实现高质量跨越式发展的新引擎。

1.县县通高速不断建设

蒙自至文山至砚山、泸西至弥勒等高速公路相继建成通车；蔓耗至金平、元阳至绿春、建水（个旧）至元阳、弥勒至玉溪等高速公路和交通网络项目有序推进。中国坝洒—越南巴刹红河界河公路大桥工程有望实施。2020年全州高速公路里程达1045千米，昆明到河口公路行程由8小时缩短至4.5小时。

2.南北通航空实现在即

红河蒙自机场开工建设，弥勒东风通用机场于2021年7月15日正式通航。红河还将建设弥勒通用机场、泸西通用机场、哈尼梯田机场（元阳）。云南机场集团公司赴红河元阳、蒙自、弥勒进行了实地调研，现场踏勘元阳机场场址，实地视察了场址情况，了解近远期建设规划及未来机场与城市周边发展规划；对场址的气象条件、净空条件、飞行区和航站区规划、施工流程等进行了详细了解；并赴红河蒙自军民合用机场现场和弥勒市进行了调研，了解蒙自机场和弥勒通用机场前期推进情况及下一步工作计划。

3.州府通高铁加快推进

弥勒至蒙自铁路加快建设，蒙自至文山铁路前期工作加快推进。红河综合交通枢纽建设快速推进。电气化铁路营运里程达317千米，昆明到河口铁路行程由12小时缩短至5小时，全州提前三年完成3小时公路经济圈目标。"北融滇中、南接越南、东联两广、西通缅老"的四维度开放大通道初步形成，红河作为云南省面向东盟开放的重要交通枢纽地位日益突显。

三、沿边开放的问题和短板

通道建设未取得实质性突破、自贸区红河片区建设不完善、开放平台建设不全面、口岸功能有待提升、产业承接领域窄、营商环境欠创新是红河沿边开放的短板。

（一）对外通道建设通而不畅的问题依然存在

向东连接珠三角区域的铁路、高速公路网络尚未形成，连接滇中城市经济圈的环线通道仍不完善；向西连接滇西、孟中印缅经济走廊的高速公路推进缓慢。口岸基础设施建设滞后，国际铁路运输存在米轨和准轨标准不匹配问题，河口火车北站还不具备国际运输查验功能，货物运到河口需要在北站进行换装后再到山腰站进行查验，既增加了运输成本，又降低了运输效率。

1.铁路建设境外部分推进缓慢

中越铁路通而不畅，百年滇越米轨铁路仍然承担中亚（开远—海防）国际货运班列运营任务，但日均仅能开行2对列车，实际年运力仅70万吨左右，运输承载能力较差。泛亚准轨铁路东线境内段昆明至河口虽已于2014年11月建成运营，但由于境外段推进缓慢，当前进出口货物在河口均采用准米轨换装方式进行铁路运输，大幅增加了货运物流成本，降低了企业在国际市场的竞争力，制约了口岸通关效率。由于外交层级较低，红河在协调推动泛亚准轨铁路东线境外段建设的力度和效果十分有限，截至目前，境外段仅完成准轨线路方案研究，暂未能实质性推进，亟须从国家及省级层面协调推动。

2.陆路通道运力不足

河口是国家一类公路口岸，年均通关人次在700万左右，公路货物吞吐量在400万吨左右。目前通往境外的跨境公路大桥仅有2座，分别于1999年和2009年建成投用，但由于修建时间较早，设计通行能力和载荷有限，已经不能满足双边人货通行需求，货物运输车辆拥堵滞留现象较为突出。在充分调研的基础上，省州提出建设中国坝洒—越南巴刹红河界河公路大桥的建议。目前，可行性研究报告已基本编制完成，但跨境桥梁的审批权限在国家层面，有待交通运输部、国家发改委等部委审批。

3.航运优势无法发挥

红河航道是云南省最近的水运出海通道，1910年之前就已经通航，1991年中越两国关系正常化后，边境贸易和红河水运量日渐攀升，但红河航道为天然航道，一直未进行航道整治，通航能力十分薄弱，未能充分发挥航道水运成本较低的优势。

4.航空事业刚刚起步

一直以来，加快推进机场建设，补齐红河州交通基础设施短板，是全州各族人民多年的梦想。"十三五"期间红河州在综合交通规划建设上确定了南北通航空的发展目标，2020年红河蒙自机场正式获得国家批复，元阳民用机场、弥勒通用机场建设的相关工作也正有序开展。2021年以"东风"命名的云南省红河州"弥勒东风机场"（弥勒通用机场）正式通航，标志着红河进入"航空时代"。

（二）中国（云南）自由贸易试验区红河片区建设有短板

中国（云南）自由贸易试验区红河片区周边缺乏铁路专线支撑，承载能力有限，导致口岸功能无法全面发挥，同时面临人才短缺、自贸试验区联动发展体制机制尚未建立的困境。

1.基础设施较为薄弱

自贸区内围网区周边缺乏铁路专用线支撑，物流承载能力十分有限。两座出入境公路桥在批准建设自由贸易试验区红河片区之前就已经超负荷运行，其中南溪河公路大桥宽度为15米，目前仅能满足人员出入境需求；北山公路大桥按一级公路标准建设，设计荷载标准受限，目前每天通行货车达1100辆（次）以上，拥堵滞留现象普遍，亟须建设新的跨境通道。此外，支撑片区外贸的保税仓、边境仓、海外仓及保税加工特殊监管区等由于州级财力有限，投融资能力较弱，都还在规划和加快推动建设中。

2.国际贸易专业人才紧缺

虽然红河已从多个方面想方设法招引人才，但急需的熟悉国际经贸规则、熟练掌握自贸区运营管理的高层次人才，但受工作环境、工作条件等因素的影响，在招引方面尚未取得大的突破，人才紧缺的问题未得到根本性改善。

3.开放平台建设作用发挥不优

红河综保区缺少重大项目支撑，自2015年引进以晴集团等重点企业以来，4年多时间没有引进重大项目。此外，还存在体制机制不顺、资金渠道不畅、联动发展不够等突出问题。蒙自经开区老工业基地优势、制造业的整体功能作用未能得以充分发挥，面临融资困难、投资拉动乏力、土地成本倒挂现象严重、产业结构与外部发展方式单一等问题。自贸试验区红河片区建设还处于起步阶段，片区基础配套设施建设相对滞后，7.14平方千米待开发区内山高坡陡，多数为经济林（橡胶树），开发建设成本高，五网基础设施、办公及服务配套设施缺乏，标准化厂房、物流仓储、海关监管等设施均需从零开始建设、工程进展缓慢，中越坝洒—巴刹红河跨境大桥尚未建成，基础设施建设滞后给红河片区建设带来较大的困难与挑战。自贸试验区红河片区与红河综保区、蒙自经开区联动发展体制机制尚未建立，实现联动发展的路径、方式、措施还未深入系统研究。

4.口岸功能有待提升

口岸功能亟待健全，河口整车进口指定口岸、金水河水果和粮食进口指定口岸尚未获批；中国金水河—越南马鹿塘口岸还属于一类双边口岸，第三国人员、车辆和货物不能经该口岸出入境；河口和金水河口岸查验货场均无"危化品"查验场所及仓储设施；作为边境县的绿春县至今没有口岸，平河通道升级为省级开放口岸工作推进缓慢。

（三）承接产业转移存在困难

虽然产业转移面临利好机遇，但由于合作机制遇到障碍、招商引资机制欠缺、"五区"联动发展受限、技术含量有待提高等问题，产业承接存在困难。

1.对外沟通渠道单一

对国际贸易伙伴经济政策、基础设施条件、资源和市场环境等认识不足，尤其是对红河最紧密的外贸伙伴——越南的国民经济、社会消费、产业结构、招商引资、市场准入等研究不够。

2.体制机制尚不完善

一是招商引资工作体制机制尚不完善，质量和效益不高，产业投资、民间投资占比偏低，签约项目多，但真正落地的少。二是体制机制障碍仍较突出。政府职能和营商环境有待进一步改善，项目建设地价、税收等制度性成本仍然偏高，实体经济融资难、融资贵问题突出，"放管服"改革有待深化，行政审批制度、商事制度等改革不深入、不彻底、不全面。

3."五区"发展存在困难

一是保障体系尚未健全，政策措施不够完善。经开区和跨合区权责不相符，均无安全生产监管行政执法权，跨合区管委会机构内部运作机制尚未建立。联检部门监管需求与其机构设置、人员配备矛盾突出，难以满足实际工作需要。二是产业发展基础支撑不足。自贸试验区红河片区基础设施落后，配套设施承载不足，财力弱，底子薄，与加快推进自贸试验区建设的需求不相匹配，招商引资吸引力不强，项目落地难度大；"五区"产业发展层次不高，部分产业链关键环节缺失，产业集群度低，层次不高。三是招商引资难度大。受疫情和外部经济环境不确定性的影响以及自贸试验区红河片区政策、产业和基础设施等现实条件制约，部分企业持币待估，导致招商引资签约项目落地较慢。同时受地方财力等因素影响，部分招商承诺存在无法兑现、延迟兑现等问题，对招商引资工作造成阻碍。四是各类高端专业人才供给不足。对高端专业人才吸引力不强，引进方式单一。产业人才引进需求不够精准。

4.承接产业技术含量不高

在现行考核体系下，实际招商效果不尽如人意，同时，招商引资政策研究不深，对全国产业转移形势把握不足，招商和储备项目仍停留在低层次、低水平上，招入的产业项目技术含量不高，资源型项目偏多，创新型、带动型项目偏少，如承接的电子信息产业更多地属代工、低端产品。

（四）营商环境支撑不足

由于红河外向型经济与其优势条件不匹配、物流产业不完善、缺乏一定的动态监测，所以无法发挥营商环境优势。

1.外向经济体量较小

从外贸企业来看，红河现有外贸企业共1080家，目前仅有219家中小企业有效开展进出口业务，且龙头企业少，仅有云锡公司1家进入云南省20户外贸重点企业名录。同时进出口产品单一，进口产品主要为金属矿砂等资源性产品和农产品，出口产品主要集中于有色金属、化工等5类，有色金属与化工产品出口占比高达26.4%，极易受到国际大宗商品行情和国内节能减排、产业结构调整、生态环保约束等政策的影响。总体来看，红河外向型经济与其优势条件不匹配，相较全国、对比邻省而言，开放进程仍然滞后。

2.物流产业不完善

一是物流基础设施建设缺乏统筹，规划引领作用尚未有效体现。全州集疏运体系尚未形成，物流园区尚未实现规模化运营，仍呈现"小、散、弱"的发展特征。同时，运输方式间衔接不畅、货运通道效率和能力有限。二是物流高质量发展支撑不牢，物流产业可持续性发展有待进一步提升。对现代物流业的财政扶持、用地保障、行政审批、招商引资等方面的配套政策支撑力度不足，导致物流项目成本高、落地难。三是龙头企业培育力度不足，物流人才引进机制有待进一步完善。红河高素质技能型物流人才的需求缺口较大，供给总量不足，人员结构不合理，在一定程度上制约了全州物流业的发展。四是物流统计工作滞后。难以从定量的角度分析研究和规划物流业发展，导致不能准确有效地反映红河物流产业的状况和发展。

（五）疫情下沿边开放遭遇瓶颈

截至2021年初，红河未复工的企业达43.5%，经济发展放缓，对外交流减少，给沿边开放带来阻碍。

1.把好国门"入境关"带来困难

为守住抵边国门村寨，对外贸易和人员往来遭遇瓶颈。入境人员口岸卫生检疫工作压力加大，口岸及中越双边边民体温监测和疫情防控工作存在无法全覆盖的困难。

2.通关速度和效率减缓

消毒清关查验环节导致实效性减弱。实施延时通关后，边检民警的执勤时间不仅增加三分之一，而且由于相邻口岸通道关闭，进出口货物的种类也从单纯以水果为主变得更加多样，查控压力陡然倍增。进口大幅下降，出口受到了极大的限制。

四、红河大抓沿边开放的发展思路

深刻领会和准确把握建设"面向南亚东南亚辐射中心"是主动服务和融入新发展格局，以大开放引领云南改革发展总抓手的核心要义，立足"沿边""跨境"区位优势，找准红河主动服务和融入新发展格局的切入点和发力点，以"一个统筹、一个窗口、一个引领、两个融合联动"的总体思路，即统筹强边固防和沿边开放，把河口、绿春打造成为国内名特优商品进入越南和越南商品进入国内发展的"主要窗口"，以高标准建设中国（云南）自由贸易试验区红河片区为引领，以推进"五区联动"和"市区融合"为抓手，提升贸易质量和水平，大抓红河沿边开放，做好对外开放这篇大文章，全面提升沿边开放格局和水平。

(一) 总体思路

红河作为云南重要的沿边州，是云南省乃至中国西南部通往东南亚和南太平洋最便捷的陆路通道，有3个设施完善、通关便利的国家级一类口岸。红河综合保税区是云南省第一个综合保税区，国家级蒙自经济技术开发区是长江经济带国家级转型升级示范开发区，正在筹建的中国河口—越南老街跨境经济合作区将成为中国与东盟各国人流、物流、信息流、资金流和技术流集聚的重要平台。红河要抓住RCEP、"一带一路"等国家重大发展战略、重大决策部署、重大政策举措，立足"沿边""跨境"区位优势，找准红河主动服务和融入新发展格局的切入点和发力点，以沿边跨境开放合作为重点，中国（云南）自由贸易试验区红河片区为引领，拓展南亚东南亚市场，按照"物流先导、贸易拓展、产能合作、跨境发展、五区联动"的运作模式，构建"统筹兼顾、引领发展、窗口展示、融合推进"的对外开放新格局。

1. 统筹兼顾强边固防和沿边开放，坚决维护边境安全稳定

当前，红河面临的边境问题主要来自两个方面。一方面，境外疫情输入风险持续加大。受疫情冲击，老挝、缅甸、越南疫情防控形势不容乐观。另一方面，跨境违法犯罪仍然多发。近年来，电信诈骗呈较快增长势头。面对严峻形势，必须牢固树立守护边疆的意识，以"镇守边关，视死如归"的决心意志，保障边境安全。

2. 通过河口口岸展示窗口效应更好地服务RCEP和"一带一路"倡议

将通过抢抓RCEP发展新机遇、全面对接RCEP高水平规则、建设制度创新高地三个方面，加快形成国际经济竞争合作新优势，推动高水平开放，实现高质量发展。红河可强化国内外产业链的联系和互动，建设加工贸易梯度转移承接地，推动跨境电商产业园建设；支持扩大落地加工，促进边民互市创新发展。发挥自由贸易试验区示范引领作用，推进产业链供应链开放发展。支持企业拓展RCEP国际营销网络，建立更精细更完善的产业链分工体系，促进区域内产业链和供应链深度融合。

3. 通过中国（云南）自由贸易试验区红河片区引领探索开放经验

以自由贸易试验区红河片区为引领，为陆地沿边开放探索经验。坚持建设面向东盟的加工制造基地、商贸物流中心和中越经济走廊创新合作示范区"三大定位"，聚焦加工及贸易、大健康服务、跨境旅游、跨境电商物流"四大重点产业"，将红河片区打造成为融入新发展格局的战略支点。

4.通过"两个融合联动"带动沿边开放

促进"五区联动""市区融合"。持续释放"五区联动"效应，建立健全州级统筹协调联动机制，推动"五区"在政策、产业、招商、人才、资金等要素方面实现优化整合，加快形成以自贸试验区红河片区为引领，"五区联动"发展的产业集群。以滇南中心城市建设为引领，统筹抓好县市国土空间、城乡、综合交通等的规划衔接，不断优化整合"五区"与县市规划、产业、项目的对接，实现同向用力，推动"市区融合"发展。突出跨境合作，积极申报建设中国河口—越南老街跨境经济合作区，充分发挥沿边优势。

（二）坚持"三大定位"

充分发挥面向南亚东南亚辐射中心优势、体现对外经济贸易交流合作特点以及建设面向南亚东南亚及环印度洋开放大通道。

1.把红河建设成为面向南亚东南亚辐射中心的关键点

充分发挥中国（云南）自由贸易试验区红河片区在"一带一路"建设和"两廊一圈"的重要节点区位优势，利用好2个国家级一类口岸（铁路、公路），1个省级通道（坝洒）和3座大桥与越南老街市相连的基础条件。红河州境内高速、铁路贯通，自由贸易试验区红河片区向北约1.5小时到州府蒙自、4.5小时到省会昆明；向南到越南首都河内全程高速260千米，到越南海防港360千米，是昆（明）—河（内）—海（防）经济走廊的中心枢纽，北上连接丝绸之路经济带，南下连接海上丝绸之路，被打造云南面向南亚东南亚辐射中心的前沿门户。

2.把红河打造成为云南对外经济贸易合作的主战场

"一带一路"、自贸试验区、沿边地区开发开放、西部陆海新通道建设等国家发展战略在红河叠加交会，既有国务院批准设立的中国（云南）自由贸易试验区红河片区、河口边境经济合作区，以及正在申建的中越河口—老街跨境经济合作区等重要的对外开放平台，也是边民互市发展最好的地区，形成了功能互补、动能强劲、前景广阔的对外开放格局。同时，移动互联网、智能终端、大数据、云计算、生物技术等新一代技术将带来更多变革和创新，RCEP正式签署，红河片区将在"走出去"和"引进来"战略实施中扮演越来越重要的角色。

3.把红河打造成为面向南亚东南亚开放的大通道

红河北融滇中，与昆明基本形成高铁、准轨、高速公路综合交通网；南接越南，从河口至越南首都河内高速公路里程约250千米，滇越铁路从河口至越南北部最大深水港海防港约400千米；东进两广，向东乘南昆客专4小时、5—6小时分别可达南宁、广州；西连缅老，向西沿昆磨高速公路、中老铁路可达缅甸、老挝。交通基础设施逐步完善，开放区位优势突出。

五、重大举措

以沿边跨境开放合作为重点、中国（云南）自由贸易试验区红河片区为引领，拓展南亚东南亚市场，按照"物流先导、贸易拓展、产能合作、跨境发展、五区联动"的运作模式，加强与发达国家交流合作，积极参与"一带一路"建设，以RCEP为抓手，构建"内外联动、互为支撑、一区两廊五区联动"的对外开放新格局。"一区两廊"即中国（云南）自由贸易试验区红河片区、昆河经济走廊和中越经济走廊，"五区联动"指依托红河州沿边开放区位优势，叠加中国（云南）自由贸易试验区红河片区、中国（红河）跨境电子商务综合试验区、蒙自经济技术开发区、红河综合保税区、河口边境经济合作区（合称"五区"）协同发展。

（一）紧密围绕RCEP，提升服务质量

利用红河作为"一带一路"前沿和面向东盟开放的窗口，以"三大平台"即中国（云南）自由贸易试验区红河片区、蒙自经开区、综合保税区为引擎，以全州13个县（市）优势资源为依托，充分利用进博会、南博会、国际农博会、厦洽会、边交会等各种平台，对重点区域、重点企业开展高频率、专业化、全方位的招商活动。加强"五区"全面联动，主动融入RCEP，探索运用"飞地"模式，推动"保税免税退税""保税物流""边民互市商品落地加工"等政策叠加，打造外向型产业集群高地。

1.建设"双循环"战略的"南向支点"

利用RCEP的关税优惠，进一步形成"中国14亿+成员国8亿人口"的大市场，建设"双循环"战略的"南向支点"。助力进一步优化云南对外贸易和投资布局，构建更高水平的开放型经济新体制。拓展以越南为重心、中南半岛为重点、东南亚为主体的对外开放。推动与越南等南亚东南亚国家人流、物流、资金流、信息流及技术流便捷高效双向流动，推进各种资源要素在更大范围内市场化配置。加大招商引资力度，把河口打造为国内企业进入越南投资和越南"名特优产品"进入国内发展的"重要窗口"，增强沿边地区资源集聚能力和辐射带动作用。加强国际产能、数字经济、跨境旅游、跨境劳务等合作，提升中越（河口/老街）边境经济贸易交易会专业化、国际化、品牌化、信息化水平和影响力,将其打造成对越开放的重要窗口和辐射南亚东南亚的重要平台。

2.推动区域合作大格局的形成

利用好RCEP投资领域负面清单制度,以自贸试验区为引领抓好招商引资,扩大利用外资规模。利用好RCEP推动人民币进行计价交易,深化跨境和边境贸易,推动区域合作大格局的形成。借助RCEP扩充跨境电商商品种类、丰富跨境电商体系,建立东南亚市场、海外仓,与东盟伙伴对接。开展资源整合,针对跨境电商行业产业人才需求,培养适应行业供应链管理以及平台运营等岗位的高端应用型人才,实现国际产业人才精准就业和创业,融合企业及产业实践平台,创新应用型人才培养模式,打造中国应用型人才培养新高地。

3.积极谋划产业链之间的互联互通

利用RCEP"'单一原产地'制度+边民互市落地加工",积极加入亚太地区价值链、供应链,推进外贸合作平台建设,促进外贸大发展。加强中国—中南半岛经济走廊与"两廊一圈"国家间发展战略、发展规划、国际机制与区合平台、具体积极谋划中国和东盟产业链之间的互联互通,深化中日韩高端产业链供应链的合作及项目等对接。落实《2018－2022河内行动计划》和《2022区域投资框架》,尽早签署《中越跨境经济合作区建设共同总体方案》,贯彻实施《中越关于产能合作项目清单谅解备忘录》,协调推动多领域产能合作、集中精力做好大项目建设、促进两国边境贸易和金融合作。融入推动云南省与越北4省(河江、老街、莱州、奠边)联合工作组会议机制,争取承办第七次及以后的工作组会议,承担起昆明—蒙自—河口—越南河内—海防—老街—广宁经济走廊合作机制的主体州市角色,服务中越五省市经济走廊第九次会议及以后的合作会议。

(二)聚焦边疆稳定与安全,稳固睦邻友好合作共赢

人类命运共同体旨在追求本国利益时兼顾他国合理关切,在谋求本国发展中促进各国共同发展,人类社会是一个相互依存的共同体已经成为共识。疫情暴发以来,习近平总书记因时应变,提出人类卫生健康共同体理念,提出构建"双循环"新发展格局。作为面向南亚东南亚的重要通道,红河在助推沿线国家抗疫合作、经济复苏、可持续发展等方面肩负更大责任,需要突破困境,变通发展。

1. 坚决维护边境安全稳定

毫不放松抓好常态化疫情防控，加大跨境违法犯罪活动打击力度，坚决维护边境安全稳定。以疫情防控和强边固防作为红河发展开放型经济的根本前提，坚持统筹发展和安全，全面贯彻总体国家安全观，全力以赴守好边关、守好国门。进一步加强群防群控，织牢织密疫情防控网，外防输入、内防扩散，做好企业复工复产、开学和人员返程高峰期防控预案，坚决打赢疫情防控阻击战。

2. 疫情防控与经济发展"两手抓、两不误"

从减免租金、复工复产增加奖励、稳就业补助等方面提出支持、鼓励各类企业科学制订复工复产计划及疫情防控措施，引导企业复工复产。在稳定出口的同时进一步扩大进口，促进对外贸易平衡发展。着力推进"贸易+跨境旅游""贸易+跨境加工""贸易+跨境金融""贸易+跨境电商""贸易+跨境物流"5个"贸易+"模式。支持关系民生的产品进口，适应消费升级和供给提质需要，支持与人民生活密切相关的日用消费品、医药和康复、养老护理等物资进口；充分发挥多（双）边经贸合作机制的作用，落实自最不发达国家进口货物及服务优惠安排；创新进口贸易方式，复制推广跨境电子商务综合试验区成熟经验做法，积极申报汽车平行进口试点，积极申报河口口岸为东盟水果进口指定口岸。

（三）聚焦互联互通，着力新基建园区建设

认真落实"用好区位优势，打造一流营商环境，大抓招商引资，推动中国（云南）自由贸易试验区红河片区建设发展见到实效"的要求，把习近平总书记做出的"大胆试、大胆闯、自主改"重要指示落实到行动上，坚决摒弃"等靠要"思想，强化自主创新、制度创新、模式创造，破除不敢试、不敢闯、不主动的状态。聚焦更高水平开放，深入推进"北融滇中、南接越南、东进两广、西通缅老"，以开放大通道建设、产业大协同发展深入拓展沿边开放格局。

1. 高速公路增强区域交通活力

围绕贯通东西、连接南北、打通堵点推进高速公路网建设，建成峨山至石屏至红河、屏边至河口、河口至马关等项目，谋划推动开远至建水、弥勒至建水等项目，加快开蒙大道等滇南中心城市快捷通道建设，增强区域内交通密度和活力。

2.打通国内外铁路项目

加快弥蒙高铁建设，力争早日建成运营，力争开工建设蒙自至文山至百色、普洱至蒙自等铁路项目，积极谋划推动河口北至坝洒铁路专用线、师宗至泸西至蒙自、建水至石屏至罗里等一批货运和客货联运铁路项目。

3.打造多联式综合交通枢纽

机场方面，加快推进红河蒙自机场、元阳民用机场等建成运营。物流方面，加快建设区域物流枢纽，建成一批冷链物流基地，健全物流供应链体系，打造蒙自、河口多式联运综合交通枢纽。对外通道方面，加快推动中国坝洒至越南巴刹红河界河公路大桥、金水河跨国多功能大桥、中越红河界河航运综合项目建设，着力推动中越高等级电力互联互通项目前期工作并尽快开工建设。

（四）聚焦智慧城市建设，促进东盟城市协调发展

通过建立跨区域加工制造基地、实施数字经济发展工程、加快中越跨境民族文化建设、借助"科技入滇"活动，打造东盟城市联盟综合体前沿区域。加快物流枢纽建设，积极推动泛亚准轨铁路东线境外段、中国坝洒—越南巴刹红河界河公路大桥和坝洒监管区项目、河口北至山腰国际联运功能改造等工程建设，加快蒙自、河口等物流枢纽建设，统筹推进疫情防控和口岸通关便利化，构建辐射南亚东南亚的出境物流大通道，大力发展国际物流、保税物流、商贸物流，鼓励企业建设区域集货仓、边境仓、海外仓。

1.打造面向东盟的加工制造基地

推进跨区域"总部经济""共享经济"模式共建产业园区，全力打造面向东盟的加工制造基地。主动融入滇中城市群，联动周边州市发展。以滇南中心城市建设为龙头，以"两海"片区为重点，推动个开蒙一体化发展、差异化协同发展，高水平规划建设滇南中心城市，全力打造"滇南中心·国家门户"。依托建水"千年古镇"和"千年紫陶"的文化底蕴和特色小镇亮点，提高开放发展水平，把建水建设成为两个"千年文化"交相辉映的国际旅游城市。弥勒大力发展生物医药和大健康、食品加工产业，打造区域性国际旅游会展中心，将弥勒建设成为联动滇南中心城市产业和承接滇中城市群核心区产业的产业节点。

2.实施数字经济发展工程

以科技创新占领产业发展高点，实施数字经济发展工程，推动与南亚东南亚国家数字技术交流合作，培育发展远程医疗、网络文化、网络教育等面

向南亚东南亚国家的跨境数字服务平台，形成区域性数据资源共享和普惠性服务中心。加强多层次科技交流，合作搭建创新创业平台。争取创办中国—越南技术转移创新合作与投资大会等系列活动。融入面向东南亚国家科技创新中心建设，提升对外科技创新辐射能力。实施国际科技合作专项，推动科技创新深度合作，在现代农业、生物医药、新能源等领域，组织实施面向东盟国家的"走出去"示范项目，与对象国的科技机构开展创新合作。

3.促进中越边民和睦相处

加快以河口口岸为重点的中越跨境民族文化建设，促进中越边民和睦相处。支持红河学院向国门型应用大学转型，推动红河学院列入国门学校建设规划，制定出台国际学生管理办法，定向招收老街留学生，增强红河学院河内分院交流作用。扩大民族文化对内对外交流，支持面向南亚东南亚的民族语言文字出版物。推进建立健全与周边国家多层次国际学术交流、跨境传染病联控、边防合作等工作机制，在边境沿线建成国门医院和陆地口岸医院。支持引导文化产业以多种形式"走出去"，营造良好的文化生态和舆论导向。切实做好侨务工作，充分发挥侨胞在对外沟通交流中的桥梁纽带作用。持续办好"两国一赛道"国际自行车赛，轮流举办"红河流域——中越足球邀请赛"，轮流举行文艺交流活动，探索建立红河流域（中越）商务交流机制。

4.积极与省内外高校、科研机构、企业对接

发挥红河对接滇中、两广、大西南，面向东盟的优势，借助"科技入滇"活动，积极与省内外高校、科研机构、企业对接。建立合作机制，实现一批科技型企业、科研平台、科技成果、科技人才和团队落地红河，提升引进消化吸收再创新能力，促进产业转型升级。以红河综合保税区、国家级蒙自经济技术开发区、正在筹建的中国河口—越南老街跨境经济合作区及各类园区为载体，汇聚国内外优势创新资源，重点建设滇南种业创新中心、苗木产业技术创新中心、面向南亚东南亚农产品精深加工基地、现代物流区等支撑产业发展的创新平台。支持红河骨干企业和科技园区与东南亚国家的有关机构共建联合实验室、农业种业创新基地、海外科技合作示范园、边境科技示范与交易平台等。努力将科技创新中心打造成为南亚、东南亚与国内省内创新资源交会的枢纽及科技创新支撑转型发展、产业升级龙头基地，有力支撑滇南中心城市成为云南重要的经济增长极。

5.依托河口构建东盟城市联盟综合体

发挥与越南地缘相近、人缘相亲、文缘相通、经济相融的优势，积极搭建对外交流交往平台，办好中越边境贸易交易会，推进贸易、教育、卫生、旅游、人流互动，开展多渠道、多形式、多层次人文交流活动。围绕"国际口岸·滨江城市"的定位，充分发挥国家级口岸和跨境经济合作前沿优势，把河口建设成为云南对外开放的重要前沿门户。依托昆明—蒙自—河口客运专线、泛亚铁路东线、昆河高速及马关—河口高速、红河河道，将河口打造成为集铁路口岸、陆运口岸、航运口岸于一体的地区性综合交通枢纽。依托跨境经济合作区、边境经济合作区、进出口加工特色工业园区，以对外贸易、金融服务、现代物流、沿边文化旅游和边境跨境旅游为主导产业，加快发展进出口加工（电子制造业）、跨境电子商务、跨境物流及保税相关产业，建设昆河经济走廊重要的口岸物流中心、保税物流基地、保税加工园区、生产性服务贸易基地，重点规划建设跨合区、会展中心、滨江长廊以及一批高水平的酒店、游乐设施，形成口岸—工厂、口岸—市场、口岸—城镇、口岸—城市相结合的河口口岸经济综合体。

（五）聚焦"五区联动"，推动功能互补、协同发展

以习近平新时代中国特色社会主义思想为指导，全面贯彻落实党的十九大和十九届历次全会精神，深入贯彻落实习近平总书记考察云南重要讲话精神，主动服务和融入面向南亚东南亚辐射中心建设，依托红河州沿边开放区位优势，叠加中国（云南）自由贸易试验区红河片区、中国（红河）跨境电子商务综合试验区、蒙自经济技术开发区、红河综合保税区、河口边境经济合作区"五区"的政策优势，抢抓RCEP生效带来的发展机遇，围绕RCEP节点城市建设，探索沿边地区跨境电子商务制度创新、管理创新、服务创新、业态创新和模式创新，构建云南面向东盟陆路跨境贸易电子商务增长极。

1.健全完善统筹协调机制

坚持政策共享、资源共享、合作共赢，健全完善统筹协调机制，着力打造自由贸易园区，蒙自经开区着力打造生产基地，红河综保区着力打造保税基地。围绕发展空间、产业布局、第三方综合服务机构搭建等重点，推进"五区"在政策、产业、招商、人才、资金等要素上实现优化整合，加快形成以红河片区为引领，"五区"联动发展的产业集群。推动红河片区与红河综保区政策贯通、产业融合、信息共享、优势互补。完善责任共担、利益共享机制，加快推进13县（市）在政策、产业、招商、人才、资金、土地等发

展要素上与"五区"整合联动，更好发挥并放大"五区"对全州开放发展的引领作用，用好用活开放平台。

2. 以大项目带动大投入增强经济发展活力

充分发挥云南自由贸易试验区红河片区前沿优势，始终把项目建设作为推动经济发展的"加速器"，着力将红河综保区建设成为红河外贸发展、加工贸易和海关监管制度创新的重要平台，全力推动综保区高水平开放、高质量发展。发挥蒙自经开区的区位、资源、产业、政策优势，结合自身特点做精有色冶金、化工等主导产业，大力培育装备制造、新材料、物流和生物产业。充分发挥"五区"对内对外平台优势，依托正在创建的数字经济创新产业园平台，通过与昆山经开区合作，按照"整机+零配件"的产业组织模式，强化电子信息产业招商，力争引进一批国际知名品牌商和代工巨头PC产业链项目落地"五区"，打通国内、国际产能合作的产业精细化分工通道。

3. 完善园区平台载体功能

加快线上线下"两大平台"建设。建设线上公共服务平台。依托云南省跨境电子商务线上公共服务平台和国际贸易"单一窗口"，建设红河州跨境电子商务公共服务地方应用平台。加快完善红河州内跨境电子商务监管场所（园区）线上综合服务功能，实现与海关、税务、金融、边检、邮政、交通运输、铁路、机场等部门和单位的信息系统互通，实现企业信息多部门共享、商品信息多主体共享。推进涵盖企业备案、通关、检验检疫、结汇、退税、安检、身份认证等环节无纸化运作，打造"多站点融通、一站式服务"线上服务平台体系。建设线下产业园区平台。采取"一区多园、一园多点"布局方式，依托"五区"，建设中国—东盟（河口）跨境电子商务物流产业园、蒙自跨境电子商务产业园等线下产业园区，在滇南中心城市（蒙自市、个旧市、开远市）建设跨境电子商务物流园等功能园区，开展以网购保税、直邮直购、企业对企业直接出口、出口海外仓等多模式的跨境电子商务业务，实现河口、金水河口岸与滇南中心城市协调联动，带动全州跨境电子商务产业发展。

4. 推动"五区联动"与跨境商务业态及模式创新

打造跨境电子商务核心区域。以"五区"为核心，重点开展网购保税、直邮直购、企业对企业直接出口、出口海外仓等多模式的跨境电子商务业务，发展以仓储物流、展示体验、质量溯源、创业孵化等为主要依托的外向型产业体系。创新跨境电子商务业务模式，探索引导传统生产企业、传统农业企业、传统外贸企业开展跨境电子商务业务，构建跨境电子商务新生态。推进边民互市贸易转型升级。加快跨境电子商务配套服务建设。引进并支持国内外电子商务龙头企业在红河州设立跨境电子商务总部或区域性总部、结算中心、服务中心、运营中心。支持营销推广、平台、代理运营等跨境电子商务产业相关配套行业发展。开发红河州地域品牌电子商务商品，推动红河州电子商务企业协同发展，加快跨境电子商务基地建设。依托"五区"，全力打造集采购、冷链、仓储、加工、包装、通关、展示、交易、配送、销售等功能于一体的供应链基地。推动重点物流枢纽建设。实施红河（河口）陆上边境口岸型国家物流枢纽项目，提高货物集散、吞吐和运输通达能力。争取在红河州符合条件的口岸设立跨境电子商务业务海关监管作业场所。推动蒙自物流枢纽重大项目建设。

（六）聚焦跨境合作，助推要素流动、产业发展

构建管委会、海关、开发公司一体化发展模式，理顺开放平台管理体制机制，打造快速高效的管理体系。以自贸试验区红河片区为引领，推进人民币跨境融资和跨境使用，打造区域性金融服务中心，形成物流、资金流、信息流的大通道。以制度创新和改革试点成效，推动以贸引资、以贸促资，吸引外贸、外资企业和产业聚集，创新融资方式，加快形成进口和销售一体化规模化产业链，注重培育新业态、新模式，加快发展现代服务业，推动跨境经济合作区建设。

1.加快推进"八个跨境"①攻坚行动

深入实施"八个跨境"攻坚行动，创新做优边民互市贸易，持续完善规范边民互市一、二级市场，持续推进"互联网+边民互市"，加快边民互市落地加工产业园建设，推动边民互市贸易进口商品落地加工快速发展，构建"边民互市—收购加工—产品增值"贸易新格局，实现"通道经济"向"口岸经济"转型发展。坚持以"为国家试制度、为地方谋发展"为核心任务，发挥自由贸易试验区红河片区改革创新引领作用，加快推进"八个跨境"攻坚行动。以制度创新和改革试点成效，推动以贸引资、以贸促资，吸引外贸、外资企业和产业聚集。不断归纳总结形成改革试点经验，努力形成更多可复制、可推广的制度创新成果。坚持面向东盟的加工制造基地、商贸物流中心和中越经济走廊创新合作示范区"三大定位"，聚焦加工及贸易、大健康服务、跨境旅游、跨境电商物流"四大重点产业"，将红河片区初步建成

---

① "八个跨境"：跨境贸易、跨境电商、跨境产能合作、跨境金融、跨境人力资源合作、跨境园区建设、跨境物流、跨境旅游。

面向东盟的加工制造基地、商贸物流中心和中越经济走廊创新合作基地。争取国家试点，沿边金融综合改革再上新台阶，主营业务收入力争实现翻两番目标，成为融入新发展格局的战略支点。

2.拓展金融市场资本领域方面的合作

创新融资方式，积极加强与国家和省对口部门的汇报、衔接，为红河争取更多倾斜支持。大力推进企业上市，提高债券、中期票据、短期融资券、基金等直接融资比例。积极争取高速公路、土地储备和棚户区改造等专项债券对红河的支持。通过政府与社会资本合作（PPP）的模式，吸引各类资本参与建设。盘活基础设施存量项目，出让部分优质资产，出让所得资金投入新项目建设。积极利用外资，鼓励符合条件的企业在全口径外债管理框架下，通过商业贷款、发行债券等形式从境外融入本外币资金，通过政府引导性投资吸引国内外风险投资者参与境外重大工程项目建设，减轻企业资金压力。

3.深化跨境农业合作

推进与周边国家农业政策对接和标准互认，加强农业基础设施、农业产业园、农产品质量安全检测中心建设，强化农业人才联合培养、技术及信息交流和跨境动植物疫病联防联控。鼓励州内企业以与周边国家开展火龙果进口加工合作为突破口，着力推进跨境火龙果区域化管理试点工作，积极配合做好国家层面签订中缅关于火龙果种植和卫生要求议定书，加快形成进口和销售一体化规模化产业链。发挥云南（红河）现代花卉产业园等的示范带动作用，打造一批农业科技示范园、产业园区、优质种养基地、出口食品农产品质量安全园区和出口备案基地。扶持一批产业关联大、市场前景好、出口能力强的农业龙头企业和农产品出口企业，紧扣绿色主题，瞄准国内外中高端市场，加紧推动农产品质量安全追溯信息平台的推广应用。探索开展境外农业合作示范区和农业对外开放合作试验区建设试点工作，推广先进适用技术，为企业走出去搭建境外、境内两类平台，带动优良品种、农机设备等"走出去"。出台支持农特产品进出口优惠政策。建设国际化、规模化、专业化的农产品出口基地，如与越南合作开展草食家畜标准化、规模化和生态化养殖，支持边贸企业参与境外肉牛养殖项目合作，加快推动跨境动物疫病区域化管理和产业发展试点落地。

4.加快发展现代服务业

注重培育新业态、新模式，规划和推动以越南为先导和重点、面向东南亚南亚的跨境物流、跨境旅游、跨境电商、跨境金融发展。一是加强州内物流企业同国际、国内先进物流企业的合资、合作与交流，站在"大通道"和"大交通"视角，加强与东南亚国家政府层面对接，积极推进国际道路运输便利化，优化互联互通软环境，加强国际运输信息化管理，提高国际运输智能化、信息化、集约化水平。加快智慧交通体系建设和无车承运信息化平台建设。二是以国际友城为基础，共同推动澜沧江—湄公河旅游城市合作联盟建设，建立健全多（双）边高层旅游合作协商机制，开展旅游人才交流培训。支持周边国家在滇设立中外合资旅行社。深化与越南的边境旅游合作，形成旅游辐射与拓展，开发一批在亚太地区具有一定知名度的边境跨境旅游产品。简化车辆出入境审批手续，实现双方跨境自驾车旅游无障碍；在河口国家一类口岸设立交通管理服务站点，便于办理国际汽车行车许可证、车辆国籍识别标志，凭证允许30日内在试验区内通行；设置跨境自驾车绿色通道，实现游客及其行李物品、车辆的快速查验放行。三是坚持以企业和消费者需求为导向，积极推动跨境电子商务健康有序发展。发挥河口片区高端产业要素聚集优势，为电商企业提供更高效的通关便利，推进新兴业态的落地实施，推进区内贸易发展方式转变和产业升级。四是以国际会展为龙头，拓展集布展设计施工、展会用品制作、展品储运交易为一体的会展产业，以区域性国际化为定位发展研讨会、商品交易展、民族节庆、体育赛事等会展经济，将会展产业打造为红河经济转型发展的新引擎，着力发展成为西部会展经济强州。提升中越（河口/老街）边境经济贸易交易会的国际化水平，把边交会打造成为对越开放的重要窗口和辐射东南亚的重要平台。以蒙自国际生物特色产品展、泸西高原梨文化展等为基础，支持打造一批地方民族特色展会。

5.推动跨境经济合作区建设

推动中越跨合区总体方案获中越两国政府签署；加快跨合区路网、跨境大桥、信息化监管体系、配套保障等基础设施建设，逐步完善跨合区基础设施网络；建立信息互换、监管互认、执法互助的跨境合作机制，探索"合作查验、一次放行""两国一检"等通关模式，力争建成跨境劳务示范基地和中越货币兑换中心；加大招商引资力度，着力推进惠科电子信息产业园、河口高新技术电子信息产业园等项目建设，促进产业聚集化、企业集群化发展。

（七）聚焦口岸建设，构建"岸城融合"综合体

准确定位城镇发展，形成以口岸特色产业为主导、多元产业为支撑的产业格局。此外，口岸对城镇化的推动只是口岸型城镇、城市发展的第一阶段，在口岸发展推动下的城镇化建设作为载体又对边贸进一步的发展起到强有力的支撑作用，从而实现口岸与城市发展的良性互动。

1.加快建设"美丽口岸""智慧口岸"和口岸经济综合体

围绕河口县"国际口岸·滨江城市"的定位，发展进出口加工（电子制造业）、跨境电子商务、跨境物流及保税相关产业，形成口岸—工厂、口岸—市场、口岸—城镇、口岸—城市相结合的口岸经济综合体。架设连接中国金平金水河口岸与越南马鹿塘口岸新的综合性多功能大桥，将隔界（中国）—波多（越南）申请成为正式的边民互市通道，轮流组织举办中越商品展销会，努力将金水河口岸—马鹿塘口岸由双边国际口岸升级为多边国际性口岸。建设"口岸小镇"，完善基础设施建设以及公共服务体系，提高服务质量，优化口岸环境，从而使边境贸易保持稳定增长，成为城镇建设的主要产业，形成以口岸特色为主导、多元产业为支撑的产业格局。在口岸发展推动下的城镇化建设作为载体对边贸进一步的发展起到支撑作用，从而实现口岸与城市发展的良性互动。将边境特色城镇化的建设当成"一盘棋"来下，在重视口岸对城镇发展带动作用的同时，也要注重城镇建设、城镇整体规划、定位等对口岸发展的支撑作用。

2.通过发展"前岸中区后市"模式完善口岸基础设施和服务功能

"前岸"即将商贸、物流、服务、交易市场等基础设施布局在口岸地区，打造与邻国交流的平台；"中区"指中间做加工产业的区域，发展口岸落地加工；"后市"指城镇作为口岸发展的依托，为口岸的运行发展提供强有力的支撑。核心是"中区"，它是连接口岸与城市（镇）的纽带，可使口岸建设与城市（镇）发展形成良性互动。推进边防、海关、查验货场、联检中心等配套基础设施标准化建设。依托口岸发展边民互市，先行先试，建设一批产业特色鲜明、体制机制创新、双边合作深化的口岸城镇。创新口岸监管模式，优化查验机制，提高查验效率。依托云南电子口岸大通关服务平台，提高口岸报关信息共享水平，推动沿边口岸通关信息互认，完善边民通道、边民互市贸易点基础设施建设，不断扩大提升贸易带动开发开放的水平。建立口岸查验和保障设施建设项目库，探索口岸设施标准化，完善与口岸开放需求相适应的查验配套设施。

河口口岸：推进北山国际货场冷链物流和配套设施、火车北站及跨合区联检设施、跨合区围网设施以及口岸要素交易市场体系等建设；加快河口跨境快件监管中心建设，促进红河与东南亚地区甚至全球跨境电子商务事业的发展。

金水河口岸：继续加强金水河口岸由双边贸易口岸升级为第三国人员和货物出入境国际型口岸及水果指定口岸、冰鲜海产品指定口岸、粮食指定口岸的申报工作，推动新增口岸货运通道；巩固口岸老区，实施金水河口岸新区和隔界、热水塘、地西北、龙脖河等建设项目，适时推进与马鹿塘口岸连接的多功能大桥建设；鼓励支持本土企业参与越南马鹿塘口岸建设。

绿春县边民通道：推动绿春县平河通道转新开为口岸，依托国防公路提升改造、凭借毗邻越南的区位优势，着力打造绿春县中越"三通道四边贸互市市场"；改造提升丫口水塘、新寨白石头、二甫大沙坝3个边民互市点的基础设施。

3.优化口岸营商环境促进跨境贸易便利化

以"减单证、优流程、提时效、降成本"为核心，加快完善与开放发展要求相适应的跨境贸易管理体系，打造符合口岸管理实际的口岸营商环境，从企业和社会实际需要出发，着力压缩整体通关时间，降低进出口环节合规成本。"减单证"即按照"能取消的就取消、能合并的就合并、能退出口岸验核的就退出口岸验核"要求，根据口岸管理部门的安排部署，落实监管证件网上申报、网上办理工作。"优流程"即落实全国通关一体化改革措施，推进海关、边检一次性联合检查；全面推广"双随机、一公开"监管，从一般监管拓展到常规稽查等全部执法领域；推广应用"提前申报"模式，非布控查验货物抵达口岸后即可放行提离；推进关税保证保险改革，推行进口矿产品等大宗资源性商品"先验放后检测"，推广第三方采信制度。"提时效"即推进口岸物流信息电子化和口岸查验智能化，提高口岸物流服务效能和查验准备工作效率，加快建设多式联运公共信息平台，创新边境口岸通关管理模式，加快开通农副产品快速通关"绿色通道"；加强国际贸易"单一窗口"建设。"降成本"即加强口岸通关和运输的国际合作，清理规范口岸经营服务性收费，严格执行行政事业性收费清单管理制度。公开通关流程及物流作业时限。

（八）聚焦边境贸易，服务边境贸易创新发展

完善河口、金水河等口岸城镇设施和公共服务功能，积极发展沿边金

融、跨境旅游、保税购物、跨境电商、跨境物流等新经济。

1.创新边境贸易方式扩大边民互市规模

实施"边境贸易+互助组""边境贸易+金融服务""边境贸易+落地加工""边境贸易+专业市场""边境贸易+电子商务"等工程，巩固优化河口口岸、金水河口岸、绿春县平河和绿春县新寨4个边民互市点建设，提升边民在互市供应链与价值链中的参与程度。采取与基层党组织建设相结合的方式，培育壮大互市贸易新主体。将边民互市贸易合作社作为互市贸易改革的新型主体，采取"支部+合作社+党员"的模式，或以合作社为载体，形成"合作社+农户+边贸扶贫+企业+金融"的模式，带动其他合作社走边贸立社、实业兴社的发展之路。

2. 构建多元化数字交易平台促进沿边金融综合改革

建立边民贸易可视化数据平台，搭建涵盖电子商务和个体销售的边民贸易多元化交易平台。建立集查询、购买、下单、结算、监管于一体的第三方贸易平台，提供便捷的资金流动，突破贸易壁垒。尽快签订中越跨境清算的框架协议，并根据实际需要逐步丰富合作内容，实现从单边跨境结算向双方互开往来账户的突破，解决人民币与越南盾兑换的瓶颈问题。开展双边结算贸易试点，深化边境金融合作，探索人民币和越南盾的直接互换，或者直接进行人民币投资，减少资本领域合作的风险。通过增设相互对开账户，建立双边代理关系，拓宽银行间直接结算渠道，增加结售汇网点，引导居民到非居民网点开设外汇账户、人民币账户，办理支付结算。完善YD指数定价机制，鼓励更多金融机构开办本外币兑换特许业务，推动人民币双向贷款业务，支持州内企业和项目从境外融资。加大保险业创新力度，设立保险风险补偿基金，推动资本市场发展，建立上市企业后备资源库，引导企业进入银行间债券市场融资。对标国际自由贸易区（港）金融开放规则，创新沿边金融制度，推进人民币资金跨境双向流动，打造河口跨境人民币金融服务中心。推动个人经常项目下跨境人民币结算。支持沿边金融、跨境金融改革，创新"金融+互市贸易"发展模式，探索成立边民信用互助社，支持金融机构针对边民互助组量身定制金融服务，在遵循监管规定前提下创新开展跨境融资保险业务。

分报告六：

优化环境筑巢，大抓招商引资，为红河高质量发展助力

近年来，红河州经济发展逐年增强。2021年，地区生产总值达到2742亿元，增长了9.1%，高于全国、全省平均水平，经济总量排名全省第3位。这既得益于工业的强劲增长、绿色农业发展的卓越成效，也得益于招商引资和对外开放取得的新突破。招商引资是红河州经济发展的种子工程，营商环境是最大的竞争力，营商环境建设与科学招商逐步成为经济发展的核心要素。

招商引资的地区竞争就是营商环境的比拼，环境建设水平取决于发展理念、干部观念、工作效率等诸多方面，环境不优越，高端产业、大型企业招得进来，也不见得能落下来。红河州自然资源、产业基础、对外开放等优势较为突出，红河州把大抓产业发展、大抓乡村振兴、大抓新型城镇化、大抓沿边开放、大抓营商环境、大抓招商引资作为经济工作的主要任务，牢固树立"发展是第一要务、招商是第一要事、一流营商环境是第一竞争力"和"政府围着企业转，企业有事马上办"的理念，为企业提供优质高效服务，千方百计帮助企业排忧解难，以真招、实招、硬招加快建设红河现代产业体系，以"红河效率""红河服务""红河诚信"，全力支持好服务好企业在红河的发展。大抓营商环境和招商引资有力地推动了红河产业的壮大和发展。

一、红河大抓营商环境的主要做法和成效

红河州扎实推进作风革命、效能革命，聚焦市场主体倍增，坚持大抓招商引资、大抓营商环境"双轮驱动"，以项目推动全州高质量跨越式发展。

为进一步优化营商环境，着力提升政务服务效能，相继出台《红河州外商投资奖励办法》《红河州进一步优化营商环境促进市场主体倍增实施方案》等政策措施，"一企一策"为企业提供"一站式""保姆式"服务。同时，有序推进"一窗通""证照分离""多证合一"等企业登记便利化改革，常态化推进"双随机、一公开"监管，深入推进"互联网+监管"。通过实施政务服务"好差评"、设置"办不成事"反映窗口、建立营商环境"观察员"等开展满意度调查，依托"一部手机办事通"、"12345"政务热线等，多元化畅通政企沟通渠道，逐步构建"亲""清"型政商关系。

（一）红河大抓营商环境的主要做法

红河州委、州政府深入学习贯彻习近平总书记关于优化营商环境和投资促进工作的重要论述，认真贯彻落实中央和省委关于深化"放管服"改革优化营商环境工作的决策部署和工作要求，深入实施国务院《优化营商环境条例》和省政府《云南省优化营商环境办法》，出台了《红河州进一步优化营商环境的实施方案》《红河州营商环境提升十大行动工作表》《红河州中小微企业管理办法》等系列政策措施。紧紧围绕"办事不求人、审批不见面、最多跑一次"和"全程服务有保障"的目标要求，2020年，全州财产登记、综合环境、政务服务、办理建筑许可、获得信贷、政府采购与招标投标、法治环境7项指标在全省表现优良。2021年，印发了《红河州贯彻落实云南省2021年深化"放管服"改革优化营商环境工作要点任务分工表》等6个责任分工文件，明确各级各部门的目标和责任。2021年，红河州通过政务服务平台承接政务服务事项实施清单，事项发布率达98.36%，政务服务中心政务服务好评率达99.99%。全州"放管服"改革不断深化，市场主体对营商环境满意度不断提高，政务服务便捷满意度快速提升，营商环境和投资促进工作取得了新进展、新成效，为全州经济社会高质量发展做出了积极贡献。

1. 聚焦"放出"活力，加大简政放权力度

红河州深化"放管服"改革，为市场主体松绑减负。2021年公布了《红河州37家州级部门权责清单（2021年版）》，涉及行政职权事项共10类5000余项、责任事项4000多项、追责情形3万余项。印发了《关于稳步推进相对集中行政许可权改革的通知》，积极推进以个旧市鸡街镇为试点的云南省经济发达镇行政管理体制改革试点工作。聚焦"减证便民"，推行证明事项告知承诺制。

2021年红河州印发《红河州进一步优化营商环境促进市场主体倍增实施

方案》，提出要高标准优化营商环境，激发市场主体活力。在登记办理和行政审批方面，优化市场主体登记办理流程，推行"当场办结、一次办结、限时办结"，全州企业开办时间压缩至1个工作日内。并将通过"放管服"改革，加快打造市场化、法治化、国际化营商环境，健全完善市场主体培育引进机制，到2021年，全州每千人拥有市场主体71户，全省排名第13位，企业每千人拥有企业数12户，全省排名第11位。[①]

2. 聚焦"服出"便利，优化政务环境

随着以开远市、河口县为代表的政务中心场所标准化建设，红河州政务服务智能化水平不断提高。纵深推进政务服务平台、"好差评"系统、"一部手机办事通"应用运行，推动更多政务服务事项"网上办""一次办""指尖办"和"网上评"。全州政务服务中心"一门进驻"，梳理了首批10个"一件事一次办"主题事项和"跨省通办"事项。全力推进不见面开标、远程异地评标、公共资源交易过程电子化工作。2021年1—9月，全州开展网上不见面开标、远程异地评标，全流程电子化交易，全流程电子化率达90.20%。全面推进投资项目审批一网"集中办理"和投资审批中介服务网上选取工作，持续开展代办工作。投资项目审批，中介服务采购，代办效率不断提升。持续优化纳税服务，实现90%以上主要涉税服务事项网上办理。持续提升不动产登记和水电气便利度。目前，全州不动产一般登记、抵押登记分别压缩至5个、2个工作日以内办结；居民、非居民用水办结不超过2个工作日；用气报装无须建设专用外线的用户全流程通气时间控制在4个工作日以内；用电报装低压，居民2.15天、非居民（含小微企业）2.59天，高压单电源17.21天。推进"互联网"与健康医疗、养老等领域深度融合发展，社保、医疗、医保服务进一步优化。目前，298家定点医药机构实现跨省异地就医门诊直接结算，1606家医疗机构和970家药店开通医保电子凭证扫码结算，企业职工基本养老保险、工伤保险等52项社会保险实现网上办理。

3. 聚焦重点领域改革，优化市场投资环境

持续深化商事制度改革，企业登记、开办企业等事项实现电子化办理。截至2021年12月，全州受理企业全程电子化登记申请7700多件，签发企业电子营业执照5万余户；企业开办实现3个环节1个工作日内（8个工作小时内）办结。稳步推进自由贸易试验区红河片区投资项目"先建后验"改革，实现投资项目审批时间压缩至10个工作日；持续提升工程建设项目审批效率，政

---

① 《红河州持续优化营商环境促进市场主体倍增》，《红河日报》2021年12月22日。

府投资审批时间压减至70个工作日以内,企业投资项目审批时间压减至45个工作日以内。市场主体活力呈增长态势。2021年12月,全州新登记市场主体超过7200户,同比增长71.88%,日均新登记300多户。

4.聚焦管出公平和法治建设,优化法治环境

常态化推进"双随机、一公开",持续加强食品、药品等重点领域监管,稳步推进信用监管和包容审慎监管,深入推进"互联网+监管"。2021年,通过"互联网+监管"系统认领监管事项占70%以上。加强"12348"公共法律服务热线平台建设,认真落实行政执法"三项制度",加强行政执法监督。加强对产权、经营权、交易权的司法保护,建立健全府院联动的工作机制,着力推进审判流程公开、裁判文书公开、庭审信息公开,持续完善涉企执法办案机制。

落实减负政策,优化企业生产经营环境。一是进一步规范涉企收费。通过规范涉企保证金收取、查处涉企违规收费行为等举措,持续加强涉企收费监管;采取分片分组的方式,开展县市交义检查工作,推进行业协会商会收费清理规范工作落实。二是进一步降低企业物流成本。取消道路运输经营许可证工本费、车辆营运证工本费两项收费,取消公路路产损坏赔偿清理费和公路路产占用费等4项收费。三是进一步降低企业用地成本。2021年1至9月,免征坝区耕地质量补偿费降低用地成本1.1万余元,分期缴纳土地出让金降低用地成本1.3万余元,减免降低用地成本557万多元。

5.多举措应对融资难、融资贵

2020年至2021年9月,累计通过普惠小微贷款延期支持工具,向地方法人金融机构下发激励资金,对到期普惠小微企业贷款本金实施延期还本付息,支持发放普惠小微信用贷款6亿元,惠及市场主体4000多户。

(二)红河大抓营商环境的主要成效

2019年按照国家发展改革委的评估指标,云南省发展改革委邀请了国内知名第三方机构对与企业活动密切相关的19个方面进行评估。红河州政务服务、执行合同、办理施工许可、获得信贷、政府采购与招标投标、用电报装、跨境贸易(进出口)、知识产权、企业开办、劳动力环境10项指标表现优异,进入全省先进行列;综合环境、企业破产及企业注销、法治环境、用水报装、财产登记、跨境贸易(出口退税)、市场监管环境、信用环境8项指标处于全省中等水平,营商环境建设成效不断显现。

1. 营商环境长效机制不断健全完善

一是强化组织保障。全州成立了州、县（市）主要领导任组长的优化营商环境领导小组，州委、州政府主要领导多次做出安排部署，将深化"放管服"改革优化营商环境工作纳入州级部门、各县（市）综合考核，坚持协调统筹，高位推动落实。二是完善运行机制。全州形成了州、县（市）政府主要领导亲自抓、分管领导具体抓、营商环境领导小组办公室专门抓、相关部门具体落实，纵向同频共振、横向协调联动的良好工作格局。三是明确责任分工。印发了《红河州贯彻落实云南省打造市场化法治化国际化一流营商环境任务分工方案》《红河州贯彻落实云南省2021年深化"放管服"改革优化营商环境工作要点任务分工表》等责任分工文件6个，明确目标任务和责任分工，形成工作专班，压实主体责任，确保营商环境工作有序有效推进。

2. "放管服"改革不断深化

政务服务事项实现"网上办""一次办""指尖办""网上评"运行。截至2021年9月，全州政务服务中心共进驻事项实现"一门进驻率"98.95%、网上可办率98.64%，全程网办率59.44%；"最多跑一次"率97.43%；政务服务好评率达99.99%。

随着大力推进政务中心场所标准化建设，州、县（市）两级政务服务实体大厅面积均超过省级不低于3000平方米的要求。持续提升不动产登记和水电气便利度，大幅压缩办结工作时限，平均办结时限压缩至2—5个工作日内；全面推进投资项目审批一网"集中办理"和投资审批中介服务网上"一库选取"，持续为各类投资项目业主提供免费代办服务；进一步优化社保公共服务，企业职工基本养老保险、工伤保险等52项社会保险实现网上办理。企业登记、开办企业等事项实现电子化办理，企业开办实现3个环节1个工作日内办结，投资项目审批时间压缩至10个工作日，工程建设项目政府投资审批时间压缩至70个工作日内，企业投资项目审批时间压缩至45个工作日内。市场主体活力呈增长态势。全州登记在册市场主体超过30万户，同比增长10.99%。

3. 企业生产经营环境不断优化

涉企收费进一步规范。加强涉企收费监管，采取分片分组的方式，开展县（市）交叉检查，对涉企收费开展常态化检查，清理规范行业协会、商会收费。企业运行成本不断降低。落实重大节假日免收通行费和鲜活农产品运输"绿色通道"政策，取消道路运输经营许可证工本费、车辆营运证工本费、公路路产损坏赔偿清理费和公路路产占用费4项收费。企业用地成本更加节约。全州停止征收各类新增建设用地坝区耕地质量补偿费，推行工业用地出让弹性年期制，以"先租后让、租让结合"的方式提供用地，年租金按照出让地价评估后到1年期价格确定。2021年以来免征坝区耕地质量补偿费降低用地成本近亿元。帮助企业融资解困。加大对普惠小微企业的信贷支持，通过普惠小微贷款延期支持工具，2020年以来，向地方法人金融机构下发激励资金，对到期普惠小微企业贷款本金实施延期还本付息，协调支持发放普惠小微信用贷款，大大惠及市场主体。①

4. 办事效率进一步提高

全州政务服务大厅进驻事项1.72万项，"一门进驻"率、"一窗分类受理"率均达到90%以上。红河州公共资源交易工作实现一个平台交易、一张网络服务、一套数据汇总、一库抽取专家、一套制度规范、一本证书通用、一个系统监督，场所建设标准化、交易过程电子化、专家资源共享化、内部运行制度化、远程异地评标常态化的标准。②

二、红河大抓招商引资的主要做法和成效

按照红河州委、州政府大抓招商引资和营商环境的战略部署，红河州依托工业基础好、市场主体相对活跃等自身优势，打造一流营商环境，千方百计把好的项目、大的企业引进来。树牢节约、集约的意识，珍惜宝贵的土地资源，杜绝浪费，守住生态环保、节约用地等底线。成为云南省力争在三年内营商环境进入全国一流方阵目标的有力支撑。

（一）红河大抓招商引资的主要做法

1. 调查研究，精准招商

红河州重点聚焦绿色铝、生物医药及大健康产业开展招商，把加快建设有色金属全产业链示范区、生物医药和大健康产业作为红河州发展的重点任务，紧扣"我有什么优势""我要什么产业项目""谁能帮我们解决这个发展问题"三个关键问题，走访考察相关地区及企业，开展精准招商。为做好链式招商，红河州组建了绿色食品、绿色铝硅、生物医药及大健康、文化旅游等产业链招商专班，联动省直部门和州市县及园区一同招商。采取调研督查、专题调研等形式，到全州13县（市）及园区，针对已落地投资企

---

① 州人大常委会调研组：《关于红河州优化营商环境和投资促进工作情况的调研报告》，红河哈尼族彝族自治州第十二届人民代表大会常务委员会第三十一次会议，2021年10月28日。

② 吴富水：《红河州优化营商环境促发展》，中国红河网，2020年7月29日。

业在项目建设、生产经营、扩大投资等过程中遇到的困难和问题，落实走访服务企业和企业帮办服务制度。同时，要求"五区"、各县（市）深入一线了解企业诉求，做好政策宣传，主动为企业解难纾困，支持和鼓励企业扩大投资。① 建立招商顾问和投资推介大使机制。积极引导商会、企业以商招商，建立招商顾问、推介大使制度，聘请8名知名企业家、专业人士作为红河州招商顾问和推介大使，充分借助其资源发挥推介红河、引资引智的作用。

2. 明确目标，有计划招商引资

瞄准世界500强、中国500强、行业100强等龙头企业，高质量策划包装项目，主动上门精准招商。2021年筛选招商重点领域及重点方向的目标企业212家，其中：绿色食品牌50家，有色金属31家，旅游文化16家，电子信息制造31家，生物医药及大健康28家，数字经济56家。2021年建立产业链专班机制。按照州委、州政府构建"5+6"现代产业体系布局，组建绿色食品牌、有色金属、电子信息、旅游文化、生物医药及大健康、数字经济6个重点产业链招商专班，建立一位领导、一条产业链、一个分析报告、一个工作专班、一批目标企业、一个招商计划的"六个一"工作机制，明确招商重点领域和重点方向，梳理目标企业，围绕212家目标企业"挑精选优"，制定招商工作专案12个，制订招商活动计划30项。

3. 实施产业链招商

按照州委、州政府"5+6"现代产业体系布局，聚焦绿色铝及精深加工、绿色食品及精深加工、有色金属及新材料3条千亿级产业链和现代物流、电子信息制造、新型化工、绿色新型建材、生物医药、节能环保、紫陶文旅、新能源电池及储能、通用航空及无人机9条百亿级产业链，围绕打造世界一流"三张牌"示范区和构建"5+6"现代产业体系，聚焦绿色铝及精深加工、绿色食品及精深加工、有色金属及新材料等12条重点产业链，厘清产业链目录清单，找准红河州产业链特点和竞争力，聚焦产业链的薄弱环节、缺失环节和价值链高端环节，强化产业链分析，制订年度重点产业招商引资路线图、工作专案和招商计划，找准引资对接的重点区域和目标企业，做好项目线索的对接和联系。紧紧把握加快构建新发展格局下东、中、西部产业梯度转移的新趋势和产业链、供应链、价值链的深刻调整变化，围绕红河州关于构建现代化产业体系的总体部署，强化规划招商、政策招商、环境

---

① 《红河州"五大行动"助力招商引资高质量发展》，《云南日报》2021年8月16日。

招商，积极推动一批在谈项目、意向项目协议化。围绕重点产业，产业链招商专班梳理目标企业清单，目前库内引进10亿元以上的项目44个。

4. 好中选优，优中选精

按照"好中选优，优中选精"的要求，从中筛选出100个项目编制成《2021年红河州重点招商引资项目册》，在专题招商、小分队招商、招商推介会等活动中向广大客商宣传发放和推介。2021年，策划包装了155个重大招商引资项目，同时通过州人民政府门户网站"投资红河"专栏、"投资红河"微信公众号等平台滚动推送。根据省级部署，从州级155个重大招商项目中再筛选出10个产业带动性强、补链强链关联度高、要素保障较全的重点招商项目向省投资促进局推介上报。2021年，红河州有7个项目被列入云南省百强招商项目。

5. 提高招商项目履约率

把招商项目履约率、入园率、落地率、投产率作为"大抓招商"成效的重要衡量指标。对已签约的重大招商引资项目，针对影响项目落地、开工的难点和症结，进行"一企一策"研究，充分发挥重点招商引资项目常态化协调推进机制保障作用，推动扶持政策落地落实，强化要素保障，优化服务举措，持续加大项目协调推进力度，力促重大签约项目开工建设。2021年，新签约总投资3000万元以上省外投资项目208个，协议总投资642.01亿元，其中：新开工172个，开工率为82.6%。投资1亿元以上项目到位资金同比增长22.76%，占全州引资总量的86.4%，其中5亿元以上项目105个，引进省外到位资金同比增长16.7%，重大项目支撑逐步夯实。

（二）红河大抓招商引资的主要成效

"十四五"以来，随着"一把手"招商责任制的扎实落实、"放管服"改革持续向纵深推进，"互联网+政务服务"为企业带来更大便利。尤其是近三年，红河州招商引资工作成效显著。红河州积极推进"走出去"招商，州委、州政府主要领导率先垂范，做到重大项目亲自洽谈、重大企业亲自招商、关键客商亲自会见，推动融创中国、金锣集团等500强企业标志性项目落地红河州。2020年，州委、州政府主要领导率团外出招商、会见客商190次，推动签订协议20个。州委书记率红河州党政代表团赴广东省、山东省等开展招商引资活动，敲定了华为、华润、中山大学等相关项目的签约、启动、推进时间节点，与惠科、温氏、天同、浪潮等企业达成签订协议、扩容增产、增链补链等共识，取得了良好成效。2020年聚焦弥勒绿色食品加工园，持续推进"绿色食品牌"招商突破见效，成功引进金锣集团、百源建设集团、夸诺集团、江楠农业等一批优质企业项目。运用大数据开列清单，从省大数据平台精选符合"六大重点产业"，且有一定投资意向的企业45家；全面梳理出重点招商引资企业163家、项目106个；创新"云招商"，开展线上签约，举办两场网络视频集中签约活动，共签约28个项目。全州共实施招商引资项目665个，协议总投资2390.16亿元。

2021年着力打好建链、补链、强链、延链等"链式"招商组合拳，引入上海鹏欣、山东天同、深圳诺普信等一批农业龙头企业，推动全州"绿色食品牌"产业链延伸、提质；戊电ITO靶材、金风科技风电装备等项目签约落地，全州电子信息、新材料等高附加值产业逐渐壮大。特别是绿色低碳示范产业园及一批产业链"后端"入园项目实现同步签约，全面开启新时代"红河之铝"。全年引进省外到位资金突破千亿元大关，总量排名全省第三，增长25.1%；全年新注册外商投资企业26户，总量排名全省第二，增长98.12%。

2022年以来，为贯彻落实省委、省政府"一把手"招商工作要求带头践行一线工作法，红河州把"一把手"招商作为"典型引路法"的"第一要事"来抓，强力推进招商引资工作，以"一把手"招商带动全员招商，在招商引资一线、项目建设一线生动践行"两个革命"。制定出台《红河州"一把手"招商工作方案》，健全"一把手"招商责任制，把州委常委、州政府班子成员、县市党委政府主要领导及"四区""重点链条"专班牵头部门、州级招商引资目标责任部门主要领导纳入"一把手"招商范围，推动"一把手"率先垂范，带头精准招商，带头推进项目，做到重大项目亲自洽谈、重大企业亲自招商、关键客商亲自会见。进一步深化红河州与粤港澳大湾区特别是广东省的交流合作，推动红河州重点产业链大发展。红河州委、州政府主要领导亲自率团出征招商，先后深入广东先导稀材股份有限公司、粤旺农业集团、广州励丰文化科技股份有限公司、广州视源电子科技股份有限公司实地考察企业发展情况，并与广州信邦智能装备股份有限公司、深圳比亚迪股份有限公司、深圳北科生物科技有限公司、深圳尚古堂食品发展有限公司等企业有关负责人开展两次座谈交流，就推进有色金属及新材料、农产品销售及精深加工、豆制品生产研发和深加工、生物医药与大健康、特色文旅等产业的合作进行了洽谈。

三、红河大抓营商环境和招商引资中存在的主要问题

近年来,各级党委、政府高度重视投资促进工作,营商环境和招商引资取得了新进展、新突破,但也存在一些突出的困难和问题。

(一)服务发展意识不强,"放管服"改革有待深化

一是服务发展意识不强。政务服务工作缺乏开拓创新意识,没有真正强化"发展才是硬道理"的理念,没有牢固树立"企业家"的观念,没有设身处地地为企业发展着想,为企业解决问题的办法不多,缺乏创造比外地更宽松更优质创业环境的大手笔、真胆量。二是对营商环境重要性认识不足。市场主体培育滞后,导致营商环境在全省考核中排名靠后。红河州每千人拥有市场主体66.64户,与全省平均数81.86户相差15.22户,排名全省第13名,其中:企业每千人拥有企业数为11.14户,与全省平均数17.48户相差6.34户,排名全省第11名,这与红河州经济实力排名全省第3的地位严重不匹配。三是"放管服"改革不够彻底。部门职能职责交叉,部门之间审批互为前置,推诿扯皮,办事效率不高,存在惯性思维和定式,凡事找依据、等上面、看外边,担当精神不够,导致审批过长、环节太多、结论太慢,贻误了大好的发展时机。企业"工程建设结算难、行业监督规矩多、项目报件耗时长、答复事项不落实、企业发展被人为折腾"等情况不同程度存在。四是服务质量和水平有待提高。在处置时间上忽略企业准备材料的时间,在服务联系企业中,存在不到位、不及时、不用心的问题,项目审批事项过多,审批程序繁杂,文来文往,费力耗时。有的审批事项涉及部门多,办得慢、办不了、不能办;有的部门重视招商引资前期签约,全程代办服务不到位,解决项目落地具体问题、扶持生产经营不热心;有的工程项目,由州级部门招标,资金拨付县市,由乡镇组织施工、协调服务,造成责任和权利两张皮、管理和服务相脱节。

(二)政策执行不到位,惠企政策落实难

近年来的招商面,对投资者最擅长的仍然是提供土地优惠、税收优惠、资金扶持,然而随着时代发展、形势变化,这些措施的效用在下降,甚至有时候政策给足了,也只能吸引来中低端产业。一是政策宣传不到位。优化营商环境政策涉及的部门多、范围广,由于对政策的宣传、解读不足,宣传手段不丰富,政策服务方式创新不够,部分市场主体对优惠政策措施的知晓率低,劳动者维护自身权益能力弱,企业享受优惠政策覆盖面窄。二是政策执

行有偏差。招商引资、兴办实业，承诺的事项不能及时兑现，签订的协议不能认真履行；项目申报限制条件多，提醒服务、主动服务、上门服务少；企业贷款难、融资难，对企业多头检查、重复检查的问题仍然没有根本解决；行政执法服务不规范，普法宣传不够，善意提醒不够，不是设身处地为民众着想，而是为了处罚而执法，不文明执法的现象依然存在。三是惠企政策兑现落实难。有的主管部门服务企业意识不强、落实兑现速度慢；有的政策措施落实程序多、手续复杂；有的政策兑现时效性差，甚至还在路上；有的政策仍停留在文件、计划、设想上，存在执行政策走样的问题；有的企业按要求上报了奖励申报材料，按政策规定应该拨给企业的资金，没能如期完全得到兑现落实。

（三）政策要素保障不力，落地的产业项目偏少

一是项目要素保障不力。部分县（市）和部门对用地、用电、环评、管理、资金等要素保障不力，主管部门与各市场主体对接不紧密，信息不对称，支撑性报件报批等工作不及时，在开工建设中未批先建、边批边建的情况时有发生，影响项目顺利开工建设和正常投产，部分企业由于受环评指标和用地的限制，迟迟不能正常组织生产，给企业带来了许多困惑。部分企业出现土地证迟迟办理不下来，给企业融资和扩大配套生产规模带来了诸多不便。二是落地的产业项目偏少。政府及相关部门对产业项目建设重视不够，对产业项目精准招商不够深入，对自身产业优势掌握不透，不能有效跟进切合地方实际的特色产业发展精准招商；全州产业项目"小、散、弱"的局面依然没有改变，落地的重点产业类大项目少，国家级行业龙头企业更少，拉动产业聚集能力弱，企业市场竞争力有待提高。

（四）创新服务能力不足，信息未能实现全覆盖共享

一是创新服务能力不足。部分部门主动服务能力不足，不能认真分析问题产生的原因，没有透彻研究上级政策，僵化执行上级政策和决定，只强调门槛限制什么，不研究政策鼓励什么，对企业和群众说"不行"多、说"怎么行"少，注重硬性监管，缺少柔性服务，解决群众办事难的办法不多，为民办事原则性强，灵活性不足，创新服务的能力和水平亟待提高。二是信息未能实现全覆盖共享。数据壁垒现象较为严重，由于政务服务统建系统功能开发还存在一定缺陷，形成了信息"孤岛"，部门间信息融合不到位，数据收集录入不够完整，共享程度不高，未实现数据共聚共通，导致市场主体办理相关审批事项需到不同的窗口反复提交资料、多头跑、重复办，甚至跑到大厅以外部门办理,办事整体体验较差。三是在招商过程中,有些园区对自身的产业定位认识不够清晰,看到好的企业便招进来,导致虽然落地了很多优质项目,但均来自不同行业,企业之间关联度低,难以形成产业集聚。

(五)产业园区产业聚集度不高,营商环境仍需改善

产业园区围绕主导产业引进的产业项目不多,各园区普遍缺乏科技含量高、增加值高、资源消耗低、带动能力强、经济效益好的大项目。各个园区虽然确定了主导产业,但现有的产业链条短、融合程度低,产业配套和集群支撑服务体系不健全,产业集聚效应未显现出来。同时,全城招商氛围还不够,融资难问题依然存在,第三方服务机构有待加强。

四、红河切实改善营商环境实现企业繁荣的关键点

打造一流营商环境,促进招商引资见实效,必须抓重点,看关键,凝心聚力,务实求真。

(一)打造一流营商环境要发展先进生产力的载体

优化营商环境是以习近平同志为核心的党中央在新时代做出的重大决策部署。习近平总书记强调"营商环境是企业生存发展的土壤。市场主体是经济的力量载体,保市场主体就是保社会生产力,要千方百计把市场主体保护好,为经济发展积蓄基本力量"。一流营商环境有助于集聚生产要素,形成经济高水平发展的氛围,提高开放度,激活外部投资活力,促进市场繁荣。

(二)打造一流营商环境要实现生产要素自由流动

推动高质量发展离不开高质量的营商环境做支撑。在经济高速增长阶段,经济增长更多地依靠规模扩张和要素驱动;而高质量发展的本质内涵是高效、公平和可持续的发展,具体体现为资源配置效率高、产品服务质量高、技术水平不断升级等。良好的营商环境是生产要素积聚的吸铁石,要素的自由流动才能形成有效的现实生产力。拥有高度便利的营商环境,有利于促进区域范围内各类生产要素的自由流动和市场化高效配置,形成有序竞争。

(三)打造一流营商环境要营造法治化经济发展氛围

法治是最好的营商环境,构建公平、透明、法治化的营商环境是保障经济高质量发展的重要条件,营造法治化营商环境,是创新创业的推进动力。创新是市场经济的活力之源,市场在资源配置中起决定性作用,而市场资源主要通过商事行为进行配置,只有大力推进地区法治建设,在法治轨道上保

障商事行为的自由,才能够激发"大众创业、万众创新"的热情。随着我国《优化营商环境条例》的实施,我国经济制度体系更加完善。目前,近20个省(区、市)已经出台了优化营商环境地方性法规或政府规章,各地持续发布新一轮优化营商环境政策措施。随着各地法治环境的完善,与经济发展相关的政府、企业、个人和社会行为将更加规范,更加符合行为准则。

(四)营商环境建设关键要关注企业感受度

企业在营商中的难点、痛点,都是营商环境需要优化的要点。应满足10个方面。一是企业预期更加稳定,坚持"一任接着一任干""新官理旧账",保持政策的延续性。政府诚实守信,践行承诺。二是让企业成本更低,严格落实减税降费政策,千方百计降低企业物流、贸易、劳动力等成本。三是让企业办事更快捷,以数字赋能、改革破题、创新制胜、机制增效。四是让企业投资更便利,实行"管家式"服务,保障项目快速落地,顺利建设投产。五是让企业活力更强,实现企业质、量双提升。六是让企业创新更积极,鼓励推进技术、制度、管理和商业模式创新。七是让企业保障更有力,聚焦企业所需,推动资源要素公平有效供给。八是让企业享有更优质的服务,以常态化服务增强企业获得感。九是让企业发展更安心,打造法治化营商环境,使企业放心投资、专心创业、安心经营。十是让企业家更荣耀,对企业家更尊重、厚爱。

五、红河改善营商环境,大抓招商引资的对策建议

红河州营商环境建设和招商引资成效是显著的,但是与高质量发展的要求相比,仍然存在一定差距,需要有更大的耐心、更强的定力、更开放的心态做好以下工作。

(一)深化营商环境内涵,建立区域协调的营商环境

把营商环境与重点产业发展环境二者紧密联系起来,将日益成熟的集成改革、协同治理等营商理念植入产业发展,着力攻坚产业发展面临的体制机制问题,从而最大限度地降低制度性交易成本,最大限度地释放产业发展空间,最大限度提升营商环境的供给质量。

营商环境建设可以采用对接、整合和互通等方式。通过学习粤港澳大湾区优化营商环境采用的对接方式和长三角采用的整合互通方式,推进一流营商环境建设。粤港澳大湾区的做法是采用珠海横琴对接澳门,深圳对接香港,通过市场准入、金融服务、人员往来、中介服务等逐项分析,形成

趋同营商环境。而长三角的苏浙皖沪三省一市则采用整合、互通方式，通过健全政策制定协同机制，建立标准统一管理制度，加快大通关一体化，完善国际人才引进政策，协同打造国际一流营商环境。2021年，苏浙皖沪三省一市市场监管局共同签署了市场监管领域法治建设一体化合作、加强价格监管协作、加强反不正当竞争协作、加强平台经济数字化协同监管、特种设备安全监管一体化、协同推进检验检测机构行政处罚裁量基准一体化6个合作协议和长三角历史文化名城标准化合作协议。并且开通了长三角市场主体基础数据平台。可以与长江经济带和粤港澳大湾区采取对接方式营造一流营商环境，而与成渝经济区等采用整合互通方式推进一流营商环境建设，共建相关营商环境的功能性平台。依托自贸区、空港区等打造规模更大、质量更优、创新更强、层次更高、成效更好的国际商贸交易平台。构建航空、铁路的枢纽经济区，搭建电子商务区。构建国内、国际人才服务平台，推动国内国际人才认定，服务部门信息互认互换。与发达地区联合共建金融服务平台。积极构建专业化数字化贸易平台等一系列功能性平台。加强各类园区建设，提升园区现代化水平。

（二）"同事同标"形成统一的法治环境和政务服务标准

整合有关营商环境的地方性政策法规，增强政府的公信力。各地都在改善营商环境，采取了许多改革措施，通过改进规则、流程和标准，提高营商便利度，可以提炼改革试点经验，形成共识，与国际高水平对齐，形成全省统一的政务服务，"同事同标"有利于外来企业对云南整体性、规范性、科学性和法治化有一个统一的认知，提高营商环境的透明度和可预期性。

严格执行政策措施，提高政府公信力。一要加大政策宣传力度。通过采取召开招商引资推介会、"走出去"开展商务洽谈、在媒体网站发布政策措施等多种方式，引进更多更优的企业落户。主动上门服务，加大相关优惠政策进企业的宣传力度，及时跟进解读，向企业精准推送各类优惠政策信息，深入解读各类企业扶持政策，有效提高企业知晓率。二要严格执行政策措施。全面提升服务企业的能力和水平，落实落细优化营商环境各项政策措施，盘活经济实体，融合经济要素，激发经济活力；健全完善政策措施，支持企业家做大做强实业，畅通服务企业绿色通道，强化亲商惠商的政策支撑，不折不扣执行国家和省的减税降费政策，确保政策执行不走样。三要提高政府公信力。把诚信政府建设作为优化营商环境的首要工作任务，强化干部责任担当，凡是协议约定的事项、集体讨论决策的事项、政府承诺的事项都要坚决落实兑现到位；要定期对全州招商引资的优惠政策进行梳理，认真分析研究政策措施兑现、执行、落实情况，简化优惠政策兑现手续，推动对企业的优惠政策实现应享尽享，全面落实兑现好各项优惠政策，切实提高政府公信力。

（三）充分挖掘营商活动形成的区域性大数据

依托电子口岸平台，推进信息共享和业务协同，通过国际贸易"单一窗口"，提供便捷通关服务。整合碎片化的国际进出口贸易信息，海关通关、商品质量、市场需求、税务等信息，开展深度价值挖掘，实现数据共享和业务协同。建立身份认证系统和电子营业执照系统。实行一次认证，全网通办，避免市场主体在不同地区和部门政务服务平台重复注册验证。

跨区域、跨部门监管，共同防范区域性风险。在食品、公共安全、环境安全、金融风险等领域，强化全过程质量安全管理与风险监控。建立统一的"互联网+监管"体系。建立跨区域协作长效机制，形成市场监管综合行政执法合力，统一行政执法案件录入、公示平台。通过梳理统一行政执法案件录入、公示平台，打破各部门、区域案件信息共享壁垒，实现案件信息部门、区域的互通互联、实时共享，减轻基层多平台录入负担，形成联合执法强大合力。

（四）创新政务服务方式，推进信息共享融合发展

细化营商环境着力点。围绕特定行业和企业发展所需，找到"小切口"，在"小切口"上面下"大力气"，深化体制机制创新，积极探索与行业发展相适应的管理新模式，着力解决企业在产品研发、特殊货物通关、融资、国际人才引进等方面的具体的痛点、难点。一是要创新政务服务方式。加大对政务服务的调查研究力度，了解用户服务需求，围绕企业群众办事习惯，不断创新服务方式，深化融合应用，推动实体政务大厅、网上政务平台、移动客户端、自助终端、服务热线等综合运用，促进线上线下一体化运行，提升各项功能的便捷性和友好性，最大限度便民利民。二是要提升政务服务软实力。打好政策环境、法治环境、科创环境、人文环境、办事环境提升组合拳和攻坚战，尊重市场主体和市场规律，建立互帮互助、互联互通、互惠互利的营商大环境；用"一流环境、一流政策、一流服务"和"贴心服务、增值服务、放心服务"，为市场主体解难题、办实事，加快构建"亲""清"新型政商关系；优化各类市场主体发展环境，激发各类市场主体活力，全力打造市场化、法治化、国际化营商环境。三是要推进信息共享融合发展。加强"互联网+政务服务"建设，推进政务服务新基建项目建设，加大"一部手机办事通"的推广运用力度，大幅提高实名注册率和人均办件量，切实打牢"一网通办"信息基础；着力推进政务服务网络、政务服务大数据中心等新型政务基础设施建设，做到跨部门、跨地区、跨行业的信息联通、联动，实现政务信息共建共通共享全覆盖。

（五）围绕资源和产业链招商，解决招什么商的问题

要搞清楚客商需要什么、最关心什么、最希望什么，而我们有什么、能给什么。这就需要充分挖掘和发挥自身的优势、特色。要把地方的自然状况、资源特色、市场成熟度等一一找出来，编制出自己的产业规划、发展导向。对符合地方产业规划的项目或鼓励类项目给予特殊政策，从而加大这类项目的包装、研发和引进力度。一个带动力强、辐射面大的项目，能够带动整个产业及各类资源要素高度集聚，会不断为经济社会发展增添动力和后劲。

强化要素保障，加快重点产业项目建设。一是强化政策要素保障。各职能部门要紧紧围绕国土空间规划用地、环评指标受限、有序用电与项目落地难的要素保障，积极发挥好职能作用，主动作为，靠前服务，列出问题清单，做好协调统筹，加强工作对接，切实解决好项目设计、用地、用电、林地、拆迁、环评、资金等要素保障问题，为项目的顺利实施提供政策保障支持，确保企业正常组织生产。二是加快重点产业项目建设。坚决贯彻落实省委、省政府红河现场办公会精神，按照红河发展思路，聚焦红河州产业发展，大抓招商；要成立招商引资工作专班，提高招商引资的质量，招大商、招强商、招好商、招实商，加快重点产业项目建设，提高产业项目的招商比重，力争在电子产业、文化和旅游产业、制造产业、重塑有色金属产业等取得新突破。

（六）强化专业招商队伍建设，解决由谁来招的问题

招商人员要强化学习和实践锻炼，在提高自身素质上下功夫，实现知识不断更新、技能不断提高、本领不断增强。一是招商人员要把驻外招商看成自己工作中的一次挑战，看成自己人生中的一次磨炼，切实增强拼抢意识、责任意识，以积极的姿态、饱满的热情、必胜的信念，向外商展示最佳工作状态。二是要熟悉掌握地方的产业基础、资源状况、区位交通、市场空间、劳动力成本等有关州情资料，确保在招商洽谈的过程中准确把握尺度，进行项目推介。三是要会攻关、能攻关、善于攻关。要悉心专研谈判技巧，充分了解客商的投资兴趣点和着力点，要知商情、知商机、知商思，以此来提高招商的成功率。

（七）改善投资环境，解决引进来、留得住的问题

传统的招商方法，如减免税收、降低地价等已被广泛采用，为吸引外商投资，各地争先恐后地推出优惠政策，尽管如此，却往往收效甚微。政府的优惠政策是有限的，而优质服务却是无限的；政府的高效率，给企业带来的就是高效益。从这种意义上来说，政府的服务就是一种责任，"服务好一家企业，就是一本最好的投资指南，胜过千百条招商广告"。

要从"程序便利程度"与"法律保障力度"两个维度来评估一个经济体的营商环境。既要评估企业开办与经营过程的便利程度，也要考虑企业在进入市场前当地营商环境，如经济体量、成长性、潜在的商业机会、要素（人才、资金）的可得性、公共服务设施空间可达性、环境资源的承载力等指标，提升企业融资环境和创新驱动力，以及连接全国，乃至全球产业链的能力。

在硬件环境建设上，各级政府要把"巢"搭建好，建设完善各类园区的基础设施，搞好规划、明确定位，努力打造功能齐全、管理科学的现代化园区，这样才能引来"凤"，达到"筑巢引凤"的目的。

（八）正确处理"内生"和"外引"的关系，释放招商引资示范效应

实践证明，千方百计挖掘本地民间资本的巨大潜能，鼓励全民创业，加快本地内生型民营企业的发展，对于吸引外地企业落户起到了很好的示范效应。尽管全国各地都在采取各种措施开展招商引资，但资本遵循的是哪里有钱赚就往哪儿去的内在规律，如果连本地企业都发展不起来，就更谈不上吸引外地企业来投资了。

在"走出去"招商引资的同时，更要注重本地成长性好的企业，要挖掘自身潜力，给予适当扶持政策，做强做大本地企业；对具有扩张欲望的本地企业，要进行包装，积极向外推介，从而释放以商引商这种"一花引来百花开"的独特效应。

（九）垂直整合招商引资方式，综合提升招商效率

现在支柱产业项目、战略性新兴产业项目、战略性新兴服务业项目招商引资的特点是集群化。从上游、中游的原材料零部件体系，到下游的销售服务物流体系是一个集群。要用产业集群方法实现产业链招商。

产业链招商，首先必须解决物流问题，把产业链整合在一个地方，80%

的原料零部件要实现本土化（以重庆笔记本电脑经验3000万台，等于全球1/3为例）半小时车程运输。其次，只有形成规模化，才能把一切零部件厂商招商来。再次，构建完整齐全的产业链，包括销售结算等环节。最后，同类项集群。

要重视资源市场配置招商。形成资源开发主战场。高科技招商要规避政府融资风险。企业有技术、有市场、有产品，但是没有资金，高科技项目、战略性新兴产业项目往往需要三四百亿元的投入，政府帮助融资要明确有资本、有信用、有投资、有回款的地方才能用，要采取资本运作模式，以股票的形式定向增发。以优惠政策招商，税收、土地、资金补助一整套综合，系统集成（以江苏南京台积电项目经验为例）。要考虑全球化物流，全球化市场。要解决三个问题：一是海关一体化（检验认可，关检互认），执法互助、信息共享，自贸经济一体化；二是联运体系；三是定价运输成本，解决企业实际困难。

分报告七：

以铸牢中华民族共同体意识为主线推动红河民族团结进步事业高质量发展

党的十八大以来，红河民族团结进步创建工作成绩显著，2019年成功创建为"全国民族团结进步示范州"，为在云南民族团结进步示范区建设中"当仁不让走在前、作示范"奠定了良好基础。

从全球范围来看，红河与越南接壤，和其他东南亚国家乃至更广泛的地域有着千丝万缕的联系，一些县为历史上著名侨乡，在经济、文化等方面辐射效应明显，可以在讲好红河故事、讲好中国故事方面做出示范。

从全国来看，红河州经济总量位居全国30个少数民族自治州第一，成功创建为"全国民族团结进步示范州"，有4个"全国民族团结进步示范县"、7个省级示范县和402个示范单位，各族群众的获得感、幸福感、安全感显著增强，中华民族共同体意识不断铸牢，可以在民族团结进步基础上推动高质量跨越式发展方面做出示范。

从全省来看，红河州经济总量自2016年起稳居全省第三位；民族团结进步示范点、示范带、示范圈、示范联盟的"点、带、圈、盟"全域示范创建格局逐步形成；近代以来，红河得现代文明风气之先，在通关开埠、开展早期革命活动等方面冠领全省；在国家认同的基础上，有机结合民族认同和地域认同，共同展示对外形象。红河可以在先行先试、铸牢中华民族共同体意识方面做出示范。

进入新时代，红河始终坚持以习近平新时代中国特色社会主义思想为指导，深入贯彻落实习近平总书记两次考察云南重要讲话精神以及中央民族工作会议和省委、州委民族工作会议精神，切实把省委、省政府对红河提出的目标和要求落实到位，不断推进红河民族团结进步创建工作高质量发展。

一、认清"三大优势"和"两大挑战"

中央和省委高度重视云南民族工作，特别是中央民族工作会议精神为新时代民族团结进步事业提供了根本遵循，省委、省政府对红河提出的目标和要求为红河高质量发展指明了新的方向。同时，发展不平衡、不充分等客观困难也是红河面临的重大挑战。

（一）三大优势

习近平总书记心系云南发展，多次以回信、接见、批示等方式关心云南边疆民族地区和少数民族群众发展。2021年8月19日，习近平总书记给沧源佤族自治县边境村的老支书们回信，勉励他们发挥模范带头作用，引领乡亲们建设好美丽家园，维护好民族团结，守护好神圣国土。总书记的亲切关怀为云南做好新时代民族工作提振了信心和坚定了决心。良好的政策背景、特殊的区位优势和文化资源优势，以及扎实的发展基础为红河民族团结进步事业创造了良好的现实条件。

1.良好的政策背景带来的优势

党的十八大以来，以习近平同志为核心的党中央高度重视民族工作。中央多次召开重要会议，对民族宗教工作进行安排部署，明确了新形势下民族工作的大政方针和战略任务。在党的十九大报告中，党中央把民族宗教工作摆在党和国家工作全局更加突出的位置。2018年12月，中共中央办公厅、国务院办公厅联合印发《关于全面深入持久开展民族团结进步创建工作铸牢中华民族共同体意识的意见》，对推动新时代开展民族团结进步创建工作，促进全社会铸牢中华民族共同体意识，加强各民族交往交流交融，共同团结奋斗、共同繁荣发展等明确了总体要求、工作原则及具体实施意见。2021年8月28至29日召开的中央民族工作会议正式提出习近平总书记有关加强和改进民族工作的重要论述，明确提出做好新时代党的民族工作，要把铸牢中华民族共同体意识作为党的民族工作的主线，并对深入开展民族团结进步创建提出了具体要求。党中央和习近平总书记历来重视云南民族团结进步创建工作，习近平总书记分别于2015年、2020年两次考察云南，对云南民族工作做出了重要指示，其中把云南建成我国民族团结进步示范区，是党中央和习近平总书记对云南发展的重大战略定位，赋予了云南在新时代探索解决民族问题正确道路的政治使命，并提供了根本遵循。2022年2月召开的省委民族工作会议强调，要深入学习领会中央民族工作会议和习近平总书记重要讲话精神，增强"四个意识"、坚定"四个自信"、做到"两个维护"，铸牢中华民族共同体意识，建设民族团结进步示范区。省委把示范区建设列为云南"十四五"期间奋斗目标之一，坚持由省委书记任示范区建设领导小组组长，高位推进示范区建设，先后制定出台了《关于加强和改进新形势下民族工作的实施意见》《中共云南省委 云南省人民政府关于加快建设民族团结进步示范区的实施意见》《云南民族团结进步示范区建设"十县百乡千村万户示范创建工程"三年行动计划（2019—2021）》《云南省建设我国民族团结进步示范区规划（2021—2025年）》《云南省建设现代化边境小康村规划（2021—2025年）》《云南省铸牢中华民族共同体意识中长期规划》等重要文件规划，形成了"党委统一领导、政府依法管理、统战部门牵头协调、民族工作部门履职尽责、各部门通力合作、全社会共同参与"的示范区建设格局。近年来，党中央和省委部署的"一带一路"、长江经济带、新一轮西部大开发、滇中城市群等发展战略在红河叠加交会，自贸试验区红河片区、新型基础设施建设、数字经济等一批重大利好政策点亮边疆欠发达地区，为红河发挥后发优势、推动跨越式发展带来政策性红利和历史性机遇。来自国家和中央、省级层面战略机遇的叠加，为红河新一轮经济社会的高质量发展提供了良好的政策环境和重大契机。

2.特殊的基本州情带来的优势

红河州位于云南省东南部，美丽的红河穿境而过，面积3.29万平方千米，边境线长848千米，下辖九县四市，有3个自治县（屏边苗族自治县、金平苗族瑶族傣族自治县、河口瑶族自治县），有5个民族乡（蒙自市期路白苗族乡、蒙自市老寨苗族乡、开远市大庄回族乡、金平县者米拉祜族乡、河口县桥头苗族壮族乡），世居汉族、哈尼族、彝族、苗族、傣族、壮族、瑶族、回族、拉祜族、布依族、布朗族11个民族，户籍人口469.76万人（2021年底），少数民族人口占61.63%。

红河历史悠久、文化厚重。有千年哈尼梯田、千年临安古城、千年建水紫陶和百年滇越铁路、百年开埠通商、百年云锡矿业、百年过桥米线等亮丽名片，其中哈尼梯田文化景观被列入《世界文化遗产名录》。红河土地上曾涌现出近代数学家熊庆来、清末云南唯一的经济特科状元袁嘉谷等杰出人物。

红河资源丰富、生态良好。红河是百万亩高原特色现代农业示范区和云南粮经作物的主要产区。红河以锡为主的有色金属在全省、全国乃至世界上均占有重要地位，铜、锌、铅、霞石等矿藏资源丰富，是云南省近代工业的发祥地、全省重要的工业和能源基地。有屏边大围山、绿春黄连山、金平分水岭3个国家级自然保护区，有异龙湖、长桥海、哈尼梯田、黄草洲4个国家级湿地公园，民族文化与全域旅游融合发展，"云上梯田·梦想红河"品牌日益响亮，成为云南旅游发展新方向。

红河区位独特、优势明显。红河地处国家"一带一路"建设的重要节点和云南建设面向南亚东南亚辐射中心的重要前沿，有3个国家级一类口岸和中国（云南）自由贸易试验区红河片区、红河综合保税区、国家级蒙自经济技术开发区等开放平台。2016年以来引进以晴、惠科等一批国内外知名企业，电子信息产业从无到有、由小到大，成为全州工业经济新的增长极。

3.扎实的发展基础带来的优势

红河民族团结进步事业历史悠久，成效显著。红河历来重视民族团结进步事业，早在1951年，红河各族各界代表就庄严签订了《团结爱国公约》，表明了维护边疆民族团结、永远跟党走的信心决心。新中国成立以来，红河始终把维护民族团结、维护边疆安宁作为自治州永恒的工作主题，团结带领各族人民沿着中国特色社会主义道路阔步前进，有力推进中国特色民族区域自治制度在红河大地落地生根。2019年12月，红河州被国家民委命名为"全国民族团结进步示范州"，屏边县、弥勒市、石屏县、河口县4个县（市）、弥勒可邑小镇、红河州民族师范学校等4个单位被命名为全国民族团结进步示范县（市）、示范单位，金平县、元阳县、蒙自市等7个县（市）及蒙自市西北勒乡等402个单位成功创建为全省民族团结进步示范县（市）、示范单位。到目前为止，命名州级示范县（市）12个、示范单位1075个、民族团结进步教育基地38个。

红河经济社会发展实力不断增强，态势良好。2020年，全州的地区生产总值达2417.48亿元，居全国30个少数民族自治州之首。产业结构优化取得新进展，规模以上工业增加值年均增长11%，电子信息等新兴产业持续发展壮大，非烟工业占比由59.2%上升到73.4%，民营经济增加值占GDP的比重由2015年的49%提高到54.6%。高速公路里程突破1000千米大关，县县通高速目标即将实现，高速铁路实现"零"的突破，天然气管道建成通气，物流服务覆盖面超过90%，完成了一批5G基站安装，发展条件得到极大改善。民生保障水平得到新提高，7个贫困县全部如期脱贫摘帽、91.32万建档立卡贫困人口如期脱贫，13县（市）义务教育发展实现基本均衡，国家卫生县城实现全覆盖，建成滇南中心医院等一批民生工程。

红河开放型经济发展实现新跨越，开放平台建设有力推进。中国（云南）自由贸易试验区红河片区获批建设，进出口贸易额保持良好增长势头，"十三五"末比"十二五"末增长了3.6倍。2020年，自贸试验区红河片区新增注册企业530户，全年招商引资31亿元，外贸进出口总值140亿元，同比增长80%。蒙自经开区、红河综保区预计完成规模以上工业总产值分别为589亿元、180亿元，分别增长3.3%、5.2%，全州外贸进出口总额同比增长5%。开放型经济成绩斐然，为把红河建成云南绿色发展的增长极、沿边开放的新高地奠定了良好基础。

（二）两大挑战

红河民族团结进步创建工作在面临政策利好及机遇的同时，也面临发展不平衡不充分、民族地区产业发展滞后等现实挑战。

1.发展不平衡不充分带来的挑战

经济总量与人均GDP不均衡。尽管红河经济总量居全国30个少数民族自治州第1位、全省第3位，但2020年人均GDP仅为5.4万元，排在全国少数民族自治州第7位，比排前一位的新疆昌吉州低3.3万元；只有全国平均水平的75%，处于全省第5位，分别是昆明、玉溪的67.8%、59%。

南北县市发展不均衡。县域经济总量超过百亿元的县（市、区）比重，红河仅达到61.5%，为8/13（金平、元阳、红河、屏边、绿春5县未达到），而玉溪是9/9，曲靖到8/9（仅马龙区未达到）。全州经济总量最高的弥勒市（442亿元）仅排全省第11位，比2020年全国百强县第100名的山东青州市（549.3亿元）低107.3亿元；南部6县经济总量只占全州的19.3%，仅相当于弥勒一个县级市的体量。南部6县投资总量仅为全州的19.9%，财政自给率7.7%、比北部低30个百分点左右。

"产、城、人"发展不均衡。从"产"来看，2020年红河全部工业增加值占GDP的比重为24.9%，比全国低5.9个百分点，比曲靖低2.9个百分点。南部6县规模以上工业企业仅占全州454户的17.4%。从"城"来看，全州常住人口城镇化率为47.7%，比全国、全省分别低16.19个、2.35个百分点。从"人"来看，红河城乡居民可支配收入分别为37500元、13580元，为全国的85.6%、79.3%，分别位于滇中五州（市）第5位、第4位，农村居民人均可支配收入分别是经济总量相近的湖南郴州的77.5%、湖北荆州的72.2%。全州中等收入群体比重约为20%，比全国低10个百分点，与红河总体发展水平不相称。

2.民族地区产业发展滞后带来的挑战

现代产业体系尚未完全建立，传统产业转型升级亟待加快，新兴产业尚未形成强有力支撑，科技创新能力与经济社会发展不匹配。贸易结构单一，资源型产品和初加工产品在外贸商品中占比较高，外向型产业链较短、外贸产品附加值低，服务贸易发展滞后。口岸功能亟待完善，开放发展活力不足，政策创新不够，"五区联动"效应需要进一步释放。开放型人才缺乏，吸引外来资本、外来人才、外来企业不足。

农业大而不优。2020年，第一产业增加值仅为344.8亿元，比曲靖少215亿元，比全国30个少数民族自治州经济总量排名第二的伊犁少238亿元。农业知名品牌不多，农业龙头企业带动性不强，仅有国家级农业龙头企业1户、占全省的2.6%，省级龙头企业占全省的9.1%。大部分农产品精深加工不足，仍处于现代农业产业链低端。

工业全而不强。红河共有34个工业门类，占总门类的82.9%，仅比昆明市少3个。2020年，全州全部工业增加值只有603亿元，仅为全国百强城市第100位的四川宜宾的59.6%。主要金属冶炼品均为初级产品，处于价值链低端。工业产值5亿元至10亿元的企业均比曲靖、玉溪少21户；工业产值超过100亿元的企业2户，比曲靖少1户。

旅游丰而不富。红河旅游资源一流，但至今尚无5A级景区。门票收入依然是景区旅游收入的主要来源，2020年，世界文化遗产元阳哈尼梯田景区的门票收入仅为四川九寨沟的1.2%。

此外，当前红河保持了民族团结、社会和谐、边疆稳定的良好态势，但由于历史、经济、社会等诸多原因，各种新情况新问题随之出现，影响民族团结进步和宗教和顺和谐的风险隐患依然存在，维护民族团结和宗教和顺的任务繁重，综合治理任务依然艰巨。

二、肯定六大成就

红河州委、州政府始终坚持以习近平新时代中国特色社会主义思想为指导，全面贯彻落实党关于加强和改进民族工作的重要思想和习近平总书记考察云南重要讲话精神，以铸牢中华民族共同体意识为主线，坚定不移走中国特色解决民族问题的正确道路，在构筑各民族共有精神家园、促进各民族交往交流交融、以生态文明建设引领民族地区加快现代化建设步伐、深化民族团结进步创建、提升民族事务治理法治化水平、坚持党对民族工作的领导6个方面取得了历史性成就。

（一）构筑各民族共有精神家园取得新成效

铸牢中华民族共同体意识教育形成常态化。以社会主义核心价值观为引领，紧扣主线深入开展党史、新中国史、改革开放史、社会主义发展史宣传教育，引导各族干部群众牢固树立正确的国家观、历史观、民族观、宗教观、文化观，坚定走中国特色解决民族问题的正确道路。先后建成红河州铸牢中华民族共同体意识主题教育馆、个旧沙甸街道鱼峰书院铸牢中华民族共同体意识实践基地、弥勒可邑村铸牢中华民族共同体意识讲习所共3个基层铸牢中华民族共同体意识学习基地，建成民族团结进步教育基地38个。近年来，全州共举办领导干部民族宗教业务和少数民族干部培训班75期，培训6400多人次。

民族团结进步宣传实现多样化。丰富载体，建成"数说红河——全国民族团结进步示范州"展厅。创建工作专题网站、微信公众号，深入推进"互联网+民族团结"行动，做到广播有声音、电视有影像、报纸有文章、网络有信息，营造了人人参与创建、人人共享成果、永远跟党走的浓厚氛围。共制作宣传展板9000余块，发放民族团结进步教育读本32万余册，以群众喜闻乐见的形式每年开展文艺展演达30600余场次，增强了各民族之间的感情交流，促进了各民族文化的相互交融。

民族团结进步的历史传统得到继承和弘扬。继承20世纪50年代《团结爱国公约》精神，践行《新时代红河哈尼族彝族自治州民族团结进步爱国公约》，2020年9月召开红河州第七次民族团结进步表彰大会，表彰50个模范集体和100名模范个人，广泛发动各族群众签订《新时代红河哈尼族彝族自治州民族团结进步爱国公约》，并在红河会堂南广场竖立"铸牢中华民族共同体意识"石碑，中华民族共同体意识在红河大地深入实践、落地生根。

（二）各民族交往交流交融实现新促进

各民族共享的中华文化符号得到树立和彰显。千百年来，红河各民族共同创造了"三千四百年"（千年哈尼梯田、千年临安古城、千年建水紫陶，百年滇越铁路、百年开埠通商、百年云锡矿业、百年过桥米线）的中华文化符号。红河历来高度重视挖掘、传承、保护，加强中华文化阵地建设，通过建成1107个村（社区）文化活动室、1434个农家书屋，深入推进文化惠民工程。实施民族文化保护传承，打造民族文化艺术精品，培养非遗传承人、民族民间传统文化传承人，打造中国少数民族特色村寨20个，建成民族文化广场65个。推进"旅游革命"与生态文明建设协同发展，做好元阳哈尼梯田保护和旅游有机融合，让红河各民族共同创造的世界文化遗产"千年哈尼梯田"文化旅游成为人们感悟中华文化、增强文化自信的过程，成为各族群众文化上兼收并蓄、经济上相互依存、情感上相互亲近的大舞台。民族歌舞剧《哈尼古歌》在米兰世博会精彩亮相，民族舞剧《诺玛阿美》、彝族海菜腔等民族题材的文艺精品走向全国，最新创作的反映边境地区直过民族拉祜族脱贫攻坚"一步跨千年"的舞剧《流芳》于2020年国家扶贫日在昆明首演，并相继在全国其他地方展演，向世人展示了红河边疆民族文化与中华优秀传统文化交流融合的文艺精品。

各民族交往交流交融的平台和载体得到创新和发展。突出抓好乡村、社区、单位、团体的民族团结进步创建工作，积极创造"嵌入式"的社会生活环境，形成各民族密不可分的共同体。如建水县倡导"一千年的守望，一家人的建水"的创建工作理念，各民族守望相助、"一家人、一家亲"的思想更加深入人心；元阳县筹建"贝玛文化书院"，以此作为乡村文化振兴的公共服务载体和各民族交往交流交融的创新性平台，元阳7个民族"同耕一块田，同用一条水，同吃一锅饭，同做一家人"的"四同"实践，是铸牢中华民族共同体意识的极佳典范。

（三）民族地区现代化建设步伐实现新提速

巩固拓展脱贫攻坚成果同乡村振兴有效衔接工作有序推进。依托"十县百乡千村万户示范创建"、现代化边境小康村、兴边富民行动以及乡村振兴战略的实施，资金、项目向民族地区倾斜，区域性共同问题得到有力解决，短板弱项逐步补齐，现代化建设基础得到全面夯实。

（四）民族团结进步创建形成新格局

民族团结进步创建工作不断拓展。民族团结进步创建除了"进机关、进企业、进社区、进乡（村）、进学校、进军（警）营、进宗教活动场所"外，还"进医院、进景区、进园区、进家庭、进狱所"，创建工作持续拓展创新。

着力深化内涵、丰富形式、创新载体，创建工作不断提质扩面。全州先后有20家单位、13名个人被授予全国民族团结进步模范集体和模范个人称号，屏边县、石屏县、弥勒市成功创建为"全国民族团结进步示范县

（市）"，州民族师范学校、弥勒市可邑小镇等被命名为"全国民族团结进步示范单位"；共创建省级示范县（市）7个、示范单位402个；州委、州政府命名了两批全州民族团结进步示范县（市）12个、示范单位1075个、教育基地38个、示范家庭480户。民族团结进步创建工作与国土规划空间相融合，"点、带、圈、盟"示范创建新格局逐步形成。

（五）民族事务治理法治化水平实现新提升

民族团结和谐的法治基础日渐筑牢。红河坚持用法律保障民族团结，制定出台《贯彻落实〈中共中央关于坚持和完善中国特色社会主义制度、推进国家治理体系和治理能力现代化若干重大问题的决定〉的实施方案》，明确了重点任务分工，以及出台《云南省红河哈尼族彝族自治州自治条例》《云南省红河哈尼族彝族自治州多元化解矛盾纠纷促进条例》等民族法律法规，并制定32部自治条例及单行条例，筑牢了民族团结进步的法治基础。

民族团结进步、宗教和顺和谐的良好局面持续巩固。成功创建全国民主法治示范村（社区）7个、省级民主法治示范村（社区）30个，依法保障民族团结进步更加有力。多年来，全州没有发生过一起因民族、宗教因素而引发的群体性事件。

（六）党的领导贯穿民族工作全过程

主体责任履行到位。民族工作被纳入各级党委（党组）重要议事日程，列为州委常委会第一议题学习，并示范带动全州各级党委（党组）会把学习党关于加强和改进民族工作的重要思想作为第一议题。民族工作还被纳入各级党委常委会工作要点、理论学习中心组、党校（行政学院）教育培训、政治巡察及年度责任目标考核和述职评议范围。

新时代党的民族工作格局已经形成。制定《关于全面深化民族团结进步创建工作 铸牢中华民族共同体意识实施方案》等系列文件，形成了"党委统一领导、政府依法管理、统战部门牵头协调、民族工作部门履职尽责、各部门通力合作、全社会共同参与"的新时代党的民族工作格局，推动民族团结进步创建与脱贫攻坚、生态文明建设等深度融合。

州委常委会、州政府常务会多次专题研究民族工作。各族群众"感党恩、听党话、跟党走"意识显著增强，"党的光辉照边疆、边疆人民心向党"深入人心。

三、正视三大问题

红河以深入实施"三大工程"、健全"两项机制"、抓好一个重点地区为抓手，以面向基层、面向群众开展民族团结进步创建"十二进"为载体，以点带面，以面串线，全面深入持久推进创建工作向纵深发展，创建工作取得重大成果。在推动民族团结进步创建向示范转化的过程中，红河必须在解决老问题的基础上正视新问题，推进民族团结进步事业取得新进展。

（一）防止返贫任务依然严峻

巩固拓展脱贫攻坚成果整体任务较重。2020年底，红河有91.32万脱贫人口，居全省第2位，7个脱贫县中有4个曾是深度贫困县，其中很大一部分是少数民族人口，特别是边境一线和直过民族、人口较少民族，脱贫的基础还不稳固，巩固脱贫成果的任务繁重。全州巩固脱贫成果任务基数大、总体任务较重、发展基础薄弱的情况客观存在。原深度贫困地区产业、基础设施、交通物流、人口素质等方面仍有短板，红河州城乡居民可支配收入为37500元、13580元，为全国的85.6%、79.3%，分别位于滇中五州市第5位、第4位，农村居民人均可支配收入分别是经济总量相近的湖南郴州的77.5%、湖北荆州的72.2%。全州中等收入群体比重约为20%，比全国低10个百分点，与红河州总体发展水平不相称。

南北发展差距大，巩固脱贫成果任务重。从经济总量来看，2020年，北部7县市（个旧、开远、蒙自、建水、石屏、弥勒、泸西）合计1950亿元，占全州的81%；南部6县（元阳、绿春、红河、金平、屏边、河口）合计467亿元，占全州的19%。从人均GDP来看，北部7县（市）为8378美元，南部6县仅3824美元，不到北部的一半。从城镇化率来看，北部7县（市）达到57.2%，而南部6县仅为29.5%，相差27.7个百分点。南部6县中，元阳、红河、绿春、金平曾经是深度贫困县，现在是国家乡村振兴重点帮扶县，巩固拓展脱贫攻坚成果的任务十分繁重。

边境民族地区巩固拓展脱贫攻坚成果压力大。红河有绿春县、金平县、河口自治县3个边境县，边境线长848千米，有13个沿边乡镇，其中少数民族人口占91.39%。边境民族地区是传统贫困程度较高的地区，虽然已经脱离了绝对贫困，但脱贫成效不稳固，基础不扎实，边境民族地区群众发展内生动力、产业扶持、就业培训等仍然存在短板，发展后劲不足。在省委、省政府的统一部署领导下，红河将以沿边行政村为民族团结进步示范点，以边境乡镇集镇为纽带，以点串线、以线连片、以片成带，着力打造边境一线民族团结进步示范点、示范带。持续提高边疆民族地区经济社会发展水平，坚持以发展促团结、以团结促发展。建设现代化边境小康村的压力巨大。把边境地区建设成为展示国门形象的窗口、守土固边的堡垒，强边固防、筑起民族团结进步和边疆稳定的钢铁长城面临诸多困难。

"两不愁三保障"巩固需要持续加强。少数群众储备意识不强、消费观念不科学，稳定增收存在风险。因病因灾因意外事故等刚性支出较大或收入大幅缩减导致基本生活出现困难的问题依然存在。有的易地搬迁集中安置区公共服务设施、社区治理及搬迁人口增收、社会融入等工作还存在短板。农村产业带贫益贫机制还不够完善，全州村集体经济总体还相对薄弱，需进一步发展提升。

目前，仍有少数农村群众存在"等靠"思想。部分农村村庄建设杂乱无序、人居环境较差。农村群众产业发展技术培训、就业培训需要持续加强，综合素质还不能适应当前发展需求。

（二）乡村振兴短板明显

农业整体大而不优，基础弱，带动力不强。2020年，红河州水果、蔬菜的产量均位居全省第一，但第一产业增加值仅为345亿元，比曲靖少215亿元，比全国30个少数民族自治州经济总量排名第2的伊犁少238亿元。农业知名品牌不多，农业龙头企业带动力不强，仅有国家级农业龙头企业1户，占全省39户的2.6%；省级龙头企业82户，占全省的9.1%。销售上亿元的农业企业35户，只占全省468户的7.5%。农产品加工值与农业总产值比为1.78∶1，比全国的2.4∶1低0.62，大部分农产品精深加工不足，小农经济特征明显。南部山区南板蓝根、砂仁中药材产业的发展处于启动阶段，延长产业链，中药饮片、颗粒生产等提高附加值的深加工还在构想中。乡村振兴中产业发展能力较弱，产业发展创新能力弱，基础不强，规模小，带动能力弱，尚未形成"一县一业"的格局。

乡村旅游产业的发展实力不强，带动能力弱。红河拥有世界级品牌哈尼梯田、国家级历史文化名城建水、金平蝴蝶谷、健康生活目的地弥勒，但至今尚无5A级景区，缺乏吸引高端游客的旅游新业态、新产品，景区景点依赖门票收入，中高端旅游消费市场尚未打开。2020年旅游人均消费1100元，分别比大理、丽江低442元、844元。2020年世界文化遗产元阳哈尼梯田景区接待游客9.2万人次，门票收入304万元，分别仅为四川九寨沟的6.2%、1.2%。

差距较为巨大。建水紫陶产业产值仅为35亿元，远低于同为"中国四大名陶"的江苏宜兴紫砂陶的300亿元、重庆荣昌陶的100亿元。拳头型的旅游产业尚且如此，乡村旅游产业的发展更为孱弱，普通村民很难从乡村旅游产业发展中增加收入，阿者科模式取得一定的突破，但整体铺开面临各种问题。资金、基础设施等的投入和建设都存在巨大的缺口。

乡村文化振兴面临诸多难题。一是红河州农村人口流失较大，民族文化保护传承的主体缺失，面临成为无本之木、无源之水的难题。二是文化产业化发展举步维艰，以南部元阳、红河、绿春、金平等县为例，旅游文化产业的发展面临多方面困境，文旅融合带动力极为有限，没有产业收入的带动，文化传承保护缺乏资金，难以为继。

（三）优秀文化遗产抢救保护压力大

文化遗产丰富，传承保护压力大。截至2020年底，全州拥有各级非物质文化遗产代表性项目1144项，其中国家级非物质文化遗产代表性项目14项，省级65项，州、县级1065项；共有各级代表性传承人1590人，其中国家级非物质文化遗产代表性项目代表性传承人15人，省级67人，州级334人，县级1174人。全州有2个省级非遗保护传承基地、15个州级非遗保护传习馆（所、室、点）、98个县级非遗保护传习馆（所、室、点）。整体来看，民族文化传承和保护任重道远。民族文化保护传承专项资金和经费紧缺的问题依然难以得到有效解决。切实有效的传承保护长效机制还未完全建立。民族文化传承和保护项目规划不系统，目前挖掘的民族文化项目与经济、社会发展结合度不高。传承点和传承项目往往成为优秀文化发展的"孤岛"，对周边难以形成有效的辐射带动效应。

文旅融合程度低，产业化发展对保护传承的带动能力弱。当前，影响红河文化旅游产业发展最突出的问题，一是世界级旅游资源尚未转化为产业优势。比如，作为世界文化遗产的哈尼梯田，名声在外但产品业态单一。二是高品质文化资源未得到有效开发利用，文化产业不大不强。丰富的旅游资源大有文章可做，但开发几乎处于空白，目前全州还没有5A级景区。三是服务设施和服务水平跟不上。高品质住宿设施严重不足，13个县（市）中，国际品牌酒店仅2家，五星级水平酒店仅10家；游客数量虽然处于全省前列，但人均消费比大理少442元、比丽江少844元。

乡村公共文化活动设施配套建设有待加强。基层现有公共文化服务等设施设备有待整合添置，镇村文化服务中心、农家书屋、文化广场等文化阵地建设有待加强，乡村文化服务规范化管理机制有待进一步制定和完善。在发挥文化阵地作用，满足乡村群众的文化生活多样化需求，实现文化下乡精准化方面还有不少短板需要尽快补齐。

基层民族工作"尊重民族差异而不强化差异"难以把握，容易造成"一刀切"现象。优秀民族文化的保护与传承工作是民族工作中的重要内容，红河深入挖掘、继承创新优秀传统乡土文化，传承弘扬中华优秀传统文化，把保护传承和开发利用结合起来。加强文物古籍保护、研究、利用，强化重要文化和自然遗产、非物质文化遗产系统性保护，加强各民族优秀传统手工艺保护和传承。以铸牢中华民族共同体意识作为民族工作的主线，如何将少数民族优秀传统文化转化为促进铸牢中华民族共同体意识的重要动力，还有很大潜力有待挖掘，创新观点、理论和机制尚未形成。同时，对于日常生活中的民族文化传承，如民族民间传统节日、习俗等，如何在尊重和包容差异性的基础上进行传承保护也是尚待思考和谋划的重要事项。

四、实施四大举措

做好新时代的民族工作，要把铸牢中华民族共同体意识作为党的民族工作的主线。新时代民族团结进步示范区建设，"团结是基础，进步是核心"。坚持发展为第一要务，以发展促团结，以团结促发展，不断推进边疆民族地区高质量发展，不断巩固民族团结进步、边疆繁荣发展良好局面，力争成为全国民族团结进步事业的一面旗帜。

要认真落实"抓好民族团结进步，当仁不让走在前、作示范"的要求，促进各民族共同团结进步、共同繁荣发展。民族团结进步工作要嵌入红河的总体发展布局，"横向到边，纵向到底，不留死角"，战略布局到哪里，民族团结进步创建工作就跟进到哪里。抓住产业和服务业体系转型升级的利好机遇推进民族地区在劳动力就业、基础设施建设、文旅融合发展、民生改善等领域的高质量发展；沿边民族地区，现代化边境小康村、固边兴边富民行动要和沿边开放结合起来；其他民族地区，要和全州产业发展规划结合起来。民族团结进步创建工作要在红河高质量发展的各方面都能做出相应的示范亮点，在各族群众基于特色产业发展的高质量跨越式发展上做出示范。

（一）以社会主义核心价值观为引领，不断铸牢中华民族共同体意识

铸牢中华民族共同体意识，就是要引领各族人民牢固树立休戚与共、荣辱与共、生死与共、命运与共的共同体理念。引导各民族始终把中华民族利

益放在首位。

1.打牢中华民族共同体思想基础

坚持以铸牢中华民族共同体意识为根本方向,以加强各民族交往交流交融为根本途径,以"中华民族一家亲、同心共筑中国梦"为总目标,深入开展中国特色社会主义和中国梦宣传教育,引导各族群众牢固树立"汉族离不开少数民族,少数民族离不开汉族,各少数民族之间也相互离不开"观念,增强对伟大祖国、中华民族、中华文化、中国共产党、中国特色社会主义的认同,铸牢中华民族共同体意识。

深化中华民族共同体意识宣传教育。加强党的民族理论和民族政策宣传教育,深化民族团结进步宣传月、宣传周、宣传日活动,引导各族群众自觉践行《新时代红河哈尼族彝族自治州民族团结进步爱国公约》,深化拓展"光辉思想照边疆、红河儿女心向党"宣传教育,以社会主义核心价值观为引领,积极构建各民族共有精神家园。

加强铸牢中华民族共同体意识研究。开展铸牢中华民族共同体意识的重大意义、基本内涵、历史演进、时代主题、实现路径等研究,开展民族团结进步示范州建设体制机制、平台载体等研究,推出一批有分量的研究成果。支持各县市和红河学院、红河州民族师范学校、科研院所等创建铸牢中华民族共同体意识研究基地,举办铸牢中华民族共同体意识研究论坛。

2.全面提高社会文明程度

坚持马克思主义在意识形态领域的指导地位,深入开展习近平新时代中国特色社会主义思想学习教育,加强党史、新中国史、改革开放史、社会主义发展史宣传教育,加强爱国主义、集体主义、社会主义教育,加强现代文明教育,深入实施文明创建、公民道德建设、时代新人培育等工程,引导各族群众在思想观念、精神情趣、生活方式上向现代化迈进。加强革命遗址、烈士纪念设施保护,用好中共云南一大会址、西南联大蒙自分校旧址、"边纵"革命遗址等资源,讲好革命、建设、改革各个时期的红河故事,引导人民群众坚定"四个自信",提升凝聚力和向心力。推进公民道德建设,巩固拓展新时代文明实践中心建设,广泛开展志愿服务关爱行动。实施文明创建工程,支持蒙自、开远、弥勒等县市争创全国文明城市。实施人文素养提升行动,深化全民阅读。弘扬时代楷模、道德模范和劳模精神,形成适应新时代的思想观念、精神面貌、文明风尚、行为规范。

（二）目标化、项目化、清单化推进民族团结进步全域创建行动

持续推进民族团结进步创建工作与国土规划空间相融合，以"点、带、圈、盟"示范创建新格局为依托，目标化、项目化、清单化推进民族团结进步全域创建行动。

1.大力保护少数民族优秀文化遗产

坚守中华文化立场，以社会主义核心价值观为引领，实施中华民族视觉形象建设工程，深入挖掘和培育以"红河哈尼梯田世界文化遗产"为代表的中华文化符号和中华民族形象。建设突出铸牢中华民族共同体意识、以中华文化符号为主要元素的文化广场，传承优秀民族文化。实施少数民族优秀文化保护传承工程，推动18个民族文化传承保护项目，建设"乐作舞""阿细跳月""海菜腔"等一批非物质文化遗产展示传承基地。建设一批少数民族特色村寨，保护好文物古迹、传统村落，推动各民族优秀文化创造性转化和创新性发展。倡导"美美与共"的民族文化发展观，推动各民族文化传承保护和创新交融，促进各民族在文化上相互尊重、相互欣赏、相互学习、相互借鉴，构筑中华民族共有精神家园。

2.提升公共文化服务能力

加快各级公共文化活动场所建设和提升改造，推进城乡公共文化服务均等化和数字化。实施文艺作品质量提升工程，创作一批有影响力的文学影视作品，不断推出反映新时代新气象、讴歌人民新创造的文艺精品，扩大优质文化产品供给。实施全媒体传播工程，做强新型主流媒体，建强用好县级融媒体中心。实施文化惠民工程，更好发挥图书馆、博物馆、文化馆（站）和村史馆（室）文化育人功能，提升基本公共文化服务水平。加强文化资源保护和开发，推进非物质文化遗产保护利用，促进创新性发展、创造性转化。

3.推动创建工作由创建模式向示范模式转变

巩固深化全国民族团结进步示范州创建成果，深入实施"一把手"工程、普惠工程、凝心聚力工程，建立健全部门联动机制、共建共创机制，创新方式载体，推动创建工作由创建模式向示范模式转变。坚持眼睛向外找典型、学先进，不断深化《红河·玉溪·楚雄·丽江共创民族团结进步联盟框架协议》。深化落实民族团结进步示范创建进机关、进企业、进乡（村）、进社区、进学校、进宗教活动场所等工作，着力打造一批可复制、可推广的民族团结进步示范点、示范带、示范圈、示范联盟，促进各民族广泛交往交流交融，促进各民族在理想、信念、情感、文化上的团结统一，守望相助、

手足情深，逐步实现各民族在空间、文化、经济、社会、心理等方面的全方位嵌入。

（三）加大民族地区支持力度，促进各民族共同发展、共同富裕

全面落实中央和省委民族工作会议有关精神，加大民族地区产业、基础设施、资金、人才等支持力度，推进乡村振兴，促进各民族共同发展、共同富裕。

1. 大力实施乡村建设行动

把乡村建设摆在实现高质量发展的重要位置，按照"五抓五强"（抓产业建设、抓设施配套、抓风貌改造、抓环境卫生、抓建章立制，强组织、强产业、强环境、强基础、强文化）要求，强化乡村规划引领、基础设施建设、人居环境提升，实施乡村振兴"十百千"工程，加快推进乡村全面振兴。

因地制宜抓好村庄规划。既"留得住乡愁"又"兴得了产业""留得住人"，以乡村振兴为战略目标，遵循历史文脉，尊重古城、古镇、古村布局肌理，顺应时代发展趋势和要求，统筹县域城镇和村庄规划建设，高水平编制符合村庄发展实际、农民发展意愿和乡村振兴要求、务实管用的乡村规划，纳入国土空间"一张图"管理。遵循乡村生态、生产、生活空间自然肌理和文明形态的发展规律，注重保持乡土风貌、保护传统村落，加强试点示范引领，打造生态宜居美丽乡村，建设一批乡村振兴示范村、示范乡镇、示范县（市）。补齐农村基础设施短板，完善乡村水、电、路、气、通信、物流等基础设施，加强农村建房许可管理，提升农房建设质量。

2. 加快民族地区边境地区高质量发展

推进强边固防工作，强化守边固边兴边，深入实施49个现代化边境小康村、固边兴边富民行动，加强国门城市、边境城镇、抵边村镇和抵边通道建设。推动民族地区旅游、民族文化创意设计、民族工艺品等优势产业发展，认真落实"技能云南"行动，着力培养乡村振兴人才、文化旅游人才等六类人才。鼓励发展民族医药产业，切实把边境一线村寨建成党建强、基础牢、产业兴、环境美、生活好、边疆稳的新时代美丽乡村，推动形成以城镇为中心、以边境小康村为节点、辐射周边边境地区的强边稳边富边新格局。依托鸡街行政管理体制改革试点，统筹推进鸡街—沙甸一体化规划建设，推动各民族相互嵌入式融合发展。继续实施"十县百乡千村万户"示范引领建设工程，支持民族地区、高寒山区和人口较少民族加快发展。

(四)把党的领导贯穿民族工作全过程,不断提升宗教事务工作法治化水平

认真贯彻党的民族宗教工作基本方针,大力培养少数民族干部,加强基层阵地建设,积极主动、谨慎稳妥地做好宗教工作,适时制定和完善维护民族团结、促进宗教和谐的地方性法规,加强宗教活动场所管理,依法开展宗教领域专项整治行动,不断完善涉及民族宗教因素的矛盾纠纷排查调处机制,提升民族宗教事务法治化水平,提升民族事务治理体系和治理能力现代化水平。

1.坚持我国宗教中国化方向

切实加强党的领导,创造推进宗教中国化方向的良好社会环境;发挥宗教界主体作用,增强推进宗教中国化方向的内生动力;加大对宗教界的支持力度,筑牢推进宗教中国化方向的工作基础;坚持"请进来"和"走出去",积极探索推进宗教中国化方向的路径;营造良好的法治环境,为坚持宗教中国化方向提供制度保障。

2.加强党对意识形态工作的领导

严格落实意识形态工作责任制,建好"责任链",落实属地管理、分级负责和"谁主管谁负责"的原则,坚持以上率下、上下联动,各级党委"一把手"要牢固树立抓意识形态工作是本职、不抓是失职、抓不好是渎职的理念,共同种好意识形态工作"责任田";要下好"一盘棋",推动各级各部门无缝对接,及时发现和应对基层意识形态领域的苗头性、倾向性问题,做到意识形态工作"同部署、同落实、同检查、同考核";要用好"指挥棒",进一步建立健全督查考核和责任追究机制,突出督查考核结果的运用,切实增强各级领导干部做好意识形态工作的主动性和自觉性。

3.全面贯彻党的宗教工作基本方针

依法保障信教群众正常宗教需求得到满足,尊重信教群众的习俗,稳步拓宽信教群众正确掌握宗教常识的合法渠道。依法管理宗教事务,持续抓好宗教领域突出问题整改治理,积极引导宗教与社会主义社会相适应,保持宗教领域和谐稳定。

坚持"保护合法、制止非法、遏制极端、抵御渗透、打击犯罪"。严格区分两类不同性质的矛盾,是什么问题就按什么问题处置。坚持从政治上看待民族问题、处理民族关系,是什么问题就按什么问题处理。讲政治原则、讲政策策略、讲法治规范,对违法行为坚决依法打击。

分报告八：

强引领补短板
推动红河生态文明建设更上新台阶

红河州地处滇南，拥有着绿色生态、丰富资源和优势区位，在云南省生态文明建设中有着独特地位。红河州地势西北高、东南低，资源丰富、生态良好，北回归线穿境而过，珠江水系和红河水系贯穿州域。立体气候特征明显、生物多样性丰富，是"中华生物谷"的重要基地，是享有盛名的"滇南生物基因库"。党的十八大以来，红河州全面践行"绿水青山就是金山银山"的理念。坚持保护优先、发展优化、治污有效，坚持以生态文明建设引领红河高质量发展，生态文明建设取得明显成效。但由于历史等诸多因素，红河州工业发展早，人口集中，南北差距大，诸多因素导致环境污染治理、绿色转型发展面临很大的压力。

习近平总书记非常重视云南的生态文明建设，殷切期望云南成为我国生态文明建设排头兵。省委、省政府深入贯彻落实习近平生态文明思想，牢固树立"绿水青山就是金山银山"的理念，以更高标准、更严要求推进生态文明建设，守护好七彩云南的蓝天白云、绿水青山、良田沃土。如何在国家和云南省生态文明建设的整体布局中，突出红河州的优势和特色，创新发展，闯出一条生态文明建设的"红河路子"，是红河生态文明建设和高质量发展面临和必须解决的重要问题。

一、紧扣三大基础优势

红河州委、州政府坚持把"绿色"作为高质量跨越式发展的底色，严格履行生态环保政治责任，牢固树立"绿水青山就是金山银山"的新发展理念，从红河人民的切身利益出发，把生态文明建设摆在前所未有的高度。基于独特的区位和生态条件优势，红河人踏实肯干，敢拼敢闯，共同造就了红河生态文明建设独有的三大基础和优势。

（一）生态优渥

红河州地势西北高、东南低。以红河为界，分北部地区和南部地区，东面属于滇东高原区，西面为横断山纵谷的哀牢山区。哀牢山沿红河南岸蜿蜒伸展到越南境内，为州内的主要山脉。山区面积占总面积的88.5%。北回归线穿越个旧市、蒙自市、建水县。红河州的水系分属红河水系、珠江水系，南部属红河水系，北部属珠江水系，河流主要有李仙江、藤条江、南溪河、曲江、甸溪河等，境内集水面积在100平方千米以上的河流有180条（含南盘江、红河2条干流）。红河有屏边大围山、绿春黄连山、金平分水岭3个国家级自然保护区，有异龙湖、哈尼梯田、长桥海、黄草洲4个国家级湿地公园，新建成15个城市森林（湿地）公园。红河（元江）、南盘江（珠江）穿境而过，河流湖泊众多，水资源丰富。先后获得"中国十佳绿色城市""中国绿色发展优秀城市"称号，元阳哈尼梯田遗产区被命名为全国"绿水青山就是金山银山"实践创新基地。13县（市）全部创建为"天然氧吧"，红河州成为全国第一个"天然氧吧州"。生态环境优势增强了承载经济、人口的环境容量，是红河生态文明建设的重要保障条件。

（二）气候宜人

红河属低纬高原亚热带季风气候，年平均气温16℃—20℃，在气候学指标划定的春秋季范围内，正所谓"冬无严寒，夏无酷暑"。根据研究，人体感觉舒适的环境温度为18℃—20.6℃，红河整体上正好处于此最佳范围，气候宜人。红河地处低纬高原季风气候区域，境内有重重高山屏障，在冬季阻挡了北方冷空气南下，即便有强寒潮入侵，由于山峦阻挡，强度已经锐减，一般不会造成强烈的降温；夏季在来自热带海洋的西南季风和东南季风这两支暖湿气流的影响下，降水集中，雨热同季，因本身海拔较高（同内地和沿海地区相比），加上蒸发耗热使平均气温降低，所以夏季不热，多数地区基本无高温酷暑之苦。优越的气候条件成为红河推动生态文明建设的天然优势。

（三）生物多样性丰富

从河谷最低点（红河与南溪河交汇处海拔76米）至山脉最高点（金平县西隆山海拔3074米），红河州分布着我国最完整的热带山地森林植被垂直带谱，拥有相当于从海南到长白山的全部植被类型，是我国植被类型最为丰富多样的地区之一。此外，红河、珠江两大水系，李仙江、藤条江、南溪河、泸江等支流密布，异龙湖、大屯海、长桥海、三角海等高原湖泊星罗棋布，共同滋润着红河大地，形成丰富的湿地资源，成为众多水鸟与两栖动物的栖息地。在红河这块仅占全国土地面积3.43‰的土地上，就生长着种子植物229科1530属5667种，占云南省的40.2%，占全国的20.5%，是云南乃至中国植物种类最为丰富的地区之一。其中，共有国家重点保护野生植物82种，被列入国际保护附录的有40余种，在全国居于首位。此外，还有690种陆栖脊椎野生动物、450余种鸟类栖息于此，其中国家重点保护野生动物就有102种。珍、濒、古、特植物极其丰富，是红河州生物多样性的一大特点。

红河州分布有许多具有中国乃至世界意义的生物多样性关键类群，是我国乃至世界生物多样性研究和保护的关键地区之一，具有极高的不可替代的科学研究和保护价值。被称为"植物界的大熊猫"的苏铁科植物，在红河地区集中分布有14种。其中红河苏铁、多歧苏铁是红河特有种，滇南苏铁和长叶苏铁是云南特有种。这在中国是唯一，在世界也极为罕见。另外，红河还拥有丰富的蕨类植物，其中仅桫椤就有10种，占我国14种的71%。因此，红河也被称为"古老孑遗植物的家园"。红河州建有国家和省级自然保护区、森林公园、湿地公园、风景名胜区等自然保护地36处，总面积30.6万公顷，生物多样性保护体系日趋完善。这些保护地汇集了红河最精华的天然森林资源，保存了最独特的自然生态景观，同时也保护着红河州境内85%以上的野生动植物种群和国家重点保护野生动植物资源。近年来，在科学考察和研究中还不断有新物种被发现，如动物类有新物种两栖类黄连山掌突蟾，植物类有锦葵科大围山梧桐、苦苣苔科南溪蛛毛苣苔等相继在红河州境内的国家级自然保护区内被发现，不断丰富着生物多样性宝库。

二、创新三大实践优势

红河州深入践行"绿水青山就是金山银山"理念，着力推进生态文明建设示范区创建，结合国家、省级政策导向，做好项目储备，积极争取资金，全面统筹山水林田湖草沙冰系统治理，充分发扬敢为人先的红河精神，在生态文明建设方面努力创新，积极探索"哈尼梯田建管模式""农业开发修复模式""融资高标准石漠化治理模式"三大生态修复方法路径，推进生态治理与修复，成效显著。

（一）构建林、村、田和谐的哈尼梯田管理模式

红河州创新管理模式，"建"与"管"结合，有效保护森林，构建"绿色水库"，使哈尼梯田永葆"青春"，永续利用，造福哈尼族群众。

做实"建"字文章。一是推进生态修复抓管护。依托退耕还林等林草重大项目工程，大力实施生态修复。自2002年以来，在哈尼梯田核心区累计投入资金3000余万元，完成人工造林9829.3公顷。二是推进农村能源建设抓管护。在哈尼梯田核心区周边村寨建设沼气池9959口，节柴改灶17196眼，推广太阳能热水器6000台，最大限度降低周边群众对传统能源的依赖，有效保护了森林资源，人居环境也得到了明显改善。三是实施森林生态效益补偿抓管护。对哈尼梯田范围内2619.6公顷生态公益林实施森林生态效益补偿，保障林权所有者在做好森林管护的同时获得相应补偿。自2004年开始实施补偿至今，资金拨付累计达4500万元。同时，根据天然林保护相关政策，将核心区2269.3公顷天然商品林纳入停止商业性采伐范围，按照规定实施补偿，自2016年开始实施至今，资金拨付累计达260万元。

下足"管"字功夫。一是建立机构抓管护。在哈尼梯田核心区设立3个乡镇林业站、4个国营林区、2个保护站点、3支专业扑火队及各类护林员，为保护梯田核心区森林资源提供强有力的机构、人员保障。二是落实目标责任抓管护。把森林资源管护工作纳入元阳县政府目标责任制考核，层层签订森林资源管护责任书，明确管护责任到站点、到林班、到人员，科学规范管理。三是健全制度抓管护。出台《退耕还林管理办法》《生态公益林管护人员管理办法》《生态公益林管理办法》《森林资源管护人员管理办法》《梯田核心区新造林地管理办法》等管理制度，使森林资源管护工作制度化、规范化、长效化。

通过"建""管"结合推进哈尼梯田区域保护，构建了哈尼梯田天然"绿色水库"，不仅保障了元阳县19万亩哈尼梯田的灌溉和近46万人的生产生活用水，还有效遏制了滑坡、泥石流、旱涝等自然灾害的发生，形成了哈尼梯田区山上是林子、山中有村子、山下有梯田的哈尼梯田模式。

（二）打造农业开发与生态修复双赢模式

红河州大部分地区地处红河、南盘江等干热河谷地区，生态脆弱，治理难度大。红河州积极整合土地资源，依托新一轮退耕还林，打造红河沿岸干热河谷经济带。通过土地流转，实施招商引资，采取"公司+基地+合作社+农户"的生产经营模式，先后引进库博、牛多乐、鼎元、同心、顺和等公司，在红河谷片区实施新一轮退耕还林工程，累计发展热区水果15.7万亩，其中，连片1000亩以上热区水果种植大户和企业31家，连片规模达5.6万亩。建成了集中连片牛多乐万亩沃柑示范基地，新石缸4000亩枇果示范基地，底玛坝3500亩枇果种植基地，大水塘万亩高原特色林果种植基地。山在变，水在变，红河谷昔日的穷山恶水变为青山绿水，荒山秃岭变成"绿色银行"，在红河干热河谷区生态修复治理中打造出了农业开发与生态修复的双赢模式。

（三）构建融资贷款高标准推进石漠化地区生态治理修复模式

红河州属滇南喀斯特高原地貌区，岩溶面积占全州面积的55%。石漠化导致了水土流失剧增，严重危及流域水利工程设施各项效能的正常发挥，推进石漠化生态修复治理刻不容缓。对此，红河州牢牢把握国家出台的利用开发性和政策性金融推进林业生态建设重大政策机遇，政府积极引导，通过贷款融资、PPP工程建设等实施城市和通道面山绿化、木材战略储备等一系列森林质量精准提升项目，加速推进红河林业生态建设步伐。

按照"先落地一批、见效一批、做出样板、打造示范"的思路，蒙自市、个旧市、开远市、弥勒市、建水县、泸西县重点在城市和通道面山区域高标准布局绿化美化工程，已通过农发行融资14.28亿元，实施精准提升工程17万亩。开远市科学确定造林模式。对于通道面山重度石漠化区域，采取坡改梯并客土种植、覆盖地膜的方式，合理选择适宜本地生长的湿地松、香樟、蓝花楹等树种，营造观叶、观花相结合的常绿生态景观，提高树木成活率和绿化成效，有效实施治理4.9万亩。蒙自市采取工程造林方式集中力量推进面山生态修复治理7.6万亩，精准实施城市和通道面山绿化，不断提升重点地区植被恢复和森林质量。个旧市在阳山东侧、阴山东侧、阴山西侧实施造林绿化4.8万亩；投资6024万元，完成鸡蒙一级高速通道（红河大道个旧段）绿化12.8千米，折合面积343亩。

蒙自市"点、线、面"结合，按照"一环、四线、七点、七示范"的规划布局，以国家储备林建设项目为牵引，继续实施好城市面山和通道绿化项目，年内将再新增绿化面积2.4万亩，以打造"林果乡村·生态家园"为目标，打造一批千亩林果基地，实现"栽成林、结出果、建成景、优生态"的经济效益、生态效益和社会效益同发展。开远市以修复城市西部面山为重点，采用PPP模式运营，在开远市白土墙国有林场范围内实施开远市西部面山国家储备林基地建设项目5万亩。北部7县（市）融资修复治理项目均在持续推进。

弥勒市太平湖森林公园是山地石漠化修复的典型。太平湖地处喀斯特断陷盆地石漠化区，受大自然和人为因素影响，经过"人增—耕进—林草退—石漠化"的恶性演变，环境愈加恶劣，从原始的喀斯特地貌逐渐演变成了石漠化土地。为了治理这种灾害，当地先民种植以玉米为主的耐旱作物，"石窝窝里种苞谷"的传统农耕模式也成为早期石漠化治理的雏形。当地群众历经艰辛，建成了太平水库，探索石漠化治理路子，但都收效甚微。1996年以来，红河州利用国家政策和资金，以封山植树和保护为主要手段，先后启动了珠江防护林工程、石漠化治理试点工程、退耕还林工程等国家或省、州林业重点生态工程，通过采取封山育林、荒山造林、坡改梯等措施进行生态综合治理，初步达到恢复和保护森林植被，遏制土地石漠化扩展的目标。2017年，太平湖片区综合治理工程全面启动。治理过程中，生态修复是重中之重。针对太平湖片区石漠化严重、水土流失加剧的倾向，弥勒市和太平湖投资开发有限责任公司因地制宜开创太平湖石漠化防治模式，形成由山顶生态林保育带、山腰绿化景观林过渡带、山底复合农林缓冲带、湖滨防护林隔离带、湿地水生植物净化带组成的立体综合生态修复体系。至2020年8月，综合治理成功的太平湖以山地森林公园的全新面貌展现于世人面前，造就了石漠化治理的又一经典案例。

经过多年的持续奋斗，红河在生态文明建设引领民族地区高质量发展上卓有成效，为生态文明建设的进一步发展奠定了深厚的基础。

红河州优化调整生态保护红线面积7666.43平方千米，有3个国家级自然保护区、4个国家级湿地公园，全州森林覆盖率比2015年提高10.8个百分点，达57.8%。人均森林面积是全国平均水平的近3倍。元阳哈尼梯田遗产区获生态环境部命名"绿水青山就是金山银山"实践创新基地，污染防治攻坚战有力有效，中央和省环保督察反馈问题扎实整改，个旧重金属污染防治、滇南中心城市大气污染联防联治取得实效，空气质量优良率达98.7%，13县市城市平均空气质量优良天数比例达98.1%，滇南中心城市空气优良率保持在97.5%以上，城镇污水处理率达95.07%，城镇生活垃圾无害化处理率99%，一批低效落后产能淘汰退出，累计淘汰落后产能135万吨，单位GDP能源消耗累计下降28.9%。河（湖）长制全面落实，异龙湖保护治理积极向好，滇南中心城市水污染综合治理项目启动实施，创建一批省级"美丽河湖"。爱国卫生"7个专项行动"和农村人居环境整治广泛开展，13县市全部创建为国家卫生城市（县城），完成397个行政村污水治理，异龙湖保护治理力度持续加大。创成1135个美丽村庄、265个森林乡村。城乡面貌焕然一新。城市建成区绿地率达36%，拓展了城市绿色生态空间，提升了城市品质。屏边县创建为国家生态文明建设示范县，个旧市、石屏县获评"中国气候宜居城市"，红河元素精彩亮相《生物多样性公约》第十五次缔约方大会会议（COP15）第一阶段会议。全州新建成的15个森林公园或湿地公园免费开放，红河州先后获评"中国十佳绿色城市""中国绿色发展优秀城市"，成为全国首个"天然氧吧州"，金平县获评中国"长寿之乡"。

三、实施五大举措

红河总体生态环境较为脆弱，森林覆盖率低于全省平均水平，生态环境保护任重道远，生态环境保护治理的形势依然严峻。异龙湖治理、滇南中心城市三海五河保护治理、农村水源地治理保护等水污染治理保护压力较大；土壤污染防治、大气污染防治形势依然不容乐观；城市生态建设短板明显；整体生态文明建设在高质量发展中的引领力亟待加强。在强化系统观念推进"双碳"工作，坚持降碳、减污、扩绿、增长协同推进，推动优势产业绿色低碳高质量发展，加快形成节约资源和保护环境的产业结构、生产方式、生活方式、空间格局等方面，红河州还有很长的路要走。

（一）全面落实河（湖）长制

落实"退、减、调、治、管"举措，实施"一湖两城"综合供水、异龙湖流域和沿湖村庄农村生活污水治理等项目建设，力争异龙湖水质达Ⅴ类标准；统筹推进红河、南盘江两大水系保护修复工程，创建一批省级美丽河湖；以异龙湖、泸江河治理为重点，抓紧推进滇南中心城市水生态综合治理、城乡垃圾污水和农业面源污染治理、破解化工围城、重金属污染防治、流域生态修复等工作。

大力推进水生态保护修复。统筹推进红河、南盘江两大水系保护修复工程，创建一批省级美丽河湖；强化流域污染治理和环境风险防范，实施"湖泊革命"。因地制宜推进小流域综合治理，推进农村水系综合整治工程建设。加大饮用水水源规范化建设力度，实施一批城乡集中式饮用水水源地保护与治理工程，强化集中式饮用水水源区环境集中整治和应急监管，健全水资源储备体系。持续提升城镇和工业园区污水治理能力，完善城乡雨污分流基础设施建设，加大农村污水管控和治理力度，补齐生活污水收集处理设施短板。采取控源截污、垃圾清理、清淤疏浚、生态修复等措施，消除全州劣Ⅴ类水体和黑臭水体。

以革命性举措狠抓异龙湖保护治理。深入开展"湖泊革命"，着力解决人民群众反映强烈的生态环境问题。坚持打好以异龙湖为重点的河（湖）库水污染综合防治攻坚战，依法治湖、铁腕治湖，实行顶格执法，以革命性举措狠抓异龙湖保护治理，按照"退、减、调、治、管"要求，认真以"控源截污、生态修复、补水节水、产业调整"为重点，编制实施"一湖一策"保护治理方案，持续强化异龙湖水污染综合防治，确保2025年前水质达到Ⅳ类。

（二）大力实施城乡绿化美化三年行动和国土绿化行动

抓紧争取国家、省级财政预算支持和专债基金支持，项目化加快北部县市石漠化综合治理和南部县地质灾害治理，推动红河谷保护开发取得积极性进展，坚决守好红河谷的肥沃水土，力争到2025年，森林蓄积量达到1.2亿立方米，天然林面积达到130万亩，森林覆盖率达到60%以上，草原综合植被盖度达88%，湿地保护率达60%。

坚持在生态修复中绿化红河。统筹推进山水林田湖草沙冰一体化保护和修复，实施一批重要生态系统保护修复重大工程，争取国家支持实施云南省哀牢山红河哈尼梯田、石屏异龙湖、弥勒太平湖等生态保护修复项目。落实河（湖）长制、林长制，完善自然生态保护制度体系，推行森林河流湖泊休养生息和耕地休耕轮作。科学统筹山区综合开发和红河谷热区保护性开发。加快"森林红河"建设，开展大规模国土绿化行动，科学推进石漠化综合治理、水土流失治理、陡坡地治理、地质灾害防治等工程，实施个旧市、蒙自市、建水县、泸西县、弥勒市等历史遗留矿山生态修复等工程，加快城市面山通道生态修复、城市公园绿地等绿化生态工程建设，提升自然生态系统质量和稳定性。森林蓄积量、天然林面积、森林覆盖率、草原综合植被盖度、湿地保护率等主要指标明显提升。

通过通道面山发展模式创新和科技创新，拓展红河绿色生态景观。通过通道面山发展模式创新和科技创新，引进先进的科学技术成果和林产业发展主体。坚持"生态建设产业化，产业发展生态化"的理念，依托天然林保护、退耕还林、低效林改造、石漠化与陡坡地治理、防护林建设等重点生态工程的实施，引导企业、林业大户采用先进的科学技术，积极参与通道面山绿化和产业发展建设。对于立地条件好、适宜产业发展的区域，采取"政府引导支持+市场化运作"模式,吸引社会资本和引进经营主体发展以经济林果产业、药材产业和观赏苗木产业为主的人工造林,快速推进城市和通道面山绿化建设,带动林业产业转型升级和面山绿化提质增效,实现经济、生态、社会三大效益的统一和林业可持续发展。对于石漠化和沙化程度高、立地条件较差的区域,通过政府兜底,采取超常规技术措施进行工程造林和客土造林,集中力量推进面山生态修复治理,拓展以森林生态景观为主的绿色空间,实现通道面山绿化美化提质增效。通过有效实施林业重点生态建设、大规模开展国土绿化,生态修复治理力度得到不断加大,森林质量得到不断提升、生态建设成果得到不断巩固、路域环境绿化美化成效明显,生态和人居环境得到逐步改善,让自然生态美景永驻人间。

加速推进绿色城市建设。以生态视野在城市构建山水林田湖草沙冰生命共同体、布局高品质绿色空间体系,将"城市中的公园"升级为"公园中的城市"。在编制全州新型城镇化规划、县域城镇和村庄规划中科学布局公园城市和生态家园。坚持突出公园城市形态,全面提升公园城市规划建设水平,切实将生态优先、绿色发展理念贯穿城市规划建设管理各方面,突出生态宜居,合理规划布局功能完善、特色鲜明、城在园中、园在城中、城园一体的公园城市体系,实现人、城、境、业和谐统一,让公园城市成为诗意栖居之地。总结复制屏边推进公园城市建设打造"美丽苗乡·森林屏边"的经验,因地制宜推进滇南中心城市打造"水韵湖城"、弥勒打造"现代田园城市·健康生活福地"、建水和石屏打造"滇南最美乡愁之旅"等,形成现代城镇、林果乡村、绿色田园、美丽河湖和谐共生的空间格局。构建"园中建城、城中有园、城园相融、人城和谐"的整体格局,体现城绿交融之美,让城市融入森林、让森林拥抱城市。坚持尊重自然、顺应自然、保护自然,加大生态家园的保护与修复力度。积极运用市场化手段全面塑造低碳绿色生活方式,实施体育公园、城市步道等项目,建设一批环湖、沿河并连接景区、城镇、乡村的美丽绿道。加快绿色交通体系建设,积极推广共享汽车、共享单车等出行方式,促进公共交通空间优化、模式转变、网络重构、弹性高效,让绿色低碳生活方式和消费模式成为社会新风尚和出行新需要。

全面建设美丽红河秀美山川。良好生态环境是最普惠的民生福祉。要深入践行习近平生态文明思想,坚持生态优先、绿色发展,保持力度、延伸深度、拓宽广度,像保护眼睛一样保护好红河的秀美山川,加快建设人与自然和谐共生的现代化。建设颜值靓丽的美丽红河。坚持山水林田湖草沙冰一体化保护和系统治理，强化生物多样性保护，切实筑牢生态安全屏障。以黄连山、分水岭、大围山和哈尼梯田、异龙湖等为重点，全面加强自然保护区、湿地公园的保护。严格落实河（湖）长制、林长制，完善自然生态保护制度体系。大规模开展国土绿化行动，加快以北部7县（市）为重点的石漠化综合治理，实施南部县地质灾害治理和红河干热河谷生态修复工程。实施历史遗留矿山生态修复示范项目，推进山水林田湖草沙冰一体化保护，力争森林蓄积量达1.2亿立方米。健全生态文明绩效考核体系，落实最严格的生态环境保护制度和责任，让"天蓝、地绿、山青、水净"。

（三）牢守生态保护红线、环境质量底线、资源利用上线

全面开展生态保护治理修复，坚持山水林田湖草沙冰一体化保护，坚决守住生态保护红线。全州划定生态红线面积7998.96平方千米，生态红线面积占国土面积的24.86%。

结合生态安全屏障建设进行空间规划。加快构建"一核一区一带一屏多点多廊"绿色生态空间格局，即滇南中心城市生态系统保护核心圈，北部石漠化地区，红河干热河谷带，南部边境生态屏障，自然保护地、重要湿地、国有林场等"多点"，主要公路、铁路、河流、库区沿线等"多廊"，推进国家森林城市等的创建，为全省筑牢西南生态安全屏障贡献红河力量。坚定不移以生态文明建设引领高质量发展，持续推进以生态文明建设引领哈尼梯田保护利用、传统产业转型升级、乡村振兴、新型城镇化建设、污染防治攻坚战取得实效，打通"两山"转化通道，推动绿色发展。

加强生物多样性保护。加大屏边大围山、金平分水岭、绿春黄连山、红河阿姆山、元阳观音山、建水燕子洞等自然保护区保护管理力度。推进生物多样性保护生态廊道和珍稀濒危物种保护区建设，加强重点野生动植物保护、生物安全管理、遗传资源保护，严防外来有害物种入侵。开展极小种群就地、就近、迁地保护，建设一批种质资源收集保存圃和扩繁园区。开展生物多样性调查观测评估，加快实现生物多样性信息化管理。建设州级野生动物疫源疫病监测中心，完善县市监测站点，全面提升重大野生动物疫情监测预警和应急处置能力。开展跨境生物多样性保护合作，保障区域与国家生物安全。借助联合国《生物多样性公约》第十五次缔约方大会的契机，推动实施一批生物多样性保护项目，争取纳入世界生物多样性保护基金库，释放云南"中华生物谷"重要基地和"滇南生物基因库"优势效应，提升红河州生物多样性保护水平。力争尽快促进以国家公园为主体的自然保护地体系基本建立,自然保护地面积占全州面积的比例进一步提升;重要自然生态系统、重点保护野生动植物和极小种群得到有效保护。

(四)坚决打好污染防治攻坚战

坚持生态优先、绿色发展,落实保护优先、发展优化、治污有效,全面加强生态文明建设。认真落实"打好污染防治攻坚战,加强生态环境保护"的要求,持续深入学习贯彻习近平生态文明思想,将中央生态环境保护督察反馈问题的整改作为重要抓手,以整改促落实、促提升,启动实施红河州蓝天、碧水、净土三年行动计划,坚决打好污染防治攻坚战。

持续打好蓝天保卫战。加强滇南中心城市大气污染联防联治。持续推进钢铁、火电企业超低排放改造。加强机动车遥感监测系统建设,强化机动车尾气排放监控,加大重型柴油货车污染治理力度。推进化工、工业涂装、包装印刷、油品储运销、汽车维修等行业挥发性有机物污染治理,加强细颗粒物与臭氧的协同治理。持续完善污染天气监测和预警机制,抓好建筑工地、城区道路扬尘、大货车管控和餐饮油烟监管。"十四五"期间,蒙自市空气质量优良天数比率保持在98%以上。

持续打好碧水保卫战。依托河长制工作不断强化治河护河责任落实,深入开展水体治理保护,加强对水环境的监察监测。紧抓重点河湖流域,持续抓牢抓实水污染防治工作。重点推进滇南中心城市水体污染防治工作,促进城市水环境改善,减轻水域内源污染,逐步改善水域环境质量。精准实施农村生活污水治理,推进农村人居环境整治。进行村庄污水无序排放、水体污染等现状调查,梳理现有处理设施数量、布局、运行等治理情况,分析村庄周边环境,全面掌握农村污水各项基础信息,形成农村生活污水治理现状清单,加快农村生活污水基础设施建设。

持续打好净土保卫战。持续开展农用地分类管理,加大优先保护类耕地保护力度,严格管控重污染耕地,提升受污染耕地安全利用水平。进一步加大疑似污染地块环境管理,动态更新全州建设用地风险管控和治理修复名录,加强部门协调配合,规范污染地块再开发利用准入管理,加强土地征收、收回、收购等环节监管,完善暂不开发利用污染地块环境风险管控。加强对采选行业和冶炼行业的规范化管理,严格尾矿库环境风险管控,加强源头装载治理。推动冶金、化工等传统工业转型升级,加大固体废物资源化、减量化能力建设,建设工业固废综合利用示范基地。强化对企业的环境监管,建设环保大数据平台,完善生态环境信息公开制度。积极发展生态循环农业，着力控制农业面源污染，减少化肥农药施用量，加强废弃农膜回收利用。加强医疗废物和废弃的有毒有害化学品监管。加大力度推进生活垃圾分类，实现城乡生活垃圾减量化。

持续推进个旧、建水等地区固体废物和重金属污染防治。在个旧等地区深入开展重金属污染源排查整治，强化对企业的环境监管，严格执行重点重金属污染物特别排放限值，确保重金属排放量进一步下降，基本完成个旧、建水等地区固体废物及重金属污染防治，完成人口密集区危险化学品生产、储备企业搬迁改造。以个旧、开远、建水、弥勒、元阳、绿春、金平等县市为重点，加大"散乱污"企业排查整治力度，对露天堆放的一般工业废渣实行原地固化和覆土复绿，确保已关闭、长期停产或列入关停取缔类的废旧企业基本做到"两断三清"（切断工业用水、用电，清除原料、产品、生产设备）。

建立企事业单位重金属污染物排放总量控制制度。强化重金属及固体废物环境监管，严厉打击固体废物环境污染违法行为，坚决遏制非法转移、处置和倾倒固废的案件发生，提升废铅酸蓄电池、废矿物油等危险废物和废弃电器电子产品等固体废物再利用水平。加快实施循环农业、农业废弃物资源化利用示范工程，建立健全农业生产废弃物回收处理制度。着力控制农业面源污染，化肥农药使用量实现"零增长"，当季农膜回收率达到80%以上，农作物秸秆综合利用率达到85%以上。大力推进生活垃圾分类回收利用。

抓好农村人居环境整治。学习推广浙江"千村示范、万村整治"工程经验，突出规划、绿化、文化、整洁化，深入开展农村人居环境整治提升行动，推进农村"厕所革命"、生活垃圾处理、污水治理、村容村貌提升，加快建设"美丽乡村""文明新风示范村""森林乡村"，让田园风光成为最美的风景、蔬菜林果成为最好的绿化。

（五）坚持生态文明引领，夯实绿色发展根基

以生态文明建设引领高质量发展。"生态文明建设排头兵"的核心要义是保护，深入践行"绿水青山就是金山银山"理念，高质量打通"两山"转化通道，严控高耗能、高污染项目盲目上马，推动自贸试验区红河片区碳排放权交易资源储备体系建设，提升红河全域碳汇能力，打造高效生态经济增长极，促进经济社会发展绿色转型，建设人与自然和谐共生的现代化。

推进绿色低碳发展。把经济绿色转型作为推动绿色低碳发展的关键，壮大绿色产业市场主体，完善绿色供应链，构建生态产业化、产业生态化的绿色转型产业体系。以产业绿色化为重点,大力发展生态利用型、循环高效型、低碳清洁型的产业,加快高原特色现代农业绿色发展、传统企(行)业绿色改造、产业园区绿色升级、新兴产业绿色培育。构建绿色低碳发展的政策、投融资、科技创新等支撑体系,积极引导社会资本投入污染防治和绿色低碳发展,增加森林和生态系统碳汇,控制工业、交通等重点领域碳排放。持续释放"天然氧吧城市"生态效应,争创一批中国气候康养地。大力倡导绿色生活,增强全民节约意识、环保意识、生态意识,着力建设绿色家庭、绿色社区、绿色学校、绿色企业、绿色商场、绿色餐馆和节约型机关,推动全社会形成节约、绿色、低碳的生产生活方式。

提高资源利用效率。全面落实能耗、水耗、建设用地强度和总量"双控"制度,加强重点领域管理,推进资源节约集约循环利用。健全自然资源资产产权制度,落实有偿使用制度,推进自然资源统一确权登记法治化、规范化、标准化、信息化。大力发展循环经济,鼓励发展"种植+养殖+加工"循环农业。深入开展节能降耗行动,实施开远市热电汽循环利用产业园等一批项目。建立水资源刚性约束制度,以水定城、以水定产,完善水资源消耗总量管理和节约制度。深化土地管理制度改革,落实最严格的耕地保护制度和土地节约集约利用制度,强化用途管制,严守耕地红线,开展全州土地综合整治,提高土地利用效率。

打通绿色发展的转换通道。加快完善政府主导、企业和社会各界参与、市场化运作、可持续的生态产品价值实现路径。建立完善自然资源资产产权制度,科学划定生态产品开发范围,编制生态产品目录,建立生态产品价值核算体系,借助生态资源交易平台,打通"绿水青山"与"金山银山"转换通道。积极发展绿色金融,助推生态农业、生态林业、生态旅游等绿色经济发展。深化拓展"两山"理论实践创新基地建设,围绕"四素同构",活态保护利用哈尼梯田,高质量打造人与自然和谐共生的典范。因地制宜推进生态文明建设改革创新,加强系统监管和全过程监管,强化法治保障,加快构建现代环境治理体系。广泛开展生态文明建设示范创建活动,培育和弘扬生态文化,营造全社会崇尚、践行绿色发展理念的良好氛围。

实施生态文明建设示范、森林城市、园林城市系列创建,启动红河州国家森林城市创建工作。力争全州整体创成国家森林城市,创建国家园林城市1个以上,深入实施公园城市和生态家园建设行动,健全完善森林城市、卫生城市、生态文明建设示范县市创建和巩固长效机制,持续开展美丽县城、特色小镇和美丽乡村、道路、河湖、景区、社区、庭院等创建活动，全面推动县域景区化建设。坚持点、线、面结合，统筹建设州级公园、县市级公园、小区公园、小游园和微绿地以及各类专业公园或绿地，巩固提升全州新建成的15个城市森林（湿地）公园建设成果，加大城市绿地、园林和健康步道等公共基础设施建设力度，推进城市增绿添美行动，营造多元生态场景，努力把所有县城建成公园城市。持续推进美丽乡村、森林乡村建设，打造美丽宜居的生态家园。

开展绿色生活创建行动，推动绿春、金平等县创建国家生态文明示范县。大力推广"稻鱼鸭"综合种养模式，提高农民收入。让更多外出务工的年轻人回归本土，形成自觉保护、合力保护的内生动力。

分报告九：

大抓干部队伍作风建设　推进红河高质量发展

作风建设永远在路上，好的作风是干事创业的前提，必须以抓铁有痕的韧劲坚定不移地抓好干部队伍作风建设，提振士气、强化担当。党的十八大以来，习近平总书记两次考察云南，从党和国家事业发展全局的高度，为云南发展明确了定位、赋予了使命，为我们指明了方向、提供了根本遵循。红河州委、州政府牢记习近平总书记的殷殷嘱托，坚决贯彻党中央、省委、省政府决策部署，增强"四个意识"、坚定"四个自信"、做到"两个维护"，大力弘扬"红河奔腾、奋勇争先"精神，州委、州政府带领全州干部群众，以担当显初心，以实干创一流，开创了"十四五"时期红河高质量发展的良好开局。从全国来看，红河州经济总量居全国30个少数民族自治州第一位，成功创建为"全国民族团结进步示范州"。从全省来看，红河州经济总量自2016年起稳居全省第三位。红河具备独特的沿边开放发展条件，是全省开放发展最有潜力、最具创新优势和沿边开放经验的地区之一，对越开放合作日益深化。总体上，红河经济社会发展势头良好，民族团结进步，社会繁荣稳定。

但红河州总体上仍然属于欠发达边疆民族地区，南北发展差距大，南部地区发展相对滞后，发展不平衡、不充分的问题依然突出，支撑高质量发展的基础还不牢固，边疆民族地区的治理能力有待提升。具体表现为：现代产业体系尚未全面形成，"绿水青山"转换成"金山银山"的效能不足，开放发展的潜力尚未充分释放，巩固拓展脱贫攻坚成果任务繁重，社会建设领域存在短板，防范化解重大风险和污染防治任务依然艰巨，改革创新和人才支撑不足等。

一切事业的成效与成败关键在于"人",在于拥有一支忠诚、干净、担当的干部队伍。为进一步贯彻落实习近平总书记对云南的"三个定位"和省委、省政府的重大战略部署,顺利完成红河州"十四五"目标,全面推进红河州高质量跨越式发展,特别是应对新冠肺炎疫情之下严峻的经济形势,全州上下务必要抓干部精气神的建设,大力推动作风革命、效能革命,建设一支敢于担当、干事创业、攻坚克难的干部队伍,牢牢把握推动红河高质量发展的主动权,善于把握"形"与"势"、"危"与"机",善于在变局中开新局,努力在危机中育先机。

一、作风革命、效能革命建设面临的主要问题

在推进红河高质量发展中,干部队伍是贯彻、落实、推进各项政策、事业的关键力量。红河州在全国民族区域自治州、全省经济总量排名均靠前,这是全州干部群众团结努力、共同奋斗取得的显著成绩,值得充分肯定。然而对标对表,也要清醒看到,一些干部的作风还存在不积极不主动、迈不开腿;思想解放不够,不敢想、不敢闯、不敢试;实际工作中,重材料轻实效,存在事事留痕的"痕迹主义"等问题。有的机关干部不熟悉基层、不懂群众语言,导致政策难以有效落地,干部工作能力有待提升。此外,改革创新和人才支撑不足,人力资源潜能挖掘不足,资源配置不均衡,缺乏现代产业技术人才,人才培育途径不宽。这种种问题交织在一起,与中央、省委省政府、州委州政府的作风革命、效能革命要求还存在一定差距。

二、聚焦五大举措

红河要实现高质量跨越式发展,离不开一批政治、业务水平过硬的干部队伍,这是贯彻落实习近平总书记对云南"三大定位"和省委、省政府以及州委、州政府战略决策部署的必然要求,也是推进红河"十四五"目标顺利实现的坚强组织保障。红河各级干部应聚焦以下五个方面,以自我革命的担当精神真抓实干,牢固树立以人民为中心的发展思想,以实际行动践行初心使命,认真履职尽责、切实担当作为,转变作风、提升效率,努力维护好群众利益,奋力谱写新时代高质量跨越式发展的红河篇章。

(一)必须牢固树立"今天再晚也是早,明天再早也是晚"的效率意识

对于红河来说,既要持续抓好基础设施"硬环境",也要旗帜鲜明抓好"软环境"建设。发展靠环境,环境靠作风,干部的作风状态在很大程度上

决定发展状态。全省在推动高质量跨越式发展的征程中，发展不平衡、不充分问题突出，支撑高质量发展的基础还不牢固，各种不确定性风险和挑战明显增多，特别是在疫情影响之下，加快发展的任务很重，发展的质量和效益亟待提升。风险越大、挑战越多、任务越重，红河越要以好的作风振奋精神、激发斗志、释放活力、树立形象、赢得民心，越要牢固树立"今天再晚也是早，明天再早也是晚"的效率争先意识，不等、不停、不看，理直气壮、义不容辞、敢抓敢管、攻坚克难，以自我革命的精神破除思想积弊，以抓铁有痕的力度改进工作作风，不断补齐红河发展存在的各方面短板，办好让群众有感的事情，提供让企业满意的服务，增强红河发展的潜力和后劲。在工作实践中，开短会、说短话、写短文，把更多精力投入为人民解决"急难愁盼"的困难上去。

（二）必须坚持解决实际问题的工作导向

当前，红河经济社会发展在产业发展、市场主体、营商环境、城镇化、创新和人才等领域存在突出短板。各级各部门必须把解决问题作为工作实践的重要标准，使作风革命、效能革命贯穿于全州经济社会发展的全过程、各方面，把心思和精力真正用在研究工作、解决问题上。要找准工作的着力点，练就一双发现问题的"火眼金睛"，以解决问题为己任，对存在的问题不掩盖、不回避、不推脱，想方设法把问题化解在萌芽状态，解决在职责范围之内，决不能敷衍了事、上交矛盾。要找准工作的突破口，深入学习研究政策，把政策吃透用活，善于跟政策赛跑，抢抓政策机遇，主动思考、谋划和对接，把政策变成思路、把思路变成方案、把方案变成一个个具体项目，推动补齐各方面的短板，防范化解各领域的风险。

各级各部门"一把手"要亲自安排、挂帅出征，定期带领中层干部走出办公室、丢掉衙门气，深入群众、深入企业，问计于民、问需于企，广泛听取意见建议，主动研究解决问题，为群众、为基层、为企业做好服务保障。全州各级干部要以等不起的紧迫感、慢不起的危机感、坐不住的责任感，深入基层、心入群众，通过体验式、纪实式执法办事进企业，进万家门、知万家情、解万家忧、办万家事，到一线宣传党的政策方针、了解社情民意、化解矛盾纠纷、推动工作落实。

新时代新形势对我们的思想方法和工作方法提出了新要求，如果跟不上时代步伐，就做不好工作。深入贯彻落实省第十一次党代会精神和州第九次党代会精神，奋勇争先，勇毅前行。任务一布置，马上抓落实；工作一部署，马上去推动；工作一完成，马上就反馈；以钉钉子精神抓落实，倡导项目工作法、一线工作法、典型引路法，实行任务项目化、项目清单化、清单具体化等。这些既是工作要求，也为我们解决了抓落实的方法问题。没有等出来的辉煌，只有干出来的精彩。只要坚定沿着习近平总书记指引的方向阔步前进，全面贯彻好省第十一次党代会精神和州第九次党代会精神，红河就一定能够大踏步紧跟新时代，实现高质量跨越式发展。

（三）必须鲜明树立重实干重实绩的干部用人导向

注重在一线考察识别干部，不拘一格选拔、任用干部，旗帜鲜明选拔重用想干事、能干事、干成事的干部，建强各级领导班子和干部队伍。各级干部要增强服务意识，眼睛向下，为基层服务，在一线中发现问题、解决问题、推动工作。州、县、乡干部要切实转变作风，下基层、到一线，发现问题、解决问题、推动工作、促进发展。州纪委要牵头严肃整顿"躺平式"干部，让"躺平式"干部没有市场。

在乡村振兴方面，加强乡村治理，建立选派干部驻村帮扶长效机制，深化农村"领头雁"培养工程，持续实施农村优秀人才回引计划，更加注重民族文化传承人保护与加大培育力度，在"产业兴旺、生态宜居、乡风文明、治理有效、生活富裕"方面集聚起大量高素质人才，以基层党建引领乡村全面振兴。

在经济建设方面，紧盯高质量跨越式发展专门人才欠缺的问题，加大沿边开放经济建设、高精尖专门技术人才的引进和培育力度，更加注重州域内发展的整体协同性，建立目标同向、规划同图、利益相连、措施一体的联动机制，通过共享经济、教育医疗互助等方式协调联动，实施"以北带南人才培育"等行动计划，实现南北协调发展。

在民族团结进步方面，努力建设一支维护党的集中统一领导态度特别坚决、明辨大是大非立场特别清醒、铸牢中华民族共同体意识行动特别坚定、热爱各族群众感情特别真挚的民族地区干部队伍。

（四）必须坚持"严"的主基调

旗帜鲜明坚持党的领导、维护党中央权威、精准有力开展政治监督，以史为鉴，促进各级党组织和广大党员干部不断增强"两个维护"的政治自觉。始终保持"赶考"的清醒，保持对"腐蚀""围猎"的警觉，把"严"的主基调长期坚持下去，以一体推进"三不"深化标本兼治，以久久为功的韧劲持续净化政治生态，全面巩固拓展反腐败斗争压倒性胜利成果。从群众反映最强烈的突出问题入手，强化扶贫领域、生态环保监督执纪问责，深挖彻查涉黑涉恶腐败和"保护伞"，推动巡察向基层延伸，让反腐败红利真正惠及广大群众，让群众有更多获得感、幸福感、安全感。

提高政治站位，以全面从严治党淬炼党性，严守政治纪律和政治规矩，继承发扬好光荣的革命精神和党的优良传统，走好新的"赶考"路。充分利用中共云南一大会址、西南联大蒙自分校旧址教育基地等红色资源，纳入广大党员干部教育活动中，不忘初心、牢记使命，汇聚起干事创业的磅礴力量，以更加饱满的热情投入红河高质量发展中，投入新时代中国特色社会主义现代化建设中，投入实现中华民族伟大复兴的宏伟征程中，实现好工作作风的转变。

（五）持续深入推进作风革命、效能革命

纵深推进"担当实干争先跨越"大讨论活动向"见行动、出实效、严督促"上转，用实际行动和工作成效向省委指出的10种干部作风问题宣战，把"三个工作法"细化实化为工作模式、具体行动，把作风革命、效能革命贯穿于产业链建设、营商环境优化、市场主体倍增、民族团结进步、疫情防控和强边固防等具体工作全过程各方面。

坚决落实省委、省政府"八个工作要求"，奋力推动高质量跨越式发展行动，以及红河州干部"下沉一线、纾困助企、为民办事"实践行动，推进作风革命、效能革命具体化、目标化和措施化。把作风革命、效能革命作为衡量产业发展、乡村振兴、改革开放、疫情防控、民族团结、生态环境保护、强边固防、现代化边境小康村等重大项目重点工程成效的重要标尺，紧盯工作落实，坚持目标导向、问题导向、结果导向，把作风革命、效能革命落实到推动稳增长、为群众办实事、提高社会治理能力上，少讲客观、少讲困难，多讲实干、多讲办法，以舍我其谁、时不我待的劲头大抓落实，奋力交出红河新时代高质量跨越式发展的优异答卷。

好作风是生产力，是战斗力，更是凝聚力。全州各级纪检监察机关要坚持正风肃纪反腐一体推进、党风党纪一起抓，督促广大党员干部进一步增强责任意识、使命担当，带头践行项目工作法、一线工作法、典型引路法，深入基层一线发现问题、解决问题、推动工作，以只争朝夕、拼搏奋进的劲头，全面贯彻落实党中央决策部署和习近平总书记考察云南重要讲话精神及指示批示精神，推动省第十一次党代会确定的目标任务以及省委主要领导在红河调研时的重要讲话精神落地见效。

分报告十：

实施科学精准抗疫　筑牢红河疫情防线

新冠肺炎疫情发生以来，习近平总书记就疫情防控工作做出一系列重要讲话和重要指示，强调要按照坚定信心、同舟共济、科学防治、精准施策的总要求，全面开展疫情防控工作，为打赢疫情防控阻击战提供了根本遵循。2022年3月以来，我国疫情发生频次明显增加，感染人数快速增长，波及范围不断扩大，疫情防控难度加大，防控形势严峻复杂，习近平总书记分析新冠肺炎疫情形势，部署从严抓好疫情防控工作，强调坚持就是胜利，要深刻认识当前国内外疫情防控的复杂性、艰巨性、反复性，进一步动员起来，统一思想，坚定信心，坚持不懈，抓细抓实各项防疫工作；要坚决贯彻落实党中央的决策部署，始终坚持人民至上、生命至上，坚持科学精准、动态清零，尽快遏制疫情扩散蔓延势头。红河州委、州政府在云南省委、省政府的坚强领导下坚决贯彻落实习近平总书记关于疫情防控工作指示批示精神，认真安排部署，科学分析疫情形势，积极开展疫情防控，本着对人民高度负责的态度抓深抓细抓好疫情防控工作，与全国人民同舟共济、共克时艰，为全国抗疫斗争做出了红河贡献。

一、坚决扛起疫情防控政治责任

红河州委、州政府深入学习贯彻习近平总书记在全国抗击新冠肺炎疫情表彰大会上的重要讲话和指示批示精神，认真落实党中央、国务院以及省委、省政府疫情防控的重大决策部署，坚决扛起疫情防控政治责任，准确把握、科学研判疫情形势和阶段性特征。坚定信心，凝聚打赢疫情防控阻击战的精神力量；同舟共济，形成打赢疫情防控阻击战的强大合力；科学防治，提升打赢疫情防控阻击战的水平;精准施策,增强打赢疫情防控阻击战的效能。严格落实"外防输入、内防反弹、严防外溢"要求,坚定信心、迎难而上,上下同心、背水一战,坚决果断实现"动态清零",着力织密织牢边境疫情防控网,统筹推进全州疫情防控和经济社会发展。

(一)始终坚持全民战"疫"

始终把人民群众生命安全和身体健康放在第一位,全力保障红河人民的生命权、安全权、健康权,坚持"人民至上"。一是坚决落实疫情防控指示要求,全面落实联防联控措施,坚决将群防群治进行到底;二是广泛发动群众、组织群众、凝聚群众,全力抓紧抓好城乡社区疫情防控基础工作,在基层一线织牢织密防控网络,发挥社区特别是抵边村寨疫情防控的第一道防线作用;三是各级党组织、广大党员干部、驻村工作队员、志愿服务队充分发挥战斗堡垒和模范带头作用,形成了全面动员、全面部署、全面加强疫情防控工作的局面,构筑了联防联控的严密防线;四是积极倡导文明新风尚,各族群众的民间习俗、生活习惯悄然改变,文明新风尚在红河城乡大地蔚然成风。全民战"疫"筑起了抗击疫情的巍峨长城。

(二)始终坚持科学战"疫"

全面科学落实防控措施,依法、科学、规范、有序做好疫情防控工作。一是科学宣传。红河州宣传思想战线统筹网上网下、国内国际、大事小事,广泛开展形式多样、轰轰烈烈的社会宣传,全力做好疫情防控宣传引导工作,让主旋律引领舆论、正能量充盈网络,为打赢疫情防控阻击战提供强大舆论支撑。二是科学防控。坚决扛起疫情防控的政治责任,准确把握形势、科学防控疫情,切实加强统一领导、统一指挥、统一调度,强化统筹协调,强力部署推进,迅速凝聚起全民抗疫、科学防疫、依法防控的思想共识和行动共识,全面开展科学防控工作。三是科学救治。紧紧围绕"提升治愈率,降低病亡率",严格落实各项救治措施,进一步优化了设置,整合了资源,保证了医疗救治效率和救治效果。坚持"集中患者、集中专家、集中资源、集中救治"原则,坚持开展救治业务培训,坚持医疗专家组责任制,坚持"早会诊、晚调度"工作机制。切实发挥中医药民族医药资源优势,加强无症状感染者治疗,有效降低病例数,加强感控管理,全州医务工作者实现零感染,千方百计保障医用物资供给,有效缓解医用物资紧缺问题。

(三)始终坚持精准战"疫"

精准防控,不仅治标,还要治本;不仅管好末梢,还得管住源头;不仅顾得眼前，还要顾得长远。一是精准监测。河口县、金平县、绿春县与越南接壤，疫情防控形势严峻，实施精准化防控措施要求实，加强联防联控、群防群控要求高。加强重点人员的精准监测，防范疫情大范围扩散；加强对流动人口的精准监测，降低疫情肆意蔓延风险；加强对抵边村寨的精准监测，筑牢边境第一道防线；强化网络舆论监测，及时做好舆论事件处置工作。二是精准施策。坚决落实习近平总书记关于疫情防控工作的重要指示批示精神，落实省委主要领导调研红河时关于疫情防控讲话精神和工作要求，严格落实"外防输入、内防反弹、严防外溢"，坚定信心、迎难而上，上下同心、背水一战，全州疫情防控工作有力有序有效推进，取得积极成效。三是精准防控。根据疫情防控工作出现的新情况、新形势，在科学精准、分析判断疫情形势的基础上，严格落实省委、省政府"从全面防控向精准防控、重点防控转变，统筹推进疫情防控和复工复产各项工作，推动经济社会秩序逐步恢复正常"工作要求。严格落实分区分级防控措施，科学动态调整防控措施，加强联防联控，层层压实责任，科学实施分类管理，高科技助力精准防控、强化边境防控等。

（四）始终坚持智慧战"疫"

在疫情防控中，不仅需要发挥"硬核"实力，也需要因势而动、顺势而为的防控"智慧"。一是大数据战"疫"。认真贯彻落实习近平总书记关于"运用大数据等手段，加强疫情溯源和监测"的重要指示精神，充分发挥大数据、云计算等数字技术优势。多渠道、多方式推动"云南抗疫情"扫码系统进单位、进企业、进村寨、进社区、进家庭，还通过线上政务、手机App、网络平台、线上购物等多种信息化手段，服务工作和生活，做好疫情防控工作，有效提升发现隐性传染源的能力，最大限度防控输入性风险和本地大面积扩散风险。二是"互联网+"战"疫"。充分运用互联网，集结"网动力"，线上线下并肩战"疫"，战"疫"因互联网有信心、"保供"因互联网有底气、"防线"因互联网有力量，助力打赢云南疫情防控阻击战。建立"互联网+督查"平台，做好网络舆论引导；建设互联网医疗平台，开展"云诊疗"服务；完善互联网民生保障平台，开展"云民生"服务，确保全州疫情防控和经济社会发展双胜利。三是新媒体战"疫"。红河新媒体闻令而动，迅速吹响"抗疫集结号"，充分运用新技术、新手段、新平台促进线上线下、新媒体与传统媒体互动融合，以新媒体的传播时效，为抗"疫"发声，助力红河战"疫"行动。

(五）始终坚持统筹战"疫"

坚持以辩证思维统筹推进疫情防控和经济社会发展，统筹战"疫"和战"贫"两场战役，统筹民生调度，切实做到在防控中发展、在发展中防控。一是统筹战"疫"与发展。创新"1215"工作法，成立1个企业复工复产工作专班，统筹抓好全州企业复工复产防控物资和生产要素调度保障等协调服务工作；实行分组联系帮扶县市和帮扶重点企业（项目）两项制度；开展一线调度服务，针对企业复工复产存在的实际困难和问题，点对点、一对一做好协调服务保障工作；建立综合调度、防控物资、物流运输、联系服务、政策落实5项保障机制，有序推动工业企业复工复产。二是统筹战"疫"与战"贫"。压实攻坚责任，实行"一月一督战、一月一分析、一月一报告、一月一反馈"督战制度，严格落实党政"一把手"责任制和"两不愁三保障"负责制。组建了7个州级挂牌督战小分队，明确挂牌督战的主要职责和目标任务，紧盯申请摘帽县和重点乡镇、村，把突出责任、政策、工作"三落实"，识别、帮扶、退出"三精准"和教育、医疗、住房"三保障"落实情况作为重要内容。统筹卫生健康、交通运输、公安机关等各部门力量和资源，处理疫情信息收集、疫情研判、综合协调、督促检查、应急处置等防控日常事务。一手抓疫情防控，一手抓经济发展，以更加精准的举措、更加精细的工作、更加扎实的作风，把各项工作抓实、抓细、抓落地。三是统筹州内州外战"疫"。统筹州内州外两个主战场，全力打赢红河疫情防控阻击战，在守土有责、守土有方、守土有效的战"疫"实践中，同舟共济，驰援湖北，根据省委、省政府的指示要求，分两批共计94名医护人员助力打赢湖北保卫战。四是统筹州内境外战"疫"。红河是云南面向南亚东南亚开放的"最前沿"，是云南境外疫情输入的"最前线"。为筑牢边境疫情防控的安全屏障，这场疫情防控阻击战从"内防扩散、外防输出"及时切换到"外防输入、内防反弹"，为云南打赢疫情防控的人民战争、总体战、阻击战做出红河贡献，在国际社会携手抗击疫情中发挥了积极作用。

二、坚定信心、迎难而上

习近平总书记于2022年3月17日主持召开中共中央政治局常务委员会会议，会上分析新冠肺炎疫情形势，部署从严抓好疫情防控工作，要求各地区各部门各方面要深刻认识当前国内外疫情防控的复杂性、艰巨性、反复性，进一步动员起来，统一思想，坚定信心，坚持不懈，抓细抓实各项防疫工作。红河州坚决落实习近平总书记关于疫情防控的指示批示精神，贯彻落实省委书记王宁和省长王予波调研红河时关于疫情防控的讲话精神，严格按照"外防输入、内防反弹、严防外溢"和"毫不放松、科学精准抓好边境疫情防控，用好现有设施，优化人员配置，优化巡逻防控，严厉打击跨境违法犯罪，提高效率、讲求实效"的要求，根据疫情形势变化情况，因时因势、动态调整防控工作，科学精准、高效统筹疫情防控和强边固防工作。要坚定信心、迎难而上，上下同心、背水一战，坚决果断实现"动态清零"目标，紧紧抓住疫情防控关键环节和重点工作；要常怀远虑，居安思危，立即行动，做好充分准备；要亲自部署、亲自过问、亲自检查、亲自推动，危难时刻显身手，坚决把疫情防控主动权牢牢抓在手上、落实在行动上；要充分认清疫情防控的复杂性、艰巨性和反复性，特别是在外防输入形势依然严峻、内防反弹形势不容乐观、全民战疫意识还需进一步提升、麻痹思想松劲心态仍不同程度存在、落实常态化防控措施依然有完善的空间等。

（一）坚决阻断边境地区疫情传播蔓延

要全力提升边境管控效能，严格缓冲区管理，精准分区分类管控，优化卡点设置、人员配置，强化边境巡逻，充分发挥基层党组织作用，全面加快现代化边境小康村建设，强化边民教育管理，始终保持对跨境违法犯罪的严打高压态势，持续推进抵边村寨公开审判，重拳打击、绝不手软，形成有力震慑。在外防输入上要深刻反思、吸取教训、查漏补缺，有针对性地调整防控对策措施，围绕"一个潜伏期控制住疫情"的目标，强化科学精准防控，充分发挥专家作用，把各项防控措施提级提速，坚决用最短时间扑灭疫情。一是要加快流调溯源。围绕"精准""快速"的要求，指挥部与卫健、公安、工信等相关部门需要通力合作、合力攻坚，尽快找出传染源、切断传播链。坚持"人、物、环境"同查同溯，科学判定密接、次密接人员，做到应隔尽隔、应查尽查，不能错过一个环节，不能少了一个步骤，进一步细化工作方案，拿出百倍的信心和勇气战胜疫情。二是要精准核酸筛查。科学制订检测计划，全面落实"敲门行动"，摸清"应检人数"，确保应检尽检，不落一户、不漏一人。对密接、次密接等重点人群，要每日进行核酸检测。对高感染风险人员，特别是保洁、保安、配送人员、志愿者等存在职业暴露风险的人员，要单管采样检测，筛查出潜在感染者并转运隔离，尽快斩断隐匿的社区传播链。三是要加强社区网格化管理。严格按照《新型冠状病毒肺炎防控方案》（第九版）分类实施社区防控措施，进一步细化、实化、优化管控措施，加强对电梯、楼梯、广场等公共场所的消毒消杀，精细化、有针对性地落实防控举措，坚决避免交叉感染。四是要全力救治患者。坚持中西医并重，全力救治患者。对所有集中隔离点的密接、次密接人员使用预防性中医药。迅速建成方舱医院，充实医疗力量。五是要严格落实院感防控。对发热门诊患者、门急诊疑似新冠肺炎感染患者，要进行核酸检测，必要时进行血常规、胸部CT、抗体检测等检验检查，结果为阴性的，也要做好跟踪管理。同时，规范院内消毒隔离、车辆转运、医疗废物和医疗污水处置，对发现的问题和风险点限时整改，坚决严防院感。

（二）要从严从紧推进常态化疫情防控

要科学精准抓好常态化疫情防控，坚决克服麻痹思想、厌战情绪、侥幸心理、松劲心态，严格按照新出台的《新型冠状病毒肺炎防控方案》（第九版）要求，加快补短板、堵漏洞，全面抓好社会面防控，紧盯重点场所防控措施和重点行业主体责任落实，加强风险人员和重点场所排查管控，强化疫情监测预警，不断提高应急处置能力，努力以最小代价实现最大防控成效，把常态化疫情防控措施落实落细落到位，坚决守住不发生规模性反弹的底线。一是要强化流调溯源队伍的建设和学习培训。确保人员充足、业务精通、能力过硬，每县市不得少于30人。流调溯源组主要任务是疫情监测预警、公共场所监测、冷冻食品监测工作，开展风险研判，多部门联动，利用数字流行病学调查技术，对确诊病例、疑似病例、无症状感染者的行动轨迹进行追踪，对密切接触者、密切接触者的密切接触者进行追踪管理，落实管控措施，坚决防止疫情蔓延扩散，开展现场流行病学调查、网络直报，坚持人员、物品环境检测同步，核酸、抗体检测同步，基因测序同步，全力查清每一起聚集性疫情源头和传播链条；根据流调分析结果等提出管控措施建议，科学分类、精准防控；组织开展多部门流行病学调查培训和演练；流调溯源组下设流行病学调查专家咨询组等。二是要备足备齐集中隔离观察场所。要坚决杜绝侥幸心理，坚持"宁可备而不用，不可用而不备"，严格按照国家和省级确定的标准储备集中隔离点和隔离房间。在确保底线任务的基础上，能随时拿出更多符合标准的隔离点和隔离房间，并加强全州统筹和区域协同，在全州范围内分片区统筹安排、合理调配使用。同时，按照"一场所一方案"原则，成建制配备专班人员并做好培训，确保随时能投入战斗。三是要建设储备充足的医疗救治场所。按照省级统一安排部署，结合实际合理布局定点救治医院及亚（准）定点救治医院、后备医院和方舱医院，并储备足够的医疗救治床位。要加强后备治疗医院的能力建设,抓实医疗救治团队的组建和设施设备的配备工作,全面提升医疗救治能力。务必具备24小时内本地区全员核酸检测能力,坚决避免突发疫情时手忙脚乱。要督促各级各类医疗机构严格落实预检分诊和首诊责任制,按照"三区两通道"规范设置发热门诊,不符合规范的发热门诊要及时进行整改。四是要严格落实重点区域、重点场所疫情防控措施。高标准做好学校疫情防控工作,督促指导商场超市、养老院、监所、车站、旅游景区等重点场所,严格落实戴口罩、常消毒、扫码通行、体温检测、清洁消毒等防疫措施,严防聚集性疫情发生。同时,要做好预案和充足准备,预案不能停留在纸上、当摆设,要强化日常演练,在推演中查找漏洞、短板,确保一旦发生疫情,能够有序、有效、有力处置。要压实乡镇(街道)党委政府责任、村(社区)责任以及村小组、片区、楼宇、单元等的责任,把网格化管理落实落细,开展"敲门行动",做到底数清、情况明。五是要持续动态优化各项防控措施。深刻、完整、全面认识党中央确定的疫情防控方针政策,对照国家统一疫情防控政策和"九不准"要求,在毫不动摇地坚持"外防输入、内防反弹"总策略和"动态清零"总方针的前提下,更加高效统筹疫情防控和经济社会发展,进一步提高防控措施的科学性、精准性、针对性,有序恢复开放经营类、生活服务类场所,指导公共场所有序开放,推进复商复市复学,全面畅通物流、人流,推动企业稳定运行,做好民生保障工作,着力巩固经济企稳回升向好势头。

(三)外防输入要做到严防死守

当前疫情形势异常复杂严峻,要时刻绷紧疫情防控这根弦,把守好国门、防住疫情放在压倒一切的位置,坚决打赢打好"外防输入"阻击战。要坚决做好境外入州人员管控,严格落实"五个管住"措施,严厉打击非法出入境行为,加强立体化防控体系建设,严格落实入境人员相关管理要求,堵住所有可能引起疫情传播的漏洞。要全面加强返乡人员排查管理,建立各级领导干部分片包干机制,对不同风险程度的返乡人员实施分类精准管理,全面发动群众共同防控,做到底数清、情况明、可管控。要扎实做好应急处置准备工作,所有县市做好隔离医学观察场所检查与准备,提升核酸检测能力,做好其他应急物资储备,要做好封闭管理的准备,确保一旦有事,快速响应、各就其位。一是要坚决落实"五级书记抓边防"责任。尽最大努力将疫情"防在境外、隔在境外",坚决守住外防输入的防线,要划定抵边疫情防控缓冲区,实行闭环管理,坚决避免因为漏检而发生疫情或者疫情反复。

二是要强化口岸闭环管理。加大跨境运输和入境货物检验力度,对跨境货车司机及重点风险岗位人员落实全流程、全要素闭环管理,确保空间分区、人员分类互不交叉。按照不同分类标准实施核酸检测策略,对跨境代驾、装卸工、国内段驾驶员等高风险重点人群,要严格落实制度性核酸检测要求和个人防护措施。三是要加强入境人员和口岸管理。严打境内外组织、运送、引带团伙,堵住偷渡走私非法入境输入疫情漏洞,严防疫情境外输入。公安、边防等相关部门要统筹抓好疫情防控和社会面管控,严格排查"三非"人员,打击违法犯罪,坚决维护社会安全稳定大局。四是要高度重视国内其他地方疫情输入。严格落实从国内中高风险地区返回人员的管控要求,对区域协查专班推送的信息,做到人数清、人头清、位置清、管控清"四清",把风险人员在社会面停留的时间缩到最短,接触面减到最小。五是要因时因势、动态调整防控措施。根据进口冷链食品、常温货物等不同种类特点,采取差异化、精准化防疫措施,不搞粗放式、过度性、不计成本的无效管控,抓紧推进防疫关口前移工作,持续优化口岸营商环境,加强口岸通关能力建设,压缩通关时效,降低物流成本、通关成本,统筹推进通关便利化。

(四)"四方责任"要压紧压实

要增强大局意识和底线思维,压紧压实疫情防控属地、行业主管部门、专业单位、个人"四方责任",各负其责、守土有责、守土尽责,抓紧抓实抓细各项防控工作。一是要落实属地责任。主要领导要靠前指挥,分管领导要分兵把守,加强对本地区疫情防控工作的督促检查,督促基层一线党员干部把防控措施落实落细落到位,切实做到守土有责、守土负责、守土尽责。基层党组织要充分发动群众、组织群众,让群众行动起来。二是要落实"谁主管谁负责,管行业就要管防控"的要求。持续加强对农贸市场、交通快递、餐饮娱乐、宾馆酒店、文化旅游、商贸流通、冷链物流等行业领域防控工作的监管,确保防控责任到人到岗,精细做好各项工作,绝不能推诿扯皮、贻误战机。要加强各类场所的"场所码"扫码查验工作,切实做到逢人必验,不漏一人,确保人员安全有序流动和轨迹有效追踪。三是要落实主体责任。强化工作场所防控,加强干部职工健康监测,对闭环人员的管理绝不能出现漏洞。要统筹做好信息发布和宣传引导,及时向社会通报疫情态势和防控工作进展,主动回应社会关切,引导群众做好个人防护,支持、协助、配合防控工作,科学佩戴口罩,保持个人卫生,减少聚集,主动接种疫苗。四是要落实好防护责任。严格遵守疫情防控各项要求,加强对《新型冠状病毒肺炎防控方案》（第九版）等文件的学习，自觉落实戴口罩、勤洗手、不聚集等要求，加强自我健康监测，配合卫健、社区等部门开展防控工作。特别是各级领导干部、医护人员、执勤值守人员、志愿者等要全力做好个人防护工作，决不能"保护者"成为传染源。对个别群众出现拒不戴口罩等行为，要及时提醒、勇敢制止。有关部门要加强监督，对违反疫情防控要求的，依法依规进行处置，同时注意工作方式方法，防止发生极端事件。

疫情防控形势严峻，推动发展时不我待。要深入学习贯彻习近平总书记关于疫情防控工作的重要指示批示精神，坚决落实省委书记王宁在红河州调研时的讲话精神，担当实干、攻坚克难、争先跨越，以最严标准、最硬措施、最实作风统筹推进各项工作，牢固树立高效率意识，确保常态化疫情防控和经济社会发展两手抓、两见效。

专题报告

有机融合生态文明建设
强化民族团结进步示范区建设绿色底蕴

曹津永　刘镜净

云南省第十一次党代会提出的5年工作总体思路中，强调要全面落实党中央把握新发展阶段、贯彻新发展理念、构建新发展格局、推动高质量发展、促进共同富裕的部署和要求，坚持稳中求进工作总基调，以高质量跨越式发展为主题，以深化供给侧结构性改革为主线，以改革创新为根本动力，以满足人民日益增长的美好生活需要为根本目的，统筹疫情防控和经济社会发展，统筹发展和安全，不断巩固夯实全面建成小康社会的成果，推进边疆民族地区治理体系和治理能力现代化，致力于建设我国民族团结进步示范区、生态文明建设排头兵、面向南亚东南亚辐射中心，奋力谱写好中国梦的云南篇章。在明确主要奋斗目标时，又提出"民族团结进步示范区建设更深入""生态文明建设排头兵成效更显著""面向南亚东南亚辐射中心地位更加突显"。深入学习和贯彻落实省第十一次党代会精神，应该充分认识到，基于云南省区域的整体性，习近平总书记考察云南提出的建设民族团结进步示范区、生态文明建设排头兵、面向南亚东南亚辐射中心这"三个定位"是一体的，是紧密关联、不可或缺的关系。统合形成"三个定位"有机联动、协同发展的新格局，是破解新时代云南高质量发展的关键钥匙。而在云南高质量跨越式发展的谋划中，以民族工作高质量发展推动各民族铸牢中华民族共同体意识是极为重要的组成部分。在新征程上推动云南民族工作高质量发展的新构思和新认识中，应该着力以绿色化推动民族团结进步示范区建设迈上新台阶。

一、以绿色化推动云南民族团结进步示范区建设

从全国的民族团结进步创建工作来看，各个省市多采用互包互容的思路，把生态文明建设作为民族团结进步示范创建工作中的重要组成部分，但在生态文明建设行动中，与民族团结进步示范创建有机结合的桥梁和机制尚未形成。从云南省不同区域基层的实践来看，各级政府在不同的层面上，就生态文明建设为引领，都涉及了生态文明建设与民族团结进步示范创建相结合的内容和项目，但总体上仍未做到有机融合。在基层示范创建工作中，生态文明建设的核心在于环境治理和绿色发展，而民族团结进步示范创建则往往作为单项的民族工作，二者分属不同的机构负责，建设的资金支持来源和工作重点以及工作推进的方式和路径都存在差异。民族团结进步示范创建与生态文明建设相互剥离的现象仍然较为普遍。

党的十九大将坚持人与自然和谐共生作为新时代坚持和发展中国特色社会主义的基本方略之一，将建设美丽中国作为建设社会主义现代化强国的目标。坚持生态文明建设的战略引领，是云南建设民族团结进步示范区必须坚持的重要原则。推进生态文明建设是云南建设民族团结进步示范区的重要内容。绿色是云南高质量发展的底色，也是云南民族团结进步示范区建设区别于其他省区的重要特征。以生态文明建设为引领，强化云南民族团结进步示范区建设的绿色底蕴，是云南贯彻落实习近平总书记为云南提出的"三个定位"之整合发展的内在逻辑要求。云南有基础、有条件、有实力在"有机融合生态文明建设"、创新民族团结进步示范区建设方面做出新的全国性的示范。

二、在生态资源的共享共治中推进民族团结进步示范创建

各民族共享、共用的生态资源是各民族生存发展的物质保证。生态资源的共享、共用和共治，不仅是生态文明建设的核心，而且是民族团结进步示范创建的重点。小区域内，以生态共同体建设推进民族团结进步示范创建；就整个国家来看，生态命运共同体的建设，促进了中华民族共同体的形成，成为铸牢中华民族共同体意识的生态基础和生态连接。元阳的哈尼梯田是以生态资源多民族共享、共建、共用为核心的推进民族团结进步的典范，不仅是"绿水青山就是金山银山"实践创新基地，而且是"民族团结进步示范创建"绿色实践基地。在云南省域范围内，类似的案例随处可见，多民族"聚

湖而居""聚谷而居",共享江湖、共享大地、共享森林。应该大力在全省范围内进行以多民族生态资源共享共用推进铸牢中华民族共同体意识的样板工程建设,打造多个生态文明建设有机融合于民族团结示范创建的实践创新基地,在全省乃至全国引领新的民族团结进步示范创建路径,形成新的示范创建模式。

三、依托绿色产业促进各民族交往交流交融

绿色产业是民族地区巩固拓展脱贫攻坚成果,实现与乡村振兴衔接转化的核心支撑。由于我国边疆民族地区多区集于一体的特点,绿色产业是民族地区最具优势的产业,在民族地区脱贫攻坚和乡村振兴的有效衔接中处于主导地位。发展绿色产业是产业生态化和生态产业化的重要结合点,也是生态文明建设有机融合助推民族团结进步示范创建的重要抓手,是生态文明建设带动城乡联合发展的有效途径。

开远黑泥地社区绿色花卉发展的经验表明,生态、绿色产业的发展是民族地区乡村振兴的重要内容。要深化绿色发展实践创新,完善推动绿色发展的体制机制。实施生态富民行动,建立生态产品价值实现机制,畅通"绿水青山"向"金山银山"转换的通道。推动生态环境保护产业与5G、人工智能、区块链等高新技术产业融合,加快形成新业态、新动能,拉动绿色新基建。培育和弘扬生态文化,推动形成节约、绿色、低碳的生产方式。大力引导资金、土地等要素向绿色环保产业及战略性新兴产业聚集。以资源承载力和环境容量为基础,推行绿色种养、生态循环等绿色生产方式,发展资源节约型、环境友好型农业,促进资源永续利用、生产生态协调发展。以乡村特色资源为根基,因地制宜发展特色产业,将资源优势转化为产业优势,深入推进农村产业体系化发展。发展绿色产业是各民族共同繁荣发展的重要支撑。要以绿色产业的持续发展为载体和平台,创新方法和途径,推动各民族相互嵌入式融合发展,大力促进各民族交往交流交融,铸牢中华民族共同体意识。

四、共建美丽家园助推各民族铸牢中华民族共同体意识

乡村人居环境整治的核心在于共建美好的生活家园。多民族共建美丽家园是基层生态文明建设有机融合于民族团结进步示范创建的有效载体。相较于绿色产业打造和生态资源共享共治,美丽人居环境的整治与普通群众的日常生活更为贴近，对规范生产生活秩序，营造生态宜居、文明卫生、治理有效、留住乡愁的人居环境极为重要，是各民族日常生活的重要组成部分，在多民族杂居的村寨、社区、乡镇以及移民搬迁社区中尤为典型。

以乡村美丽人居环境的建设，推动少数民族社区和家庭的互嵌式融合发展。制定和完善乡村人居环境整治规划，纳入乡村振兴事业中，进行评比和激励。以人居环境的打扫和整治，推动形成各民族交往交流交融的常态化机制，借此形成生态文明建设与民族团结进步示范创建合力推进乡村振兴的探和经验，并进一步打造成典范。

以乡村美丽人居环境的建设，推动生态移民社区和村寨重构各民族交往交流交融、互利合作、睦邻友好的新型社会关系网络。在少数民族群众的日常生活中，践行"三个离不开"，以"中华民族一家亲"的生动实践推动铸牢中华民族共同体意识全方位、纵深化发展。

（本文刊发于 2022 年 3 月 30 日《云南日报》）

百年锡都"工匠精神"闪耀着党的光辉

胡庆忠

"上面千条线,下面一根针。"县一级处在承上启下的关键环节,是发展经济、保障民生、维护稳定、促进国家长治久安的重要基础。习近平总书记强调,高质量发展是"十四五"乃至更长时期我国经济社会发展的主题,关系我国社会主义现代化建设全局。"高质量发展不只是一个经济要求,而是对经济社会发展方方面面的总要求;不是只对经济发达地区的要求,而是所有地区发展都必须贯彻的要求;不是一时一事的要求,而是必须长期坚持的要求。"因此,全面认清进入新发展阶段的时代方位,牢牢把握贯彻新发展理念的指导原则,积极探索服务构建新发展格局的有效路径,实现高质量发展的目标,关键在于县域。其中,百年锡都——个旧市作为资源枯竭型城市从"悬崖"爬到"平地",再从"平地"攀登"高峰"的"工匠精神""开拓精神""创新精神"闪耀着党的光辉,值得全省关注和学习。

个旧市被誉为"世界锡都",是我国重要的以锡为主的有色金属老工业基地,也是我国首批资源枯竭型城市经济转型试点市。党的十八大以来,个旧市委、市政府团结带领广大党员干部群众,坚决贯彻落实国家、省、州的决策部署,胸怀"两个大局",统筹"两个大局",牢固树立"抓创新就是抓发展、谋创新就是谋未来"的理念,在"老树"发"新芽"上下功夫,在"资源枯竭"变"材料新生"上下功夫,在"个旧"变"全新"上下功夫,依靠创新、依靠科技、依靠人才、依靠工匠精神,聚力打造"百年锡都"。

特别是,个旧市在"传统有色金属产业链强链补链延链"和"有色金属、稀贵金属为主的新材料产业"两个方向上推动"存量变革"和"增量崛起",促进创新发展、绿色发展,加快构建实体经济、科技创新、现代金融、人力资源"1+3"四位协调、同步、融合、互动发展的现代产业体系。

2020年，个旧市工业经济体量和有色金属经济体量均保持全州第一位，地区生产总值为339.1亿元，同比增长6.6%，分别高于全国、全省、全州平均水平4.3、2.6和1.4个百分点；2016年至2019年连续4年入围全省县域经济10强县，2019年排名第三，是云南省3个资源枯竭型城市中唯一连续4年进入10强县行列的县市。2021年上半年，全市地区生产总值增速位居全州第一，城镇常住居民人均可支配收入增速位居全州第一，实现了资源枯竭型城市的高质量跨越式发展，焕发出勃勃生机，进一步诠释了实体经济是发展的主体基础，科技创新是引领发展的第一动力，人力资源是发展的第一资源。

为认真贯彻落实党的十九届历次全会精神和省第十一次党代会精神，省社科院组织开展专家走基层活动，以红河州打造"三个示范区"为主题进行了系统调研，经反复对比分析，一致认为："个旧创新举措""个旧创新成效"和"个旧创新经验"所凝结的"个旧创新精神"，也就是百年锡都"以人为本、崇尚科技、注重长远、精益求精"的工匠精神，既是个旧转型发展的动力源泉，又是个旧转型成功的根本因素，也是个旧高质量发展的重要基础，更是个旧未来稳步提升综合竞争力的核心优势，闪耀着党的光辉，树立了云南省创新驱动县域经济高质量发展的榜样。

一、"个旧创新"采取的举措

个旧锡业开发是国家第一个五年计划156个重点项目之一，直接缴纳国家财税超过百亿元，为国家建设和边疆稳定做出了巨大的贡献。但是，作为典型的资源型地区，个旧市长期依靠资源的高投入、高消耗拉动经济发展，随着锡矿等有色金属矿产资源的逐步枯竭，资源约束紧张、生态功能退化、环境承载力降低、经济社会矛盾突显、技术和制度保守落后等发展不协调、不可持续问题日益突出。2007年国务院批准将个旧市纳入首批资源枯竭型城市转型试点，实施专项转移支付政策，极大地促进了个旧市经济社会转型发展。时至今日，个旧市通过高位推动、优势再造、科技领先等举措，实现了凤凰涅槃、破茧成蝶、华丽转身。

（一）高位推动，负重攀爬

按照《个旧市转型方案》《转型规划》，个旧市委、市政府把有色金属产业由资源导向型向市场导向型、开放导向型和科技导向型转变作为战略方向，高位推进战略转型，通过结构调整建立新型产业格局，打破了资源依赖的路径，解决了产业结构单一等突出问题，经济社会可持续发展能力显著增强。

(二)优势再造,阔步前行

个旧市委、市政府致力于有色金属产业链强链、补链、延链和打造有色金属、稀贵金属为主的新材料产业,优势再造,实现转型振兴,综合实力跃居全省县市前列。"十三五"以来,个旧市连续进入了全省113个县(市)县域经济发展"10强县"。多项经济指标水平高于全省、全国水平。

(三)科技领先,蝶变起飞

电子信息产业增加值占规模以上工业增加值的比重逐年上升,由2016年的0.6%增加到2020年的12.9%,拉动规模以上工业增加值增长由2016年的0.7个百分点提升到2020年的4.9个百分点,贡献率由2016年的4.8%提升到2020年的30.8%,发展成为拉动经济增长的主要动力,贡献率达14%。

二、"个旧创新"取得的成效

"十三五"期间,个旧市工业总产值由2016年的270.32亿元增加到2020年的406亿元,年均增长9.0%,其中,规模以上工业总产值由249.39亿元增加到约380.64亿元,年均增长9.4%。工业增加值对GDP的贡献率由2016年的49.4%提高到2020的年85.5%,提高了36.1个百分点,对GDP增长贡献率最大。个旧市工业总量占全州工业经济的比重为20.4%,除烟草以外,个旧市工业经济体量和有色金属经济体量仍居全州第一位。"个旧速度"不再是"黑、大、粗"的代名词,而是"1+3"的现代产业。

(一)有色金属产业上云、用数、赋智引领发展

云铝润鑫智慧工厂和云锡冶炼数字工厂建设引领全省,帮助企业实现了数字化管理、节能减排、降本增效,提高了生产效率和管控一体化水平,为全国电解铝行业和锡冶炼行业工业互联网网络化改造建设提供了借鉴和参考方案。云铝润鑫智慧工厂建设以生产可视化智能监控中心、生产智能过程控制中心和IT支持服务中心为基础,以标准管理体系和知识管理体系为支撑,搭建"三中心、两体系"智能制造总体架构,夯实了底层数据的自动采集能力,实现关键生产装备、仪表仪器、核心工艺数据传感器、生产控制系统和管理系统的互联互通。云锡冶炼数字工厂以锡冶炼生产过程的现实问题为导向,借助新一代信息技术,统一生产管理过程的数据源,对生产管理进行规范和优化,实现从原料选择、采购、进厂、计量、加工到出厂的全过程数字化管理。通过大数据、数字孪生和机器学习,云锡冶炼数字工厂实现了工艺参数精准控制、消除波动、持续改进、循环提升的目标。能源消耗优于国家

锡冶炼单位产品综合能耗先进值20%，能源利用率提高5%；各项环保指标远优于国家标准；备品备件库存降低30%；设备运行周期延长30%；主要设备开动率达98%；劳动生产率提高34%，是云南工业互联网和5G技术融合创新发展的典范。

（二）有色金属行业转型、提档、升级创新发展

个旧市始终坚持用先进技术改造提升传统产业，通过技术改造、企业搬迁等方式，推动重大项目建设。代表世界锡冶炼一流技术和装备水平的云锡锡冶炼退城入园搬迁改造项目稳定达产，一批资源综合回收利用项目建成投产。2016—2020年全市10种有色金属产量为356.11万吨，年均实现71.22万吨。虽然有色金属采选冶行业增加值占规模以上工业增加值的比重逐年降低，由2016年的78.1%降低为2020年的68.8%，但占比下降，规模不减，有色金属产量仍然稳定维持在70万吨以上，为下游产业发展提供了坚实基础。个旧通过资源综合利用副产金、银、铟等稀贵金属，形成了以锡产业、稀贵金属、铜铅锌铝有色金属冶炼及深加工等产业集群为支撑的现代工业体系。有色金属采选、冶炼、压延加工及相关配套行业对工业的贡献率最大，规模以上工业增加值的占比年均超过80%，2018年最高达96.6%，成为拉动工业经济增长的主要支柱。规模以上工业主营业务收入逐年上升，由2016年的236.34亿元增加到2020年的372.01亿元，利润总额从2016年亏损18.98亿元开始，逐年改善，2018年开始扭亏为盈，实现利润总额8.7亿元，2020年利润总额增长速度持续加快，实现利润总额12.68亿元。2020年个旧规模以上工业企业达91户，位列全州第一。全球精锡生产前10位的大型公司中，个旧市占了3席。

（三）有色金属产业延链、补链、强链协调发展

2016年以来，依托充足的有色金属原材料，个旧市工业产业链逐步向下游延伸，云铝润鑫开发了全套废槽衬无害化处置的新技术、新工艺及新装备，建成了5000吨/年铝电解废槽衬资源化综合利用关键技术研究及产业示范项目，云南华鼎科技研发试验基地、100万吨/年冶炼废渣资源化综合利用，云南戎电高性能靶材制备等项目开工建设，惠丰铜业年产4万吨铜杆、惠铜新材料年产1万吨高档电解铜箔等项目相继投产，惠铜新材料、锦海电器填补红河州电子信息制造业空白，2020年实现年产值41.13亿元。铅酸蓄电池发展势头迅猛，仅2020年实现产量41.45万千伏安时，同比增长211.4%，远超2016年全年4.9万千伏安时的5倍。2020年大宗工业固体废物综合利用率达到65.1%。

三、"个旧创新"获取的经验

个旧市今天取得的成就既离不开省委、省政府和州委、州政府的大力支持，也离不开个旧市委、市政府的坚强领导，更离不开42万"个旧人"的艰苦奋斗。在这三个"离不开"的基础上，个旧人民努力探索出了三大经验，开创了资源整合的"个旧经验"，实现了经济社会的高质量发展，成为云南省129个县（市、区）创新发展的一个典范。

（一）政企结合，职责与创新并举

个旧资源整合的最大特征是"双向划转、资源整合、培育龙头"。一是坚持政企职能相结合。根据矿产资源及开发综合状况，按照自然规律、经济规律、市场规则和社会发展规律的要求，实施国有资产整体划转、国有企业办社会职能分离划转。二是坚持统放发展相结合。以矿产资源保护与合理利用为原则，把矿产资源整合与区域经济社会发展相结合，把解决当前矿产资源开发秩序的"多、散、小、乱"与长远的矿产资源统一管理、统一规划、合理利用、保护环境、有效调控相结合，综合运用市场、法律、行政手段，在现有矿山企业间实施各种要素重组，实现矿业权的兼并和资源优化配置，实现资源"大一统"的开发格局，避免重复投资、重复建设，实现经济发展方式的转变。三是坚持大小优势相结合。在资源整合过程中，充分发挥大企业大集团的优势作用，对小矿小点实施整合，在此基础上，结合个旧矿区特点及企业生产经营情况，大胆推行承包制，即由国有矿山企业承包民营矿山企业，进一步提高矿产资源集中度，增强龙头企业的国际市场竞争力。

（二）内外结合，内强与外拓并举

围绕有色金属产业链，利用内外两种资源、两个市场，在延伸产业链长度和提升产业链层次两个方向发力。一是深化改革和技术创新相结合。通过资源整合、技术改造和上云、用数、赋能，全面提升有色金属产业。二是产业转型和扩大开放相结合。主动融入和服务国家"一带一路"发展建设，提高外向型经济发展的层次和水平。利用毗邻三个国家级平台（综合保税区、蒙自经济技术开发区、河口跨境经济合作区）的优势，主动承接东部沿海产业转移，积极引进电子信息、智能制造等产业，发展跨境贸易，打通国际市场通道，积极参与国际分工。三是主导产业和配套产业相结合。通过发展相关配套产业，既实现了本地传统产业的原料就地转化，也健全了企业"走出去""引进来"的体制机制,扩大了资源配置空间,提高了对矿产资源等上游产业的控制能力,增强了矿产资源保障水平。最终通过对产业空间布局的创新性构建,逐步破除"资源陷阱""资源依赖"在区域经济发展中的负面效应,转传统发展之"危"为现代发展之"机"。

(三)产城融合,双轮驱动发展

个旧市因锡而生、因锡而兴,城市建设始终与产业发展进程密不可分。一是城市转型带动产业转型。市委、市政府科学研判,因地制宜,立足于个旧城市化水平较高而产业发展层次较低的现状,通过城市转型来带动产业转型,通过加快城市基础设施建设来推动资源要素重组,以城市功能分区体现产业配套和差异化发展。二是产业发展带动城市发展。根据产业定位来打造城市片区布局,提升和彰显城市品位,两者的相互促进和融合,助推新一轮深层次、高质量的城市转型,激发内生发展动力,加快个旧转型步伐。

四、"个旧创新"凝结的精神

"个旧创新举措""个旧创新成效""个旧创新经验"所凝结的"个旧创新精神",也就是百年锡都的"工匠精神",处处闪耀着习近平新时代中国特色社会主义思想的光辉,是省委、省政府,州委、州政府,市委、市政府深入贯彻落实习近平两次考察云南重要讲话精神的重要成果。主要体现在四个方面:一是"以人为本"的精神;二是"崇尚科技"的精神;三是"注重长远"的精神;四是"精益求精"的精神。

(一)"以人为本"的精神

"以人为本"是党的根本宗旨,也是中华优秀传统文化中的一个核心理念,更是"个旧创新精神"的实质所在。十多年来,由于传统产业转型升级、产业结构调整、国有企业改革、中小企业破产等,近3万人下岗失业。个旧市积极开辟就业途径和增加公益岗位,累计投入资金7.5亿元,有效解决政策性破产企业人员、云锡集团公司退休人员、改制企业人员的养老保险及医疗保险经费问题,实现了"零就业家庭"的动态清零,保持了就业形势的基本稳定,城镇登记失业率常年控制在5%以内,解决了约8000户的住房困难问题,城镇居民基本养老保险参保率达到了100%;城镇居民基本医疗保险参保率提高到2020年的97.8%。个旧市委、市政府和云锡人贯彻了"始终坚持以人民为中心的发展思想"和"共建共享"的发展理念,闪耀着习近平新时代中国特色社会主义思想的光辉。

(二)"崇尚科技"的精神

云南百年锡业之所以能够成为百年老企,其根本原因在于云锡的冶炼技术始终走在世界前列并引领全球,云锡的精锡材料是世界锡材料质量的标杆和代名词,并且其产量占世界产量的三分之一,具有"牵一发而动全身"的世界影响力,具有世界锡材料的定价权和话语权。云锡集团在锡业原材料领域是妥妥的隐形冠军,是世界一流精锡材料企业。个旧铟矿资源丰富,但是,个旧引进的铟材料下游加工企业却不使用个旧的铟材料,其根本原因在于个旧铟材料质量标准达不到下游加工企业的要求,反映了个旧铟冶炼技术和工艺的落后。为此,打造铟基材料产业链,个旧市委、市政府正在招商引资,加快改造和全面提升铟材料冶炼技术和工艺。同样,中国半导体板焊锡受制于美国和日本;中国高铁发展受制于日本的"绝不松动螺母"、德国的"动力牵引系统"和"软件控制系统";中国计算机通信技术产业受制于"缺芯",美国卡住了芯片供应,中兴通信就要停产。个旧也好,红河也罢,云南也是,中国也同样,只有在"关键原材料、关键零部件、关键元器件和关键软件源代码系统"四个环节上锻造出自身的优势,牢牢把握主动权和控制权,才能实现"中国智造"。

(三)"注重长远"的精神

个旧人做事,不仅仅注重眼前利益,更为注重长远利益,这是锡都锻造的高尚品质。无论多大批量的生产,精锡材料产品质量的稳定性、一致性和可靠性都能够得到完全保证。这是由云锡人的原则所决定的,由云锡人的良知所决定的。再大的订单,也不能被眼前的利益所驱使,必须保质保量完成任务,绝不灵活变通,绝不突破规则,绝不和稀泥,绝不做"圆脑袋"。正如《汉书·刘向传》所云:"君子独处守正,不挠众枉。"坚守责任担当,坚守高尚良知,做到胸怀正气、行事正当,才能行稳致远,成就百年、千年基业。

(四)"精益求精"的精神

百年锡都"以人为本"的精神、"崇尚科技"的精神和"注重长远"的精神融为一体,表现为生活和工作中的态度和习惯,成就了个旧人"精益求精"的精神,成为个旧人一种根深蒂固的精神性要素和基因,也是百年锡都"工匠精神"的主线,更是个旧资源型城市转型成功的根本要素和动力源泉。没有"精益求精"的精神,就没有个旧丰富多彩、独具特色、精致别致的小吃;没有"精益求精"的精神,就没有个旧一城三个三甲医院;没有"精益求精"的精神，就没有个旧从"悬崖"爬到"平地"的勇气；没有"精益求精"的精神，更没有个旧再从"平地"攀登"高峰"的信心。"萤萤之光，可点通天之亮；星星之火，可成燎原之势"，熊熊烈火，可就涅槃之功。

综合上述，百年锡都"以人为本、崇尚科技、注重长远、精益求精"的"工匠精神"已经融入个旧人的血液里，已经渗透到个旧人的骨髓里，已经成为个旧人的基因特色，已经成为个旧人鲜明的个性特征。正是个旧人的百年坚守，成就了百年锡都；正是个旧人身上处处闪耀着这种"工匠精神"的光辉，使个旧历"旧"弥新，焕发高质量发展的青春。打造百年米线，需要个旧百年锡都的"工匠精神"；打造有色金属全产业链示范区，更需要个旧百年锡都的"工匠精神"；促进云南产业转型升级，特别需要个旧百年锡都的"工匠精神"；云南实现高质量跨越式发展，一定少不了个旧百年锡都的"工匠精神"。

只有将个旧锡都的"工匠精神"放在中国制造业转型升级的战略高度，放在中国制造业转型升级的痛点上，放在打造百年老店、千年老企业的动力源头上，才能擦亮百年锡都"工匠精神"的光环，才能焕发无比蓬勃的青春的气息，才能点燃云南涅槃重生的圣火。

（本文刊发于《社会主义论坛》2022年第2期）

云南推进民族团结进步示范区建设的几个着力点

刘镜净

云南是我国民族成分最多的省份之一,是中华民族大家庭的缩影。习近平总书记高度重视云南民族工作,多次做出重要指示批示,希望云南努力在建设我国民族团结进步示范区上不断取得新进展。推进新时代云南民族工作高质量发展,要完整、准确、全面把握和贯彻习近平总书记关于加强和改进民族工作的重要思想,准确把握新时代民族工作的历史方位、工作主线和时代特征,精心谋划工作思路、创新举措,提升民族事务治理体系和治理能力现代化水平,铸牢中华民族共同体意识,推动各民族共同走向社会主义现代化。

一、加快经济社会发展

云南民族地区发展相对滞后,脱贫只是第一步,更好的日子还在后头。要根据实际,以公平公正为原则,突出区域化和精准性,更多地针对特定地区、特殊问题、特别事项制定实施差别化支持政策。要统筹推进巩固拓展脱贫攻坚成果同乡村振兴有效衔接,支持民族自治地方、散杂居地区、高寒山区和人口较少民族聚居区加快发展,支持涉藏州县长治久安和高质量发展,以更加明确的目标、更加有力的举措、更加有效的行动,推动各民族共同走向社会主义现代化。

瞄准特殊地区和特殊群体。云南省26个国家级乡村振兴重点帮扶县、30个省级乡村振兴重点帮扶县,中缅、中越、中老边境地区以及乌蒙山云南片区、涉藏工作地区、滇桂黔石漠化云南片区等几个集中连片地区,是实现乡村振兴的"硬骨头"。直过民族、人口较少民族等,是消除绝对贫困后依然需要重点关注的人群。同时，还要关注因病致贫、因灾和市场行情变化返贫等群体。

持续改善民生。按照产业兴旺、生态宜居、乡风文明、治理有效、生活富裕的总要求，抓重点、补短板、强弱项，以"十百千万"示范工程、兴边富民工程、美丽乡村、沿边三年行动计划为抓手，支持资金和项目重点向发展相对落后的地区倾斜，着力提升民族地区基础设施建设和基本公共服务均等化水平。探索实施安居守边特殊政策，全面覆盖沿边乡镇和行政村。通过以点带面的扶持措施，推动民族地区全面发展。

增强发展动力。利用村级产业发展互助资金，充分发挥资金效益。探索部门间项目协作共建模式，加大统筹协调和资金整合力度，大力发展现代农业、旅游文化、民族医药等特色优势产业。贯彻落实好国家民贸民品优惠政策，继续实施好"十强百企"工程。加强少数民族特色村镇保护，推动文旅融合发展。高质量建设开发开放试验区、边境经济合作区、综合保税区，加快推进面向南亚东南亚辐射中心建设。

二、加强思想文化建设

中华民族共同体意识，是国家统一之基、民族团结之本、精神力量之魂。铸牢中华民族共同体意识是新时代民族工作的主线，是新时代党的民族工作的"纲"，所有工作要向此聚焦。在思想文化建设方面，要重点做好以下工作：

加强"四史""五观"常态化教育。要深入开展党史、新中国史、改革开放史、社会主义发展史宣传教育，引导各族群众牢固树立正确的国家观、历史观、民族观、文化观、宗教观，推进中华民族共有精神家园建设。

增强中华文化认同和文化自信。实施中华优秀传统文化传承发展工程、中华民族视觉形象工程，打造一批思想精深、艺术精湛、制作精良的文艺精品力作，重点扶持一批弘扬社会主义核心价值观和优秀传统文化的文艺作品，推动优秀民族民间文化传承保护、创新发展。要正确把握共同性与差异性的关系，坚守文化立场，增强文化自信，不断增强对伟大祖国、中华民族、中华文化、中国共产党、中国特色社会主义的认同。

认真做好推广普及国家通用语言文字工作。推广普及国家通用语言文字是铸牢中华民族共同体意识的重要途径，要切实加强义务教育阶段国家通用语言文字教育工作，让各族群众都有更多机会接受高质量的现代化教育，不断提升科学文化素质，和时代同进步，共享国家发展成果，共同走向现代化。

三、建立健全工作体系

建设我国民族团结进步示范区是以习近平同志为核心的党中央交给云南的重大政治任务，是推进云南民族团结进步事业、提升边疆民族地区治理能力的重要载体和手段，要不断建立健全工作体系。

完善政策体系。要推进民族事务治理体系和治理能力现代化，推动制度优势转化为治理效能。民族工作是全党、全社会共同的事，要推动形成党委统一领导、政府依法管理、统战部门牵头协调、民族工作部门履职尽责、各部门通力合作、全社会共同参与的新时代党的民族工作格局。要坚持规划先行，紧紧围绕铸牢中华民族共同体意识这条主线，加强调查研究，做好"十四五"期间示范区建设规划的编制工作。要大力推进兴边富民行动，实施乡村振兴战略，推动民族地区建立现代化经济体系，提出针对性、可操作性强的政策举措，切实增强规划的导向引领和约束作用。

健全评价体系。建立健全民族团结进步创建指标体系和示范区建设成效评价体系，切实做到两套考核评价体系指导思想一致、工作目标一致，将示范区任务实施完成情况纳入全省各级年度综合考核评价，纳入各级领导班子和领导干部年度综合考核内容，确保指标设置科学、评价方法科学、结果运用科学。

建立项目体系。整合民族工作专项和各级示范区建设相关项目，建设示范区项目体系，支撑示范区建设。要在项目规划上下功夫，更加注重项目设置的科学性和计划性；要在项目的受益对象上下功夫，更加注重解决发展不平衡、不充分问题；要在整合项目的能力上下功夫，加大民族地区基础设施、基本公共服务体系、社会民生、产业发展四个方面的项目整合；要在项目的绩效评估上下功夫，更加注重资金的使用效益。

建立品牌体系。云南作为先试先行的示范区，要在铸牢中华民族共同体意识方面起到示范引领作用，探索总结可复制、可推广的经验。要用更高的站位、更宽的视野来审视云南民族工作，总结云南经验、云南成就，建设示范区工作品牌体系。

四、提升民族事务治理能力

民族事务治理是国家治理体系的重要内容。云南是边疆民族地区，在维护民族团结和边疆安宁上担负着重大责任。要见微知著，增强忧患意识，提高战略思维，有效防范民族工作领域的各种风险隐患，不断增强边疆民族地区治理能力。

提升民族事务治理法治化水平。要紧扣铸牢中华民族共同体意识这条主线，主动作为，加强部门协调沟通，组织力量做好相关法律法规及规范性文件的完善和修订，健全新时代民族工作法律法规体系，推动形成各族干部群众尊法、学法、守法、用法的良好法治环境。

做好少数民族流动人口服务管理工作。统筹城乡建设布局规划和公共服务资源配置，完善政策举措，营造环境氛围，逐步实现各民族在空间、文化、经济、社会、心理等方面的全方位嵌入。推动建立相互嵌入式的社会结构和社区环境，提升新时代城市民族工作能力和水平，让城市成为铸牢中华民族共同体意识的广阔平台，让各族群众共享发展成果、共建美好家园。

健全维护团结稳定长效机制。持续深化民族团结进步创建工作，着力深化内涵、丰富形式、创新方法，着力打造创建工作升级版。建立横向到边、纵向到底的民族团结目标管理责任制，加强互联网舆情监管，妥善处理涉民族因素矛盾纠纷。

着力维护意识形态安全。要积极稳妥处理涉民族因素的意识形态问题，持续肃清民族分裂、宗教极端思想流毒。坚持守土有责、守土尽责，准确把握和研判民族工作面临的复杂环境，严格落实意识形态工作责任制，坚决守住意识形态阵地。

（本文刊发于 2022 年 7 月 5 日《中国民族报》理论版）

协同"三维一体"推动云南高质量跨越式发展

曹津永　王贤全

省第十一次党代会明确提出：完整、准确、全面贯彻新发展理念，把握好云南在服务和融入新发展格局中面临的新机遇、新优势，在推动高质量跨越式发展上闯出新路子。在习近平新时代中国特色社会主义现代化建设进程中，努力推动建设我国生态文明排头兵、民族团结进步示范区和面向南亚东南亚的辐射中心三大战略定位联动形成"三维一体"协同发展的新格局，是推动云南高质量跨越式发展的题中之义。

一、"三维一体"是全面贯彻落实习近平总书记考察云南重要讲话精神的内在逻辑

习近平总书记高度重视云南发展，心系边疆各族人民。近年来，曾两次亲临云南考察指导、三次给云南干部群众回信，对云南工作做出一系列重要指示批示，为云南发展擘画蓝图、指引方向。提出"一个跨越""三个定位""五个着力"重要要求，概括云南在全国发展大局中的"四个突出特点"，强调四个方面重点工作，要求云南主动服务和融入国家发展战略，努力在建设我国民族团结进步示范区、生态文明建设排头兵、面向南亚东南亚辐射中心上不断取得新进展，谱写好中国梦的云南篇章。这些重要指示要求，系统构成了云南发展的总遵循、总纲领、总指针。

习近平总书记对云南的三大战略定位是在正确认识云南省情基础上，对云南新发展方向的精确研判和精准定位，也是党和国家在全国一盘棋的发展格局中对云南的定位和期盼。云南自然环境良好，生态禀赋优渥，生态文

化丰富，生态地位极为重要。在西南生态安全屏障建设、生物多样性保护、九大高原湖泊治理修复等生态文明建设实践中成效显著，正努力朝着我国生态文明建设排头兵的战略定位稳步迈进；云南民族团结进步事业历久弥新，从中华人民共和国成立初期民族团结誓词碑的铮铮誓言到全国民族团结进步示范区创建的持续推进，在中国共产党的领导下，云岭各族儿女闯出了一条"同心向党，和美与共，不断铸牢中华民族共同体意识"的云南道路；云南区位优势独特，与南亚东南亚国家之间的经贸往来和文化交流源远流长，我国面向南亚东南亚辐射中心的独特地位和优势正焕发光彩。三大战略定位紧密联系，互为支撑，不可或缺，共成一体。这是在云南波澜壮阔的历史发展过程中形成的历史必然，也是云岭各族儿女在中国共产党的领导下，在社会主义现代化建设中，团结一心，劈波斩浪，一心一意谋发展的生动实践。深入贯彻落实习近平总书记考察云南重要讲话精神，就是要深入理解三大战略定位之间"一体三面"的内在逻辑，深入理解三大战略定位互为支撑、共成一体的本质特征。

二、"三维一体"是破解云南高质量跨越式发展的关键钥匙

新时代，要求云南要有新担当和新作为。今后五年，云南要全面落实党中央把握新发展阶段、贯彻新发展理念、构建新发展格局、推动高质量发展、促进共同富裕的部署和要求，坚持稳中求进工作总基调，以高质量跨越式发展为主题，以深化供给侧结构性改革为主线，以改革创新为根本动力，以满足人民日益增长的美好生活需要为根本目的，统筹疫情防控和经济社会发展，统筹发展和安全，不断巩固夯实全面建成小康社会成果，推进边疆民族地区治理体系和治理能力现代化，致力于建设我国民族团结进步示范区、生态文明建设排头兵、面向南亚东南亚辐射中心，奋力谱写好中国梦的云南篇章。

要实现云南的高质量跨越式发展，必须驰而不息加强生态文明建设的战略定力与引领能力，处理好发展与保护的关系，在环境效益、经济效益、社会效益等多重目标中寻求动态平衡，以生态环境高水平保护推动经济社会高质量发展。同时，也必须处理好新时代的民族团结问题和对外开放问题，在国家对外开放新格局中，在生态文明排头兵建设中协同推进民族团结进步示范建设。云南的高质量发展必然是民族的，又是绿色的，还是开放的；云南的对外开放必然是民族的，也是绿色的；云南的民族团结进步事业必然以

绿色作为底色和成色。必须破除三大战略定位各自为政的发展思路和发展格局，强化联动机制，推动形成"三维一体"协同发展新格局。这也是破解新时代云南高质量跨越式发展的关键钥匙。

三、构建新思路，形成"三维一体"协同发展新格局

"三维一体"协同发展，要求我们在思想层面要形成新认识、达成新共识，在高质量跨越式发展中要构建新思路，闯出新路子。在生态文明排头兵建设中，必须突出民族特色，强化民族生态文化和生态智慧为创新的动力和源泉，同时还要强化生态文明建设的辐射性，在构建中国与南亚东南亚生态共同体从而促进人与自然生命共同体建设中做出云南贡献；在主动服务和融入国家对外开放战略中，要充分发挥云南独特的民族经济、绿色经济优势，助力云南对外经济迈上新台阶。同时，一方面，必须充分发挥各民族在稳边固边中的重要作用，筑牢边境安全防线。另一方面，要加强国际合作，全方位立体化防范生物入侵，筑牢西南生态安全屏障，守好国家生物安全的西南门户；在民族团结进步示范区建设中，要强化对外开放的带动作用，增强少数民族和民族地区跨越式发展的动力。还要强化生态文明建设的引领作用，有机融合生态文明建设，增强绿色底色，筑牢基础、增强实力，创新民族团结进步示范区建设，在绿色生态创建方面在全国做出新的示范。

"三维一体"协同发展，还要求我们必须强化联动机制。要以创新性思维，打破旧有藩篱，破除思维壁障。统筹布局，积极探索创新以生态文明建设引领高质量跨越式发展的工作机制，促进三大战略定位的有机融合。把生态文明建设摆到更加突出的战略引领地位，发挥生态环境保护的倒逼、引导、优化和促进作用，加快形成绿色发展方式和生活方式。首先在三大战略定位的边缘和重叠部分着力，分阶段分步骤系统谋划推进。最终形成协同"三维一体"发展新格局，不断推动云南高质量跨越式发展，一步一个脚印把习近平总书记为云南擘画的美好蓝图变为现实。牢记总书记的嘱托和人民的期盼，交出一份高质量发展的优异答卷，让党中央放心，让人民满意。

（本文刊发于 2022 年 1 月 19 日《云南日报》）

发挥区位优势，助推云南电子产业"走出去"对策建议

蒋昂妤

中国已经成为全球电子产业的主要生产地，云南区位优势明显，南亚东南亚国家通信网络、电力等基础设施正在快速改善，电子产业的市场规模不断增长，市场需求集中在满足基本功能、价格低廉的消费电子产品上。几十年来，欧美公司将大量商品的制造外包给中国，从纺织品和药品到电子元件和计算机。工业4.0将使制造设施自动化，5G的实施将使这些技术所需的实时通信成为可能，因此高水平的集成伴随3D、系统级封装技术（SiP）和半导体封装技术而来。全球电子供应链依赖于一个控制关键材料、制造工艺和知识产权的国家。随着中国进入互联技术（包括自动化、物联网、工业4.0和5G网络）将深刻塑造世界的十年，中国电子产业国际化已成为当务之急。

一、全球化市场下中国电子产业发展现状

2016年以来，不少国家电子产业市场的逐步回升以及新兴经济体市场的快速增长为全球电子信息产业的持续发展奠定了基础。尤其是到2020年，全球在线交流的浪潮迅猛而来，笔记本、平板、手机等电子信息制造业终端产品的市场跟着水涨船高，全产业链上下一片沸腾。但就目前来看，全球各大电子信息制造强国都或多或少地遇到点波折，中国电子产业依然保持稳定增幅。2021年，全国规模以上电子信息制造业增加值比上年增长15.7%，增速创下近10年新高，较上年加快8.0个百分点；增速比同期规模以上工业增加值增速高6.1个百分点，差距较2020年有所扩大；两年平均增长11.6%，比工业增加值两年平均增速高5.5个百分点，对工业生产拉动作用明显。

（一）中国依然是电子产品生产材料和组装地领先国

中国依然主导着用于移动电子产品和汽车电池的战略稀土材料，已成为电动汽车和太阳能电池板技术的世界领先者，许多行业标准产品在中国制造和组装，亚洲半导体原始设备制造商正在走向无晶圆厂（将生产外包），几乎所有的PCB、X86服务器和数据通信设备都在亚洲制造，电路板组装设备以中国为中心，不利于北美或欧洲的任何大批量组装，中国组装中心与所有供应商的本地供应站和工厂交织在一起，包括连接器和电缆组件。

（二）部分跨国公司正试图从中国去杠杆化

亚马逊、苹果、戴尔、谷歌、惠普和IBM都在悄悄地探索其他场所来制造他们的产品。越南、印度、东欧、中美洲和南美洲等国家和地区正在提高他们的制造能力，并且一些高价商品正在北美制造。现在外包给中国的产品中有多达三分之一可以转移到其他地方，如果当前疫情恶化，可能会导致更多的产业转移，也会造成电子元件供应商进退两难。外国电子产业品牌商的制造环节将从中国转移出去，更大的经济危机正在逼近。

二、云南电子产业亮点纷呈

中越、中老、中缅国际通道高速公路境内段已经全面建成通车，中越铁路境内段建成通车，中老铁路全线通车，中缅铁路境内段加快建设，与南亚、东南亚国家的通航点数居全国前列。澜沧江、湄公河国际航运通道实现了集装箱运输零的突破。中缅、中老光纤传输设施投入使用，国际通信服务覆盖周边8个国家，与越南、老挝、缅甸实现了局部电力联网，中缅油气管道建成使用。《区域全面经济伙伴关系协定》（RCEP）签署及生效后，云南与RCEP成员国，尤其是东盟各国在互联互通、农业生产、国际产能、服务贸易、数字经济、绿色发展和跨境旅游等方面，将迎来巨大的发展机遇。

（一）电子产业出口规模扩大

2021年，全省电子信息设备制造业实现营业收入1045亿元。云南省电子信息设备制造业发展规模快速增长，在全国的地位不断上升。"十三五"以来，全省电子信息设备制造业营业收入年均增速超过40%。行业出口不断扩大，经济效益显著提升，投资逐年增长，研发投入不断增加。2021年，全省电子信息设备制造业产值达1082.4亿元，实现营业收入1045亿元，同比增长88%，比2020年的555.9亿元增长489.1亿元，在全国排第20位，比2020年位次上升1位；在西部12省份排第5位。全行业出口交货值同比增长76.8%。全行业工业增加值增长45.3%；从业人员3.4万人，同比增长3.2%。全行业投资同比增长39.1%，占全省工业投资的3%。研发投入同比增长144.6%。

（二）光学光电子制造业重点企业高质量发展

创视界光电科技8英寸OLED微型显示器已规模化生产，戈电靶材公司ITO、AZO靶材量产，锦鼎光电（显示屏偏光片）为华为等大型企业的供应商；蓝晶科技（LED半导体照明衬底片）、奥雷德光电股份（OLED微型显示器）、云南锗业（锗单晶片）成为国家级制造业单项冠军企业。

（三）光伏产业规模持续扩大

2021年，全省光伏产业总产值占电子信息设备制造业全行业总产值的近50%。截至目前，共有保山隆基、丽江隆基、华坪隆基、曲靖晶龙、曲靖阳光5家企业进入工信部"符合光伏制造行业规范条件"公告企业名单。智能终端设备制造大幅增长。以昆明闻泰为代表的电脑、手机、彩电等智能终端设备制造业发展迅猛，智能终端设备制造产值达350多亿元。电子材料行业保持快速发展。集成电路材料生产替代进口，电子浆料和元器件生产快速增长，锂离子电池材料生产增速达到535.4%。

三、云南电子产业"走出去"对策建议

云南省电子产业仍然面临现有消费电子产品不完备、消费电子的零部件配套缺失较多、产业的市场空间并未打开，周边国家市场离散，各个主权国家国情、营商环境差别大，投资风险较大等问题，为做大做强消费电子产业集群，探索龙头企业"走出去"的新路径，打开南亚东南亚国家的消费电子市场空间，提出如下建议：

（一）构建网络合作平台

利用组装基地的本地生产和交付优势，发展本地合作伙伴，建立销售体系和售后网络，发展服务当地市场的移动互联网平台和物联网平台，孵化和建立消费电子品牌，提升产品附加值，成为受所在国消费者喜爱的科技品牌，占领市场份额。针对日韩品牌渗透率高的国家，计划占领10%的市场份额，包括越南、泰国、印尼、菲律宾、马来西亚5国；针对存在一定竞争的国家，计划占领20%的市场份额，包括缅甸、柬埔寨、孟加拉国、老挝4国；针对重点市场巴基斯坦，计划占领30%的市场份额。

（二）通过产业链对接实现服务升级

以引导和鼓励南亚东南亚国家的经销商和服务商，在红河园区设立办事

处，销售公司同时承接红河州消费电子产品的出口、南亚东南亚国家组装基地的本地交付，根据市场变化、产能来调配两类货源的比例。鼓励企业在园区空间、物流、科技创新、产业联盟、人才培养、政府服务等方面，进行服务体系升级，以适应周边国家消费电子产业辐射中心的新定位。

（三）找寻对外合作支点，突破传统产业合作模式

探索总部和平台在境内、生产和市场在境外、产品原产地可相互贴牌的国际产业合作新方式，建立产业基地，为化解国际贸易争端寻找新路径。建立承接产业转移基地，开展国际技术研发合作，提升制造出口加工能力，提供国际营销服务。

（四）在境内外的产业布局策略基础上，企业还要采用规避风险的策略

企业开展业务要依托于政府与所在国的正式合作框架，组装基地优先选址在已开发的成熟园区。紧密联系云南省相关部门、中国驻外使领馆及其他机构、中国的大型金融机构、中国国际贸易促进委员会、中国投资协会等，依托官方和半官方机构，维护企业海外合法权益。聘请境内和境外资深的法律顾问、投资顾问、财务顾问、人力资源顾问、工程顾问等相关的各类咨询机构，设计科学的业务框架。

（五）辐射南亚东南亚国家的消费电子产业基地建设，发展国家产业合作

第一步，鼓励电子企业建立对象国家组装基地。建设分为三期：第一期是在越南探索合作模式，第二期是延伸至缅、柬、孟、巴等国，第三期是对"两亚"10个合作国进行全覆盖。计划建立产业组装基地17座，预计新增年度出货量1.6亿件以上，新增销售额15亿美元。第二步，发展消费电子产业集群。引入更多消费电子的产品线，扩充品类，覆盖主流的消费电子产品；建立消费电子主要零部件研发与生产基地，实现除芯片、存储外的主要零部件能在红河州本地供应。引进广东、福建等关联精英配套企业入驻，在云南做重投资，形成省际合作梯度和产业集群，打造完整的消费电子产业集群。第三步，组建"两亚"国家销售公司，整合合作伙伴和本地资源。企业依托组装基地，推动所在国政府开放市场，开展本地化经营，打造中高端品牌，构建全国性的销售、物流和售后服务网络，成为在所在国拥有重要市场份额的消费电子厂商，在南亚东南亚国家的平均市场占有率达到15%。

南亚东南亚合作国计划投资建立的产业合作基地列表

序号	合作国家	需求量（百万件）	预估市场份额	项目建立产业合作基地总量	第一期产业合作基地数量	第二期产业合作基地数量
1	越南	124	10%	2	0	2
2	缅甸	90	20%	2	1	1
3	柬埔寨	45	20%	1	1	0
4	孟加拉国	146	20%	3	1	2
5	巴基斯坦	229	30%	6	2	4
6	泰国	169	10%	2	1	1
7	印尼	484	10%	4	0	4
8	菲律宾	194	10%	2	0	2
9	老挝	9	20%	1	1	0
10	马来西亚	80	10%	1	0	1
总计				24	7	17

（六）打造标杆项目

通过政策引导，鼓励东部沿海产业迁移至云南，形成完整的消费电子产业集群，推动企业高质量"走出去"。通过标杆案例打造，创新贸易争端解决的新路径，鼓励更多龙头企业和配套企业投资云南省，推动产业集聚。云南省工信厅、省商务厅、省外事办、昆明海关等部门支持产业基地的建设，帮助企业在周边国家建立组装基地和销售公司，规避投资风险，发展中国品牌，打开云南省产业在周边国家的市场空间。

发展"绿色能源+",推动红河工业高质量发展

张文韬 蒋昂妤

习近平总书记在第七十五届联合国大会一般性辩论上指出,要加快形成绿色发展方式和生活方式,建设生态文明和美丽地球。我国对清洁能源发展高度重视,投资额连续多年位居全球第一,水电、风电、光伏发电装机容量稳居全球首位。中国绿色能源已成为推动全球能源转型、实现绿色可持续发展的重要保障。

一、红河发展"绿色能源"的优势

红河坚持低碳循环发展和坚持资源节约集约利用,最近三年(2019—2021年),全州单位GDP能耗累计下降了14.99%。红河做强"绿色能源牌",为中国发展绿色能源,贡献"红河力量"。当前,绿色能源已成为支撑云南经济增长的重要推动力,正加速向第一大支柱产业迈进,推进云南省经济高质量发展。

(一)"红河力量"汇入全球构建绿色低碳循环发展经济体系

截至2020年,云南省"两基地一枢纽"基本建成,国家水电基地基本建成,全省电力装机容量居全国第7位,其中水电装机容量7556万千瓦,居全国第二位。金沙江、澜沧江流域已投产大型水电站20座,装机容量累计4599万千瓦。2020年云南省发电量为3451.2亿千瓦小时。从发电结构来看,2020年云南省火力发电量为409.8亿千瓦小时,占比为11.87%;水力发电量为2763.4亿千瓦小时,占比为80.07%;风力发电量为247.5亿千瓦小时,占比为7.17%;太阳能发电量为30.37亿千瓦小时,占比为0.88%。"十三五"期间,云南"西电东送"累计送出电量6500亿千瓦时,为全国节能减排、污

染防治、支持东部地区发展做出了巨大贡献。我国今年起在重污染区域对火电、钢铁、石化、水泥、有色、化工等六大行业实施大气污染物特别排放限值，这将推进煤炭总量控制措施进入实质性实施阶段。作为云南近代工业的发祥地和重要的工业、能源基地，红河拥有有色金属、烟草等支柱产业，工业基础厚实，工业文化深厚，具有承接东部沿海地区产业转移的要素优势。红河把资源优势转化为经济优势、产业优势、发展优势，加快能源产业转型升级，着力构建绿色发展增长极，将红河建设成为云南新能源开发利用示范基地、能源安全保障基地、国际能源枢纽前沿势在必行，为云南促进绿色低碳循环贡献红河力量。2020年，红河GDP为2417.48亿元，工业增加值为603亿元，电力生产量为197.72亿千瓦时，用电量为262.7亿千瓦时，分别占到云南省的29.54%、5.38%和12.97%。同年，红河城镇化率为49%，与全国城镇化率平均水平较为接近。红河工业以传统化工和有色金属为主，与全国工业有一定的可比性。因此，在红河这样一个能源生产和能源消费都有一定代表性的地级行政区域进行探索，如何用绿色能源支撑工业低碳化发展，对于国家"双碳"目标具有积极的意义。

（二）"绿色引擎"开辟高质量跨越式发展新境界

红河深入贯彻落实省委、省政府的决策要求，按照"环保开发、自主开发、有序开发"的发展原则，加快红河新时代绿色能源产业高质量发展步伐，取得了显著成效，为做强"绿色能源牌"，建设有色金属全产业链示范区奠定了坚实的基础。"十三五"以来，红河能源产业为全州经济社会发展做出了重要贡献。在"十四五"新格局之下育新机、开新局——做强"绿色能源牌"，建设有色金属全产业链示范区，为红河高质量跨越式发展装上动力强劲的"绿色引擎"，红河能源产业重任在肩。

目前，红河已初步走出一条有红河特色的工业振兴转型之路，拥有世界级的锡产业龙头企业云锡集团等一流企业，拥有较强的科研力量和大批专业工人，国内市场占有率约为50%，全球市场占有率约为20%。工业在全州经济发展中的支撑地位越来越强，工业经济规模、质量、效益不断提升，高质量发展迈出了坚实步伐。但在"3060""双碳"目标下，必须要正确认识、处理工业发展与节能减排之间的关系。2003年以来，煤炭消费一直是二氧化碳排放的第一大来源。2019年，全国煤炭、石油、天然气消费所排放的二氧化碳量分别占总排量的45%、43%、22%。电力行业是最大的碳排放行业，占总排量的38%，其次为交通、工业和建筑等行业，分别占总排量的24%、23%

和9%。

（三）资源禀赋为非资源富集区新能源发展提供一定借鉴

从资源优势上来看，云南风能和太阳能可开发量远逊于新疆、内蒙古等地区，同时，还受土地和环境制约，难以进行大规模开发。尽管红河在风光方面具有自身优势，但是没有绝对优势。从全国来看，新疆和内蒙古等新能源禀赋好、可供利用开发新能源土地较为充裕的地区是少数，更多的地区资源禀赋较为一般，但是也存在有各自独特的比较优势的地区，同时，欠发达、仍需要工业化和城镇化是我国大部分地区的共性。在此前提下，红河用好自身有限资源，发挥好比较优势，为相似地区探索一条新能源支撑工业发展新路意义重大。红河绿色能源资源要素齐备，品种齐全。首先，全州矿产资源分布广泛又相对集中，北部是锡、铜、铅、锌、钨、银等有色金属矿和锰、煤的集中区，南部是铜、镍、金等有色金属矿和非金属类矿产的集中区，目前全州探明矿产资源潜在价值达2.5万亿元，占全省的28%。其次，红河日照、风力相对稳定。地处高原的红河，多年平均年日照总时数在1968.6—2317.2小时之间，日照百分率在45%—53%之间，太阳辐射年总量在5301—5778兆焦耳/平方米（127—138千卡/平方厘米）之间，具有发展光伏发电的优势。此外，红河以北的高山山脊地区风能资源分布广泛，区内均有丰富的风能资源可供开发利用。《云南省风能资源评价报告》显示，红河州泸西—弥勒—开远—蒙自—个旧—建水—石屏一带是云南省3个风能资源最佳开发区域之一。总体来说，红河风能和光能均衡，出力稳定，光能、风能丰富。截至2020年年底，全州累计建成电力总装机容量715.23万千瓦，其中清洁能源占总电力装机容量的比例为67.38%，绿色发电量占比55%。红河已建成光伏电站12座，总装机容量为62.65万千瓦，装机容量居全省第一；已建成风电场22座，总装机容量136.18万千瓦，装机容量居全省第三；已建成水电站221座，水电总装机容量282.53万千瓦。新天绿色能源、中皓新能源等一批有实力的绿色能源开发公司入驻红河，为红河绿色能源产业发展注入了强大的动力，奠定了坚实的发展基础。据红河州能源局统计，目前红河绿色能源总装机容量达481.96万千瓦，占红河电力总装机容量的69.38%，使红河长期以来以水电和火电为主的电源结构得到进一步优化。

二、红河发展"绿色能源"存在的困难和问题

红河绿色能源产业虽然取得了显著成效，但与建设有色金属全产业链示

范区相比，与构建绿色能源一体化大产业相比，与红河人民的期望相比，还有较大差距。

（一）"绿色能源+"产业发展尚未成链成群

2020年，全州发电量197.72亿千瓦时，同比增长7.21%；全社会用电量262.7亿千瓦时，同比增长6.3%。全州电力资源与相关产业尚未形成产业集聚。从未来趋势来看，受国内经济增速放缓、外送通道受阻、消纳市场疲软、传统消纳市场核电站建设、境外大电回送等多重因素影响，"十四五"时期红河电力"紧平衡"现状很可能被打破，能源产销矛盾将再次突显。但全州电力体制改革进程较为迟缓，清洁载能增量配电网配电定价机制不明确，加之多个能源项目规划与属地产业规划对接不足，导致能源项目对地方产业发展支撑能力不够，能源产业链难以延长。因此，多措并举降低用电成本，着力培育用电市场，促进电力与地方产业协同发展，将电能资源优势转化为经济优势，同时加大外送力度，仍是红河"绿色能源+"产业发展的重点任务。

（二）有色金属产业结构有待进一步优化调整

与全国、全省的有色冶金工业一样，红河的有色冶金工业同样存在规模小而分散，技术与装备落后，污染严重（鸡街铅厂、白牛厂等仍在用烧结锅烧结硫化铅矿），产品结构不合理，经济效益差等问题，此外，锡冶金还面临资源日益减少的问题。2001年以来，由于世界经济增长缓慢，需求下降，有色冶金工业陷入经济周期性供应过剩和产品结构性过剩的双重危机，产品价格大幅度下降，经济效益急剧滑坡。经过长期的开采，全州有色金属矿产资源呈现出"矿产资源日益枯竭、开采难度不断增大"的态势，外购原矿供给量占比锡30%、铜60%、铅100%、锌100%、铝100%，导致行业发展所需有色金属资源保障能力不足，部分矿产资源难以满足行业发展需求。突如其来的新冠肺炎疫情，给工业经济增长带来严重冲击，有色金属价格持续低迷，锡、铜、铅、锌、铝等主要工业产品价格持续下滑，原料供应紧张，价格上涨，企业生产经营亏损严重。2020年上半年，个旧市79户企业中亏损45户，亏损面达57%，有41户企业处于半停产状态，占总企业的52%，有20户有色金属冶炼企业亏损，亏损面达77%。

红河有色金属产业上下游企业能力不匹配。红河绝大多数有色金属企业都以冶炼、采选为主营业务，精深加工企业很少，产业链向下游延伸不足，产品多为附加值低的初级产品，企业盈利模式单一，抗风险能力差。

（三）绿色能源储能及其配套产业发展明显不足

红河储气设施能力尚未达到国家标准要求，长距离油气输送管道还没有覆盖到南部6县（市），城镇燃气管道覆盖面较小，城乡居民燃气使用率低，油气基础设施建设滞后，难以满足人民群众日益增长的清洁能源消费需求。一方面，充电桩建成后使用频率低，新能源汽车增长速度低于预期；另一方面，受投资回报率低的影响，充电桩建设进度放慢，影响了新能源汽车的推广应用，新能源基础设施建设和新能源汽车推广运用统筹不到位。

红河绿色能源产业体制机制有待健全完善，能源队伍建设需要进一步加强。一是体制机制有待健全完善。在机构设置、煤电供需、资源配置、市场监管、安全监管、人才配备等要素保障上，存在体制不顺、机制不完善的问题。13县（市）没有独立的能源局，均在县（市）发改局加挂能源局牌子，削弱了能源主管部门的监管力量，难以确保能源监管职能的有效发挥；煤矿企业体制不顺，各自为政，小龙潭煤矿归省国资委管，开采权委托省司法厅管，政企不分；油气、新能源供应管理体制机制不顺，资源配置、市场监管、安全监管、人才配备各自为政，如油气主管道建设归能源部门管，设备安装检测归市场监管部门管，天然气入小区入户支线管道归住建部门管，油站审批归商务部门管，新能源汽车推广运用归工信部门管，充电桩建设归能源部门管，出现了"有气不入户、有桩无车和有车无桩"的现象。二是能源队伍建设需要进一步加强。一方面，全州能源工作部门人员编制偏少，监管力量不足，执法力量薄弱，能源安全监管工作不到位。能源行业管理和安全监管工作由同一支队伍承担，职责不明，责任不清，工作重叠，关系不顺。另一方面，能源建设工作专业性强，具有与"三定"规定职责对口的专业人才少，特别是缺少石油、天然气、水电、风力等能源管理专业人才，现有人员不能满足做强"绿色能源牌"建设目标任务的需要。

（四）绿色能源科技创新有待进一步增强

红河有色金属行业多数企业技术创新能力不强，很少有企业获得专利权，相当一部分企业没有科技研发投入，只有少数企业认为"需要核心技术的重大突破"而开展技术创新，而且大多数企业的技术创新侧重于"节能降耗"或者"原有工艺改进"，缺少精深加工技术，企业市场竞争力不强。红河境内大部分中小企业技术比较落后，在有色金属产业上的生产装备上，铅、锌普遍以火法冶金为主，锡主要通过烟化炉来进行生产，以上生产冶炼方式与领先水平还有一定差距。这些造成本地企业生产成本高，环境影响大，产品附加值低，技术门槛不高。矿井推进机械化、自动化、信息化、智能化、标准化生产的难度大。

（五）绿色能源电力领域的改革开放有待进一步深化

红河供电局地处"西电东送"南通道，是云南骨干电网的重要组成部分，担负着红河13个县(市)和越南北部6省的供电任务，红河供电局带电作业中心承担了红河范围内配网带电作业工作专业管理、实施工作。红河新开工能源建设项目受阻，在建项目推进缓慢。新开工绿色能源建设项目受阻。2015年至今，云南不再核准新开工的中小水电项目，全州尚未开发的水能蕴藏量未能通过审批和开发、利用，新开工风电、光伏项目也受适度开发新能源项目政策的制约，连续五年全州除2020年下达的215万千伏风电建设计划外，无其他新核准开工水电及新能源建设项目。因此，绿色能源电力领域的改革开放亟待进一步深化。

三、以"绿色能源+"助推红河工业高质量发展建议

"十三五"时期，红河工业转型发展取得了一定成效，新兴产业持续发展壮大，非烟工业占比从59.2%上升到73.4%，民营经济增加值占GDP的比重也增加了5.6个百分点，达到54.6%。从各县(市)规模以上工业增加值增速来看，2020年1—12月，8个县(市)规模以上工业增加值实现同比增长，分别是个旧（16%）、开远（12.4%）、建水（12%）、蒙自（8.5%）、石屏（5.4%）、河口（4%）、金平（1%）、弥勒（0.5%），共拉动全州规模以上工业增长7.08个百分点。全州基本形成了优势突出、富有特色的工业体系，在41个工业行业大类中，全州已建有35个，已形成中央、省属、地方与国有、股份制、民营企业竞相发展的工业格局。其中，有色金属业、烟草制造业、电子信息业、食品加工业等产业发展势头正足。不仅如此，以电子信息、绿色食品、生物医药等为代表的新兴产业占规模以上工业增加值的比重从2015年的5%提升至23.2%，已成为新的经济增长点。

（一）加强区域联动，延伸新兴产业产业链

加快推进"五区"专业化和特色化发展。分阶段有序推进各类园区的整合提升，通过整合功能雷同、优势互补的产业园区，拓展发展空间，延伸新材料、新能源、电子信息等战略性新兴产业的产业链，推进有色冶金业、烟草制造业、高原特色农业、文化旅游业等传统优势产业集群发展，实现园

区错位发展、功能叠加和优势再造。加强各县市之间合作，针对化工、农副产品加工、建材、机械电子等同质产业，充分考虑区域合作联系，搭建企业强强联合的平台，使各县（市）形成有效而完整的产业链。加强同一产业链上的龙头企业与中小企业间产业链协作配套，包括中小企业为龙头企业产业链前端提供配套，如为其提供原材料、零部件等产品或劳务；或以龙头企业产品为原材料，为中小企业延伸产业链、进行深度加工配套提供原材料或劳务。坚持清洁低碳、安全高效的发展方向，统筹推进绿色能源开发、就地消纳和全产业链发展，大力发展水电铝材一体化、新能源汽车，延展产业链，全产业链全环节打造"绿色能源牌"。

（二）持续优化调整有色金属产业结构

加快发展知识技术密集、物质资源消耗少、综合效益高、成长潜力大的战略性新兴产业、高端制造业以及与之相匹配的现代服务业，推进产业结构向"绿"转型、提升质量，深化供给侧结构性改革，对传统产业进行精准化绿色改造。提倡低碳循环生产，构建环境数据共享平台，精准化识别和改造传统产业。加强碳市场建设，构建市场化导向的碳资源配置体系。让市场对资源配置起决定性作用，更好发挥政府作用，引导企业发力低碳创新活动。加快选择性产业政策向功能性产业政策[是指政府通过加强各种基础设施建设(广义的基础设施包括物质性基础设施、社会性基础设施和制度性基础设施)，推动和促进技术创新和人力资本投资，维护公平竞争，降低社会交易成本，创造有效率的市场环境，使市场功能得到发挥的产业政策]转型。以产业结构调整为重点的劣势产业退出政策。制定和实施劣势产业退出的引导和援助政策，设立产业调整援助基金，援助企业的退出和转产行为；通过财政、金融、价格等手段促进劣势产业生产要素的合理流动；通过受益者提供的补偿来援助退出企业。

（三）大力发展绿色能源配套产业

1.用高新技术和先进适用技术改造提升传统产业

着力实施符合国家产业战略的项目，对周边区域及东南亚地区资源增强控制能力，同时提高资源综合利用水平，为有色金属产业下游深加工打下坚实基础。巩固提升红河工业发展优势，坚定不移走新型工业化道路，实施工业振兴行动，推进绿色制造、智能制造，打造高增长的产业集群，围绕集群抓产业，围绕集群抓配套。巩固有色金属及新材料产业优势，发展以锡、铝、铜、铅基为代表的先进金属功能材料产业集群，以铟基为代表的先进光电子微电子材料，以锂电材料为代表的新能源材料。推进绿色铝材精深加工，打造绿铝产业集群。加快发展水电铝材一体化、水电硅材一体化及配套加工等绿色清洁载能产业，巩固提升传统有色金属产业，大力发展金属新材料产业，培育发展小金属产业。

2.加强能源装备研发制造

坚持增强自主创新能力，以第三代和第四代核电技术、新型高效低成本光伏发电、燃气轮机、高效电机、超临界燃煤高效发电机组、节能/超低排放型超临界循环流化床锅炉、大型压缩/液化天然气(CNG/LNG)成套设备、低速高海拔风电机组、特高压输变电、柔性输变电、大规模储能电池、智能电网、能源互联网等装备研发制造领域为重点，突破关键技术、材料和零部件瓶颈，加快培育重点装备自主成套生产能力，在能源工程和示范项目中鼓励使用自主研制的重点装备，完善能源装备研发制造激励机制，大力推进清洁能源装备产业发展，培育形成具有较强创新能力和市场竞争力的能源装备产业体系。

3.完善能源科技创新服务体系

集中建设一批以有色金属深加工为主的产业集群，促进产业技术装备和节能减排水平提高，带动配套产业发展。抢抓国内智能时代到来和5G时代飞速发展的机遇，应用"互联网+制造"技术加快智能化生产线、车间、企业培育和建设，提高有色金属工业智能化和管理信息化水平。加强自主创新能力建设，着力突破核心关键技术和共性基础技术，加快研发和引进先进适用技术，不断延伸产业链，促进有色金属产品向高端化、新型化方向发展，提高产品附加值。

(四)实施创新驱动工程，着力提高企业科技创新能力

支持一批有实力的工业骨干企业创建重点实验室、工程实验室、工程研究中心、企业技术中心和企业研究院等重要研发平台。开展创新型企业示范试点工作，在高新技术企业、民营科技企业等范围内，选择一批在关键技术创新、自主知识产权、行业技术标准等方面成效突出的企业，重点培育发展为国家级、省级"创新型企业"。加强产学研合作平台建设，鼓励企业通过联合建立实验室、合作设立研究中心或创新基地等多种形式，以及成果转让、委托开发、联合开发等多种方式，与省内外高等院校、科研院所开展深入合作，建立紧密关系。围绕重点产业关键技术和共性技术，组织实施重大科技攻关项目，努力在云计算、高端装备关键零部件、生物医药、新能源、

新材料等领域掌握一批具有自主知识产权的核心技术。抓住数字经济机遇，依托华为数据中心和中科院数字中心，建立数据中心和域名服务器，利用工业无线、工业以太网、SDN、OPC-UA、IPv6等技术改造工业现场网络，在工厂内形成网络联通、数据互通、业务打通的局面。同时，积极沟通搭建跨境通向湄公河次区域国家的光缆，为红河参与跨境数字合作奠定基础。

（五）不断深化能源、电力体制改革

充分发挥自身优势，用好已有政策，争取新政策，不断发掘政策潜力，形成推动发展的强大合力，打好红河"绿色能源牌"。积极配合推动开展电力体制改革综合试点，协调推进售电侧改革、电价改革、交易市场建设及交易机构组建、发用电计划改革。开展输配电价测算，扎实做好输配电价成本监审。积极配合推进输配电价改革，分类推进交叉补贴改革，逐步减少工商业内部交叉补贴，妥善处理居民、农业用户交叉补贴。加快推进电力市场建设，有序放开竞争性环节电价，不断扩大参与交易的市场主体范围和电量规模。有序向社会资本放开配售电业务，有序放开公益性和调节性以外的发用电计划，切实保障电力电量平衡。积极培育售电侧市场主体，向符合条件的市场主体放开增量配电投资业务。积极探讨市场化解决方案，制定系统、有针对性的电力市场方案，建立电力市场体系，形成充满州情特色、能最大限度地解决问题的电力市场机制。集中精力、加快推进、全力打造具有"大容量、大吞吐"能力的坚强区域电网，进一步优化建设环境，打造区域电网"大满贯"和主网供电"大动脉"。推进"源网荷储"一体化，以安全、绿色、高效为目标，创新电力生产和消费模式，为构建"源网荷储"高度融合的新一代电力系统探索发展路径，实现源、网、荷、储的深度协同，通过优化整合本地电源侧、电网侧、负荷侧资源，以先进技术突破和体制机制创新为支撑，探索构建"源网荷储"高度融合的新型电力系统发展路径。

（六）提升优化营商环境，进一步激发市场主体活力

将支持红河新能源产业纳入外商投资重点产业范围，进一步减少社会资本市场准入限制，推动缓解中小微企业融资难、融资贵问题，清理地方保护和行政垄断行为。聚焦企业关切，强化要素保障。构建健全人才服务保障体系，完善引进人才子女就学、医疗等方面的优惠措施，落实优惠待遇。加大对民营企业家的培训力度，全面增强民营企业家通晓有关法律知识和惠企政策的能力。强化用地供给，降低用地成本，鼓励企业按照规定采取长期租赁、先租后让、租让结合、配建等方式使用工业用地。落实区域内土地开发成本综合、动态平衡政策，完善工业用地基准地价调整措施。支持企业按照"双创"有关政策利用自有土地、厂房、仓库转型升级，落实使用土地过渡期的有关政策。加快推进中国（云南）自由贸易试验区红河片区建设，以最大限度政策优惠推动自贸试验区内企业发展、吸引更多企业在自贸试验区落户，以最优的环境促进制度创新。对红河新能源新增建设用地计划指标予以优先保障，统筹安排和布局红河的建设用地指标和永久基本农田保护任务。加强技术研究，通过技术进步和结构调整提高生产要素投入效率，大力培育绿色战略性新兴产业。

（七）积极参与"一带一路"绿色能源互联互通建设

红河要着力打造沿边开放示范区，积极融入国内大循环和国内国际双循环，高标准建设自贸试验区红河片区，主动参与"一带一路"绿色能源互联互通建设。积极参与推动能源合作项目，深度参与全球能源转型变革，研究推进与有关国家在核电、风电、光伏、智能电网、智慧能源、互联互通等方面的合作，积极推动第三方、多方合作。深化中越电力贸易合作，推进中越电力联网项目建设，加快建设互联互通的跨区域（跨境）电力交换枢纽前沿。坚持政策共享、资源共享、合作共赢，健全完善统筹协调机制，中国（云南）自由贸易试验区红河片区、中国（红河）跨境电子商务综合试验区、蒙自经济技术开发区、红河综合保税区、河口边境经济合作区"五区"联动发展。围绕发展空间、产业布局、第三方综合服务机构搭建等重点，推进"五区"在政策、产业、招商、人才、资金等要素上实现优化整合，加快形成以自贸试验区红河片区为引领，"五区"联动发展的产业集群。推动红河综合保税区与自贸试验区红河片区政策贯通，产业融合，信息共享，优势互补。推动蒙自经济技术开发区积极实施产业链延链补链工程，发展锡、铝等有色金属精深加工与新材料、先进制造业等重点产业，打造产业聚集新高地。

（八）实施工业、能源人才队伍建设工程，强化人才支撑

拓宽聚才引智渠道。在工业、能源企业选择不少于50个监测样本，开展人才需求动态监测，编制发布云计算、大数据、高端装备制造、生物医药、新能源、新材料、节能环保装备等领域人才智力需求目录。支持重点工业、能源企业面向高等院校、科研院所和智库聘请顾问和专家，并纳入政府统一管理。强化本土人才培育依托红河学院，实施工业、能源领域本土技能人才培养计划，每年重点培养技术技能骨干1000人。建立民营工业、能源企业专家服务基地和技能大师服务基地,为企业提供人才培养、智力帮扶、技术革新和技术改造服务,每年在民营工业、能源企业动态建立专家服务基地不少于5个。搭建校企合作平台,从本地或外地职业院校引进和培育技能人才。完善人才服务保障,开辟工业、能源领域人才服务绿色通道,通过上门服务、延时服务、预约服务等方式为企业提供全方位人才服务,积极做好企业分流人才就业服务工作。

(九)实施"能源+"战略,强化绿色能源与工业融合发展

科学客观评估红河绿色能源资源总储量,聚焦风能、光能、水能,统筹能源供需,加快绿色能源与煤电融合开发,合理利用资源。高起点做好绿色能源资源规划,打破城乡和行政区域壁垒,与电力、城建、土地利用、生态保护规划相衔接,大力发展绿色能源产业。以绿色技术为导向,构建工业绿色发展的技术体系。以新一代信息技术、生物技术、新能源、新材料技术等多领域集群式技术创新和扩散应用为核心,以新一代信息技术与制造业深度融合为主线,以可再生能源的分布式利用为支撑,推进新工业革命。以绿色治理为抓手,重构工业发展的微观基础。以绿色能源为支撑,提供工业发展的清洁"血液",正确认识煤炭在能源结构中的主体地位,将煤炭的清洁开采利用作为重中之重。持续增加清洁能源供应,加快从增量替代到存量替代。创建绿色工厂、绿色园区、绿色供应链示范企业,充分发挥试点示范的突破带动作用,在电子、纺织、钢铁、化工等多个重点行业研发一批制约行业绿色转型的关键共性技术,辐射和带动全州工业高质量发展。加快推动绿色能源战略与绿色先进制造业深度融合,支持工业企业加快技术升级改造,持续降低工业能耗物耗,推动烟草、冶金、化工、建材等传统产业从加工制造向绿色制造、高端制造转变,引导工业企业和园区积极创建省级、国家级绿色工厂、绿色产品、绿色供应链和绿色园区,切实增强绿色增长新动能。

(十)实施龙头企业培育工程,促进资源向优势企业集中

补全产业链需要精准招商,更有赖于龙头企业齐聚形成的超强磁吸效应。要着力培育和引进大型龙头企业,制定并实施大企业大集团培育政策措施,鼓励一些关联产业龙头企业通过直接投资、联合、协议转让、参股并购等方式进行强强联合,提高企业竞争实力、规模效益和抗风险能力。坚持"招大、引强、选优"的原则,加强与国家部委、世界500强企业、大型央企、内地优势企业、知名民企的联系对接,力争引进1—2家规模大(产值超50亿元)、科技含量高、具有支撑和引领作用的企业。鼓励电子信息、有色金属和新材料等重点领域的龙头骨干企业做大做强,选择若干总部在红河的成长潜力大和带动性强的企业,加以重点培育,引导企业向专业化生产、精益化管理、自主化创新、集约化经营、信息化带动、品牌化运作等方向发展。支持行业龙头骨干企业专心做强核心业务,主动调整剥离上下游配套部件生产业务,发展专业化配套企业。

同步一体加快推进农业农村现代化

颜晓飞

"没有农业农村现代化,就没有整个国家现代化。"农业农村现代化,既是新时代"三农"工作的总目标,又是乡村振兴的重中之重,关系着中华民族伟大复兴战略全局,决定着我国社会主义现代化建设的成色和质量。作为农业大州,红河要同步推进、一体部署农业农村现代化建设,推动由农业大州向农业强州转变,为推动高质量跨越式发展、实现全面现代化提供重要支撑。

一、基本现状

经过长期接续奋斗,红河州高原特色农业基本实现由传统农业向现代农业的跨越,农村实现由社会主义新农村向乡村全面振兴的迈进,粮食产量保持在180万吨以上,农村绝对贫困问题得到历史性解决、同步全面建成小康社会,农业农村取得新的历史性成就。

基于农业农村现代化内涵,立足农业农村发展实际,红河州农业农村现代化评价指标体系(包含农业现代化和农村现代化2个维度,产业体系、生产体系、经营体系、支持体系、质量效益、绿色发展、基础设施、公共服务、农村环境、农民生活10个方面,共计34个指标)的测度结果表明:从2017年党中央首次提出农业农村现代化以来,红河州农业农村现代化水平逐年提升,从2017年的47.02%快速提高到2020年的56.95%,整体处于起步阶段,即将迈入总体实现阶段,但是农业现代化和农村现代化存在发展不平衡性,农村现代化明显滞后于农业现代化进程,且农业现代化与农村现代化的差距持续扩大,农业现代化已经进入起步阶段,而农村现代化依然处于准备阶段。

红河州农业农村现代化水平测度结果

	2017年	2018年	2019年	2020年
总体实现程度	47.02%	49.42%	53.52%	56.95%
农业现代化	39.48%	41.76%	45.68%	48.82%
农村现代化	7.54%	7.65%	7.84%	8.13%

二、突出困难

红河州农业农村现代化尽管实现良好开局，但仍存在农业发展质量效益不高竞争力不强、农业基础设施薄弱、农村公共服务水平层次偏低、巩固拓展脱贫攻坚成果任务艰巨、农民收入增速减缓等突出困难和挑战。

农业发展质量效益不高竞争力不强主要表现为红河州土地产出率、劳动生产率、农林牧渔服务业比例、农产品加工产值比偏低。2020年，全州土地产出率仅为全省平均水平的99.76%；劳动生产率分别为全省、全国平均水平的97.38%、65.13%；农林牧渔服务业所占比例落后于全省、全国平均水平，仅为全省的90.66%、全国的50.84%；农产品加工产值比仅是全国的74.17%。这与红河州地形多样、土壤多样、气候多样、物种多样的自然条件和"多、特、好、早"的农业生产先天优势严重不匹配。

农业基础设施依然薄弱突出表现为全州高标准农田、产业路、动力电、有效稳定灌溉水、农产品冷链设施等数量少、比例低、配套性差，综合配套设施不全，有效管护机制"缺位"。

农村公共服务水平层次低突出表现为全州农村医疗卫生、教育、养老、文化等基本公共服务缺口仍然较大，城乡之间教育发展水平仍不平衡，尤其是农村学前教育；医疗卫生服务能力、服务效率仍然不高；农村养老存在供需失衡、观念方式转变困难等；农村文化体育设施存在供不应求、管理不善、运行不畅等问题。

巩固拓展脱贫攻坚成果任务艰巨突出表现为全州巩固脱贫成果的基础仍然不稳固，边缘人群、低收入人口规模不小，返贫致贫风险仍然存在；易地搬迁集中安置区公共服务设施、社区治理及搬迁人口增收、社会融入等工作还存在短板；产业带贫益贫效果和农村集体经济服务能力仍需要进一步提升；部分少数民族脱贫群众的综合素质还不能适应当前发展要求，群众抗风险能力还不强。

农民收入增速放缓主要表现为全州农村常住居民人均可支配收入年均增速从"十二五"时期的17.0%降至"十三五"时期的9.6%，农村经营性收入仍然是全州农民收入的第一来源，占收入的50%以上。受国内经济增速放缓、世界疫情持续、农产品产销不畅、就业压力加大等影响，全州农民经营净收入和工资性收入增速在"十三五"时期呈减缓态势，且仍将持续，并给农民收入稳定持续增长带来诸多不确定性。

三、推进路径

按照国家和云南全面现代化及乡村全面振兴的部署，红河州农业农村现代化需要以三产融合为导向，以绿色清洁为引领，以组织提升为重点，以便捷舒适为核心，全面提升农业质量效益和竞争力，全面提升农村宜居宜业水平，真正让农业成为有奔头的产业，让农民成为有吸引力的职业，让农村成为安居乐业的家园。

（一）以三产融合为导向，全面构建乡村产业体系

深挖红河多样自然条件和农业先天优势，优化农业产业结构，壮大农村新产业新业态，着力延长产业链、完善利益链、提升价值链，推进大生态农业、大健康农业、大品牌农业建设，推动农村一二三产业融合发展。立足国家农产品主产区多、农业大州的实际，全力保障粮食等重要农产品有效供给，严守耕地保护红线和粮食播种面积底线。继续优化种养结构，推动品种培优、品质提升、品牌打造和标准化生产，着力形成集群效应。大力发展农产品加工业，因地制宜开展初加工和精深加工，加快高原特色优势农产品加工转化，加快形成特色农产品加工产业集群，推动农产品由"原料输出型"向"产品输出型"转变。持续推进农村电子商务发展，巩固用好全国电子商务进农村综合示范县创建成果，做大做强农村电商经营主体和电商基地，大幅提高农产品网络销售量。因地制宜发展乡村休闲旅游产业，以"中字号""滇字号"名县、名镇、名村为载体，用好擦亮"二千四百年"文化旅游名片和"云上梯田·梦想红河"旅游品牌形象，丰富乡村旅游业态和产品，创新"旅游+""生态+""健康+"等模式，推动农业、林业与旅游、文化、康养、运动等现代服务产业深度融合。

（二）以绿色清洁为引领，全面转变农业生产方式

传承"绿色""环保""原生态"的红河高原特色现代农业优秀基因，坚持绿色兴农、质量兴农、品牌强农，深度打造世界一流"绿色食品牌"，全面推动农业生产方式转变。推进农业清洁生产，持续巩固拓展化肥农药"负增长"成效，全面实施秸秆综合利用和农膜、农药包装物回收行动，大力推广农作物病虫害绿色防控产品和技术。加强畜禽粪污资源化利用，鼓励支持规模化养殖企业开展农家肥、有机肥生产，鼓励支持新型农业经营主体施用农家肥、有机肥。完善农产品质量可追溯体系，健全特色农产品质量标准体系，支持开展绿色农产品、有机农产品和地理标志农产品认证，强化农产品地理标志和商标保护，全面推行食用农产品达标合格证制度，打造红河花卉、红河梯田红米等一批区域公用品牌，持续推进云南省"绿色食品牌"的申报参评和宣传推介工作，提升红河农产品影响力、公信力。

（三）以组织提升为重点，全面健全农业经营体系

以乡村产业经营主体和专业化社会化服务组织为重点，健全现代新型农业经营体系，逐步提升农民组织化程度。强化"外引内培"，立足州内农业重点产业，以健全产业链供应链为核心，以建基地、强加工、畅流通为重点，积极引进世界500强、中国500强、民营500强及国家级农业龙头企业，努力培育壮大本土农业龙头企业和"农业小巨人"。落实家庭农场培育计划，推进农民合作社质量提升，培育一批示范农场、示范社和农业产业化示范基地。发展壮大农业专业化社会化服务组织，鼓励开展全产业链服务，实现土地、劳务、服务等多种形式适度规模经营，以农业服务的规模化服务提升、富裕小农户，推动小农户与现代农业有机衔接。持续完善利益联结机制，推动各类农业经营主体分享产业链收益，推动农村经营主体关系由"同质竞争"转向"合作共赢"。

（四）以便捷舒适为核心，全面提升农村公共服务

围绕"把乡镇建成服务农民的区域中心"，以满足农民对美好生活的向往为目标，全面提升农村基本公共基础设施和基本公共服务的便捷度、舒适度和可及性。继续把公共基础设施建设的重点放在农村，有序建设农村资源路、产业路、旅游路、村内主干道等道路，巩固提升安全饮水成果，统筹推进农村燃气、电网、信息、服务等设施建设，着力推进公共基础设施往村覆盖、往户延伸。学习推广浙江"千村示范、万村整治"工程经验，提升乡村建设规划、绿化、文化、整洁化水平，全面提升农村人居环境。巩固义务教育均衡发展成果，全面推进健康乡村建设，构筑农村多层次社会保障体系，推进城乡公共文化服务体系一体化建设。强化农村基本公共服务供给县、乡、村统筹，逐步实现标准统一、制度并轨，稳步提升农村基本公共服务水平，持续增强广大农民的获得感、幸福感、安全感。

（五）以深化改革为动力，全面提高农村发展效能

落实第二轮土地承包到期后再延长30年政策，规范农村土地有序流转、监管和服务。稳慎推进农村宅基地改革，探索宅基地所有权、资格权、使用权分置有效实现形式。保障进城落户农民土地承包权、宅基地使用权、集体收益分配权，鼓励依法自愿有偿转让。巩固农村集体产权制度改革成果，全面推进农村集体经营性资产股份合作制改革，积极发展新型农村集体经济。健全农村金融服务体系，支持州内金融机构创新乡村振兴金融产品，推进农业保险扩面、增品、提标。深化供销合作社综合改革，开展生产、供销、信用"三位一体"综合合作试点，健全服务农民生产生活综合平台。

（本文刊发于2022年8月24日《云南日报》）

后 记

为高举习近平新时代中国特色社会主义思想伟大旗帜，以习近平总书记两次考察云南重要讲话、重要指示批示精神为指引，立足中国特色社会主义伟大实践的云南行动，认真贯彻落实党的十九届历次全会精神和云南省第十一次党代会精神，忠诚拥护"两个确立"，坚决做到"两个维护"，全面落实"三大定位"，结合红河州实际，由云南省社会科学院组织力量撰写《红河高质量发展研究》一书，以期为省委、省政府，红河州委、州政府提供决策参考。

杨正权同志作为本书的总策划人全程指导本书写作。参与本书撰写的人员有："前言"撰稿人为邓伟升；"红河高质量发展研究总报告"撰稿人为胡庆忠。在分报告的撰写中，"大抓产业不断增强经济增长动能"中的"做特高原特色农业，建设现代农业示范区"撰稿人为邓伟升，"做强工业，重力打造制造业新格局"撰稿人为宣宜，"做优旅游业，推动旅游业态创新发展"撰稿人为朱佶丽；"全力巩固拓展脱贫攻坚成果，奋力开创乡村振兴新局面"撰稿人为范刚；"同步一体加快推进农业农村现代化"撰写人为颜晓飞；"高水平推动红河新型城镇化发展"撰稿人为徐颖；"抓住政策红利和区位优势 全面构建沿边开放新高地"撰稿人为宣宜、蒋昂妤、付丙峰；"优化环境筑巢，大抓招商引资，为红河高质量发展助力"撰稿人为宣宜；"以铸牢中华民族共同体意识为主线推动红河民族团结进步事业高质量发展"撰稿人为刘镜净；"强引领补短板 推动红河生态文明建设更上新台阶"撰稿人为曹津永；"大抓干部队伍作风建设 推进红河高质量发展"撰稿人为王贤全；"实施科学精准抗疫 筑牢红河疫情防线"撰稿人为付丙峰、温世民、杨再山。后记撰写人为蒋昂妤；刘婷、付丙峰、蒋昂妤、温世民负责全书统稿。陈光俊、刘婷、范刚、付丙峰、温世民、杨再山、平金良、达云勇、郑可君、罗丹负责全书的修改完善和统筹协调工作。

《红河高质量发展研究》作为"云南智库专家基层行"活动的理论与实践结合之作，在机制上是一次新的尝试，在合作上也是一次新的突破。由于撰稿人受学术水平与实践经验所囿，该书还存在诸多不足之处，敬请大方批评指正。

编　者

2022年7月